纯粹哲学丛书
黄裕生 主编

本书为山东省社会科学规划青年项目"信仰与理性张力下的近代西方政治哲学研究"（项目编号：19DZXJ02）最终成果，泰山学者工程专项经费资助阶段性成果

现代性中的理性与信仰张力

XIANDAIXING ZHONGDE LIXING YU XINYANG ZHANGLI

近代西方国家意识的建构及其困境分析

尚文华　著

江苏人民出版社

图书在版编目（CIP）数据

现代性中的理性与信仰张力：近代西方国家意识的
建构及其困境分析 / 尚文华著. —南京：江苏人民出
版社，2023.10

（纯粹哲学丛书）

ISBN 978-7-214-27609-4

Ⅰ. ①现… Ⅱ. ①尚… Ⅲ. ①意识形态－研究－西方
国家－近代 Ⅳ. ①B016.98

中国版本图书馆 CIP 数据核字(2022)第 192212 号

书　　　名	现代性中的理性与信仰张力——近代西方国家意识的建构及其困境分析
著　　　者	尚文华
责 任 编 辑	薛耀华
装 帧 设 计	许文菲
责 任 监 制	王　娟
出 版 发 行	江苏人民出版社
地　　　址	南京市湖南路 1 号 A 楼,邮编:210009
照　　　排	江苏凤凰制版有限公司
印　　　刷	江苏凤凰通达印刷有限公司
开　　　本	652 毫米×960 毫米　1/16
印　　　张	26　插页 3
字　　　数	337 千字
版　　　次	2023 年 10 月第 1 版
印　　　次	2023 年 10 月第 1 次印刷
标 准 书 号	ISBN 978-7-214-27609-4
定　　　价	98.00 元

(江苏人民出版社图书凡印装错误可向承印厂调换)

从纯粹的学问到真实的事物

——"纯粹哲学丛书"改版序

江苏人民出版社自 2002 年出版这套"纯粹哲学丛书"已有五年，共出书 12 本，如今归入凤凰出版传媒集团"凤凰文库"继续出版，趁改版机会，关于"纯粹哲学"还有一些话要说。

"纯粹哲学"的理念不只是从"纯粹的人"、"高尚的人"、"摆脱私利"、"摆脱低级趣味"这些意思引申出来的，而是将这个意思与专业的哲学问题，特别是与德国古典哲学的问题结合起来思考，提出"纯粹哲学"也是希望"哲学""把握住""自己"。

这个提法，也有人善意地提出质询，谓世上并无"纯粹"的东西，事物都是"复杂"的，"纯粹哲学"总给人以"脱离实际"的感觉。这种感觉以我们这个年龄段或更年长些的人为甚。当我的学生刚提出来的时候，我也有所疑虑，消除这个疑虑的理路，已经在 2002 年的"序"中说了，过了这几年，这个理路倒是还有一些推进。

"纯粹哲学"绝不是脱离实际的，也就是说，"哲学"本不脱离实际，也不该脱离实际，"哲学"乃是"时代精神"的体现；但是"哲学"也不是要"解决"实际的具体问题，"哲学"是对于"实际-现实-时代""转换"一个"视角"。"哲学"以"哲学"的眼光"看""世界","哲学"以"自己"的眼光"看"世界,也就是以"纯粹"的眼光"看"世界。

为什么说"哲学"的眼光是"纯粹"的眼光?

"纯粹"不是"抽象",只有"抽象"的眼光才有"脱离实际"的问题,因为它跟具体的实际不适合;"纯粹"不是"片面",只有"片面"的眼光才有"脱离实际"的问题,因为"片面"只"抓住-掌握""一面",而"哲学"要求"全面"。只有"全面-具体"才是"纯粹"的,也才是"真实的"。"片面-抽象"都"纯粹"不起来,因为有一个"另一面"、有一个"具体"在你"外面"跟你"对立"着,不断地从外面"干扰"你,"主动-能动"权不在你手里,你如何"纯粹"得起来?

所以"纯粹"应在"全面-具体"的意义上来理解,这样,"纯粹"的眼光就意味着"辩证"的眼光,"哲学"为"辩证法"。

人们不大谈"辩证法"了,就跟人们不大谈"纯粹"了一样,虽然可能从不同的角度来"回避"它们,或许以为它们是相互抵触的,其实它们是一致的。

"辩证法"如果按日常的理解,也就是按感性世界的经验属性或概念来理解,那可能是"抽象"的,但那不是哲学意义上的"辩证"。譬如冷热、明暗、左右、上下等等,作为抽象概念来说,"冷"、"热"各执一方,它们的"意义"是"单纯"的"抽象",它们不可以"转化",如果"转化"了,其"意义"就会发生混淆;但是在现实中,在实际上,"冷"和"热"等等是可以"转化"的,不必"变化"事物的温度,事物就可以由"热""转化"为"冷",在这个意义上,执著于抽象概念反倒会"脱离实际",而坚持"辩证法"的"转化",正是"深入""实际"的表现,因为实际上现实中的事物都是向"自己"的"对立面""转化"的。

哲学的辩证法正是以一种"对立面""转化"的眼光来"看-理解"世界的,不执著于事物的一面——偏,而是"看到-理解到"事物的"全面"。

哲学上所谓"全面",并非要"穷尽"事物的"一切""属性",而是"看到-理解到-意识到"凡事都向"自己"的"相反"方面"转化","冷"必然要"转化"为"非冷",换句话说,"冷"的"存在",必定要"转化"为"冷"的"非存在"。

在这个意义上,哲学的辩证法将"冷-热"、"上-下"等等"抽象-片面"的"对立""纯粹化"为"存在-非存在"的根本问题,思考的就是这种"存在-非存在"的"生死存亡"的"大问题"。于是,"哲学化"就是"辩证化",也就是"纯净化-纯粹化"。

这样,"纯粹化"也就是"哲学化",用现在流行的话来说,就是"超越化";"超越"不是"超越"到"抽象"方面去,不是从"具体"到"抽象",好像越"抽象"就越"超越",或者越"超越"就越"抽象",最大的"抽象"就是最大的"超越"。事实上恰恰相反,"超越"是从"抽象"到"具体","具体"为"事物"之"存在"、事物之"深层次"的"存在",而不是"表面"的"诸属性"之"集合"。所谓"深层",乃是"事物"之"本质","本质"亦非"抽象",而是"存在"。哲学将自己的视角集中在"事物"的"深层",注视"事物""本质"之"存在"。"事物"之"本质","本质"之"存在",乃是"纯粹"的事物。"事物"之"本质",也是"事物"之"存在",是"理性-理念"的世界,而非"驳杂"之"大千世界"-"感觉经验世界"。"本质-存在-理念"是"具体"的、"辩证"的,因而也是"变化-发展"的。并不是"现象""变"而"理念-本质""不变",如果"变"作为"发展"来理解,而不是机械地来理解,则恰恰是"现象"是相对"僵化"的,而"本质-理念"则是"变化-发展"的。这正是我们所谓"时间(变化发展)"进入"本体-本质-存在"的意义。

于是,哲学辩证法也是一种"历史-时间"的视角。我们面对的世界,是一个历史的世界、时间的世界,而不仅是僵硬地与我们"对立"的"客观世界"。"客观世界"也是我们的"生活世界",而"生活"是历史性的、时间性的，是变化发展的，世间万事万物无不打上"历史-时间"的"烙印"，"认出-意识到-识得"这个"烙印-轨迹"，乃是哲学思考的当行，这个"烙印"乃是"事物-本质-存在""发展"的"历史轨迹"，这个"轨迹"不是直线，而是曲线。"历史-时间"的进程是"曲折"的，其间充满了"矛盾-对立-斗争"，也充满了"融合-和解-协调"，充满了"存在-非存在"的"转化"，充满了"对立面"的"转化"和"统一"。

以哲学-时间-历史的眼光看世界，世间万物都有相互"外在"的"关系"。"诸存在者"相互"不同"，当然也处在相互"联系"的"关系网"中，其中也有"对立"，譬如冷热、明暗、上下、左右之类。研究这种"外在"关系，把握这种"关系"当然是非常重要的，须得观察、研究以及实验事物的种种属性和他物的属性之间的各种"关系"，亦即该事物作为"存在者"的"存在""条件"。"事物"处于"外在环境"的种种"条件""综合"之中，这样的"外在""关系"固不可谓"纯粹"的，它是"综合"的、"经验"的；然则，事物还有"自身"的"内在""关系"。

这里所谓的"内在""关系"，并非事物的内部的"组成部分"的关系，这种把事物"无限分割"的关系，也还是把一事物分成许多事物，这种关系仍是"外在"的；这里所谓"内在"的，乃是"事物""自身"的"关系"，不仅仅是这一事物与另一事物的关系。

那么，如何理解事物"自身"的"内在""关系"？"事物自身"的"内在""关系"乃是"事物自身""在""时间-历史"中"产生"出来的"非自身-他者"的"关系"，乃是"是-非"、"存在-非存在"的"关系"，而不是"白"的"变成""黑"的、"方"的"变成""圆"的等等这类关系。这种"是非-存亡"的关系，并不来自"外部"，而是"事物自身"的"内部"本来就具备了的。这种"内在"的"关系"随着时间-历史的发展"开显"出来。

这样，事物的"变化发展"，并非仅仅由"外部条件"的"改变"促使而成，而是由事物"内部自身"的"对立-矛盾"发展-开显出来的，在这个意义上，"内因"的确是"决定性"的。看到事物"变化"的"原因""在""事物自身"的"内部"，揭示"事物发展"的"内在原因"，揭示事物发展的"内在矛盾"，这种"眼光"，可以称得上是"纯粹"的（不是"驳杂"的），是"哲学"的，也是"超越"的，只是并不"超越"到"天上"，而是"深入"到事物的"内部"。

以这种眼光来看世界，世间万物"自身"无不"存在-有""内在矛盾"，一事物的"存在"必定"蕴涵"该事物的"非存在"，任何事物都向自身的"反面""转化"，这是事物自己就蕴涵着的"内在矛盾"。至于这个事物究竟"变成""何种-什么"事物，则要由"外部""诸种条件"来"决定"，但是哲学可以断言的，乃是该事物-世间任何事物都不是"永存"的，都是由"存在""走向-转化为""自己"的"反面"——"非存在"，"非存在"就"蕴涵""在"该事物"存在"之中。在这个意义上，我们对事物采取"辩证"的态度，也就是采取"纯粹"的态度，把握住"事物"的"内在矛盾"，也就是把握住了"事物自身"，把握住了"事物自身"，也就是把握住了"事物"的"内在""变化-发展"，而不"杂"有事物的种种"外部"的"关系"；从事物"外部"的种种"复杂关系"中"摆脱"出来，采取一种"自由"的、"纯粹"的态度，抓住"事物"的"内在关系"，也就是"抓住"了事物的"本质"。

抓住事物的"本质"，并非不要"现象"，"本质"是要通过"现象""开显"出来的，"本质"并非"抽象概念"，"本质"是"现实"，是"存在"，是"真实"，是"真理"；抓住事物的"本质"，就是要"透过现象看本质"。"哲学"的眼光，"纯粹"的眼光，"辩证"的眼光，"历史"的眼光，正是这种"透过现象""看""本质"的眼光。

"透过现象看本质"，"现象"是"本质"的，"本质"也是"现象"的，"本质""在""现象"中，"现象"也"在""本质"中。那么，从"本质"的眼光来"看""现象-世界"又复何如？

从"纯粹"的眼光来"看""世界",则世间万物固然品类万殊,但无不"在""内在"的"关系"中。"一事物"的"是-存在"就是"另一事物"的"非-非存在","存在""在""非存在"中,"非存在"也"在""存在"中;事物的"外在关系",原本是"内在关系"的"折射"和"显现"。世间很多事物,在现象上或无直接"关系",只是"不同"而已。譬如"风马牛不相及","认识到-意识到""马""牛"的这种"不同"大概并不困难,是一眼就可以断定的。对于古代战争来说,有牛无马,可能是一个大的问题。对于古代军事家来说,认识到这一点也不难,但是要"意识到-认识到""非存在"也"蕴涵着""存在",二者是一而二、二而一的,并不因为"有牛无马"而放弃战斗,就需要军事家有一点"大智慧"。如何使"非存在""转化"为"存在"? 中国古代将领田单的"火牛阵"是以"牛"更好地发挥"马"的战斗作用的一例,固然并非要将"牛""装扮"成"马",也不是用"牛"去"(交)换""马",所谓"存在-非存在"并非事物之物理获胜或生物的"属性"可以涵盖得了的。"存在-非存在"有"历史"的"意义"。

就我们哲学来说,费希特曾有"自我""设定""非我"之说,被批评为主观唯心论,批评当然是很对的,他那个"设定"会产生种种误解;不过他所论述的"自我"与"非我"的"关系"却是应该被重视的。我们不妨从一种"视角"的"转换"来理解费希特的意思:如"设定"——采取一种"视角"——"A-存在",则其他诸物皆可作"非 A-非存在"观。"非 A"不"=(等于)""A",但"非 A"却由"A""设定","非存在"由"存在""设定"。我们固不可说"桌子"是由"椅子""设定"的,这个"识见"是"常识"就可以判断的,没有任何哲学家会违反它,但是就"椅子"与"非椅子"的关系来说,"桌子"却是"在""非椅子"之内,而与"椅子"有一种"对立统一"的关系,"非椅子"是由于"设定"了"椅子"而来的。扩大开来说,"非存在"皆由"存在"的"设定"而来,既然"设定""存在",则必有与其"对立"的"反面"——"非存在""在","非存在"由"存在""设定",反之亦然。

"我"与"非我"的关系亦复如是。"意识-理性""设定"了"我",有了"自我意识",则与"我""对立"的"大千世界"皆为"非我",在这个意义上,"非我"乃由"(自)我"之"设定"而"设定",于是"自我""设定""非我"。我们看到,这种"设定"并不是在"经验"的意义上来理解的,而是在"纯粹"的意义上来理解的,"自我"与"非我"的"对立统一"关系乃是"纯粹"的、"本质"的、"哲学"的、"历史"的,因而也是"辩证"的。我们决不能说,在"经验"上大千世界全是"自我""设定"——或者叫"建立"也一样——的,那真成了狄德罗批评的,作如是观的脑袋成了一架"发疯的钢琴"。哲学是很理性的学问,它的这种"视角"的转换——从"经验"的"转换"成"超越"的,从"僵硬"的"转换"成"变化发展"的,从"外在"的"转换"成"内在"的——并非"发疯"式的胡思乱想,恰恰是很有"理路"的,而且还是很有"意义"的:这种"视角"的"转换",使得从"外在"关系看似乎是"风马牛不相及"的"事物"都有了"内在"的联系。"世界在普遍联系之中"。许多事物表面上"离"我们很"远",但作为"事物本身-自身-物自体"看,则"内在"着-"蕴涵"着"对立统一"的"矛盾"的"辩证关系",又是"离"我们很"近"的。海德格尔对此有深刻的阐述。

"日月星辰"就空间距离来说,离我们人类很远很远,但它们在种种方面影响人的生活,又是须臾不可或离的,于是在经验科学尚未深入研究之前,我们祖先就已经在自己的诗歌中吟诵着它们,也在他们的原始宗教仪式中膜拜着它们;尚有那人类未曾识得的角落,或者时间运行尚未到达的"未来",我们哲学已经给它们"预留"了"位置",那就是"非我"。哲学给出这个"纯粹"的"预言",以便一旦它们"出现",或者我们"发现"它们,则作出进一步的科学研究。"自我"随时"准备"

着"迎接""非我"的"挑战"。

"自我"与"非我"的这种"辩证"关系,使得"存在"与"非存在""同出一元",都是我们的"理性""可以把握-可以理解"的:在德国古典哲学,犹如黑格尔所谓的"使得""自在-自为之物""转化"为"为我之物";在海德格尔,乃是"存在"为"使存在",是"动词"意义上的"存在","存在"与"非存在"在"本体论-存在论"上"同一"。

就知识论来说,哲学这种"纯粹"的"视角"的"转换",也有相当重要的意义。知识论也"设定"一个不以人的意志为转移的"客体",这个"客体"乃是一切经验科学的"对象",也是"前提",但是哲学"揭示"着"客体"与"主体"也是"对立统一"的"辩证关系",一切"非主体"就是"客体",于是仍然在"存在-非存在"的关系之中,那一时"用不上"的"未知"世界,同样与"主体"构成"对立统一"关系,从而使"知识论"展现出广阔的天地,成为一门有"无限"前途的"科学",而不局限于"主体-人"的"眼前"的"物质需求"。哲学使人类知识"摆脱""急功近利"的"限制",使"知识"成为"自由"的。"摆脱""急功近利"的"限制",也就是使"知识-科学"有"哲学"的涵养,使"知识-科学"也"纯粹"起来,使"知识-科学"成为"自由"的。古代希腊人在"自由知识"方面给人类的贡献使后人受益匪浅,但这种"自由-纯粹"的"视角",当得益于他们的"哲学"。

从这个意义来看,我们所谓的"纯粹哲学",一方面当然是很"严格"的,从康德到黑格尔的德国古典哲学,哲学有了自己很专业的一面,再到胡塞尔,曾有"哲学"为"最为""严格"(strict-strenge)之称;另一方面,"纯粹哲学"就其题材范围来说,又是极其广阔的。"哲学"的"纯粹视角",原本就是对于那表面上似乎没有关系的、在时空上"最为遥远"的"事物",都能"发现"有一种"内在"的关系。"哲学"有自己的"远"、"近"观。"秦皇汉武"已是"过去"很多年的"事情",但就"纯粹"的"视角"看也并不"遥远",它仍是伽达默尔所谓的"有效应的历史",仍在"时间"的"绵延"之"中",它和"我们"有"内在"的关系。

于是,从"纯粹哲学"的"视角"来看,大千世界、古往今来,都"在""视野"之"中",上至"天文",下至"地理","至大无外"、"至小无内",无不可以"在""视野"之"中";具体到我们这套丛书,在选题方面也就不限于讨论康德、黑格尔、海德格尔等等专题,举凡社会文化、政治经济、自然环境、诗歌文学,甚至娱乐时尚,只要以"纯粹"的眼光,有"哲学"的"视角",都在欢迎之列。君不见,法国福柯探讨监狱、疯癫、医院、学校种种问题,倡导"穷尽细节"之历史"考古"观,以及论题不捐细小的"后现代"诸公,其深入程度,其"解构"之"辩证"运用,岂能以"不纯粹"目之?

"纯粹哲学丛书"改版在即,有以上的话想说,当否敬请读者批评指正。

叶秀山

2007 年 7 月 10 日于北京

序"纯粹哲学丛书"

　　人们常说，做人要像张思德那样，做一个"纯粹的人"，高尚的人，如今喝水也要喝"纯净水"，这大概都没有什么问题；但是说到"纯粹哲学"，似乎就会引起某些怀疑，说的人，为避免误解，好像也要做一番解释，这是什么原因？我想，这个说法会引起质疑，是有很深的历史和理论的原因的。

　　那么，为什么还要提出"纯粹哲学"的问题？

　　现在来说"纯粹哲学"。说哲学的"纯粹性"，乃是针对一种现状，即现在有些号称"哲学"的书或论文，已经脱离了"哲学"这门学科的基本问题和基本要求，或者可以说，已经没有什么"哲学味"，但美其名曰"生活哲学"或者甚至"活的哲学"，而对于那些真正探讨哲学问题的作品，反倒觉得"艰深难懂"，甚至断为"脱离实际"。在这样的氛围下，几位年轻的有志于哲学研究的朋友提出"纯粹哲学"这个说法，以针砭时弊，我觉得对于哲学作为一门学科的发展是有好处的，所以也觉得是可以支持的。

　　人们对于"纯粹哲学"的疑虑也是由来已久。

　　在哲学里，什么叫"纯粹"？按照西方哲学近代的传统，"纯粹"

(rein, pure)就是"不杂经验"、"跟经验无关",或者"不由经验总结、概括出来"这类的意思,总之是和"经验"相对立的意思。把这层意思说得清楚彻底的是康德。

康德为什么要强调"纯粹"? 原来西方哲学有个传统观念,认为感觉经验是变幻不居的,因而不可靠,"科学知识"如果建立在这个基础上,那么也是得不到"可靠性",这样就动摇了"科学"这样一座巍峨的"殿堂"。这种担心,近代从法国的笛卡尔就表现得很明显,而到了英国的休谟,简直快给"科学知识""定了性",原来人们信以为"真理"的"科学知识"竟只是一些"习惯"和"常识",而这些"习俗"的"根据"仍然限于"经验"。

为了挽救这个似乎摇摇欲坠的"科学知识"大厦,康德指出,我们的知识虽然都来自感觉经验,但是感觉经验之所以能够成为"科学知识",能够有普遍的可靠性,还要有"理性"的作用。康德说,"理性"并不是从"感觉经验"里"总结-概括"出来的,它不依赖于经验,如果说,感觉经验是"杂多-驳杂"的,理性就是"纯粹-纯一"的。杂多是要"变"的,而纯一就是"恒",是"常",是"不变"的;"不变"才是"必然的"、"可靠的"。

那么,这个纯一的、有必然性的"理性"是什么? 或者说,康德要人们如何理解这个(些)"纯粹理性"? 我们体味康德的哲学著作,渐渐觉得,他的"纯粹理性"说到最后乃是一种形式性的东西,他叫"先天的"——以"先天的"译拉丁文 a priori 不很确切,无非是强调"不从经验来"的意思,而拉丁文原是"由前件推出后件",有很强的逻辑的意味,所以国外有的学者干脆就称它作"逻辑的",意思是说,后面的命题是由前面的命题"推断"出来的,不是由经验的积累"概括"出来的,因而不是经验的共同性,而是逻辑的必然性。

其实,这个意思并不是康德的创造,康德不过是沿用旧说;康德的创造性在于他认为旧的哲学"止于"此，就把科学知识架空了，旧的逻辑只是"形式逻辑"——"止于"形式逻辑，而科学知识是要有内容的。康德觉得，光讲形式，就是那么几条，从亚里士多德创建形式逻辑体系以来，到康德那个时代，并没有多大的进步，而科学的知识，日新月异，"知识"是靠经验"积累"的，逻辑的推演，后件已经包含在前件里面，推了出来，也并没有"增加"什么。所以，康德哲学在"知识论"的范围里，主要的任务是要"改造"旧逻辑，使得"逻辑的形式"和"经验的内容"结合起来，也就是像有的学者说的，把"逻辑的"和"非逻辑的"东西结合起来。

从这里，我们看到，即使在康德那里，"纯粹"的问题，也不是真的完全"脱离实际"的；恰恰相反，康德的哲学工作，正是要把哲学做得既有"内容"，而又是"纯粹"的。这是一件很困难的工作，康德做得很艰苦，的确也有"脱离实际"的毛病，后来受到很多的批评，但是就其初衷，倒并不是为了"钻进象牙之塔"的。

康德遇到了什么困难？

我们说过，如果"理性"的工作，只是把感觉经验得来的材料加工酿造，提炼出概括性的规律来，像早年英国的培根说的那样"归纳"出来的，那么，一来就不容易"保证""概括"出来的东西一定有普遍必然性，二来这时候，"理性"只是"围着经验转"，也不大容易保持"自己"，这样理解的"理性"，就不会是"纯粹"的。康德说，他的哲学要来一个"哥白尼式的大革命"，就是说，过去是"理性"围着"经验"转，到了我康德这里，就要让"经验"围着"理性"转，不是让"纯粹"的东西围着"不纯"的东西转受到"污染"，而是让"不纯"的东西围着"纯粹"的东西转得到"净化"。这就是康德说的不让"主体"围着"客体"转，而让"客体"围着"主体"转的意义所在。

我们看到，不管谁围着谁转，感觉经验还是不可或缺的，康德主观上并不想当"脱离实际"的"形式主义者";康德的立意,还是要改造旧逻辑,克服它的"形式主义"的。当然,康德的工作也只是一种探索,有许多值得商讨的地方。

说实在的,在感觉经验和理性形式两个方面,要想叫谁围着谁转都不很容易,简单地说一句"让它们有机地结合起来"当然并不解决问题。

康德的办法是提出一个"先验的"概念来统摄感觉经验和先天理性这两个方面,并使经验围着理性转,以保证知识的"纯粹性"。

康德的"先验的"原文为 transcendental,和传统的 transcendent 不同,后者就是"超出经验之外"的意思,而前者为"虽然不依赖经验但还是在经验之内"的意思。

康德为什么要把问题弄得如此的复杂?

原来康德要坚持住哲学知识论的纯粹性而又具有经验的内容,要有两个方面的思想准备。一方面"理性"要妥善地引进经验的内容,另一方面要防止那本不是经验的东西"混进来"。按照近年的康德研究的说法,"理性"好像一个王国,对于它自己的王国拥有"立法权",凡进入这个王国的都要服从理性为它们制定的法律。康德认为,就科学知识来说,只有那些感觉经验的东西,应被允许进入这个知识的王国,成为它的臣民;而那些根本不是感觉经验的东西,亦即不能成为经验对象的东西,譬如"神-上帝",乃是一个"观念-理念",在感觉经验世界不存在相应的对象,所以它不能是知识王国的臣民,它要是进来了,就会不服从理性为知识制定的法律,在这个王国里,就会闹矛盾,而科学知识是要克服矛盾的,如果出现不可避免的矛盾,知识王国-科学的大厦,就要土崩瓦解了。所以康德在他的第一批判——《纯粹理性批判》里,一方面要仔细研究理性的立法作用;另一方面要仔细厘定理性的职权范围,防止越出经验的范围之外,越过了自己的权限——防止理性的僭越，管了那本不是它的臣民的事。所以康德的"批判"，有"分析"、"辨析"、"划界限"的意思。

界限划在哪里？正是划在"感觉经验"与"非感觉经验-理性"上。对于那些不可能进入感觉经验领域的东西，理性在知识王国里，管不了它们，它们不是这个王国的臣民。

康德划这一界限还是很有意义的，这样一来，举凡宗教信仰以及想涵盖信仰问题的旧形而上学，都被拒绝在"科学知识"的大门以外了，因为它们所涉及的"神-上帝"、"无限"、"世界作为一个大全"等等，就只是一些"观念"（ideas），而并没有相应的感觉经验的"对象"。这样，康德就给"科学"和"宗教"划了一条严格的界限，而传统的旧形而上学，就被断定为"理性"的"僭越"；而且理性在知识范围里一"僭越"，就会产生不可克服的矛盾，这就是他的有名的"二律背反"。

在这个意义上，我们看到，在知识论方面，康德恰恰是十分重视感觉经验的，也是十分重视"形式"和"内容"的结合的。所以批评康德知识论是"形式主义"，猜想他是不会服气的，他会说，他在《纯粹理性批判》里的主要工作就是论证"先天综合判断"如何可能，既然是"综合"的，就不是"形式"的，在这方面，他是有理由拒绝"形式主义"的帽子的；他的问题出在那些不能进入感觉经验的东西上。他说，既然我们所认知的是事物能够进入感觉经验的一面，那么，那不能进入感觉经验的另一面，就是我们科学知识不能达到的地方，我们在科学上则是一无所知；而通过我们的感官进得来的，只是一些印象（impression）、表象（appearance），我们的理性在知识上，只能对这些东西根据自己立的法律加以"管理"，使之成为科学的、具有必然真理性的知识体系，所以我们的科学知识"止于""现象"（phenomena），而"物自身"（Dinge an sich）、"本体"（noumena）则是"不可知"的。

原来，在康德那里，这种既保持哲学的纯粹性，又融入经验世界的"知识论"是受到"限制"的,康德自己说,他"限制""知识",是为"信仰"留有余地。那么,就我们的论题来说,康德所理解的"信仰"是不是只是"形式"的? 应该说,也不完全是。

我们知道,康德通过"道德"引向"宗教-信仰"。"知识"是"必然"的,所以它是"科学";"道德"是"自由"的,所以它归根结蒂不能形成一门"必然"的"科学知识"。此话怎讲?

"道德"作为一门学科,讨论"意志"、"动机"、"效果"、"善恶"、"德性"、"幸福"等问题。如果作为科学知识来说,它们应有必然的关系,才是可以知道、可以预测的;但是,道德里的事,却没有那种科学的必然性,因而也没有那种"可预测性"。在道德领域里,一定的动机其结果却不是"一定"的;"德性"和"幸福"就更不是可以"推论"出来的。世上有德性的得不到幸福,比比皆是;而缺德的人往往是高官得做、骏马得骑。有那碰巧了,既有些德性,也有些幸福的,也就算是老天爷开恩了。于是,我们看到,在经验世界里,"德性"和"幸福"的统一,是偶尔有之,是偶然的,不是必然的。我们看到一个人很幸福,不能必然地推断他一定就有德性,反之亦然。在这个意义上,这种关系,是不可知的。

所谓"不可知",并不是说我们没有这方面的感觉经验的材料,对于人世的"不公",我们深有"所感";而是说,这些感觉材料,不受理性为知识提供的先天法则的管束,形不成必然的推理,"不可知"乃是指的这层意思。

"动机"和"效果"也是这种关系,我们不能从"动机"必然地"推论"出"效果",反之亦然。也就是说,我们没有足够的理由说一个人干了一件"好事",就"推断"他的"动机"就一定也是"好"的;也没有足够的理由说一个人既然动机是好的,就一定会做出好的事情来。

之所以会出现这种情况,乃是因为"道德"的问题概出于意志的

"自由",而"自由"和"必然"是相对立的。

要讲"纯粹",康德这个"自由"是最"纯粹"不过的了。"自由"不但不能受"感觉经验-感性欲求"一点点的影响,而且根本不能进入这个感觉经验的世界,就是说,"自由"不可能进入感性世界成为"必然"。这就是为什么康德把他的《实践理性批判》的主要任务定为防止"理性"在实践-道德领域的"降格":理性把原本是超越的事当做感觉经验的事来管理了。

那么,康德这个"自由"岂不是非常的"形式"了?的确如此。康德的"自由"是理性的"纯粹形式",它就问一个"应该",向有限的理智者发出一道"绝对命令",至于真的该做"什么",那是一个实际问题,是一个经验问题,实践理性并不给出"教导"。所以康德的伦理学,不是经验的道德规范学,而是道德哲学。

那么,康德的"纯粹理性"到了"实践-道德"领域,反倒更加"形式"了?如果康德学说止于"伦理学",止于"自由",则的确会产生这个问题;但是我们知道,康德的伦理道德乃是通向宗教信仰的桥梁,它不止于此。康德的哲学"止于至善"。

康德解释所谓"至善"有两层含义:一是指单纯意志方面的,是最高的道德的善;一是更进一层为"完满"的意思。这后一层的意义,就引向了宗教。

在"完满"意义上的"至善",就是我们人类最高的追求目标:"天国"。在这个意义上,我们人类要不断地修善,"超越""人自身"——已经孕育着尼采的"超人"(?),而争取进入"天国"。

在"天国"里,一切的分离对立都得到了"统一"。"天国"不仅仅是"理想"的,而且是"现实"的。在"天国"里,凡理性的,也就是经验的,反之亦然。在那里,"理性"能够"感觉"、"经验的",也就是"合理的",两者之间有一种"必然"的关系,而不像尘世那样,两者只是偶尔统一。这样,在那个世界,我们就很有把握地说,凡是幸福的,就一定是有德的,而绝不会像人间尘世那样,常常出现"荒诞"的局面,让那有德之人受苦,而缺德之人却得善终。于是,在康德的思想里,"天国"恰恰不是"虚无缥缈"的,而是实实在在的,它是一个"理想",但也是一个"现实";甚至我们可以说,唯有"天国"才是既理想又现实的,于是,我们可以说这是一种"完满"意义上的"至善"。

想象一个美好的"上天世界"并不难,凡是在世间受到委屈的人都会幻想一个美妙的"天堂",他的委屈就会得到平申;但是建立在想象和幻想上的"天堂",是很容易受到怀疑和质询的,中国古代屈原的"天问",直到近年描写莫扎特的电影 Amadeus,都向这种想象的产物发出了疑问,究其原因,乃是这个"天堂"光是"理想"的,缺乏"实在性";康德的"天国",在他自己看来,却是"不容置疑"的,因为它受到严格的"理路"的保证。在康德看来,对于这样一个完美无缺、既合理又实实在在的"国度"只有理智不健全的人才会提出质疑。笛卡尔有权怀疑一切,康德也批评过他的"我思故我在"的命题,因为那时康德的领域是"知识的王国";如果就"至善-完满"的"神的王国-天国"来说,那么"思"和"在"原本是"同一"的,"思想的",就是"存在的",同理,"存在"的,也必定是"思想"的,"思"和"在"之间,有了一种"必然"的"推理"关系。对于这种关系的质疑,也就像对于"自然律"提出质疑一样,本身"不合理",因而是"无权"这样做的。

这样,我们看到,康德的"知识王国"、"道德王国"和"神的王国-天国",都在不同的层面和不同的意义上具有现实的内容,不仅仅是形式的,但是没有人怀疑康德哲学的"纯粹性",而康德的"(纯粹)哲学"不是"形式哲学"则也就变得明显起来。

表现这种非形式的"纯粹性"特点的,还应该提到康德的第三批判:《判断力批判》。就我们的论题来说,《判断力批判》是相当明显地表现了形式和内容统一的一个领域。

通常我们说,《判断力批判》是《纯粹理性批判》和《实践理性批判》之间的桥梁,或者是它们的综合,这当然是正确的;这里我们想补充说的是:《判断力批判》所涉及的世界,在康德的思想中,也可以看做是康德的"神的王国-天国"的一个"象征"或"投影"。在这个世界里,现实的、经验的东西,并不仅仅像在《纯粹理性批判》里那样,只是提供感觉经验的材料(sense data),而是"美"的,"合目的"的;只是"审美的王国"和"目的王国"还是在"人间",它们并不是"天国"。在这个意义上,我们具有(有限)理性的人,如果努力提高"鉴赏力-判断力",提高"品位-趣味",成了"高尚的人","脱离了低级趣味的人",那么就有能力在大自然和艺术品里发现"理性"和"感性"、"形式"和"内容"、"合目的性"和"合规律性"等等之间的"和谐"。也就是说,我们就有能力在经验的世界里,看出一个超越世界的美好图景。康德说,"美"是"善"的"象征","善"通向"神的王国",所以,我们也可以说,"美"和"合目的"的世界,乃是"神城-天国"的"投影"。按基督教的说法,这个世界原本也是"神""创造"出来的。

"神城-天国"在康德固然言之凿凿,不可动摇对它的信念,但是毕竟太遥远了些。康德说,人要不断地"修善",在那绵绵的"永恒"过程中,人们有望达到"天国"。所以康德的实践理性的"公设"有一条必不可少的就是"灵魂不朽"。康德之所以要设定这个"灵魂不朽",并不完全是迷信,而是他觉得"天国"路遥,如果灵魂没有"永恒绵延",则人就没有"理由"在今生就去"修善",所以这个"灵魂不朽"是"永远修善"所必须要"设定"的。于是,我们看到,在康德哲学中,已经含有了"时间"绵延的观念,只是他强调的是这个绵延的"永恒性",而对于"有限"的绵延,即人的"会死性"(mortal)则未曾像当代诸家那么着重地加以探讨;但是他抓住的这个问题,却开启了后来黑格尔哲学的思路,即把哲学不仅仅作为一些抽象的概念的演绎,而是一个时间的、历史的发展过程,强调"真理"是一个"全""过程",进一步将"时间"、"历史"、"发展"的观念引进哲学,形成了一个庞大的哲学体系。

黑格尔哲学体系可以说是"包罗万象",是百科全书式的,却不是驳杂的,可以说是"庞"而不"杂"。人们通常说,黑格尔发展了谢林的"绝对哲学",把在谢林那里"绝对"的直接性,发展为一个有矛盾、有斗争的"过程",而作为真理的全过程的"绝对"却正是在那"相对"的事物之中,"无限"就在"有限"之中。

"无限"在"有限"之中,"有限""开显"着"无限",这是黑格尔强调的一个非常重要的思想。这个思路,奠定了哲学"现象学"的基础,所以,马克思说,《精神现象学》是理解黑格尔哲学的钥匙。

"现象学"出来,"无限"、"绝对"、"完满"等等,就不再是抽象孤立的,因而也是"遥远"的"神城-天国",而就在"有限"、"相对"之中,并不是离开"相对"、"有限"还有一个"绝对"、"无限"在,于是,哲学就不再专门着重去追问"理性"之"绝对"、"无限",而是追问:在"相对"、"有限"的世界,"如何""体现-开显"其"不受限制-无限"、"自身完满-绝对"的"意义"来。"现象学"乃是"显现学"、"开显学"。从这个角度来说,黑格尔的哲学显然也不是"形式主义"的。

实际上黑格尔是在哲学的意义上扩大了康德的"知识论",但是改变了康德"知识论"的来源和基础。康德认为,"知识"有两个来源:一个是感觉经验,一个是理性的纯粹形式。这就是说,康德仍然承认近代英国经验主义者的前提:知识最初依靠着感官提供的材料,如"印象"之类的,只是康德增加了另一个来源,即理性的先天形式;黑格尔的"知识"则不依赖单纯的感觉材料,因为人的心灵在得到感觉时,并不是"白板一块",心灵-精神原本是"能动"的,而不仅仅是"被动"地接受。"精神"原本是自身能动的,不需要外在的感觉的刺激和推动。精神的能动性使它向外扩展,进入感觉的世界,以自身的力量"征服"感性世界,使之"体现"精神自身的"意义"。因而,黑格尔的"知识",乃是"精神"对体现在世界中的"意义"的把握,归根结蒂,也就是精神对自身的把握。所以在这个意义上,黑格尔的"科学-知识"(Wissenschaft),并不是一般的经验科学知识理论,而是"哲学",是"纯粹的知识",即"精神"在历史发展的进程中、在时间的进程中对精神自身的把握。

精神(Geist)是一个生命,是一种力量,它在时间中经过艰苦的历程,征服"异己",化为"自己",以此"充实"自己,从一个抽象的"力"发展成有实在内容的"一个""自己",就精神自己来说,此时它是"一"也是"全"。精神的历史,犹如海纳百川,百川归海为"一",而海因容纳百川而成其"大-全"。因此,"历经沧桑"之后的"大海",真可谓是"一个"包罗万象、完满无缺的"大-太一"。

由此我们看到,黑格尔的《精神现象学》作为"现象学-显现学",乃是精神——通过艰苦卓绝的劳动——"开显""自己""全部内容"的"全过程"。黑格尔说,这才是"真理-真之所以为真(Wahrheit)"——一个真实的过程,而不是"假(现)象"(Anschein)。

于是,我们看到,在康德那里被划为"不可知"的"本体-自身",经过黑格尔的改造,反倒成了哲学的真正的"知识对象",而这个"对象"不是"死"的"物",而是"活"的"事",乃是"精神"的"创业史",一切物理的"表象",都在这部"精神创业史"中被赋予了"意义"。精神通过自己的"劳作",把它们接纳到自己的家园中来,不仅仅是一些物质的"材料"-"质料",而是一些体现了"精神"特性(自由-无限)的"具体共相-理念",它们向人们——同样具有"精神"的"自由者-无限者(无论什么具体的事物都限制不住)"——"开显"自己的"意义"。

就我们现在的论题来说,可以注意到黑格尔的"绝对哲学"有两方面的重点。

　　一方面,我们看到,黑格尔的"自由-无限-绝对"都是体现在"必然-有限-相对"之中的,"必然-有限-相对"因其"缺乏"而会"变",当它们"变动"时,就体现了有一种"自由-无限-绝对"的东西在内,而不是说,另有一个叫"无限"的东西在那里。脱离了"有限"的"无限",黑格尔叫做"恶的无限",譬如"至大无外""至小无内",一个数的无限增加,等等,真正的"无限"就在"有限"之中。黑格尔的这个思想,保证了他的哲学不会陷于一种抽象的概念的旧框框,使他的精神永远保持着能动的创造性,也保持着精神的历程是一个有具体内容的、非形式的过程。在这个意义上,黑格尔的"绝对"并不是一个普遍的概念,而是具体的个性。这个"个性",在它开始"创世"时,还是很抽象的,而在它经过艰苦创业之后"回到自己的家园"时,它的"个性"就不再是抽象、空洞的了,而是有了充实的内容,成了"真""个性"了。

　　另一方面,相反的,那些康德花了很大精力论证的"经验科学",反倒是"抽象"的了,因为这里强调的只是知识的"普遍性",这种普遍性又是建立在"感觉的共同性"和理性的"先天性-形式性"基础之上的,因而它们是静止的,静观的,而缺少精神的创造性,也就缺少精神的具体个性,所以这些知识只能是"必然"的,而不是"自由"的。经验知识的共同性,在黑格尔看来,并不"纯粹",因为它不是"自由"的知识;而"自由"的"知识",在康德看来又是自相矛盾的,自由而又有内容,乃是"天国"的事,不是现实世界的事。而黑格尔认为,"自由"而又有内容,就在现实之中,这样,"自由"才是具体的,不是抽象的形式。这样,在黑格尔看来,把"形式"与"内容"割裂开来,反倒得不到"纯粹"的知识。

　　于是,我们看到,在黑格尔那里,"精神"的"个性",乃是"自由"的"个性",不是抽象的,也不是经验心理学所研究的"性格"——可以归

21

到一定的"种""属"的类别概念之中。"个体"、"有限"而又具有"纯粹性",正是"哲学"所要追问的不同于经验科学的问题。

那么,为什么黑格尔哲学被批评为只讲"普遍性"、不讲"个体性"的,比经验科学还要抽象得多的学说?原来,黑格尔在《精神现象学》中许诺,他的精神在创业之后,又回到自己的"家园",这就是"哲学"。"哲学"是一个概念的逻辑系统,于是在《精神现象学》之后,尚有一整套的"逻辑学"作为他的"科学知识(Wissenschaften)体系"的栋梁。在这一部分里,黑格尔不再把"精神"作为一个历史的过程来处理,而是作为概念的推演来结构,构建一个概念的逻辑框架。尽管黑格尔把他的"思辨概念-总念"和"表象性"抽象概念作了严格的区别,但是把一个活生生的精神的时间、历史进程纳入到逻辑推演程序,不管如何努力使其"自圆其说",仍然留下了"抽象化"、"概念化"的痕迹,以待后人"解构"。

尽管如此,黑格尔哲学仍可以给我们以启示:黑格尔的"绝对精神"既是"先经验的-先天的",同样也是"后经验的-总念式的"。

"绝对精神"作为纯粹的"自由",起初只是"形式的"、没有内容的、空洞的、抽象的;当它"经历"了自己的过程——征服世界"之后",回到了"自身",这时,它已经是有内容、充实了的,而不是像当初那样是一个抽象概念了。但是,此时的"精神"仍然是"纯粹"的,或者说,这才是真正意义上的有了内容的"纯粹",不是一个空洞的"纯粹",因为,此时的经验内容被"统摄"在"精神-理念"之中。于是就"精神-理念"来说,并没有"另一个-在它之外"的"感觉经验世界"与其"对立-相对",所以,这时的"精神-理念"仍是"绝对"的,"精神-理念"仍是其"自身";不仅如此,此时的"精神-理念"已经不是一个"空"的"躯壳-形式",而是有血肉、有学识、有个性的活生生的"存在"。

这里我们尚可以注意一个问题:过去我们在讨论康德的"先验

性-先天性"时,常常区分"逻辑在先"和"时间在先",说康德的"先天条件"乃是"逻辑在先",而不是"时间在先",这当然是很好的一种理解;不过运思到了黑格尔,"时间"、"历史"的概念明确地进入了哲学,这种区分,在理解上也要作相应的调整。按黑格尔的意思,"逻辑在先-逻辑条件"只是解决"形式推理"问题,是不涉及内容的,这样的"纯粹"过于简单,也过于容易了些,还谈不上真正意义上的"纯粹";真正的"纯粹"并不排斥"时间",相反,它就在"时间"的"全过程"中,"真理"是一个"全"。这个"全-总体-总念"也是"超越","超越"了这个具体的"过程",有一个"飞跃","1"+"1"大于"2"。这就是"meta-physics"里"meta"的意思。在这个意思上,我们甚至可以说,真正的、有内容的"纯粹"是在"经验-经历"之"后",是"后-经验"。这里的"后",有"超越"、"高于"的意思,就像"后-现代"那样,指的是"超越"了"现代"(modern)进入一个"新"的"天地","新"的"境界",这里说的是"纯粹哲学"的"境界"。所以,按照黑格尔的意思,哲学犹如"老人格言",看来似乎是"老生常谈",甚至"陈词滥调",却包容了老人一生的经验体会,不只是空洞的几句话。

说到这里,我想已经把我为什么要支持"纯粹哲学"研究的理由和我对这个问题的基本想法说了出来。最后还有几句话涉及学术研究现状中的某些侧面,有一些感想,也跟"纯粹性"有关。

从理路上,我们已经说明了为什么"纯粹性"不但不排斥联系现实,而且还是在深层次上十分重视现实的;但是,在做学术研究、做哲学研究的实际工作中,有一些因素还是应该"排斥"的。

多年来,我有一个信念,就是哲学学术本身是有自己的吸引力的,因为它的问题本身就在一个更高的层面上涉及现实的深层问题,所以不是一种脱离实际的孤芳自赏或者闲情逸致;但它也需要"排斥"某些"急功近利"的想法和做法，譬如，把哲学学术当做仕途的敲门砖，"学而优则仕"，"仕"而未成就利用学术来"攻击"，骂这骂那，愤世嫉俗，自标"清高"，学术上不再精益求精；或者拥学术而"投入市场"，炒作"学术新闻"，标榜"创新"而诽谤读书，诸如此类，遂使哲学学术"驳杂"到自身难以存在。这些做法，以为除了鼻子底下、眼面前的，甚至肉体的欲求之外，别无"现实"、"感性"可言。如果不对这些有所"排斥"，哲学学术则无以自存。

所幸尚有不少青年学者，有感于上述情况之危急，遂有"纯粹哲学"之论，有志于献身哲学学术事业，取得初步成果，并得到江苏人民出版社诸公的支持，得以"丛书"名义问世，嘱我写序，不敢怠慢，遂有上面这些议论，不当之处，尚望读者批评。

叶秀山

2001 年 12 月 23 日于北京

何谓现代国家？

——序《现代性中的理性与信仰张力》

这是一部不需要序言的作品，因为它已经有了"作者的话"对全书的写作与内容作了交代。它也不需要他人来作序，以表明它的价值，因为这部作品将会证明自己的价值。但是，作者一再"强迫"我作个序，我就"自愿地"写了这个序。被强迫，却还是自愿？什么是强迫？什么是自愿？这是一个不简单的问题。当然，这里显然不可能讨论这个问题，只是提示一下一种处境，一种人人每天都置身其中的处境：每个人与他人，与包括国家在内的共同体的关系总是处在自主与约束之间。那么，何种约束不是强迫而不损害个人的自主-自愿，何种约束是强迫而侵犯了个人的自主-自愿呢？这是政治哲学要面对的处境性问题。

我不知道作者让我写序的意图。也许作者想给我一个学习的机会，也许想让我接受他的质疑，或者想让我面对一些我忽略的问题，或者想让我对这部作品说几句中听或不中听的话，或者都不是——他人的意图是不可知的，至少是不可全知的。这也同样是每个人的一种处境，一种人与人相处、人与人交流、人与人对话的处境。这也同样是政治哲学需要面对的一种处境。

这一处境要求人们在面对分歧的时候，有必要克制对对方的动机或意图的揣测，而尽可能就事论事地展开讨论，以便有效地达成理性的共识。否则，任何人都可以通过在妄加揣测上下功夫，来为自己争得并无根据的道德制高点，从而使分歧马上转化为道德上的优劣或高低。而这意味着，争论还没开始就已经结束了。但是，在没有能够展开有效争论的地方，都不可能真正达成足以凝聚充满分歧的各种人群的社会共识。在习惯于以动机为坐标去理解与面对分歧的地方，通常既是阴谋论泛滥的地方，也是道德旗帜飘扬、偶像崇拜盛行的地方。但是，无论是道德旗帜，还是偶像崇拜，都不可能打造出团结的共同体。因为以人们无法相互确知的动机为坐标，终究是以强力为坐标。为什么？因为一旦把动机作为理解与面对分歧的坐标，那么，动机的好坏、善恶、高低完全取决于强力的裁定。这意味着道德旗帜背后飘荡的是强力的特殊意志，偶像崇拜背后隐藏的是强力的特殊利益。而由特殊意志与特殊利益主导的共同体实际上都是一个处在内战边缘的共同体，这里不仅没有也不可能有什么理性的共识，甚至连那些底线道德与良知呼唤也因或者被悬搁掩盖或者被践踏蔑视而变得模糊不清、淡若乌有，以致所有足以统一共同体的普遍性事物都退场了。普遍性事物缺席的任何一种共同体当然都不可能是一种团结、可靠的共同体。

既然动机或意图不可揣测，那么就直接面对问题本身。这部作品要讨论的是现代国家意识所隐含的问题。那么，何谓现代国家？这是一个值得澄清的问题。对这一问题，有两种颇为流行的"意见"。的确，它们只是意见，而不是真理。但是，意见常常掩盖了真理。所以，为了呈现真理，需要澄清意见。

一

最流行的一种意见认为，民族国家（nation-state）的产生就意味着现代国家的出现。这可以说是流行于全球学界的一个意见。因此，现代国家的历史被追溯到终结了17世纪欧洲三十年战争的韦斯特伐利亚和约确立起来的国家。根据这一意见，随着有些学者把民族国家追溯到更早的世纪，现代国家的诞生也被大为提前。的确，自从其诞生起，民族国家就成了后世国家建构的一种模式而席卷全球，以致迄今仍构成现代国家的一重身份。

但是，作为现代国家的一重身份，并非意味着民族国家就是现代国家。就其产生的具体历史而言，民族国家产生于实力均衡，它所具有的那些主权内容（也是构成后来产生的国家的主权内容）也来自它背后的实力，或者说是以它所拥有的足够实力为支撑。在这个意义上，民族国家的主权的正当性直接就来自实力。换个角度说，那些没有足够实力的民族（nations）是没有理由成为一个国家（state）的，这在现实中就体现为不被承认、不被支持为一个国家。在民族国家的构建中，无论人们是否打着其他旗号，实际上它都是基于其实力才能获得成功。这也是为什么以民族国家为基础形成的国际体系实际上奉行的就是实力均衡原则的原因；特别是维持或达成大国之间的实力均衡，被视为维护一个稳定而合理的国际体系的基本原则。

但是，如果国家主权的正当性就来自其实力，那么也就意味着，实力（强力）即正当乃民族国家的立国原则。而实力即正当的原则，换一个说法，就是"成王败寇的原则"。这样的原则也是古代政治实体获得国家身份所遵循的原则。在这个意义上，基于这样的原则建构的民族国家与古代国家实质上没有任何区别。它们立（建）国的目的与统治的方式都遵循着统治者利益最大化与永久化的原则。这体现在,与民族国家产生过程相伴随的通常就是国家的集权化。在欧洲就体现为王权不断强化,直至像法国以及后来的普鲁士、沙俄那样典型的绝对君主专制的出现。集权是所有古代国家共同的方向与归宿,希腊民主制、罗马共和制,以及中国北方民族最初保留的轮流共主制,最终都被集权制的国家形态取代。民族国家也不例外,就在于它的立国原则与目的,与之前的国家一样,都是基于"实力即正当的原则",并以统治者的利益最大化、永久化为目的。

民族国家成为一个国家似乎还有一个理由,那就是"民族性",也即可以由人类学-社会学加以考察与认定的那些民族属性,主要包括共同的语言、文化(包括宗教与传统等)与历史记忆等。但是,实际上,在首先产生于欧洲的民族国家的现实存在被观念化为一种国家观之后,民族性才得到理论性的关注与自觉①,并进一步才被上升为政治共同体认同的基本要素。于是,民族性才成为民族国家的一面旗帜:既是有民族国家团结与动员的一面旗帜,也是未来民族国家建国的一面旗帜。但是,无论在理论上还是实际上,民族性并不构成一个民族建构其国家的理由。就理论上而言,一个民族并不能从其特殊的民族性出发,给出构建一个国家的正当性理由。换个角度说,任何一个民族都无法基于其特殊的民族性提出建构国家的诉求。这首先是因为建构国家的正当性理由应当是出自普遍性原则,而不是特殊性事物。否则,国家将不断自我瓦解下去,因为任何一个民族群体都或者已包含着或者正产生着可以不断区分下去的民族性。其次,民族

---

① 这种理论性的关注与自觉包括但不局限于对民族性进行历史-社会学、人类学的考察与识别。这种理论上的关注与识别工作又倒过来塑造或强化既有民族国家的民族意识。对世界各种族群进行历史-社会学、人类学的考察与认定,无不唤醒与激起所有族群各种层面的身份意识,包括民族身份层面的意识。这就是科学—理论的力量。

性总是历史的产物，因此，也总会被历史所改变与瓦解。

虽然民族国家观随着欧洲殖民运动被带到全球之后，在全世界激起了从未有过的民族意识与民族性，通过历史叙述构建的这种民族性，成了民族解放运动最有力的一面旗帜。因此，也最常直接被当作民族独立建国的正当性理由。但是，民族性可以成为民族解放运动一面最有力的动员旗帜，并不意味着民族性就能够成为一个民族独立建国的正当性理由。面对殖民统治，摆脱殖民者的统治而立国的正当性理由从一开始就不是民族性，否则，美利坚就没有理由诞生，也不可能诞生。美利坚为其独立与建国而寻找和确立的，是一种超越了民族性、也超了"强力即正当"的全新理由，一套全新原则。这些原则可以归结为最根本的一条原则，那就是捍卫人类成员个体不被强权与强力所主宰与专制的自由。这些原则也才为后来所有民族解放运动提供了正当性的真正理由；不仅如此，这些基于欧洲思想的全新原则也才为此后包括欧洲大陆在内的世界所有地方提供了改造自己的国家的正当性根据。

但是，由于几乎所有的民族独立解放运动都以民族性作为动员的旗帜，以致引起一个世界性的误解：无论是殖民统治者，还是反抗殖民的民族解放者，都自觉或不自觉地把作为动员旗帜的民族性误当作民族独立建国的正当性理由。正因为如此，通过反殖民运动建立起来的民族国家在独立建国之后，并没有走向使它们独立建国具有内在正当性的那些原则所要求的自由社会，相反，与最初的欧洲民族国家一样，大都走向了集权，成为单纯的民族国家而仍停留在古代社会里。殖民时代结束了，全球进入了民族独立与民族国家建构的时代，却并不意味着告别了古代社会而进入自由的新时代。最多只能说，使结束殖民时代的民族主义运动具有正当性的那种内在原则指示着解放与自由的方向，这使所有走向集权而滞留在古代社会的民族国家都将陷入自相矛盾之中,而这种自相矛盾的困境将迫使、推动民族国家朝向自由的新时代。

这里值得提及的是大不列颠王国的幸与不幸。与欧洲大陆的民族国家一样,大不列颠也曾努力强化王权,不一样的是,它强化王权的努力一再受挫。查理一世是欧洲民族国家为强化王权而被送上断头台的第一个君主。即便付出了一颗君王头颅的代价,也没能阻止查理二世与詹姆士二世以法国的集权王室为榜样,继续试图通过削弱乃至取消议会来强化王室权力的努力。詹姆士二世不惜失去贵族与国民的支持,也要把强化王权的努力进行到底。这种不顾国情的偏执和固执实际上并非出于不列颠君王的个人品性,而是出于伴随欧洲民族国家诞生后涌现的一个时代潮流,也即国家权力向最高权力集中的潮流。这个潮流使欧洲大陆重要的民族国家逐渐成为集权国家,王室由此在获得了从未有过的财富与尊荣的同时,获得了从未有过的权威与动员能力。王室这种新的权威与动员力同时展现为一个民族国家的荣光与霸权。

这使王室与一些政治理论家不仅把集权国家视为国家建设的方向,而且把制衡王权的议会视为一种需要加以消除的消极政治要素①。然而,对于不列颠王室来说,不幸的是,不列颠的历史与地理位置使它的王室无法像法国王室那样实现集权。作为一个岛国,不列颠近乎欧洲的边陲,既不是政治、经济中心,也不是宗教文化中心,对于古代欧洲大陆而言,它并不具有根本性的战略意义。这种边缘地位使它在历史上确立起来的王室与封建贵族之间,以及与教权之间相对比较平衡的关系得以长时段地保留,形成一个相对稳定的平衡关系。诺曼征服虽然强化了王权,却同时也继续了封建。这种平衡

---

① 霍布斯在《利维坦》里就把英国当时不断给王室制造集权障碍的议会视为坏事物,而力倡绝对君主制。

关系，对于王室来说似乎不是好事，特别是在三十年战争中及之后，英国王室不能像欧洲大陆以法国为代表的王室那样拥有几乎不被制约的权力，因而可以完全掌控整个王国，可以挥洒自如地举放整个国家。在相当长的历史时段里，相对于王权一直备受封建贵族限制的不列颠王国，欧洲大陆那些绝对君权制国家，无论是在财富的积累上，还是在内外的动员力与征战力上，都显示出了巨大的优势，一时都成就了稳定、繁荣与世界性荣光的伟业。所以，连近代契约论国家学说的开创者霍布斯这么富有洞见的哲学家，都把英国王室与议会（封建领主、贵族代表）之间存在的制衡关系视为英国需要加以克服的消极因素，把绝对君主制视为英国应加以追求的方向。

但是，对于那些拥有领地与财富的封建贵族来说，不列颠王室无法集权成绝对君主制国家，恰恰是维护与保障这些贵族们的权利和利益的前提。换个角度说，对不列颠王权的限制，也即对集权的限制，才足以维护和保障贵族们的权利空间①，从而维护和保障贵族们所代表的地方的自治。在这个意义上，由历史与地理位置造就的这种特别政治生态——王室无法完成向绝对权力集权，而地方贵族们始终得以保有和维护其自治权利的空间——虽然对王室而言似乎是坏事，但是，对于地方与贵族们来说，却是一件幸事。

如果放在更长时段里来看，那么，我们甚至可以说，对于整个英国乃至世界来说这也都是一件幸事。正是基于英国这一政治生态，才会发生以限制王权为明确目的的两次革命，并最终以不流血的"光荣革命"完成对不列颠王权的永久性限制。当威廉国王接受了议会提出的《权利法案》(*The Bill of Rights*)作为其被接受和承认为王的条件，也就意味着，他彻底终结了不列颠王室的集权事业。通过包括

①　这也许就是柏克念兹在兹的英国人历史上或传统上就有的权利。

把立法与废法的权力彻底从王权剥离出来等内容在内的"权利法案",不仅把王权这一从人类社会长出来的千年巨兽真正置于法下而得到驯服,而且重构了整个国家的权力机制,把不列颠王国的政治置于约翰·洛克政治学说所揭示的一种全新的运作逻辑之中。从此,不列颠王国不仅不再是原来的王国,而且也不再是原来的"民族国家",而是开启了成为一种全新国家——人人在法下,也人人在法内的法治国家——的历程。由于人人在法下,因此,无人能获得绝对权力而无人能垄断权力,这使所有特权与等级开始走向没落;与此同时,由于人人在法内,因此,人人都得以争取、维护并行使普遍法划定的界限内的安全与自由。在这个成为"全新国家"的进程中,王权得到了有效的限制,集权永久性停止了,而不列颠的整个社会却焕发出了全新的活力。正是这种全新的国家治理模式最终使一个岛国成就为一个人类历史上从未有过的日不落之国。

虽然辉煌过后,它也终究解体了。但是,与历史上那些大帝国在解体之后留下了混乱与失序不同,这个日不落之国解体之后却给它原属地留下了以"通过限制最高权力来保障个人自由与地方自治"为运作原则的治理模式,从而把这些地方带上了朝向新的政治文明的轨道。不仅如此,不列颠对王室与集权的成功限制,对于欧洲乃至世界所有王权国家如何走向新的政治文明具有示范性的意义。

所以,如果说有什么民族国家成为现代国家,那么它首先就是不列颠王国。但是,当且仅当威廉王接受了"权利法案",使不列颠王国不再是原来的王国,也不再是原来的民族国家,它才开始迈进现代国家的门槛。

二

现在我们要回头讨论关于现代国家的第二种更为荒谬的意见:

秦制国家即是现代国家，或者至少秦制已经包含了现代国家的基本元素而近似于现代国家①。这种意见在很大程度上是基于把民族国家（特别是把完成集权化的绝对君主制的民族国家）就当作现代国家而得出的。因此，它是一种意见的意见。当人们把集权化的民族国家视为现代国家，那么，人们当然也就可以从秦制看出现代国家的色彩。这是从原层荒谬引出的另一层荒谬。

为澄清这种荒谬，这里我们有必要澄清秦制国家的核心究竟是什么？从制度角度看，秦制的核心就是确立起了以皇权为中心的三级垂直管理体系，也即一种垂直的科层运作机制。在这种垂直的科层运作体系里，一方面，由于每一层级的权力运作者（也即官员）都是由最高权力拥有者直接任命与授权的，同时，最高权力拥有者也随时可以更换地方主政者，收回授权，这使国家的最高权力可以在其管辖范围内畅通无阻地贯彻和行使自己的意志；另一方面，由于整个社会被分解为三个垂直的科层体系，所有人都成了最弱小的个体单位直接面对国家权力，而不再像封建国家里那样，多数人以众多封建领主为中介面对国家。这两方面特性使秦制国家获得了对整个社会的一种超强的管控力：最高权力不仅可以直接动员整个社会，而且可以掌控整个国家的所有财富。相对于封建国家或部落式国家来说，秦制国家在权力运作效率上具有显著的优势。

这种秦制国家也是人类史上最早自觉地依据一种政治理论建构起来的"人造国家"。这种政治理论就是法家思想。其核心原则有二：

---

① 弗朗西斯·福山在评论商鞅改革时认为，商鞅筹划的一系列改革适应了战争频仍的需要，使秦国能够在一系列战争中胜出，而"战争可能不是国家形成的唯一引擎，但是肯定是一个现代国家在中国涌现的主要动力"。福山还根据他对马克斯·韦伯有关现代特征的本质规定的理解认为，"秦朝如果没有全部（那些现代特征），至少也有很多"，并且对马克斯·韦伯仍只是把秦制国家描述为家族国家，而不是现代国家感到困惑。（分别参见《政治秩序的起源：从前人类时代到法国大革命》，毛俊杰译，广西师范大学出版社2014年版，第111、第117页）福山这一现代国家观，大概也是汉语世界一些学者把秦制视为"现代国家"的渊源之一。

1. 君为臣纲而独尊君王。以孔子为代表的先秦儒家在君臣关系上主张一种相互性的对应关系，即君当为君，则臣当为臣①。这种相互关系有时由于被比附为父子关系而被视为一种无法解除的伦理关系，但是，在先秦儒家的论说里，君臣关系实际上更是一种契约关系。我们且看孔子的论述："邦有道，谷；邦无道，谷，耻也。"②如果君王已背道弃理，国家已无法度，社会已无公义，再去做臣为官，那就是一种需要加以拒绝的堕落。这很典型地体现了孔子"道不同，不相与谋"的一种不合作精神。这种不合作精神表明，在孔子这里，君臣关系并非一种不可解除的伦理关系，而是一种对应性的契约关系。在这种对应性的关系中，君有其尊，而臣有其格，就是臣有选择去留的自由。孔子周游列国，其目的在"谋道"而非"谋食"，留与不留不在君王，而在基于"道"的共识与约定。

但是，法家则重构了这种关系，使之成为一种垂直而单向的绝对关系。

如果说儒家是在礼制中确立君臣关系，那么法家则是试图通过确立法制来重构君臣关系。对于法家来说，立法、明法、严法乃治国之根本要务。与近代政治哲学一样，法家也设想了人类的一种初始状态：在那种状态下，人类没有君臣上下之分，民乱而无序；特别是随着人口增多，各种奸诈欺蒙之事随之泛滥，民乱而不治。"故立法制为度量以禁之。是故有君臣之义，五官之分，法制之禁，不可不慎也。"③在儒家的礼制里，礼也是别君臣上下的，但是，礼却可不下庶

---

① "君使臣以礼，臣事君以忠"（《论语·颜渊》），臣为君尽忠办事，是对君待臣以礼的一种回应性责任，而不是无条件地忠君。孟子更进一步："君视臣如手足，则臣视君如腹心；君视臣如犬马，则臣视君如国人；君视臣如土芥，则臣视君如寇仇。"（《孟子·离娄下》）无论是职事上，还是态度上，君臣之关系都是一种相互性的对应关系。
② 《论语·泰伯》。
③ 《商君书锥指·君臣篇》。

人,但是,在法家的法制里,法不仅是分君臣之序,定官爵之职,而且也涉及庶人,甚至更重要的是针对庶人的。唯以法为众民行止之度量,众民才能行止有度而不奸不乱,国才得以治。"故有明主忠臣产于今世而能领其国者,不可以须臾忘于法。破胜党任,节去言谈,任法而治矣。使吏非法无以守,则虽巧不得为奸。使民非战无以效其能,则虽险不得为诈。夫以法相治,以誉相举者不能相益,訾言者不能相损,习相爱者不相阿……夫爱人者不阿,憎人者不害,爱恶各以其正,治之至也。臣故曰:法任而国治矣。"①这里,法被抬到了治国的首要位置上。只要任法而行,则官吏结党营私可破,众民奸诈之偏可正,国因而可治。这里,值得提示的一点是,法家认识到人性之中有爱憎之情,无论这种爱憎是基于亲亲相习,还是出于利益相关,都会导向偏私:或结党营私,或相恶互损。因此,需要以法节制,使之归正。法高于情,这是法家抬高法在国家治理中的地位的一个逻辑结果。

不过,法家抬高法的地位并不是为了法本身,而是为了确立起一种绝对的尊尊秩序,甚至把绝对的尊尊就视为法本身。儒家之礼制也是要确立与维护尊尊秩序,但是,儒家的尊尊不仅基于位,更基于德。在这个意义上,儒家尊尊之道乃在尊德。尊圣王重不在尊其位,而在尊其德。换句话说,圣王之为圣王不在于其王,而在于其德。简要说,儒家尊尊之道可以概括为:所尊者,德也;尊尊,尊德也。正是基于儒家这种尊尊之道,君臣关系才是一种对应的相互性关系,而不是一种单向的垂直性关系。也正是在儒家这种以德为根本的尊尊之道的视野里,汤武革命不仅被容许了,而且被积极肯定了。所以,诛暴

---

① 《商君书锥指·慎法篇》。

君不被视为弑君而背礼,而被定性为诛独夫而获得合法性①。

在儒家尊尊的圣王谱系里,尧、舜为至德之王,而其至德乃在行禅让而公天下。因此,尧、舜便成为万王尊尊而效法之王。这也是为什么儒家有一种总是朝回看的政治史观的原因。但是法家打破了儒家的这一历史梦想。这与法家理论的治世要旨相关,这一要旨就是韩非表达的"定位一教之道"②。

何谓"定位一教之道"? 根本上说,就是定于一尊之道,也即绝对的、无条件的尊尊之道。根据这种"定位一教之道"的诉求,法家重估了尧、舜之间的关系,否定了儒家赋予他们的"道德地位"。在韩非看来,尧、舜之间的禅让恰恰坏了尊尊的规矩,开了乱世之端。"尧为人君而君其臣,舜为人臣而臣其君;汤、武为人臣而弑其主、刑其尸,而天下誉之,此天下所以至今不治者也。夫所谓明君者,能畜其臣者也,所谓贤臣者,能明法辟、治官职,以戴其君者也。"③对于法家来说,君臣之间有绝对的界限不可逾越,也即君臣之位绝不可移易。君即绝对的君,臣为绝对的臣。所以,明智的君主首先就是要懂得,所有臣下永远都是用来驱策和驾驭的,无论臣下何其贤与智;其次是要懂得如何驱策与驾驭臣下,而绝对不允许臣下以其贤或智而危主之位。对应的是,真正贤能之臣则应是绝对的忠王之臣,他以明法度、尽其职而始终拥戴其王;换个角度说,在法家这里,真正的贤智之臣,首先

---

① "齐宣王问曰:'汤放桀,武王伐纣,有诸?'孟子对曰:'于传有之。'曰:'臣弑其君,可乎?'曰:'贼仁者谓之贼,贼义者谓之残。残、贼之人谓之一夫。闻诛一夫纣矣,未闻弑君也。'"(《孟子·梁惠王下》)就桀、纣为王而言,当然当尊。但是,尊王为尊,是有条件的。这个条件就是君王当有仁有义。如果君王损仁弃义而作恶多端,那么他早已沦为人人侧目的残暴之徒,虽有君位,实则已被国人视若仇寇而成天下人人喊打之独夫。驱逐乃至诛杀这种绝仁弃义的君王,实际上是诛一独夫,而有除民害、复仁义、安天下之功。这里,可以看到,在儒家的尊尊之道里,若尊者失德(仁义),则失尊。因此,尊者,德也;尊尊,尊德也。这是儒家与法家的一个根本之不同。

② 《韩非子·忠孝篇》。

③ 《韩非子·忠孝篇》。

贤智在对君王的绝对忠诚与无条件拥戴，而不在其能力与德性。但是，尧舜之禅让，则以君君臣，以臣臣君，君臣易位，实际上是以"上贤之道"废弃了治世之常道。在法家看来，禅让之道甚至不是尊尊之道，而是尊贤而上贤之道。而正是禅让所蕴含的这种"上贤"之道，赋予了以臣伐君以正当性理由，从而不仅引发了汤武革命，而且使天下赞颂这种革命。人世自古以来之所以一直未能达治，就在于尧舜开启的这种君臣可以易位的"上贤之道"带来的混乱：人人自以为贤而能，则人人皆可觊觎、争夺君位。

治国安邦固然需要贤人智士，但是，这是需要前提的，这个前提就是君臣、父子、夫妻之间的绝对秩序。什么是这三者的绝对秩序？"臣事君、子事父、妻事夫，三者顺则天下治，三者逆则天下乱。"①这三者的秩序看起来与儒家并无不同，但是法家的重点不在君臣、父子、夫妻之间的对应性关系，而在其中任何二者之间的绝不可颠倒与不可移易的关系。无论臣如何贤与智，臣永远只能事君，不仅绝不能危君、代君，亦不能弃君；同样，子再贤，也绝不能取父之家，妻再惠，也绝不能凌夫之上。所以，在法家这里，"三者顺"，是绝对的顺。君对臣、父对子、夫对妻的无条件优先，被法家视为要达天下之治所必须确立起来的第一秩序。法家确信，当且仅当三者确立起这种绝对的顺，天下才能治，也就能治；换个角度看，这意味着，一切乱源，一切不稳定之端，都在这种"绝对的顺"中被动摇。

因此，在法家的治理思想里，臣绝对顺君，子绝对顺父，妻绝对顺夫，被奉为治世之常道。既然是治世之常道，当然也就是治世的最高之法。所以，如果说法家所要确立与推崇的法中有什么法是根本的最高位法，那么就是三个绝对的顺。这意味着，确立、维护与信守这

---

① 《韩非子·忠孝篇》。

三个绝对的顺,既是循常道而治,也是"任法"而治。人间如若要实现治世,首先要拒斥"上贤任智"而改弦易辙,以"上法"求治世。所以,针对儒家传统上的"上贤"治世观,韩非非常确信地断言:"上贤则乱,舍法任智则危。故曰:'上法而不上贤'。"①

我们可以把韩非这里所确立的"三个绝对的顺"视为法家的"三大法",也可以把它们统称为"绝对法",也即无条件的法。而在这三大法中,臣无条件顺君而绝对地忠君,是最大、最高的。否则,其他两大法都不成其为法。也就是说,子顺父,妻顺夫,是要以绝对顺君为前提的,而不是相反。在这个意义上,子顺父、妻顺夫,虽然不可颠倒、不可移易,但是,却必须全然在顺君这一前提之下才能成立。如若在顺君与顺父或顺夫之间出现冲突,那么,顺父、顺夫就不再是法,唯顺君为唯一大法。

基于法家所理解的治世之道,韩非颠倒了君臣关系与父子关系:把君臣关系置于父子关系之上而优先于父子关系。所以他甚至认为:"夫君之直臣,父之暴子","父之孝子,君之背臣"。②敢于直言犯谏的直臣,当然是忠臣,至少是忠臣的一种体现。但是,成为这种忠直之臣,在家往往就是父之暴子,而不是孝子。这里,孝不仅不是忠君的基础,相反,如果把孝放在第一位,那么孝则会导向不忠,孝子甚至会成为君之背臣。因此,父子、夫妇之关系要受君臣这一第一关系的限制或制约,父子关系不再简单是君臣关系的基础,相反,父子关系要服从于君臣关系。这在根本上意味着,在法家的治道里,君臣关系要泛化到一切伦理关系之中;而这蕴含着将社会关系泛政治化的倾向。这是法家与儒家一个重要的不同之处。

上面的分析表明,法家以其所理解的"历史事实"否定尧舜禅让

①《韩非子·忠孝篇》。
②《韩非子·五蠹篇》。

开启的"上贤任智"之治道的可行性，转而确立新的治道，那就是"上法"之道。而法家的"上法"之道的根本就在"上君"：在把君臣关系确立为人间的第一关系与最高关系的同时，把君王置于绝对不可挑战、不可移易的至高无上的地位。法家据此完成了对儒家传统的君臣关系的重构。在这种新的君臣关系中，忠臣之为忠臣被韩非表述为"忠臣不危其君"①。无论君王为善而利众民，还是为恶而祸苍生，为臣者都当维护其君王而忠于君王，因此，"人主虽不肖，臣不敢侵也"②。

儒家在君臣之间所确立与维护的那种相互性规范，在法家这里已荡然无存。在法家的君臣关系里，忠意味着绝对忠诚与绝对服从。这种君臣关系被法家化的儒家董仲舒概括为"君为臣纲"。在他提出的"三纲说"里，君为臣纲是最核心的，其他两纲都服务于君为臣纲这一最高原则。前面的讨论表明，这样的观念已经清晰地存在于韩非的思想里。

对于法家与秦制来说，君为臣纲实际上不再是一种伦理原则或契约原则，而是一种先于且高于一切伦理原则的最高法律。相应地，君臣关系不再是一种具有相互性的伦理关系或契约关系，而转化为一种垂直而单向的政治关系与法律关系。在法家的治理理论里，君为臣纲甚至成了一条新的立国原则而成了国家的最高位法。于是，国君的利益，或者更准确地说，国君的意志，就成了国家的法源。所以，法家抬高法的地位实际上是为了抬高君的地位。因此，我们前面说，法家的"上法"之道根本上就是"上君"之道。

这里，有必要进一步澄清法家之法的实质。

法家一出场就是以变法者形象出现的，至商鞅、韩非更是如此。他们首先都反对法先王，这与他们确立了新的历史观和先王观相关。

---

① 《韩非子·忠孝篇》。
② 《韩非子·忠孝篇》。

在他们的历史观中,古代并无什么黄金时代的圣王足以效法;历史并非古代比当代更合理、更值得期待。这打破了厚古薄今的儒家史观。不仅没有万世圣王可法,实际上,历史上也没有什么不变之法可法,因为历史上那些成就大功大事的贤智之人,凭据的都是新法,而非基于法古。在商鞅看来,"三代不同礼而王,五伯不同法而霸。知者作法;愚者制焉,贤者更礼,不肖者拘焉。……礼法以时而定,制令各顺其宜",所以,在反对其政敌甘龙主张"圣人不易民而教,知者不变法而治"时,他非常坚定地对秦王说:"治世不一道,便国不必法古。"①在法家的新史观下,便国即是强国。法古不能便国,法古何为? 那么,法什么呢? 什么能便国而强国,就以什么为法。法家所说的法包括两个层次:一个是政治政策,一个是法律规范。无论哪个层次,立法、作法都以强国为目的。在这个意义上,万法之为法,不在法本身具有正当性,而在此法有利或最有利于其目的,即强国。也就是说,最好的强国手段即是法。而在"君为臣纲"这一最高法下,强国即强王。所以,关于法之实质,韩非进一步引出了一个逻辑结论:"君无术则弊于上,臣无法则乱于下,此不可一无,皆帝王之具也。"②在法家的治世思想里,法与术处在同一层面而一样重要。君王以术操权而任官驭臣,以法一政而师官顺民。操权而威立,则君大,一政而力聚,则国强。这是法家实现其所谓治世的基本路径。在这里,法之所以重要,就在它是君王王人而自威自强的有效工具。所以韩非总结道:"故法者,王之者也"③。王如何据以王天下,便如何是法。这里,法是工具主义之法,便也是功利主义之法。万法之所以有资格成为法,或者有必要成

①《商君书锥指·更法篇》。在法随时易这一思想上,韩非与商鞅可谓一脉相承:"法与时转则治,治与世宜则有功。"《韩非子·心度篇》
②《韩非子·定法篇》。
③《韩非子·心度篇》。

为法,不在于这种法本身具有内在正当性,而在于这种法能聚力成强而王服天下。因此,把这种法立为法,实乃表达了这样一种正义观:能强皆允许,强力即正当。这种"法观"实际上等于否定了正义本身,从而否定了法本身。这是法家之法的真正实质所在。

在君为臣纲这一立国原则下,商鞅就是以这种"法观"主导其"缘法而治"①的改革。商鞅的这种改革是在根本上要解决三个方面问题的一种制度设计:① 如何把君王集权立威与聚力强国的意志转化为法律权威与法律措施? ② 如何保障所立之法畅通无阻? ③ 如何高效达到预期效果?在这一改革里,法家一方面把法抬到了近乎普遍法的高度,打破了基于血缘的宗法等级与封建礼制。但是,另一方面,它建立起来的却不是法治(rule of law),而只是法制(rule by law)。

因为在独尊君王这一立法前提下,君王之意志与利益即是万法之源,而君王本身则永远置身法外。法家的改革在根本上就是通过把"君为臣纲"确立为立国原则而使之成为最高位法②,从而在法律上把君王抬到至高无上的地位——君王成为万法之源而自身却又置身法外。因此,法家所可能确立的所有法都不可能成为真正的普遍法,也即把所有人都置于自己之下而足以成为治理主体的那种普遍法。以此建立起来的治理系统只能是一种以法治理(rule by law)的法制机制。在这种治理系统里,法被摆到了无以复加的地位,以至韩非甚至主张:"治民无常,唯法为治"③。但是,法却永远只是工具。

这种法制本身之所以是一种古代性的治理体系,就在于它实际上仍只是一种人治,甚至是一种强化版的人治:个人的意志,包括个

---

① 《商君书锥指·君臣篇》。
② "君为臣纲"作为条目虽然是由汉时董仲舒提出,但作为观念在商鞅与韩非那里已确立,并被付诸实践。
③ 《韩非子·心度篇》。

人的利益、个性、偏好、局限,都将更直接、更强有力地影响、决定整个国家的治理。国家甚至进一步被私人意志与私人利益所笼罩,而远离了公共性与普遍性。在这个意义上,我们甚至可以说,秦制国家甚至是封建国家的倒退。

2. 君权神授。为了秦制国家的建构,法家不仅确立了"君为臣纲"这一原则,而且援引了"君权神授"原则,以这一原则为秦制国家的正当性辩护。这里,我们把对统治权之正当性向人自身之外或之上的超越者进行溯源的观念诉求,统称为"君权神授论"。可以说,这是所有古代国家为自己寻求正当性的共同路径,中外概莫有外。以超越人自身之上的超越者或神秘者(包括所谓的"自然")作为自己统治众人的正当性来源,这是古代国家之为古代国家的一个古代性所在。所以,法家援引这一原则并非例外,也并非突破。

但是,法家通过引入"自然法"维度来加持秦制君权的神圣性。法家化的董仲舒首先把三纲直接诉诸天:"王道之三纲,可求于天"。如何求之于天呢?"君臣、父子、夫妇之义,皆取诸阴阳之道。君为阳,臣为阴;父为阳,子为阴;夫为阳,妻为阴。"[1]董仲舒通过把天地自然里的阴阳关系引入人事关系来把君臣关系转化为一种"天然"的阴阳关系。既然君臣是一种天然的阴阳关系,在这种阴阳关系中,君为阳,臣为阴,那么,君阳为主,臣阴而伏,便是一种自然的秩序。作为一种自然秩序,阴阳不可颠倒,君臣不可移易,也便是一种天道。因此,倘若君臣易位而阴阳颠倒,则是反自然而背天道。这当然是绝对不允许的:不仅是人不允许,也是天地自然所不允许的。在这里,通过引入阴阳学,把"自然"与"天"对接起来,借此以"自然法"为秦制王权辩护的同时,也赋予了秦制王权以神圣性。

---

[1] 董仲舒:《春秋繁露·基义》。

无论是就其立国原则,还是就其王权正当性的辩护原则看,秦制国家都是典型的古代国家。在它这里,法在形式上的普遍性与公共性掩盖了法在内容上的极端特殊化与私人化;其制度上集权而分层的机制,在提高了国家权力的运作效率的同时,使国家每一层级的权力单位都成为只能被一个人操控也只为一个人服务的机构,从而使国家在制度层面上的权力运作极度私人化,而脱离了权力单位本应具有的公共性与普遍性。

三

与把民族国家或秦制国家当作现代国家之诞生相应,在讨论现代国家学说的源头时,有学者把马基雅维利的政治理论视为现代政治理论的开端。

无论是赞同还是反对,把马基雅维利的政治理论当作现代政治理论学说开端的理由主要有三个:① 把政治从宗教、道德中分离出来,在国家治理问题上排除了宗教维度与道德使命;② 主张国家权力机制的集权化与合理(技术)化,以提高国家权力的运转效率;③ 强调法律在国家治理中的地位。

这三点可以归结为一点,那就是把政治世俗化,从人性的角度理解与讨论政治问题。所以,马克思认为马基雅维利与霍布斯、斯宾诺莎甚至卢梭等人一样"已经用人的眼光来观察国家了"①。

传统政治理论总是对政治、国家提出道德要求,甚至宗教的要求。国家需要实现与维护共同体的善与正义,而其统治者则需要具有相应的美德来保障或守护这种善和正义。同时,传统政治理论通常都自觉或不自觉地引入宗教维度去理解、确立共同体的善和正义。

---

① 《马克思恩格斯全集》第一卷,人民出版社1995年版,第128页。

这使传统政治理论视野下的国家都带有神学色彩。因此,在传统政治理论里,国家不只是人的国家,同时也是神或天的国家(天设百官以治民);或者说,国家不只是人性的产物,也是神性与神意的展现。在这个意义上,所有传统政治理论都是神权政治论,在所有传统政治理论里的国家都是某种"神权国家"。

相比而言,在马基雅维利的代表性作品《君主论》里,的确看不到国家的神学色彩,看不到对国家的宗教要求。但是,这主要与他的政治理论的现实诉求,以及他对所关切的现实的判定相关。马基雅维利的核心关切就是意大利作为一个国家的困境,而不是人类国家的产生及其合法来源这类更根本的问题。他摆给自己的问题与中国法家在战国时期摆出的问题几乎是同一个层次的问题。因为他自己要面对的问题就是如何结束意大利相对于其他强国的弱势地位。

在他看来,意大利纷争不断而备受法国、西班牙这些强国的欺凌,这一现实乃缘于意大利的分裂。但是,这种分裂和纷争又与教皇和宗教的干涉相关。这是马基雅维利对意大利的历史现实的判定。从意大利作为一个国家的角度看,这种现实状态当然是要加以摆脱的。要克服这种状态,消极层面上,就是要结束教皇与宗教对国家的干涉,消除因宗教方面的因素带来的纷争;积极层面,则是要建立起强势而可持续的君主制国家。这一方面意味着,促使他避开宗教与神学去讨论国家问题,更多的是出于现实需要,而并非理论上自觉到国家的世俗性起源。另一方面意味着,他的政治理论的针对性是很具体的,目的很明确,那就是结束意大利的分裂,建立统一而强大的意大利。而最足以使意大利结束纷争而走向富国强兵的途径和体制就是建立起以君主为中心的中央集权制。

所以,他的整个政治理论的要务正如他在《君主论》的献辞("上书")里表达的那样,就是要"探讨和指点君主的政务"。为此,他认为最重要的是向君主提供有关"伟大人物事迹的知识"，而为了获得这样的知识，他自称对"现代大事"和"古代大事"进行了深入研究①。简单说，他要提供出一套君主如何成为一个强势而稳固的君主的知识。那么，他提供了什么样的"知识"呢？就《君主论》而言，他提供的是一种欧洲版的"法家权术"。

对于君主究竟是以武力的方式还是其他什么方式获得国家统治权，在马基雅维利这里，并不是一个需要去讨论的问题，因为在他这里不存在所谓权力来源的合法性问题。或者更确切地说，在马基雅维利的政治理论意识里，无论以什么方式获得国家权力，都是合法的。在国家权力的来源问题上，获得了，就是合法的，或者说，现实的王权，甚至将成的王权就是合法的。因此，对于马基雅维利来说，重要的不是如何正当地获取君主的权力，而是所有君主在维护、强化其君权这一终极性目标时所要面临的那些问题。这里，我们仅取两个这类问题来呈现他对这类问题的讨论：君主究竟是被人爱戴还是被人畏惧更好？以及"君主应当如何守信"？

对于第一个问题，"我回答说：最好是两者兼备；但是，两者合在一起是难乎其难。如果一个人对两者必须有所取舍，那么，被人畏惧比受人爱戴是安全得多的。因为关于人类，一般地可以这样说：他们是忘恩负义，容易变心的，是伪装者、冒牌货，是逃避危难，追逐利益的。……因此，君主如果完全信赖人们的说话而缺乏其他准备的话，他就要灭亡。……人们冒犯一个自己爱戴的人比冒犯一个自己畏惧的人较少顾忌，因为爱戴是靠恩义这条纽带维系的；然而由于人性是恶劣的，在任何时候，只要对自己有利，人们便把这条纽带一刀两断。可是，畏惧则由于害怕受到绝不会放弃的惩罚而保持着。"②

---

① 马基雅维利：《君主论》，潘汉典译，商务印书馆 1994 版，第 2、1 页。
② 马基雅维利：《君主论》，潘汉典译，商务印书馆 1994 版，第 80 页。

能最大限度地维护、强化其权威的君主就是卓越的君主。因此，对于君主来说，有助于他成为这样的君主的方式或事物都是好的。在与臣民的关系上，君主要保持或强化其权威，既有必要让其臣民爱戴，也有必要让其臣民畏惧。因此，如果一个君主能做到既让其臣民爱戴又让其臣民畏惧，那是最好的。但是，如果二者难以兼得，必得二者择其一，那么，君主当如何选择呢？马基雅维利给出非常明确的"指点"：让臣民畏惧。因为在他看来，臣民对君主的爱戴固然有益于维护君主的权威，但是，基于人性的卑劣，这种爱戴不易保持。相比之下，臣民对君主的畏惧则会一直保持。这是因为臣民对君主的这种畏惧是出于君主手中握有惩罚的强力。如果说君主受人爱戴是基于君主的仁慈与恩惠，那么，君主让人畏惧则是出于君主以强力为支撑的冷酷无情。因此，马基雅维利给出的建议实际上意味着他主张君主宁可摈弃仁慈，也不能放弃残酷无情。而这在根本上则意味着，为了维护君主所必要的权威，君主可以置一切道德或善良于不顾。在这里，君主的权力就是一切，也是一切的尺度。

人与人之间最重要也最可贵的关系就是相互的信任关系，因为守信是人与人之间能展开各种相互合作的基础，因而也是建立与维持社会秩序的基础。因此，守信被视为一种道德义务，保持信用被视为一种美德。在古代国家观里，君王作为臣民之首更是被要求守信，以身作则。而在现代国家观里，守信同样也被视为国家元首不可或缺的道德品质，否则，人民的任何授权委托都是危险的。但是，在讨论君王守信这个问题时，马基雅维利给出的回答既不是现代的，看似也不是古代的：

> 当遵守信义反而对自己不利的时候，或者原来使自己作出
> 诺言的理由现在不复存在的时候，一位明智的统治者绝不能够，

也不应当遵守信义。……一位君主总是不乏正当的理由为其背信弃义涂脂抹粉。……但是，君主必须深知怎样掩饰这种兽性，并且必须做出一个伟大的伪装者和假好人。

必须理解：一位君主，尤其是一位新的君主，不能够实践那些被认为是好人应作的所有事情，因为他要保持国家，常常不得不背信弃义，不讲仁慈，悖乎人道，违反神道。……如果必需的话，他就要懂得怎样走上为非作恶之途。①

在这里，君主守信总是有条件的，这个条件就是是否有利于君王。如果信守诺言与道义不利于君主，那么，在马基雅维利看来，君主就应当毫不犹豫地背信弃义，甚至不惜为非作歹，冷酷无情，什么仁慈、道义、神律都应弃之如敝屣。当且仅当对君主有益或没有害处时，他才需要讲仁慈、守信用、合人道、虔敬神；一旦这样做可能有害时，则应立马放下这些约束与信仰。这意味着，对于君主来说，自己的利益优先，一切靠后；或者说，对君主而言，政治优先，一切靠后。因为在马基雅维利这里，统治者的利益，也即维护与强化君王的权威，就是最高的政治。因此，君主的利益优先，就是政治优先；同样，政治优先，也就是统治者的利益优先。简单说，在马基雅维利这里，政治优先意味着统治者（君王）的利益优先，而统治者的利益优先也就是政治优先。

在这种政治优先论里，政治没有底线。政治不存在什么底线。如果说古典政治理论把道德与神律视为政治的前提，那么，马基雅维利政治理论的特别之处则在于否定了政治的一切前提，否定了有政治不可突破的一切底线。这意味着，君主在政治上一切皆允许：君主表现得仁慈，值得赞美与爱戴，一旦翻脸而残酷无情，也可以理解与

① 马基雅维利，《君主论》，潘汉典译，商务印书馆1994年版，第84、85页。

接受;君主信守诺言,信仰坚定,固然值得称颂与效仿,但是,即使君主背信弃义,说一套做一套,也没什么可谴责的。这在根本上意味着,所有其他一切,包括道德、良知、信仰都只不过是政治的工具,而不是政治的规范或目标。政治没有其他目标,也没有其他规范;政治的唯一目标就是维护与实现统治者的最大利益,政治的唯一规范就是一种技术规范,那就是如何有效、可靠地维护与实现统治者的最大利益,具体说就是君主的最大利益。

无论是对第一个问题的讨论还是对第二个问题的回答,马基雅维利都表达了同样一个核心思想,那就是政治优先于所有,君主的利益高于一切。那么什么是君主的利益呢?君主的利益无非由两个相关的方面构成:一个是维护与稳固君主的地位,也即君主的权威;一个是拓展王室可以支配的财富。君主的权威得到巩固,才可以保障王室财富的扩展与聚集;而王室财富的聚集则可以反过来稳固君主的权力。但是,不管是为了稳固王权,还是为了聚集王室财富,都必然以强化王权为前提,而根本上则是要以把国家权力集中于以君主为中心的中央集权为前提。

马基雅维利的政治优先论,一方面揭示了政治的世俗化,甚至是一种极端的世俗化。因为在他的政治优先论里,不仅政治没有其他使命——它的唯一的使命就是为了维护与巩固统治者的利益,而且为了此目的,政治可以甚至必须利用人性的弱点[1]。但是,人们并不能依据马基雅维利这种将政治世俗化的做法就把他的政治理论视为现代政治理论的开端。因为真正的现代政治理论之为现代政治理论的根

---

[1] "人们是那样的单纯,并且那样地受着当前的需要所支配,因此要进行欺骗的人总可以找到某些上当受骗的人们。"(马基雅维利:《君主论》,潘汉典译,商务印书馆1994版,第84页。)为了自己的安全与权威,君主有时有必要利用人性的弱点(比如,人们很容易受当前需要的支配)把自己伪装成仁慈的好人。马基雅维利讨论第一个问题时给出的回答也同样是基于对人性弱点的利用。

本并不在于将政治与国家世俗化，而在于别的方面(后面将有讨论)。

马基雅维利的政治优先论的另一方面则指向了国家集权化。也就是说，他所揭示的政治世俗化是与国家的集权化相对应、相伴随的。他所主张的国家世俗化本身要求国家集权化。在这个意义上，我们有理由把马基雅维利的政治理论视为设计出秦制的法家政治理论的欧洲简略版，而没有理由把它视为现代政治理论或现代国家学说的开端。实际上，马基雅维利与其说是把政治世俗化，不如说只是把君权世俗化，以使君权可以拒绝一切普遍道德与宗教权威的约束，使无道德而无限制地强化王权的集权努力获得正当性。如果与中国法家思想对置来看，那么，马基雅维利的这种政治理论不仅不是什么开新，倒是缺乏新的政治想象力的体现。

实际上，与人类文明最初的满天星斗、多元中心的格局相对应，人类的政治社会最初也是松散多元的。每个政治实体内部，有权力中心，却没有权力重心。最初的权力中心总是由多个权力点构成的，而并不被集中到构成整个政治实体的重心的单一点上。这是因为人类早期的政治单位规模都不大，政治关系正如其他关系一样，都是现场的关系。在这种现场的关系里，没有人能够在所有方面都卓越超群，能冲锋陷阵者不一定多谋，善通神者未必果敢，而力拔千斤者可能不智；在现场关系里，人们也知道，没有人能如神般全知。因此，在政治领域，无人不可替代，无人不可或缺。但是，随着政治实体的不断兼并与融合，政治关系不再只限于现场的关系，而是扩大为非现场的关系。统治与被统治、管理与被管理的现场关系通过文书形式而被相互不在场的非现场关系所取代。由文书联系起来的这种非现场的政治关系成了一种充满想象力，也需要想象力的关系。正如文字的发明唤起了人类创世般的想象与欲念，文书在社会管理与政治统治中的运用激起了权力掌握者无远弗届的权力欲与征服欲。全新的政治想象力与权力欲把人类带上了漫长的征伐与兼并的道路。这个过程通常也是伴随着集权的过程。因为通过暴力确立起来的所有政治关系，都需要以暴力为支撑才能靠文书来加以巩固和维持。换言之，在以暴力确立起来的政治关系体系里，文书所传达的政治意志只有以暴力为支撑才得以实施与贯彻。暴力征伐的实施意味着所有的相互尊重、相互承认、相互信任以及相互友好的期待或想象都被摧毁，因此，所有的关系都被降低为强力的等级关系。在强力的等级关系里，集权——也即尽可能削弱各层级权力，而最大限度地扩大自己权力——几乎必然是最高等级的强力掌控者的追求。因为这种集权不仅是最高层级的强力掌控者的安全的保障，也是其权力有效运作的保障。

所以，我们甚至可以说，自从文书介入政治统治之后，人类在政治领域所面临与思考的一个根本问题就是：何以要集权，如何集权？而在实践上所追求的一个根本目标就是集权——不断巩固、扩大权力。但是，所有集权的结果都一样，那就是社会空间的封闭。集权程度越高，社会就越封闭。无论在什么时代，社会的开放，对集权都是一种威胁。所以，所有集权都会尽可能限制、缩小社会空间，以把政治共同体成员挤压进各种可管控的网格化空间。但是，社会的封闭必然限制、损害社会成员的创造力，造成整个国家的生命力的丧失，其结果必是在经济上导致贫穷，在文化上导致贫瘠，最终导致整个社会陷入内耗而走向崩溃。在人类漫长的集权历史上，人类几乎就没有历史。因为人类政治共同体一直就陷在集权-封闭-内耗-崩溃-集权的循环之中。

在这个意义上，我们说，集权乃人类迈进文字文明之后患上的千年政治痼疾。就像宙斯给俄狄浦斯家族预定的不幸一样，集权成了支配人类几千年的厄运。

四

现代政治理论(哲学)之为现代政治理论就在于它确立了一套全新的国家理论,启动了全人类摆脱集权命运的政治改造运动,开启了告别集权,从而打破集权所带来的千年恶性循环的新时代。

人类历史上的所有集权努力几乎都以集权者自己所据有的最高权力是来自人类自身之外的超越者这一神权国家观为依据:由于统治权来自人之外的超越者(神、天或某种神秘必然性),因此,以一切手段、尽一切可能去维护、巩固乃至不断强化这种统治权也就具有神圣正当性。新的政治理论通过重新反思国家的起源与目的,首先否定的就是神权国家观,从而在否定君权神授(或君权天予)的同时,确立起了主权在民的全新国家观。

一些历史事实与人类学提供的一些观察事实表明,有一些人类群体并没有国家这种共同体,或者处在朝向这种共同体的过渡阶段。对于现代政治理论来说,这些事实首先意味着,人类有一个前国家状态,其次意味着,国家并非神给人类安排的一种先在的共同体,而是由人类自己在一定的历史时期酝酿、创建出来的共同体,也即说,国家是人类自身创造的产物。相对于国家是人造物,国家前的状态被视为非人为的状态,现代政治理论将之称为"自然状态"。

那么,人类如何构建出国家呢? 这就是国家的起源问题。正如追问几何学的起源并不是要去追问第一个几何学家(比如泰勒士)具体如何提出几何学定理,证明了哪些最初的几何定理,而是要探究几何学作为一门严格的科学能够以什么方式被确立起来,以使人们能够明白,今天或千年之后人们所理解的几何学与两千多年前初创(发生)的几何学如何是同一种几何学,而后续的几何学发展则只不过是最初产生-起源的几何的历史展开,同样,现代政治哲学追问国家的起源问题,并不是也不可能去追问第一个国家是由哪些人创建的,在什么具体条件下创建的,而是要追究国家这种共同体是以什么方式被建立起来的,以使国家的产生、维持、巩固与展开得以可能。如果说国家是由一定数量的人群创造的,那么,他们如何创造出这种国家?更确切的是:他们以什么方式能够创造出国家这种共同体,以致人们在任何时代在创造国家时实际上都遵循着同样的方式?

这里,我们有必要对国家作一个概念上的厘定。不同的政治理论对国家的理解存在种种差异,我们有必要悬搁各种差异而给出一个包含着底线性内涵的定义,也即不能再悬搁的国家内涵。这种作为悬搁剩余物的国家,就是一个最原初的、标准的国家,也即存在于各种千差万别的国家里的"理念性国家"。离开这种最原初的标准国家,人们就无法谈论国家,也无法把各种千差万别的国家都归为国家,正如如果我们没有关于"红"的标准(本质)把握,就无法把各种有明显差异的红都归于红。实际上,在悬搁掉各种差异与立场之后,国家就是一种有强力作为保障而被接受为能更好处理其所有成员之间的关系的第三方治理机构。

在这种原初版本的国家定义(标准)里,国家具有这些不可删减的内涵:① 有其成员认可的强力作为支撑;② 向其所有成员倡导、确认、颁布普遍法则,包括伦理原则、法律体系以及其他公共规范,对违背这些法则的行为进行劝诫或惩罚,以确立和维护所治理的社会共同体的秩序;③ 制定与实施各种短期或长期的统一政策,以应对当前或长期需要应对的问题;④ 通过前三者,在其所有成员之间,以及在成员与共同体之间,引导对资源与财富进行配置和调整,增殖共同体的公共福利;⑤ 基于前四项保障与捍卫所有成员的整体安全。无论人们如何理解国家,国家之为国家都必须具备这些不可克减的内涵。

也正是这些内涵构成了使其成员个体的个人（特殊）意志上升为普遍意志的那些基本要素。不同的国家理论都只能在这个原初版本的国家定义的基础上附加自己的内容或立场，比如阶级性、民族性、集团性以及历史性等等，否则，不同国家理论之间就无法进行沟通与理解，甚至对立与反驳都是不可能的。对于我们的讨论来说，重要的是，只有作为包含着这些内涵的共同体，国家才能作为能更好管理共同体里所有成员之间的关系的第三方。

当我们追问国家的起源时，真正追问的就是这一最简定义里的那种政治共同体的起源问题。

现代政治理论的现代性的一个初始点就在于它对这种国家的起源方式给出了一个"现代性"的回答：契约。但是，这也是现代政治理论最常受质疑的根本点：人类历史上有过这样的契约活动吗？世界（历史）上存在着一个由其所有国民契约出来的国家吗？契约论国家观似乎并不能有效地回应这样的质疑。但是，对于契约论者来说，这根本就不是一个问题，正如对几何学家来说，对于在现实里是否存在三角形或圆形这样的质疑根本不必回应一样。这里的关键在哪里？

这里的关键在于，作为人类自身的创造物，契约是国家能够产生、持存并展开的唯一可能的合理方式。不过，这里首先要补充说明的是，在通过契约产生国家之前，人们并非（不可能）处于非社会的自然状态，而必定已然存在于一种自主的相互性关系之中，否则任何契约都是不可能的。这些自主相互性关系至少包括：① 自主的相互理解；② 自主的相互承认；③ 自主的相互信任；④ 自主的相互期待；⑤ 自主的相互承诺；⑥ 自主的相互信守。如果没有这些自主的相互性关系，特别是如果没有基于相互理解之上的相互承认、相互信任、相互期待，那么，人们不仅不可能进行任何契约活动，也不可能展开任何社会分工。这些自主的相互性关系就是人类特有的最基础的伦理关系,所有其他进一步的相互性要求与相互性约束,只有建立在这些最基本的伦理关系之上才是可能的。在这个意义上,契约活动以及整个社会分工体系首先是建立在伦理社会之上,或者说,伦理社会是契约活动与社会分工的基础。

但是,人类之所以能够确立起伦理共同体,之所以能够产生出伦理社会,或者更确切说,人类之所以被卷入一系列自主的相互性关系,乃在于人类被赋予了自由理性而被自由理性所居有。严格意义上说,不是人拥有自由理性,而是自由理性拥有-占有人。人因被自由理性所居(占)有才成为人,才成为能独立-自主的人。自由理性成为人的主人,人才成为主人。因为正是自由理性使人从自然中跳出来而能自主筹划超越自然与独立于他人的生活,因而才有自己的生活。因此,这种自由理性既是人们确立一切人与人之间的关系的基础,也是处理所有人与人之间的关系的尺度。这个尺度作为人与人之间的中介,是真正的第三方,却是一个隐秘的第三方。在人类存在史上,它总是把自己客观化为伦理原则、法律体系,以及最具伦理精神与法律精神的人格或组织。伦理社会里的伦理权威,比如中国古代乡村社会里的乡贤士绅,作为解决人们之间纷争的第三方,实际上就是自由理性的一种客观化形态。能够作为第三方的乡贤这种身份的确立不是自封的,也不是靠强力取得的,首先是靠他/她的明事达理,也就是说,他/她是其伦理世界的伦理原则与规范精神的具身化,其次要得到他人的普遍承认与接受。

国家实际上是一种升级版的第三方。作为能更好地处理所有成员之间关系的第三方,这个第三方的确立与持存,需要得到处在伦理社会里的所有成员的承认与接受,否则它就不可能成立,成立了也不可能存续。而人们之所以能够承认与接受这个第三方必定包括这些前提:① 人们相信并期待它不仅能够更好地维护和保障在它成立之前的伦理社会的那些基本伦理原则，以及基于这些伦理原则的相互友爱与基本公正，而且能够通过法律管理与处理人们之间那些比伦理关系更复杂的各种关系。② 人们相信并期待它能够更好地维护与保障原先的伦理共同体里每个成员的生命安全，以及在伦理共同体里所拥有的一切，包括自由、财产、家庭（如果有的话）等。③ 人们相信并期待它能够更好地安排、筹划、增殖公共福利。④ 这个第三方以某种方式承诺接受人们的这些信任，并承担起人们的这些期待。人们这些方面的信任与期待是人们成立第三方的动力，而第三方的承诺与承担则是第三得以维持的基础。没有这些信任、期待与承诺，人们就不可能有动力参与成立和维持这样的第三方，而仍会满足于原来的伦理社会。在这个意义上，国家的产生就基于这些信任、期待与承诺。而这些信任、期待与承诺则对应着国家概念不可克减的那些基本内涵。

人们可能会质疑说，这个第三方很可能是基于手中的强力来强迫人们承认并接受它，而并非人们自愿参与成立和维持它。事实与逻辑上，的确都有这种可能。但是，如果人们感受（认识）到被强迫并认定不可接受，那么，人们在意愿与行动上将不会承认与接受这样的第三方；而如果人们感受到被强力逼迫却忍耐或默认了第三方的这种逼迫，那么，这种情况表明的实际上是：人们对第三方仍抱有某种程度上的信任与期待，也即相信它仍会遵守伦理共同体里那些基本的伦理原则，期待它仍会有这些伦理原则所要求的友善与公正，换个角度说，人们仍相信并期待它至少仍会履行伦理承诺与法律承诺，因而仍会保障人们的生命安全与其他基本安全。因此，人们在意志上最终仍然选择了承认与接受它。如果人们连这些底线的信任与期待都丧失了，或者说，如果第三方以暴力消除了人们的这些底线信任与期待，那么，人们在意志上要么选择逃离它，要么选择起来反抗它，而不再可能承认与接受这个第三方而维持之。这意味着，即便挟持着强力，作为第三方，国家的成立与维持都必须基于两个条件：一方面是人们在意志上选择对它的承认与接受，另一方面是国家做出相应的承诺与保证。这在根本上意味着，无论是否有强力介入，国家的产生都是基于契约。

如果说人们在意志上选择对国家这个第三方的承认与接受首先是基于上面一系列普遍的信任与期待，那么，国家的产生首先就是，也只能是出于人们之间的契约。从共同相信与期待一个更好的第三方，到意志上决定一起承认这样一个第三方，实质上就是人们之间进行的契约活动，即在共同期待的基础上约定成立并认可一个共同的第三方。

同时，在这里，构成承认第三方之条件的那些对第三方的共同期待，本质上是一种共同的委托诉求；当且仅当有第三方承诺或保证承担起这些委托，人们才能接受（同意与认可）这个第三方。而这种承诺与接受之间的达成则是一种进一步的契约活动。

这里，无论是人们之间，还是人们与第三方之间，所发生的一切，每个步骤，每个环节，都是意志事件，也即都是基于意志上的选择与决断，基于意志上的同意或不同意、接受或不接受，而不存在着什么意志之外不可抗拒的力量的决定。因此，国家的产生是也只能是人们之间的意志事件。对这个意志事件，我们也可以这样来描述：首先，每个人在意志上把自己的意志上升为指向"更好地管理人们之间的关系，以便更好地生活在一起（包括更好地保障安全，增殖福利等）"这一目标的普遍意志，并根据这一普遍意志结合为一个不可分割、不可相互伤害的整体；其次，在不可能人人都直接参与管理的情况下，推举出一部分人组成一个第三方团队，并在意志上要求这个团队按普遍意志进行管理；再次，在被推举出来的团队承诺按普遍意志进行管理的前提下，人们在意志上接受这个团队，并服从于它的管理。在这里，不管有无强力的介入，国家的产生都是基于这些意志事件。在这个意义上，我们可以说，也只能说，国家既是基于人们之间的契约，也是基于人们与第三方之间的契约。但是，在历史上，由于现实的国家都既充满神圣性，又充满暴力与压迫，这使国家的契约基础被掩盖在神意与强力的光圈之下而成为国家最隐晦的秘密。但是，正如离开自由，伦理世界便无法理解一样，离开契约这个秘密，便无法真正理解国家的产生与持存。在国家起源及其正当性问题上，无论是诉诸神意，还是诉诸强力，所有国家都不断需要向其成员论证、申明其合法性与正当性，以求得其成员的服从。这本身就表明，所有这些国家起源说都是自相矛盾的：既然国家起源于神意或强力，那么，只需任神意或强力自行其是就够了，而无需向其成员申述自身的合法性与正当性；需要不断向其成员申明自身的合法性与正当性在根本上意味着，国家的存在无法真正听凭神意或强力自行其是。进一步说，不断向其成员申述自己的合法性与正当性，实际上乃是为了获得人们在意志上的认同、接受，直至同意服从，而这种对认同、接受与同意的寻求本身就是在寻求一种契约的努力，这种努力本身表明，将起源及其合法性诉诸神意或强力的国家学说是无效的——它本身无法为国家的确立与维持提供有效的现实理由。

现代政治理论之为现代政治理论就在于它颠覆了盛行几千年的国家神话，把国家归还给人自身的创造，也就是契约。既然国家是其成员契约出来的，那么，国家主权只能来自契约者，也即来自使所有契约者既能结合在一起又能够协调共在而不相互损害、不相互排除的普遍意志。这种普遍意志之为普遍意志在于它的双重普遍性。

1. 它存在于所有成员个体身上而属于每个成员个体；因此，普遍意志并非外在于成员个体或凌驾于成员个体之上，相反，普遍意志内在于每个成员个体而是每个人的内在意志。甚至我们可以说,正是这种内在于每个人的普遍意志,使每个人能够摆脱自己非法的、任性的、受外在事物影响与规定的特殊意志,从而成为能独立自主的自己,也即真正的个体(person)。只是内在于每个人的这种普遍意志需要(也总是)在与他人的关系中得到自觉与成熟。

2. 它不自相矛盾,也就是说,当所有成员个体都按它行动时,人们不会相互冲突、相互损害,相反,遵守它,人们才能相互协同共在而结合为一个整体。这个整体就是所谓的人民。人民不是众人,不是乌合之众,不是所有人的简单集合。作为缔造国家的契约者,人民是所有把自己的意志上升到普遍意志,并根据普遍意志统一、约束自己的私人意志的全体契约者。每个人当且仅当把自己的意志上升到普遍意志而接受普遍意志的约束,他才能成为契约者而成为人民的一分子。这并不是说,作为人民的一分子,不能有普遍意志之外的私人(特殊)意志,而是说,作为人民的一分子,需要完成向普遍意志的过渡而让自己的所有私人意志接受普遍意志的洗礼与约束,根本上也就是接受道德法与普遍的实定法的约束。

实际上,就普遍意志存在于每个人身上而属于每个人而言,服从于普遍意志同时也就是服从于自己的意志。不管人们是否自觉意识到,人们是也只能是基于这种普遍意志而结合为一个共同体并契约出一个作为第三方的国家。这一方面意味着人们服从于国家也就是服从于自己的普遍意志,另一方面则意味着国家的主权及其正当性只来自人民,也即来自基于普遍意志而结合在一起的全体成员个体。

因此,契约论国家学说一方面内在地包含个体本位论,另一方面内在地包含人民主权论。这也是现代国家学说之为现代国家学说的两个基点。

既然国家主权来自人民,来自结合于普遍意志下的所有成员个体,那么也就意味着，当且仅当作为第三方的国家接受了普遍意志的委托而承担起了普遍意志，并忠于普遍意志，它才能保持其主权的合法性与正当性。那么，如何保障国家忠于普遍意志而忠于人民呢？又如何检验国家忠于人民呢？这是现代国家理论不得不进一步面对的问题。正是对这两个问题的回答塑造了新型的国家形态，开启了改造国家的历史进程，终结了国家总是不断走向集权与崩溃的千年历史循环。

对于第一个问题，现代国家理论给出的答案就是分权制。国家主权是神圣的，因为它来自人民的让渡与委托；但是国家主权的来源本身要求国家主权接受限制，那就是不得损害、侵犯其成员个体那些不可让渡的自由与安全。为此，需要对主权的承担者或代理者，也就是主权的行使者的权力进行限制。而对权力唯一有效的限制机制就是以权力限制权力，而这意味着必须对权力进行分解，使之足以相互制约。

传统国家观无一例外地试图通过道德劝诫或美德修养来约束或规范主权行使者的权力。但是，这是低效的，甚至是无效的。因为这种努力路径实际上预设了完美人格或圣人人格的存在，而这从来就是子虚乌有的。人类历史既体现了人类的文明与智慧，也展现了人类的野蛮与愚蠢。其中，权力最具这两面性，而在历史上，它更常展现为野蛮与愚蠢。权力不仅自身会走向野蛮与愚蠢，而且它会使众人变得野蛮和愚蠢，从而与它一起野蛮和愚蠢。这是人类史上一再上演的悲剧，但是，直到近代才在新的国家学说里对此有真正醒悟。这个划时代的醒悟包括这些方面的内容：① 无人能不受以权力谋私的诱惑，也没有任何德性修养能阻挡权力的腐蚀而足以防止权力拥有者滥用权力。② 无人能够全知而不犯错误，而权力不仅不能使人更加明智，相反，往往使人因来自权力的荣耀而变得盲目自信。因此，权力拥有者不仅会以权力犯出于无知的错误，而且会以权力犯出于盲目自信的错误，以致给共同体造成巨大灾难。③ 因此，需要把拥有权力的人关进规则与制度的笼子里。④ 只有把拥有权力的人关进规则与制度的笼子里,才能一方面尽量避免拥有权力者因受权力的腐蚀而变得任性,进而变得野蛮与愚蠢,从而制造各种不幸或苦难,为害社会,另一方面也才能尽量避免由于权力的遮蔽与笼罩而使众人变得无知与愚蠢,从而与权力一起给自己和他人制造不幸。这个醒悟之所以是划时代的,就在于它把人类带上了有效驯服权力的方向,那就是分权制。在认知与道德上的有限性,使任何人都永远不配拥有绝对的权力。沿着这个方向,即使不能使权力完全变得文明与智慧,至少可以使权力减少野蛮与愚蠢,从而也减少因权力造成的众人的野蛮和愚蠢。

对第二个问题提供的答案就是定期选举制。既然国家的主权来自人民,因此,国家主权的行使者必须得到人民的委托与授权,那么,这需要有一个机制,这个机制不仅能用来进行这种委托与授权,而且也能用来收回或终结这种委托与授权,以保障国家主权的行使忠于人民,而不会被少数人永久性地篡夺与垄断。这样的机制只能是定期选举制。这既是检测国家权力是否忠于人民的一个验证机制,也是纠正国家权力偏离人民的纠错机制。这一机制彻底终结了几乎所有最高权力拥有者总想长久垄断国家权力的千年迷执。

现代国家学说之所以为一种新的国家理论就在于它包含着上面这些全新的内容。这种国家学说实际上是奠基在新的人性知识基础上的①。正如基于新的自然知识的科学不仅可以更好地解释自然,而且可以更有效地改造自然一样,新国家理论不仅能更合理地解释国

---

① 关于人性的新知识至少包括:1. 共同体里的成员个体是能自由的存在者。2. 人是有限的,在认知与修德进业上都是有限的,无人能全知,也无人能全德。3. 人与人(包括与共同体)之间是有界限的,并且可以发现与确立分清这种界限的规则。4. 人是有源头的存在者,他发现源头,并创造出源头物(如几何学等),而所有源头物一旦被创造出来,就会不断被叠加而展开出一个派生史。因此,人类会有历史,一个可以不断返回又不断叠加的历史,这样的历史是有方向的。

家的起源,而且也推动了国家向更合理、更人性的方向改进,开启了持续四百多年席卷全球的国家改造运动。从此,再没有统治者可以通过装神弄鬼来寻求统治的合法性,比如将自己统治的合法性诉诸神、天,以及其他什么神秘的力量或命运。从此,国家的政治运作也不再以宫廷争斗为中心,而是以民意为中心。也从此,马基雅维利与中国法家所津津乐道的政治权术既不再构成政治理论的内容,也不再构成政治活动公开的行动指南。当然,从此,既没有统治者能够单凭强力就能够获得行使国家主权的正当性,也没有国家能够单凭实力就能够获得国际社会对其主权的承认,因为真正的人民主权国家在本质上就是对强力即正当的否定。

实际上,现代国家理论在根本上是把国家置于自由理性(普遍意志)这一高级人性的基础之上,它据此不仅重构了新的国家形态与国家机制,而且把这种新形态的国家置于以普遍道德法为基础的普遍法之下,从而使道德与法律先于一切国家事务而优先于政治。简单说,在这种新国家观里,道德与法律优先于国家权力,也就是说,政治靠后,而普遍法(实定法与道德法)优先。

什么是现代国家?基于以契约论为核心的新国家观确立起来的国家才是现代国家。由此确立起来的国家才真正与古代国家断裂开来:它打破了国家的超人神话,否定了强力即正当,中断了集权的循环,结束了垄断权力的迷局。因此,现代国家之为现代国家,其根本并不在于表面上的世俗化,而在于法治化与(底线)道德化。

国家的起源基于人性,并不等于国家只需处理世俗事务,或者只有世俗事务。作为一个基于伦理社会契约出来的共同体,国家负有伦理使命。这使国家不可能不与宗教信仰发生关联。因为伦理世界的维持与改善的必然要求要求着宗教,因此,国家至少面临着如何对待宗教的问题。《现代性中的理性与信仰张力》围绕着现代国家意识摆出了相关问题，这是理解与省思现代国家时值得重视的一个维度。

　　谨为序。

　　　　　　　　　　　　　　　　　　　　　黄裕生

　　　　　　　　　　　　　　　　2022 年 10 月 11 日完稿

目　录

作者的话

如同电影总要落幕、人生总会有一个尽头一般,一句话、一本书也总是要有一个节点。在我看来,无论以哪种方式走到这个节点,都是意犹未绝、言犹未尽的。这并不意味着,想说的很多,更恰当地说,这乃是由语言和论述本身的限度所致。我相信,人们时常会有如此之感,当处身于一种美境,一种切身的情境,或与某人之间产生一种特殊的情感之时,我们找不到合适的语言恰如其分地作出描述或者表达。言不由衷,词不达意,等等,如果不是质疑智力或真诚的话,就很贴切地指示了人的存在处境与其语言之间的"不相配"的关系。

与日常的诸般现象相比,思想对其自身的表达更是如此。单形式上,思想表达所要求的普遍性、确切性和逻辑性若非经过常年的严格训练,是不可能的。以我自身为例,从意识到学术训练首要地乃是逻辑训练开始,到能够在写作中时刻贯穿逻辑意识,用了五六年之久。这也只是形式上的要求。更重要的乃是,思想表达所需要的一般性概念,大都是"非经验性"或"超经验性"的,这要求一种超出于朴素经验的存在身位体察,缺了这种体察,这些概念及其之间的关系只会沦为观念或语词游戏——一种"黑话"。完成逻辑训练和基础存在身位的体察之后,于思想者而言,尚面临一个更加艰深且更加切身的存在领域(或存在者),正是这个存在领域(者)打开了思想的绝对深度空间。哲学上,我们把这一存在领域视为超越领域;宗教上,这也便是上帝的存在。

思想是有深度的,或者说任何有深度的思想,都开启于人自身时间性的存在处境与超越的存在者(无论是理性内在地指向的,还是信仰所指向的)之间。这个"之间"不单打开了个体性存在的绝对空间,也打开了人类当下的整个生存境遇,人类历史也无非是展示在这个"之间"而已。本书即是致力于在对现代性诸般问题(主要是通过国家意识)的重构中,展示其中存在着的人与超越者之间的关系,核心乃是展示这种关系的两种呈现方式及其之间的张力所在。思想本身的深度和难度决定了这种探索的艰难和局限,甚至可以说,任何重构都是困难重重而挂一漏万的。——在写完本书之后,这并非是为自己开脱的说辞,相反,所有的不足和局限都是我能坦然面对的;而揭示这一点无非是表明,任何在这个领域的劳作都是微不足道的,但也正是这些微不足道的细流汇成学术的江河。

在交代这些之后,我下面主要从本书问题的缘起及研究动机,以及如何在研究内容方面关涉这个问题动机;在最后部分,我想就这项研究之于我的提升意义等方面作一个简要的介绍。是为"作者的话"。

一、问题的缘起和动机

我的学术和思想生涯起于对康德哲学的研究,更恰当地说是对康德宗教哲学的研究。从宗教哲学文本切入,再反观康德批判时期的相关著述,其呈现出来的意义在相当程度上不同于以批判时期文本为依据所达到的对康德的基本理解。在与学界诸位师友的交流中,这种印象不断地加深。我无法评判究竟哪一种切入方案是好的,但可以确定的是,起于哪里,将会终于哪里,中间若有突破性的改变是极难的,除非某种特殊的机遇或动机不期而至——对,就是不期而至,某种非常独特的(类)宗教式体验的降临。之所以开篇就提这一点，我意在说明，我的学术路径在起点上就不是单纯的理性哲学式的。需要注意的是，不是理性哲学式的，并不意味着相关的分析是非理性的，或非逻辑的，任何学术性的分析或思想性的表达首先必须要遵循基本的（形式）逻辑；但我更想提醒的是，纯粹的理性的或逻辑的分析不是一切，因为这些理性和逻辑的分析总会呈现出一个边界，而哲学在澄清这些边界的同时指向边界之外。

哲学指向边界，并超出边界而向超越（者）开放，这一点已经得到理性本身的自觉。就此而言，理性也不只是（形式）逻辑可以通达的对象。理性的这种功能（姑且称之吧）本身表明被赋予理性的存在者（比如，人）总有着超出于逻辑、经验等"眼见的""推论的"能力，而是某种"灵性"的存在——康德哲学（也是哲学本身）的核心要义即在此。但同时，人这样的理性存在者总是，甚至可以说先天地就是某种受局限的存在，他会把通过逻辑推论、经验等得来的对象（可以笼统地统称为知识）当成就是理性本身，而遗忘了理性所指向的超越的对象。保罗也正是在这个意义上指责希腊知识的虚妄性；相应地，保罗重新阐释了耶稣到来的信仰意义，即把耶稣的相关作为进行了一种超出于任何一种理性（包括哲学意义上的理性）方式的信仰式的见证。可以说，信仰中的见证以见证到作为理性存在者的人的根本限度为前提——若见证不到这一点，信仰是无从谈起的；而一旦见证到这一点，停留于单纯的理性范围内，也就不再可能。

于是，理性与信仰指示了人置身于——于更习以为常的生活经验而言，更恰当地讲，乃是被抛入———一种相互纠缠的"灵性"境遇。一方面，就其是一种理性存在者而言，他内在地向着超越（者）开放，从而能够摆脱一切外在的必然性，能够凭其自身处身于一种超越一切的存在境遇，而拥有一种绝对的自发能力。另一方面，人又往往"遗忘"自己的这种存在身位，他不只是会沉迷于"声色犬马"，更重要的乃是，哪怕拒绝这种"声色犬马"，他依然可能（甚至必定）内在地遗忘了他的超越性存在身位，从而把理性指向的超越性消弭于理性自我构造的所谓超越性，即把理性的指向意义当成理性自身的意义。卢梭说得很好："人生来是自由的,但却无处不身戴枷锁。自以为是其他一切的主人的人,反而比其他一切更是奴隶"。① 如果耶稣没有进入时间和历史,这种崇高而又可悲的存在境遇可能就是人的"命运"了;但无论如何,耶稣的到来指示了人尚有另一种存在身位,并且一旦接受这一事实,人停留在这种命运中也就不再可能。于是,理性内在的冲突和张力(其表现就是这种崇高而又可悲的命运)开始让位于理性与信仰之间的这种更加深刻而又更加恒久的冲突和张力。

故而,理性内在的冲突和张力展示于人的经验性(包括知识等既定的或现实的存在维度)和超越性(指向意义上的)之间;其与信仰的张力和冲突则在于其超越性维度究竟可否被建立在理性自身中。如果回溯历史,从大的时代观点看,希腊和罗马可能更多地在前一种关系中厘定自己;中世纪的欧洲则可能更多地在后一种关系中塑造自身。在我看来,这种双重的张力和冲突关系则最深刻地检验着近代以来的社会、政治、文化等一系列所谓"现代现象"的深度,更是思想家们需要面对的首要问题——不能相关于诸般现代现象面对这个问题,所谓的启蒙就是假的,就是一种最深度的无知和狂妄;同样地,只有相关于现代现象最深刻地经受这一点的考验,所谓启蒙了的现代世界的绝对深度和根本局限才能够得到有实际意义的体察和考察。

就此而言,对于一个现代人,尤其一个从事思想研究的现代人来说,空洞地宣称自己的信仰,如果不是无甚意义的话,至少也与现代生活世界距离甚远;单纯地宣称自己是理性主义者,如果不能说是肤浅的话,至少也不会深刻到哪里去(请原谅我讲如此刻薄的话)。姑且不论人类经受了何等的艰难困苦才进入现代,单就这些历史在人类的精神上的基本塑造而言,每个人(更不要说思想者)都需要承担起其自身精神的(绝对)

---

① [法]卢梭:《社会契约论》,李平沤译,商务印书馆2014年版,第4页。

深度。换言之,如果不能承担起现代世界的基本精神,他就是假借信仰之名而行懒惰之实,他就是狂妄至极而不得不经受彻底的虚无。在我看来,现代信仰的软弱无力与虚无主义等诸般现象的根源在于我们无法识别出启蒙的绝对深度和根本困境。

二、如何以及怎样面对这个问题

今年(2021 年)是黑格尔去世 190 周年,我就以他 1816 年 10 月 28 日在海岱山大学开讲哲学史的几句开讲辞来陈述上面提到的一些基本问题:"时代的艰苦使人对于日常生活中平凡的碎屑兴趣予以太大的重视,现实上很高的利益和为了这些利益而作的斗争,曾经大大地占据了精神上一切的能力和力量以及外在的手段,因而使得人们没有自由的心情去理会那较高的内心生活和较纯洁的精神活动……因为世界精神太忙碌于现实,所以它不能转向内心,回复到自己。……人既然是精神,则他必须而且应该自视为配得上最高尚的东西,切不可低估或小视他本身精神的伟大和力量。人有了这样的信心,没有什么东西会坚硬顽固到不对他展开。"[1] 伴随着因科学的进展而带来的技术上的巨大进步,现代商业的全球化推进已经到了无孔不入的地步,相较于黑格尔生活的时代,这一点尤其引人注目。在感性意义上的生活获得巨大的进步的同时,我们这个时代的艰苦更加明显。这种吊诡现象的出现源于我们已经无法深入自己的内心,以至于一切纯洁高贵的精神被琳琅满目应接不暇的感官生活所吞噬。简言之,现代人的生存已经被本该是由他的精神上的进步而带来的物质上的巨大进步所全然掩盖,却全然遗忘了精神本身的意义——这是一种相较于黑格尔马克思时代更为严峻的"异化"处境。

在今日,反思近代以来的精神进展就显得尤其迫切和重要。如黑格尔所言,人必须配得上最高尚的东西,并应该相信,笼罩在当下时代上空

---

[1] [德]黑格尔:《哲学史讲演录》第一卷,贺麟、王太庆译,上海人民出版社 2013 年版,第 3、5 页。

的"异化"(或一种深度的虚无困境)是能够被穿透的。首先,这依赖于我们内心最深处的精神能否被唤醒;其次,它能否被唤醒则深刻地依赖于我们能否把自己的内心和精神沉着于近代历史所加给我们的这些遗产;再次,沉着于这些遗产而唤醒内在的精神则意味着,回归自身的理性与信仰真切的张力性的生存处境中重新消化这些遗产,并重新定位自己的内在精神。毫无疑问的是,这个时代问题的解决(如果存在这个可能性的话)必定是无比艰难的;如果它能够解决,必定需要每个人(尤其思想者们)专注于自己的精神世界,一遍一遍地反观当下的境遇,及其在近代历史上是如何造就出来的,并在这种反观中,不断地重塑自己的精神世界。

坦白地讲,一旦拥有了这种眼光和胸怀,我们会发现,近代以来思想家的思想可能并非如已经为我们所"观念性"地接受的那样"显而易见"和"毋庸置疑",那样地被认为直接导致了我们当下的局面。相反,我们会发现,他们本身或者已经隐隐约约地看到了这些现代问题,或者已经以某种方式在面对着这些问题,甚至意图为避免这些问题的产生而提供一种别样的方案。尽管时代自身的进展拒绝了他们的方案,但今天看来,他们的方案又是何等的真知灼见。如我所引述的黑格尔这段文字,他不是已经看到人们着迷于现实,而看不到自己的内心和自己了吗?他不是也已经看到如果丧失了自己和内心,所有的东西都可能向我们关闭吗?再比如,我在本书第四章所分析的卢梭,其"第一篇论文"已经看到现代文明和教养所内含的深刻的虚伪性,甚至已经以良知和(出于自由的)激情来诊断现代特有的被科学和理性压制的人性之原初的自然,也是自由的存在维度的难题(第四章第一节、第四节)。再比如,哪怕被视为抽象而形式的"自然状态"思路开启者的霍布斯,如果深入到其现实的政治和社会处境,即其历史性处境,我们会发现,其提供自然状态的分析思路可能正是为解决已经出现的、令人恐怖的那种"现代人"形象(第二章第二节)。

这些例子在说明现代现象和现代世界本身的纷繁复杂和惊人的深

度的同时,或许也说明现代世界奠基者们在面对这些迥异于以往的现代事物时的战战兢兢,甚至无所适从。如同浮士德面对魔鬼试探时的处境,单一的理性构造的英雄形象和单一的信仰中的全无判断,都不可能是那个时代的思想家的形象。也就是说,全然根据已经形成的理性思路来建构近代以来轰轰烈烈的时代进展肯定是有问题的,据此思路更谈不上面对思想家们已经看到,而现在又切实地笼罩着我们的虚无处境;同样地,思想家在其间也并非全无作为,这提示我们,即使以信仰的立场面对现代现象和现代世界,依然需要在人性的现实处境中领会和理解它。于是,我们提到的个体的生存处境(在理性与信仰之间)就与近代以来直到现代的时代处境密切地关联,并从属于一个整体。如果当下的时代问题有解决方案的话,思想者必须在这个关联性的整体中聆听、理解和运思。

正是在这个基本见识的支配下,我意图通过分析近代以来"国家意识"的演进来追踪现代国家观念和思想的进展;其间将会呈现一系列思想家个体相关于共同体现象(国家)的沉思,甚至实行。沉思也好,具体作为也好,都是个体内在的,以及个体与共同体之间外在的张力和冲突的表现。通过这些阅读、分辨和分析,那种关联性的整体以一种更加切身的方式进入我的理解体系。在计划展开这项研究工作之前,我用了半年多的时间(很遗憾,不能再久了)阅读英国斯图亚特王朝及其前后的相关历史,以此以英国思想家的时代处境为范本作为理解近代国家意识的不断建构的基础。这些阅读让我不再把马基雅维利作为追踪近代国家意识的起点,而是把卢瑟福确立为追踪起点("导论"部分)。作为神学家,因着对基督教世界中信仰传统与现代事物(民族国家中的绝对王权)之间的巨大断裂的体会,卢瑟福意图不偏不倚地根据苏格兰和英格兰的现实状况提供《圣经》意义上的解释方案(第一章),这个方案不仅得到新教徒们(代表了未来方向)的认可,也深刻地影响了理性建构者们(也代表了未来方向)。这便有了霍布斯及其之后的"自然法"思路。

由于卢瑟福乃完全依据对《圣经》的神学解释,霍布斯对国家的理性建构(利维坦)哪怕不再以《圣经》为依据,但也不得不在与信仰解释相对峙的状况下开始讨论——这一方面是基督教世界的要求,也是与卢瑟福给出的"生存"概念相争辩的结果(第二章)。于是,自然法思路断然不是纯理性建构的思路,从霍布斯到终结自然法思路的卢梭,这一点是确定无疑的。如何深入文本并相关于具体的历史语境重构这段有关国家的意识史就成为这本书的核心,其关键点就在于,不断地在那些初看起来是"确凿无疑"的理性建构的表达中看到其内在的张力和游移,而这正是由信仰所见证到的理性建构自身的有限性。表面看,这样的国家意识是虚弱无力的,但实情恰恰相反,正是这些张力和游移显示了现代国家所特有的绝对深度和绝对尺度:它不只是"上帝的产品",也不只是人类理性的产物,相反,正是因为它两者都是,一切的深度和尺度都显示于其中。

其深度和尺度被这些思想家拉到什么地步(更是现代国家本身所具有的)呢?——它只能在启蒙和现代性本身中获得论证。换言之,霍布斯和洛克也好,卢梭也好,他们都不得不在现代性本身中为国家赋予真实的意义,现代国家也只是这种现代性的一个"现象"或面向而已。但也是在这个问题上,现代性(也是启蒙)面临着一个根本性的困境:它的根据绝无可能只建基于良知和理性。在本书最后的部分(第五章第三节),我战战兢兢地分析了启蒙或现代性的局限和真理意义。坦白地讲,这个分析只是最初步的,我会在日后的长期辛劳中不断地回溯到这个问题。但无论如何,这个问题都将是未来思想者,尤其是中国的思想者不得不面对的最深刻的问题。

在交代完这些问题动机和内容之后,我还想相关于这些研究谈谈支持这项研究的"动力",以及这项研究完成之后,它对我的塑造。

三、问题与作者

我对现代性问题（国家意识只是其中之一）和现代世界的关注主要源于两个方面。一是，前面动机部分提到的因着特殊机缘的出现而不可能是纯理性分析的思路，但现代性在既定的解释框架中似乎只是理性自主（启蒙）的结果，这种冲突引导我不断地进入对现代性的体察。二是，中国在不断地被卷入，很多时候也是主动地进入现代性，但其间，无论是因着现实的何种要素，还是因着现代性本身存在着的问题，当下普遍存在着的生存模式无时无刻不触动我，这让我不断地在各个领域的阅读和研究之余，一次次回到对相关于现代性的历史和文本的注意中，并意图作出自己的阐释。

第一个原因，决定了我不可能采纳目前或许是中国学界对现代性的主导性态度，即：于我而言，现代性需要在不断的自我解构中向着真理敞开（"结语"部分）。第二个原因，则决定了我不可能离开现实的历史处境面对现代性和现代世界。这是推动我对英国史进行阅读和理解的关键所在——尽管相关的阅读和理解还远远不够，更谈不上有研究。但无论如何，这半年的历史性阅读深深地影响了我。在具体内容上，它让我看到很多有关现代国家和现代性的文本只是观念性的。而受这些观念"影响"越深，就或者越以为人类应该这样或者那样，或者越以为这就是历史的"现实"；随之而来的则是，自己的思维结构，以至于自己的整个生存就封闭在这些"应该"或"现实"当中。与之截然相反，这些阅读不只让我看到，人类任何一点儿的进步都无比艰难，甚至充满了偶然性；也让我看到，这些进步不仅仅是已经被建构起来的理性的进步，而更是由一双无形的手所引导的结果。这双手之所以起作用，首要地乃是因为人的悔罪，知晓自己的根本局限性——自然，这也是信仰所带来的。洛克对"宽容"的探讨正是以悔罪为基础的，而非以很多中国学者所认识到的理性节制为基础，因为理性的认知性决定了它不可能真正做到宽容，如果能给出,也可能只是一种自我夸耀的假宽容(第三章第三节)。

在具体内容方面的提升之外,这些历史性阅读让我切实地进入黑格尔的体察。这种体察的实质是走出形式化的概念,而深入到概念自身的真实意义或内容之中。换言之,真理不存在于理性的"应该"之中,相反,理性的意义是现实的,而现实本身就是有真理性的。如同黑格尔在批评其时代时所说,它"自己以为并确信它曾经发现并证明没有对于真理的知识;上帝,世界和精神的东西,乃是一个不可把握不可认知的东西"(黑格尔1818年10月22日柏林大学的哲学史开讲词)。如果真理只是存在于彼岸而无法被认识,不仅现实是无意义的,那无意义的现实所由以可能的基础又有何意义可言呢?深入历史,我们会发现,那些出于理性的"应该",刻薄地讲可能只是其无力穿透历史而看到真理在其间的真实作为的主观叹息,在这声叹息中,那双引导历史的手已然隐退于历史之外,剩下的,只是人的理性自身的无能和空洞的形式性。

这种逐渐意识到并一点点地真切起来的真理问题,让我慢慢地走出了从康德哲学那里领会到的那个自由的起点,相应地,离开这个起点而前行,自由也便具有了其内在的现实性,也便开始踏上它的现实的道路。这条现实的自由之路告诉我们,真理不在上帝的那个彼岸蜷缩着,相反地,它不断地开垦着人类的历史,及其中一切的存在和存在着的一切。甚言之,哪怕无边的邪恶,都以反对自身的方式彰显了真理在大地上的运行及其绝对的力量所在。如同黑格尔在另外一个地方提到的,"这里就是永恒的逻格斯开始的地方,让我们跳下去吧"!在我看来,一旦意识到这一点,任何地方都是真理开始的地方,真理也遍时遍地地展示自身。我相信,这项研究已经为我开启了另外一条全然不同的思想道路;而接下来的阅读和研究都会围绕着这条道路,并且是对这条永恒道路所进行着的无穷无尽的探索和表达。

感谢这套丛书有这样一个"作者的话"栏目。它让我说出这些不能呈现在正文中、却是支持正文的思想动因,以及由它所开辟的道路。

前　言：为什么是卢瑟福，而非马基雅维利？

—— 一项基于历史和生存的分析

　　与古希腊的城邦政治、古罗马的帝国政治，以及中世纪教权与政权平衡或冲突的"封建国家"政治状态相比，近代政治-社会的突出特点是统一的、强大的民族国家的出现和不断地被建构，伴随着这一全新形态的近-现代国家的出现和建构，人类生活的各个领域都发生了翻天覆地的变化。在这一过程中，最突出的现象是对个体自由的不断重塑和论证，甚至可以说，现代国家或现代政治由以成立或得到论证的根据乃是个体的自由——这是作为现代社会标志的启蒙事业的核心所在。[①]　如

---

① 根据吉莱斯皮博学的考察，"Modern［现代］及其派生词源自拉丁语词 modus［尺度］。作为时间尺度的'当下'（just now），源自晚期拉丁语派生词 modernus，所有后来的形式都源于 modernus。卡西奥多鲁斯（Cassiodorus）在公元 6 世纪用这个词来区分他所处的时代与早期罗马教父作家的时代。12 世纪又用 modernitas 来区分当时的时代与过去的时代。不久以后，这个词开始出现于方言中。1300 年左右，但丁使用了意大利语词 moderno，1361 年，尼古拉·奥雷姆（Nicholas Oresme）使用了法语词 moderne。然而，直到 1460 年，这个词才被用来区分'古代'和'现代'，直到 16 世纪才被用来突出一个特定的历史时期。用来指现时代的英语词 modern 最早出现在 1585 年，modernity［现代性］则直到 1627 年才被使用。作为一个历史时期的现代性概念最初以及后来经常是在与古代相对立的意义上被理解的。middle ages［中世纪］一词直到 1753 年才出现在英语中，虽然与之同义的 Gothic 一词在 16 世纪即已使用，与之等价的拉丁语词使用就更早"。15 世纪和 16 世纪所发生的含义变更与"现代事物"的出现有关，但其含义更是指示着"把自己理解成新的，也就是把自己理解成自我发源的、彻底自由的和有创造性的，而不仅仅由传统所决定，或由命运或天意所主宰"。本书即是在作为现代事物出现的国家中论述自由和自我创造的过程，其深刻地伴随着人的宗教观念的变迁以及对更具深度的信仰问题的回应，直至已经成为"日常"词汇的启蒙问题的基本证成及其根本限度——思想家艰苦卓绝的贡献与时代的进展错综复杂地纠缠在一起，他们既相互塑造，也相互反对。相关引述参阅［美］吉莱斯皮《现代性的神学起源》，张卜天译，湖南科学技术出版社 2012 年版，导论部分。

何相关于个体的自由理解现代国家的出现，如何在自由的基础上理解现代政治哲学的建构过程，就是摆在思想者面前的重要课题。

从历史形态上看，统一强大的民族国家出现在对个体之自由存在的论证之前。英法百年战争后，1453年，作为现代意义上民族国家的法国的疆域已经基本定型；在1485年结束的玫瑰战争，则宣告来自法国的金雀花王朝在英格兰统治的终结，由于战争消灭了上层贵族的统治而使得都铎王朝实现了民族意义上的统一；1492年，西班牙的卡斯蒂利亚王国和阿拉贡王国联合成立了西班牙王国。与之相对，马基雅维利所生活的"意大利"则分裂为佛罗伦萨、教皇国、米兰、那不勒斯和威尼斯等五个相互制衡的"国家"。在见证到统一而强大的民族国家的威力，以及分裂状态下的内部争斗之后，马基雅维利开始致力于思考如何实现国家的统一问题。就此而言，尽管现代意义上的民族国家出现在前，但根据这一新型的国家形态设想如何建立如此形态的民族国家则是马基雅维利首先提出的问题。也是因此，传统上一直视马基雅维利为现代国家和现代政治哲学之父，这种传统解释也是被称为"国家理由"的思路。

但问题是，根据已经成型的民族国家形态思考如何建构近-现代民族国家是否就意味着我们理解近-现代民族国家了？作为一种自行生发出来的国家-政治形态，它若不理解自己由以成立的基础，又如何能够在历史中确证自身呢？事实是，它的出现是历史机缘的结果，但同时，它也在历史中不断地调整着自己，以使得自身的存在具有正当性和合法性（在德国古典时期演变为合理性）①——这才是它在历史上的真正发生，换言之，它的发生不是一蹴而就的，而是在历史上不断地激活着自己。

---

① 正当性和合法性是讨论现代国家和政府存在意义问题的两个关键概念。在逻辑上，国家先于个人，其存在是一种基本事实，因而具有天然的正当性；但国家的代理人——政府则会涉及合法与否的问题。换言之，政府权力的形式需要遵循一些基本原则，这些基本原则就是法律的来源，合法与否是讨论政府权力行使的关键所在。施米特有专门的著作讨论现代国家的这些基本原理。请参阅［德］施米特《合法性与正当性》，冯克利等译，上海人民出版社2016年版。

就此而言，把马基雅维利视为近代政治哲学之父有其合理性，但同时又有其遮蔽性。接下来，我们致力于分析何以以卢瑟福取代马基雅维利作为我们追踪近代政治哲学的起点。

一、马基雅维利的问题

马基雅维利生活于佛罗伦萨由盛转衰的 15 世纪末和 16 世纪中期之间。而在 13 世纪末，佛罗伦萨已经开启了其全面的鼎盛时期，并持续两个世纪之久。单单 13 世纪，其人口就激增四倍之多，其银行业和毛纺织业也达到其能达到的高度——都铎王朝在 16 世纪的飞速发展同样是依赖于羊毛加工等纺织行业。到 14 世纪中叶，其毛纺织业更是得到飞速的发展。根据布鲁克尔的研究，即使在 13 世纪，这些产品也广泛地见于几个大洲：

> 国际商家和银行家虽然为佛罗伦萨的繁荣作了重大贡献，但他们的活动却不是这个城市在 13 世纪经济大发展和人口猛增四倍的原因。这个奇迹是由毛纺织工业创造的，它为成千上万的工人提供了就业机会，它生产的毛呢质量如此之好，以至于在三大洲的集市、商场中都能卖到最高的价格。①

这种经济的飞速发展得益于佛罗伦萨独特的政治地位。在 1375 年与教皇国的战争中，"他们出钱、出人，煽动教皇国属下的地方势力纷纷起来造反；更有力的武器是当时负责外交事务的人文主义者萨卢塔蒂和他的雄辩术，他向欧洲大大小小的国家发出了数以百计的文书……佛罗伦萨的鼓动效果显著，到 1376 年春天的时候，整个教皇国的属地都处于暴动之中，教皇能控制的地区已所剩无几"②。 另一方面，一直以来，法

---

① ［美］布鲁克尔：《文艺复兴时期的佛罗伦萨》，朱龙华译，生活・读书・新知三联书店 1985 年版，第 65 页。
② S. Ferdinand, *Medieval and Renaissance Florence*, New York: Harper & Row Publish, 1963, p. 274.

国都同佛罗伦萨保持着良好的经济往来关系,相互之间也有政治保护方面的契约。因着经济的繁荣和政治上的保护,以及美第奇家族出色的政治智慧,佛罗伦萨得以在政治上与相对强大的教皇国保持着独立。

正是因为经济的全面繁荣、政治和宗教上的独立,以及美第奇家族出色的统治及其对艺术等领域的全面资助,佛罗伦萨迎来了全面的繁荣,也一直被称为"文艺复兴"的发源地。以至于在《路易十四时代》的导言中,伏尔泰把美第奇统治下的佛罗伦萨时代与亚历山大时代、凯撒和奥古斯都时代,以及路易十四时代称为人类历史上四个伟大时代。他如是描述此时的佛罗伦萨:

> 当时意大利一个普通公民的家族完成了本应由欧洲各国国王进行的事业。美第奇家族把土耳其人驱逐出希腊的学者召请到佛罗伦萨。这是意大利光辉灿烂的时代。艺术已经在该国获得新的生命。意大利人给予艺术以德行的称誉,正如早期的希腊人把艺术尊誉为智慧一样,当时的一切都趋于完美。①

无论如何,在 15 世纪末,随着统一强大的民族国家的兴起,整个分裂的意大利都感受到了前所未有的冲击和压力。另一方面,随着 1492 年洛伦佐·德·美第奇的去世,其长子皮耶罗·德·美第奇成为佛罗伦萨的统治者。小皮耶罗并没有继续其父大洛伦佐苦心经营的意大利五国之间的外交均势。在米兰和那不勒斯的矛盾中没有充当调解人的角色,而是站在了那不勒斯王一边。在法国要求借道被拒绝后,1494 年夏,佛罗伦萨卷入了与法国的战争。这不仅使得两国贸易中断,因而断了自己的财路;法国国王还下令查抄法国境内的佛罗伦萨商人的财产,并赶走他们。更严重的是,1494 年 10 月势不可挡的法军进入托斯卡纳,逼近佛罗伦萨城后,惊慌失措的皮耶罗与法国谈判同意赔付巨额赔款,并把佛罗伦萨城控制托斯卡纳的三座关键要塞——里窝内、比特拉森塔和萨

---

① 〔法〕伏尔泰:《路易十四时代》,吴模信、沈怀洁、梁守锵译,商务印书馆 1982 年版,第 6 页。

扎纳交给法王。①　以至于，对于佛罗伦萨人来说，"公平地说，这个家族为我们这个城市带来的所有好处，都被这一天中所发生的事情抹杀了"②。 之后，佛罗伦萨人站了出来，赶走了小皮耶罗，迎来了萨沃纳罗拉的改革。佛罗伦萨也就进入无休止的改革和后退的进程，而小国林立的意大利也被法国、西班牙等强大的民族国家裹挟着进入不得不寻求统一的政治道路。

马基雅维利生存的处境正是如此。在其名著《佛罗伦萨史》中，马基雅维利回忆了佛罗伦萨的光荣历史，也反思了当下的世家大族之间、贵族与平民之间、平民与庶民之间，乃至佛罗伦萨与外敌（意大利的小国以及意大利之外的民族国家）之间的分裂和矛盾，于是他不无感慨地说："如果它不是因为受到公民内部接连不断的分裂的折磨的话，它可能取得的成就将是异常伟大的。"③ 但无论如何，在见证到并未走远的昔日荣光，和当下因着分裂和争斗而引起的屈辱之时，改变当下的分裂状态，以重获昔日的光辉，并对抗周围的统一强大的民族国家，设想统一的意大利，势必成为马基雅维利们的肉中之刺。

首先，佛罗伦萨内部的分裂状况并非无缘由的。由于美第奇家族的开明，佛罗伦萨一直奉行的是一种古典的城邦意义上的共和制，人的经济、政治等方面的自由是其维护的，同时因为对古希腊和古罗马文明的重视，与基督教传统相对立的探索并维护人文意义的因素都得到发扬——这也是把佛罗伦萨视为人文主义发祥地的原因所在。与统一的专制民族国家相比，它在艺术、经济等领域获得全面发展的同时，却也在权力等方面更分散。为了维持政治上的统一，更甚至在民族意义上统一

---

① 有关此时期的一些背景介绍可参阅杜佳峰《萨沃纳罗拉改革对佛罗伦萨思想文化的冲击》，载《文化艺术研究》2013 年第 3 期。

② G. Francesco, *The History of Florence*, trans. Mario Domandi, New York: Harper & Row Publish, 1970, p. 95.

③ ［意］马基雅维利：《佛罗伦萨史》，李活译，商务印书馆 1982 年版；相关的分裂状况请参阅第一卷。

意大利肯定需要强有力的君主。在英格兰、法国和西班牙等统一的民族国家形成之后,这一点可以看得更明白。

另一方面,鉴于佛罗伦萨独特的宗教地位,它与教皇国之间是相对独立的,并且在政治上处于均势状态,这是其大力尊崇并能够全面发掘非基督教的希腊文明和罗马文明的重要原因。而在"异教"文明浸淫几百年之后,也就意味着佛罗伦萨更少地受到天主教传统的影响——与其他民族国家,尤其是英国传统相比,这一点是非常独特的。它如是少地受到基督教的影响,以至于萨沃纳罗拉在艺术方面进行改革的主要一点就是破除"偶像",在艺术作品中融入宗教因素。① 在刚刚走出中世纪不久的年代里,这是非常难以想象的。

我们知道,古典的共和制意味着佛罗伦萨有着一种普遍的共同认可的"善",只有在这些"善"的制约下,并把"善"塑造成自身的一部分乃是一种"德性"。就此而言,善与德性是共和制由以确立自身的基础,即使君主也要遵循之,遑论普通人。也正是因为善与德性塑造了共和制,君主的权力不能是绝对的,它首先以维护善和基本德性为目的。在统一强大的专制民族国家形成之前,这样的制度有其优越性,它最大限度地实现了每个人当成为的样子;但在民族国家形成之后,它的弊病也最大地显现出来,首要的就是在战争面前,它开始变得不堪一击,哪怕它在经济方面如何发展。正是因为看到这一点,在《君主论》中,马基雅维利解构了传统共和制之中的普遍的"善"和"德性",原因也不难理解:为了塑造统一强大的国家,它首先需要绝对的权力,否则它不能实现哪怕是形式上的统一。亦即,为了实现统一和强大,君主可以不用遵循那种善和德性,甚至以善和德性之名来实现统——一切可以是名义上的或现实功利意义上的,否则,统一和强大是不可能的,整个佛罗伦萨史也说明了这一点。

---

① 参阅杜佳峰《萨沃纳罗拉改革对佛罗伦萨思想文化的冲击》,载《文化艺术研究》2013 年第 3 期。

于是，对于马基雅维利来讲，如何使得传统中的"善"和"德性"不再是阻挠统一的因素，而是可供利用来实现统一的因素；甚至在其无法被利用的时候，干脆弃绝这些"善"和"德性"，以为佛罗伦萨和整个意大利的统一提供必要的手段，就成为马基雅维利思考的核心问题。《君主论》中说，君主可以假意为善，甚至根本不考虑这些善，以达到权力的实现本身，是正当和合法的。

二、视马基雅维利为政治哲学开端的理由及其问题

但无论如何，需要注意的是，论证君主可以不在内心中遵从那些善，从而共和制中的善和德性仅仅是可供利用的东西，并非意味着马基雅维利根本性地弃绝了善和德性，而仅仅呼求绝对权力的君主。相反地，暂时性地弃绝善和德性，从而寻求权力的集中只是服务于统一的需要。理解到这一点，我们能够更好地理解马基雅维利在《佛罗伦萨史》中对昔日光辉荣耀的纪念，也能更好地理解《君主论》的真实意图。也是因此，剑桥学派的学者们——以 J. G. A. 波考克等为代表的学者探寻一种"马基雅维里时刻"，[①] 试图为马基雅维利在古典共和制和现代专制政体之间寻找一个中介点，一个"决断"的时刻。就此而言，剑桥学派的马基雅维利解释可能比施特劳斯等人的解释更加贴近马基雅维利在那个时代的问题意识。[②]

施特劳斯等人的解释——也是马基雅维利的传统解释思路，是在已经形成的"国家理由"中诊断马基雅维利。简言之，它视统一的专制的民

---

① 参阅［英］J. G. A. 波考克《马基雅维里时刻——佛罗伦萨政治思想和大西洋共和主义传统》，冯克利、傅乾译，译林出版社 2013 年版。

② 有关波考克等人与施特劳斯等人在马基雅维利问题上的争论由来已久，汉语学界也有不少论述及于此。近有刘小枫《波考克如何为马基雅维利辩护》，载《杭州师范大学学报》2017 年第 3 期，等；有关波考克阐释马基雅维利的共和思想的文章可参阅王寅丽《现代共和思想的时间意识：以波考克和阿伦特为例》，载《学术月刊》2017 年第 1 期，此文有助于我们理解现代思想家对共和制的一些反思。

族国家为既定的国家形态,在这样的国家中,国家的"善"是一切"善"的最终依据,一切个体的、具体的"善"的最终目的乃是国家的"善"。换言之,国家的"善"即其存在的理由,与个体的"善"实现了根本性的分离;国家作为一种目的性的存在,与个体意义上的道德实现了分离。与之相应,国家的"善"或其存在的理由也与宗教意义上的"善"实现了完全的分离,宗教只关心灵魂的救赎问题,而国家关心的则只是国家的福祉。按照在霍布斯那里完全形成的机械论思路,国家如同一个机械一样,有其自身的运行方式,在它面前,个体的主观性的道德、个体的心灵的救赎都不是它应该关心的问题。与后者相应的只是个体的或社会的或宗教的领域,并且这些领域有其自身的运行逻辑。甚至在施米特看来,利维坦这种提法本身就是机械论思路的展示,其意义与在《圣经》中的意义有着根本性的不同。①

很明显,"国家理由"的思路从属于近代科学的思路。科学以研究客体的建立为前提,客体所以为客体乃是以思想所建构起来的客观性为依据,而客观性的获得首先在于抽象掉主观性因素、抽象掉各种具体生活内容,从而它能够作为一个有其自身存在目的的客观对象。根据不同的客体,我们能够建立相关的不同的科学领域。在这样的科学意识的主导下,作为一个研究领域的国家首先要获得自身的存在意义,其存在意义必定不同于宗教的存在、道德的存在,以及其他种种领域。换言之,科学的完成以各领域得到自主自立为前提,以论证各领域的完全自主性为目的,而其结果则是相应的各领域的完备的知识。与之相应的则是有关国家的科学,有关道德的科学,甚至有关宗教的科学。现代社会区别于古典社会最重要的特征就是它获得了有关各个领域的科学知识,思想家或科学家正是因着这种共同的自觉建构着有关各个领域的科学知识。

---

① 参阅[德]施米特《霍布斯国家学说中的利维坦》,应星、朱雁冰译,华东师范大学出版社 2008 年版,第三、四部分。

　　从民族国家的形成及其发展的历程来看,国家获得自立首先在于从宗教权力(教权)中独立出来——这是从中世纪走向现代的最重要也最纠结的问题;其次,它也要不得不面对个体的"善"(即自由)的问题——这是古典共和制留给现代国家的重要遗产,也是 1215 年《大宪章》签署以来不断地被重新激活的一个问题。对于马基雅维利来讲,最"偶然"的是,在佛罗伦萨数百年的"世俗"生活中,教皇国对它的政治影响和宗教影响不断地被削弱;而鉴于其独特的生活处境,他不得不根据已经形成了的统一而专制的民族国家设想佛罗伦萨和意大利的未来。前者使得马基雅维利可以不考虑教权对国家权力(王权)的影响,后者则使他可以"暂时"放下个体的"善"和"德性",以达成权力的集中而建立统一的国家。这也就意味着,马基雅维利可以脱下——甚至可能本来就没有的——历史的包袱,而仅仅就如何获得权力以达成已经形成的统一的民族国家为目的,从而能够给出一套如何实现统一的民族国家的"学说"。

　　以上的分析也能从《君主论》的写作得到佐证。我们能注意到,马基雅维利根本没有论证统一的民族国家的"正当性"和"合法性"问题,相反地,他只是在一遍又一遍论证如何获得绝对的权力和绝对的统治,并从其丰富的政治经验和罗马帝国的皇帝们如何获得权力等方面做着论说。换言之,对于马基雅维利来说,国家就其本性来说应该是什么样子,或者说作为一个有其充分存在理由的国家的存在意义何在,根本就不是问题。"国家理由"中的"理由"并不是国家之存在的理由或合法性依据,而仅仅是如何实现已经存在着的统一的民族国家的"理由"。① 这意味着,(现代)国家在其存在方面的合法性并未成为马基雅维利的问题,作为人

① 汉语学界中,周保巍意识到这个问题,也是依据这种意识,周保巍区分了"国家理由"和"国家理性",前者指示着如何实现国家的问题,后者则指示着在已经获得存在理由的国家中,如何按照一套理性模式"治理"国家。请参阅周保巍《"国家理由"还是"国家理性"——思想史脉络中的"reason of state"》,载《学海》2010 年第 5 期。

类生活总体中的国家也未曾成为自主自足的存在领域。对于马基雅维利来讲，国家的存在尚未成为科学研究的领域。在国家尚未成为科学领域的时候，很难讲道德和宗教能够作为有别于国家领域的其他存在领域。之所以马基雅维利可以不考虑（现代）国家与宗教的错综复杂的关联、与个体道德（或个体之"善"）的错综复杂的相互建构，这实乃历史之"偶然"的结果。

　　为了进一步看清楚这一点，我们可以比较一下《君主论》与《利维坦》。利维坦，即作为人类生存总体的国家，其存在首先是有理由的——霍布斯通过契约来论证这种存在理由；其次，哪怕作为一个专制国家，其存在亦是有理由的——这是按照霍布斯的人性规定和契约方式能够严格推论出来的。也就是说，哪怕是一个直觉上无法被接受的专制国家，霍布斯首先要论证的是它的存在意义问题，只有在论证了它的存在意义之后，我们才能判断"专制"合理与否。因此，国家开始成为理性的对象，成为有着绝对客观性的理性研究对象-领域。正是因为国家开始作为理性的研究对象，国家中的个体的存在意义，其相应的道德性存在、政治性存在等存在身份才能获得各自的自主性，而能够成为理性的研究对象，宗教领域亦是如此。换言之，在国家的存在和宗教的存在之间的张力没有得到凸显的地方，在国家的存在和个体的存在之间的张力没有得到凸显的地方，我们很难甚至无法设想它们之间能够形成真正的对立，而只有在真正的对立中，它们彼此的存在意义才能得到厘清——这正是现代人文-社会科学的各个领域能够得到划分，并得到各自理性建构的关键因素。

　　在《君主论》的写作中，我们根本看不到国家与宗教、与个体存在的深刻纠葛，看不到国家如何摆脱宗教、摆脱个体而成为自足的论证领域。并且，在摆脱宗教和个体的纠葛之后，具有绝对深度的国家还要重新反思其与个体的存在和宗教之间的关系——这是深刻困扰洛克、卢梭等人的问题，也是专制的民族国家必然走向解体，从而被一种新型的更具深

度的现代国家所取代的关键所在。也就是说,无论根据"君权神授"思
路,① 还是根据"自然法"—"契约论"思路论证近代(民族)国家的专制有
其合理性,鉴于现代个体深度的自由存在身份,现代国家需要在历史中
不断地塑造自身。因此,近代统一的民族国家自其产生之后,它乃是不
断地在理性中、在历史中重塑着自身。——我们这本书要处理的正是在
近代民族国家出现之后,它如何在与宗教和个体(道德)的冲突中塑造自
身,并完成其现代建构的政治思想史过程。

　　因此,就以上的诊断来看,以"国家理由"思路视马基雅维利为现代
国家或现代政治哲学的开端乃是一种"历史的错置"。首先,抛开宗教问
题和个体之自由存在问题设想民族国家的建构是一种历史的"偶
然"——这是拜佛罗伦萨独特的历史状况和 15 世纪末近代民族国家的
出现所赐。而现代国家的建构及其论证是民族国家出现之后,在有关王
权的专制和宗教的冲突中,以及与个体之自由不断得到论证并调节自身
的过程中不断完成的。因此,现代国家和近-现代政治哲学的建构是在
不断地面对宗教问题和个体的存在问题的过程中完成的。其次,马基雅
维利设想的国家"理由",并非是科学意义上的国家存在的理性根据,相
反地,它只是关于如何效仿已经形成了的统一的民族国家而实现民族和
国家统一的"理由"或"途径"。真正的"国家理由"是关于国家存在的理
由,是如何在理性中论证国家的存在意义,其前提是为了解决其与宗教
领域和个体存在领域的冲突,而在理性中把它们建构为独立自主的存在
领域——这根本不是马基雅维利的问题。② 换言之,以马基雅维利为开

---

① 这是伊丽莎白(1558—1603 年在位)之后,斯图亚特王朝的詹姆斯一世(1603—1625 年在位)
　和查理一世(1625—1649 年在位)为获得绝对的专制权力而对君王权力之绝对性所作的论
　证。其核心依据是《罗马书》第 13 章,"在上有权柄的,人人当顺服他,因为没有权柄不是出
　于神的。凡掌权的都是神所命的",以及亚当的父权与王权的比附。本书第一章会对这些展
　开详细的讨论。
② 从萨沃纳罗拉对生活领域和艺术领域的改革中可以看到这一点:他不是为了摆脱基督教而
　改革,相反地,他恰恰为了在改革中引进基督教因素;而其对共和制的恢复,即扩大"民主"、
　削减赋税等,正是重新恢复被压制的个人权利的表现。

端本身是忽视佛罗伦萨独特的历史状况,而以已经形成了的抽象国家理论或现代科学框架把握马基雅维利文本的结果。——这既无助于我们对近-现代国家历程和近-现代政治哲学建构的实际理解,也无助于我们对国家科学的理解。前者让我们看不到历史的真实,看不到国家与宗教和个体存在的深度关联;后者则让我们看不到国家科学本身在历史中的发生。

重新回到近代统一而专制的民族国家的形成之处,并在其与宗教和个体存在的冲突和张力之处反思现代国家的发生和建构过程,即反思近-现代政治哲学的建构过程,就是一项重塑政治哲学的建构过程、重新理解政治哲学的实际发生的任务。

三、从专制民族国家到现代国家的现实路径

15 世纪末,英格兰、法国和西班牙几乎同时成为统一的民族国家,但形式上,它们都与天主教有着教皇加冕的臣服关系。这意味着至少在形式上,民族国家并未与天主教廷分离,或者说,(国王的)王权并未实现与(天主)教权的分离。第一个改变这一进程的是英王亨利八世(1509—1547 年在位)。姑且不论这场宗教改革的历史动因,从 1529 年开始,亨利八世开始了一系列的与天主教会摆脱关系的举措,通过自己加冕、没收天主教财产、取消对天主教的十一奉献,甚至处死反对改革的教士们等手段,亨利八世把教权和王权统一在自己手中。(天主)教权与王权分离的意义在于,首先,现在的权力中心开始只有一个,它避免了两个权力中心带给人的生存的分裂状况① ——当然,在后续的历史进程中,集中

---

① 教权与王权的分裂带给人灵性上一种永恒的冲突:它无法知道自己究竟该顺从教权还是王权,尤其在两者有着冲突的地方;另一方面,它也为心灵上的"不诚实"撕开了口子。有关这一点,卢梭如是言之:"从这种双重权威下便产生了一种法理上的永恒的冲突,从而使基督教国家不可能有良好的政体,使人们弄不清楚究竟是应当服从主人还是服从教士。"(参阅[法]卢梭《社会契约论》,李平沤译,商务印书馆 2014 年版,第 148 页)笔者也有文字讨论这一点,请参阅尚文华《自由与处境——从理性分析到生存分析》,中国社会科学出版社 2018 年版,第 2 页。

了教权的王权还得进一步改变，以实现宗教与国家的完全分离，这个问题经由 150 多年之后的光荣革命才得到解决。其次，只有在王权摆脱外在的（天主）教权的前提下，国家才有可能得到真正的独立自主——这是国家能够作为一个内在和外在的统一体的关键所在。

但无论如何，亨利八世是一个天主教徒，这些改革尽管促进了英国新教的发展，但新教与天主教的冲突依然存在，无论是阻碍改革的天主教徒，还是主张改革的新教徒都一次次地被处死。在玛丽时期（1553—1558 年在位），这种冲突走到极端，她曾处决或烧死 300 多名阻碍天主教"复辟"的新教徒。残酷的宗教改革使得伊丽莎白（1558—1603 年在位）在宗教政策方面非常审慎，其治下近 50 年也是英国经济、社会等方面发展的黄金时期。1588 年战胜西班牙后，英国开始成为海上霸主，这极大地促进了经济的发展。在这个时期，安立甘宗也重新恢复国教地位，但也沾上了太多天主教要素，为了纯化安立甘宗，清教出现了；同时，伴随着经济的飞速发展，一个新的阶级——最早的资产阶级也开始逐渐登上历史的舞台，[①] 在英国内战直至光荣革命时期，这支力量主导了英国政治和社会。清楚的是，在这黄金 45 年内，天主教、新教（安立甘宗）以及逐渐分化的清教（激进的"独立派"和温和的"长老派"）之间，及其与王权之间一直处于明争暗斗的过程中。

到詹姆斯一世（1603—1625 年在位）时期，为了维护并推动其海上霸权，加之不断地卷入对外（30 年战争）和对内的战争，詹姆斯一世改变了伊丽莎白时期的政策而持续不断地加强专制。他一次又一次地通过组建又解散议会的形式强行征税，[②] 并在法律之外行使国王的最终裁决

---

① 究竟能否称这支力量为早期资产阶级是存在争议的。但有一点是清楚的，在后续的近百年时间内，这支在经济和宗教上——大多有清教倾向——逐渐形成的共同力量推动了斯图亚特王朝的变革。

② 1603 年，詹姆斯一世上位，1604 年首届议会，到 1611 年解散；1614 年重开议会，仅存在 2 个月后就解散；之后 7 年无议会，1621 年重开议会，到查理一世时期的 1629 年解散；之后 11 年无议会，到 1640 年内战边缘前重开议会。

权,左右大法官的选举和行使审判权。乱征税,肆意侵犯已经形成了的保障骑士人身权、法官行使审判权的制度等做法极大地引起整个社会的不满。自 1581 年,R. Snagge 第一次在律师会馆公开讲解《大宪章》第29条之后,[①] 有关如何保障自由人的人身权和财产权的问题重新被激活,并引起轰动;到 1604 年,E. Cock 任国王首席司法大臣时也出版了关于第 29 条的论著;甚至在 J. Baker 看来,1616 年,F. Ashley 在中殿律师会馆的讲解已经把第 29 条神化了,[②] 而此时,正值 Cock 的首席法官被罢免。换言之,即使在斯图亚特王朝之前,如何保障自由人的各种权利,如何限制王权已经成为全社会的问题;詹姆斯一世对绝对王权的论证和行使更加激起贵族、议会的反抗,由是,1628 年下议院起草的《权利请愿书》就可以理解了。

另一方面,尽管詹姆斯一世及其继位者查理一世(1625—1649 年在位)表面上支持国教但实则同情天主教的一系列做法,也引起了新教徒,尤其是清教徒的不满。也是在这个时期,激进的清教势力——独立派在不断地壮大,并成为一支不可小觑的宗教-政治力量——在内战中和内战之后,其与长老派和国教成为鼎足而立的宗教-政治势力。也是在这个时期,清教势力逐步成为议会,尤其是下议院的多数派。我们以苏格兰的状况,以及斯图亚特王朝对其采取的宗教政策说明这一点。1592年,苏格兰取消主教制,立长老会为国教,并由议会通过;而在 1610 年,詹姆斯一世强行在苏格兰推行主教制,这引起苏格兰人民强烈的不满;1617 年,詹姆斯一世提出充满圣公会特征的《五项规章》,并于 1621 年由苏格兰议会通过,但引起强烈反对。查理一世继位后,进一步加强对苏格兰长老会的"管控",1637 年,他强迫宗教上实行长老制的苏格兰使用

---

① 《大宪章》第 29 条为:"任何自由人,如未经其同级贵族之依法裁判,或经国法判决,皆不得被逮捕、监禁、没收财产、剥夺法律保护、流放,或加以任何其他损害。"

② [英]约翰·贝克:《大宪章的再造:1216—1616》序言,剑桥大学出版社 2017 年版,转引自"保守主义评论",https://mp.weixin.qq.com/s/thItLFYTQWdme1kFMBXDTw,傅乾译。

国教会的《公祷书》，这激起实质性的武装反抗。至 1640 年，苏格兰取消安立甘宗，重新恢复长老制，但此时，议会中代表新兴资产阶级和新贵族的长老会已经占了多数。

从以上简单的历史梳理来看，斯图亚特君王为了实现绝对的权力，不断挑战已经形成的司法惯例，避开议会强行征税，并根据自己的信仰挑战已经形成的国教和苏格兰的长老会模式等。但无论如何，从 Snagge、Cock 和 Ashley 等人对《大宪章》第 29 条的解说和捍卫来看，如何保障自由人的权利已经成为英国传统的一部分；而从清教运动的发展和苏格兰人民武装反抗强制推行的宗教政策看，捍卫已经形成的信仰模式也已经深刻地融入英国人的心灵。1642 年，查理一世主动挑起内战，① 议会不得不迎战。但是，鉴于已经形成百年之久的专制王权，并且从詹姆斯一世开始，保皇派甚至詹姆斯一世本人都对王权的绝对性作出了"符合"《圣经》的论证，② 尽管根据传统，议会支持者们能够解说《大宪章》中的"自由"，捍卫信仰自由的人民也能够实际地进行反抗，他们对于其反抗国王的专制却也需要系统地论证，否则这种反抗就可能是反抗自身而已。

因此，尽管都铎王朝建立了统一的民族国家，也因着这种统一，在伊丽莎白时代，英国成为强大的海上国家，但斯图亚特王朝时期的统治证明，专制的民族国家必定要走向改变，其核心问题就是重新厘定君主的权力和人民的权利。鉴于亨利八世开启的宗教改革使得王权与教权统一于君主权力，在摆脱外在教权控制而成为单一权力的民族国家之余，权力的集中更加激起人民的警觉和反抗——毕竟若不受限制，以自己的

---

① 我这里并非追索英国内战的成因——鉴于学养，我也没有能力追索；但对于内战成因，对历史来说，似乎一直以来也是个谜，甚至有学者认为，这场内战的爆发本身是偶然的（姜守明：《查理一世的"宗教革新"与英国革命性质辨析》，载《北京大学学报》2013 年第 4 期）。但无论如何，既然爆发了，学者总是要给出一个解释。汉语学界王晋新教授综述了近年来有关内战成因的各种解释。请参阅王晋新《关于 17 世纪英国内战成因研究的学术回顾》，载《世界历史》1999 年第 4 期。
② 这就是对"君权神授"的论证。我会在第一章详细展开讨论。

内心信仰来衡量甚至要求他人如何是再正常不过了,重新厘定君主的权力与教会的权力同样也是核心问题。于是,实现君王权力与人民权力之间的平衡,从而使得个体权利得到绝对的维护;实现君王权力与教会权力之间的分离,从而使得内心的归于内心,就是近代统一而又专制的民族国家走向现代国家的关键问题。——与马基雅维利时代,以及马基雅维利的思想相比,专制的民族国家走向现代国家更加凸显了历史上的国家的基本走向,而这个基本走向取决于对个体自由和信仰自由的论证和捍卫。就此而言,现代国家的本质并非专制,亦非民族性,与此相反,现代国家的根本问题是厘清国家权力与个体的自由身份和内心信仰的真实关系。

这一进程在历史上开始于与绝对王权的抗争。鉴于绝对王权开始已久,并且有其对自身绝对权柄的论证——首先是《圣经》依据,这种抗争若得到充分的甚至绝对的辩护,它就需要在《圣经》中论证个体的自由和王权的限度。卢瑟福的《法律与君王》正是全面论述此问题的开端之作。

四、卢瑟福的开端意义

毫无疑问,Cock 等人根据英国司法传统解说自由人的权利有其实际的意义,但也面临严重的困境。首先,"司法权源于国王"同样是盎格鲁-撒克逊时代的古老法则,[1] 沿着此条法则解释,"国王是司法正义的源泉,法官只是国王司法权的代理人"[2]。 斯特亚特王朝的国王们正是据此为自己立于法院和司法之上作论证。其次,根据《大宪章》第 29 条,他们维护的只是自由人的权利,那么普通人呢? 他们有什么样的权利?

---

[1] Ed. J. R. Tanner, *Constitutional Documents of the Reign of James I*, 1603 – 1625, Cambridge: Cambridge University Press, 1952, p. 173.

[2] F. W. Maitland, *The Constitutional History of England*, Cambridge: Cambridge University Press, 1965, pp. 267 – 268.

他们又怎么维护自己的权利呢？一旦反抗王权的战争打起来，真正献身的更多的是普通平民，若他们在战争之后毫无所获，那么让谁统治能有什么差别吗？换言之，仅仅根据传统，而不能诉诸一般性的论证，那么总是有与之相反的情况发生；遑论这些条款本身就是在解释中重新呈现的，需要注意的是，也正是这些新解释才能使其有更普遍的意义发生。相应于宗教方面的问题，同样如此。

于是，时代赋予卢瑟福的任务就不仅仅在于重新激活传统，更加重要的，乃是给出更加一般性的论证。我们看到，在《法律与君王》中，卢瑟福一开始就谈论人的本性，在把这种本性归于上帝的赋予之余，他从保持生命有其绝对的依据方面论证本性的自卫；而在涉及法律问题的时候，卢瑟福并未按照英国法传统说法律，相反地，他从神的法律，以及出于（自卫）本性的法律，即维持生存本性方面言说法律。更加重要的是，他把这些论证严格地建立在《圣经》基础上，并根据这些基本界定解释《圣经》。换言之，在《法律与君王》中，人的生存本性、神律和出于本性的人律，与《圣经》紧密地联系在一起，卢瑟福进一步在这种紧密的联系中审视国家和政府，以及王权的来源问题，从而把王权限制在神律和人律之内，并根据《圣经》的经文论证这样做的合理性。①

另一方面，鉴于卢瑟福的长老会长老地位，其写作《法律与君王》的基本动机是驳斥长老会中的"叛徒"，为苏格兰人民奋起反抗王权提供神学和政治方面的依据。在一切都要诉诸《圣经》的信仰传统中，一位德高望重的牧者、神学家运用其丰富娴熟的《圣经》知识和出色的思辨能力为反抗王权提供有说服力的论证，这无异于为本已经被绝对王权激起的义愤增添了强大的心理支撑。事实也是如此。"该书一出版便引起了轰动。格思里主教（Bishop Guthrie）说道，委员会成员'人手一本撒母耳·卢瑟福先生新近出版的著作，尊崇不已。布坎南（Buchanan）的论著原被

---

① 以上分别是"问一、问二和问三"的主题。请参阅［英］撒母耳·卢瑟福《法律与君王——论君王与人民之正当权力》，李勇译，谢文郁校，复旦大学出版社 2013 年版，正文第 1—14 页。

当作神谕看,现在,卢瑟福著作出现后,它在反对绝对君主制这事上就显得力气不足了,而卢瑟福的《法律与君王》才是真正的思想'。"① 其引起轰动并被作为取代"神谕"的"神谕"来看的原因正是在于它在严格遵循《圣经》的基础上给出另外一套反抗"君权神授"的系统学说,从此,人们反抗王权,并进一步限制王权而维护每个人的外在自由和内在自由有了坚实的《圣经》传统依据。②

这个进程一旦开启,民族国家的专制问题就必须得到解决,民族国家也就开始进入轰轰烈烈的现代进程——这是现代国家建构和近现代政治哲学建构的真正起点。首要地是需要在学理上解决君王或国家权力的来源问题。作为神学家,卢瑟福承认权力首先来源于神,这是保罗书信告诉我们的;其次——也是于现代国家更加重要的,这个权力也来源于人的自卫本性的让渡。所以让渡这个权力是为了更好地生存,而一旦权力侵犯到生存,人民就有权收回这个让渡。这是王权不具有绝对性,人民有权利反抗王权的关键所在。但是,苏格兰人民所以反抗王权在于王权侵犯了他们的信仰,于是反抗王权的依据就转移到宗教领域的信仰自由——信仰自由本就是自卫本性的一部分。这就必然会导向重新厘定王权和教权的关系问题,换言之,王权主导教权的状况必须得到改变。这不是《法律与君王》的核心问题,却是从自卫本性引申出信仰自由,或者把宗教从国家权力中独立出去的必然步骤——霍布斯的《利维坦》直面了这个问题。

于是,国家的权力和个体的生存(自由、信仰等)在走出中世纪、进入现代的前夜第一次如此紧密地耦合在一起。如何取消神这一起点,并以

---

① 《撒母耳·卢瑟福的一生》,载《法律与君王》,作者序言前,第9—10页。
② 人是在传统中生活的,其行为合理与否很大程度上源于传统以及对传统的进一步解释。"君权神授"有传统依据,也有圣经依据;同样地,若要反抗"君权神授",反抗绝对王权,其合理性必然要在遵循传统,并改造对传统的解释中实现。依此,这些行为才会有依据。中国传统的"名不正,则言不顺"等说的正是这个道理。有关卢瑟福时代的传统经典解释和(政治)行为的关系论辩可参阅谢文郁《王权困境:卢瑟福〈法律与君王〉的问题、思路和意义》,载《社会科学》2013年第8期。

个体的自由生存论证国家权力的来源，并事实性地建构现代国家；如何在这种建构中释放个体的内心自由（主要是信仰自由），从而实现国家权力与宗教权力的完全分离，开始成为思想家们和政治家们的核心议题。——这是马基雅维利时代所没有的。在接下来的篇幅中，让我们根据历史事实重构这一条有关现代国家建构的思想之路！

导　论：信仰与理性张力下的权力出发点之争

在专题性地进入对具体时代的思想以及几位重要思想家文本的讨论之前，让我们对本研究的一些研究内容、框架以及基本的方法论等方面做一个先行的概说。如是，能够更好地把本研究的一些基本想法呈现在读者面前。

在前言部分，我们已经粗略地勾勒出英国内战前的一些现实问题——这正是卢瑟福写作《法律与君王》的背景。概而言之，对于在基督教世界生存的人来说，若一些行为不符合《圣经》，以及传统的《圣经》解释，它就缺乏正义性。现在战争已经爆发，哪怕战争本就是国王挑起来的，但在是否反抗，以及反抗的限度等问题上都是需要严格的论证的，尤其要通过重新解释《圣经》来论证它。根据《罗马书》13：1—2，"在上有权柄的，人人当顺服他；因为没有权柄不是出于神的，凡掌权的都是神所命的。所以抗拒掌权的，就是抗拒神的命；抗拒的必自取刑罚。"这就是"君权神授"理论的核心依据——地上的权柄都是神赋予的，人民应该顺从地上的权柄；凡抗拒的就是抗拒神。在战争已经开始的情况下，人民是否有权力反抗地上的君王的权力呢？没有的话，应该怎样？有的话，如何为反抗做论证，尤其如何在对《圣经》的解释中建立这些论证？这是《法律与君王》的根本问题。

其次，内战爆发于国王与国会之间，其核心冲突在于征税问题，而征税则涉及法律的解释问题。如果说源于《圣经》的律及其解释是"神律"的话，那么现实的法律及其解释则是"人律"。若反抗王权是"合法"的，那么其合法性不仅涉及《圣经》的解释（权）问题，同样会涉及对地上的已经形成的法律的解释。

传统上，对"神律"进行解释的权柄在教会，尤其在罗马大公教会时期。由于摆脱大公教会，从新教传统看，解释《圣经》的权力可以在任何人的手上，只要这些解释能够形成一个整体上连贯的体系既可。根据亨利八世以来，尤其到詹姆斯一世时代，《圣经》解释的核心在于为"君权神授"做辩护，[①] 并且随着时间和各种解释体系的出现，"君权神授"解释愈来愈完善。于卢瑟福们来讲，如若不确立另一个全新的解释起点，而单单遵循着字句，他们无以形成对"君权神授"解释的根本挑战；完成不了这一点，对国王权力的反抗就是不可能的。另一个方面，即对"人律"的解释看，他们面临同样的状况。在《大宪章》之后，对"人律"的解释已经形成国王解释和国会解释的张力，甚至对峙局面。无论从国王解释看，还是从国会（法官）解释看，他们都诉诸传统，而正如前面所言，单单遵从于传统，任何一种解释都可能也可以是有迹可循的。所以，卢瑟福们不得不"切断"传统，以确立全新的解释起点，并从此起点出发，重新解释传统。

《法律与君王》确立了这样一个全新的解释起点。毫无疑问，在内战时期，在一切还要诉诸《圣经》的时期，卢瑟福不可能在解释中取消掉神的起点意义和终极意义。但在神作为起点意义的旁边，卢瑟福确立了解释圣经和地上的法律的另一个起点，那便是人的生存（注意：这不是具体的哪个人，也不是具体的哪类人，而是生存着的人本身）。何谓生存呢？

---

① 詹姆斯一世本人就有一个解释体系。可参阅［英］詹姆斯《国王詹姆斯政治著作选》，中国政法大学出版社 2003 年影印版。

在卢瑟福的界定中，就是人能够生存下去。在面对侵犯，尤其在面对死亡威胁的时候，能够生存下去就意味着他需要采取一系列的行动，卢瑟福称之为"生存的自卫"。作为神在地上的代理，掌权者拥有生存的自卫（权利），同样地，作为被掌权者统治的任何一个人，在面对侵犯，尤其死亡威胁的时候，自卫亦是其不得不采取的手段。在面对被统治者侵犯的时候，掌权者采取自卫手段维持其生存；在面对掌权者侵犯的时候，被统治者亦可采取自卫手段维持其生存。其中的差别只在于侵犯或自卫到什么程度。

换言之，无论对于掌权者，还是对于被统治者，哪怕他们有着种种的差别，但在维持基本生存这一点上，他们是完全相同的。为何？因为生命是神的造物，维持生命的持续本身就是遵循神的旨意。既然如此，作为一个最基本的点，生存就是衡量一切的标准，是解释一切的起点，尤其应该成为解释圣经的起点。如果说"君权神授"是在严格按照字面意义解释《罗马书》13：1—2，那么，在获得生存这一出发点之后，其字面意义就受到一个限定，即：顺服不能以丧失生存为前提，顺服本身亦不能与自卫相冲突。更进一步，生存也不是空洞的形式，它本身要向着一个"适合"生存的方向走，如何衡量这个"适合"呢，本身又是一个有待进一步解释的问题。因此，生存（的自卫）这一出发点的提出，不仅让卢瑟福们解释圣经和法律有了不同于传统的基点，同样，生存本身亦是有待解释的。

首先，根据卢瑟福，生存之所以获得起点地位源于它是神的造物，因而生存出发点的提出本身是基督教信仰的产物，以之为起点，本身就是对信仰的一种表达方式。但是，这个起点又需要得到理性的深入反思。生存-自卫，不单单是当下的事情，它亦关涉过去和未来。过去的种种会成为当下"生存-自卫"，以及"生存-自卫"限度的判断依据；而对未来的种种预期同样如此。这些依据和预期同样会支配卢瑟福们对圣经和法律的解释。亦即，纵然是神的话语，是传统的积淀，它们的（再次）呈现本身是与理性判断密切地耦合在一起的。不仅如此，生存本身是有内在方向的。完全出乎顺服的生存由于习惯了顺服，顺服性的生存就是传统式的生存；但现在，由于生存作为一个有着自身起点意义的东西被提出，它就具有了某种不同于完全信仰下的顺服式生存的方向，这个方向根据理性内在倾向的不同而不同，但有一点是清楚的，一旦生存具有了理性的主动性，其展示的方向会不同于传统的顺服式生存。简言之，如何对待理性判断（关乎过去和未来）和理性的内在冲动（生存主动性的打开），以及如何处理它们与信仰的关系，都会成为主导卢瑟福及其后继者们的核心思考。

在卢瑟福这里，（生存中的）理性尚且"臣服于"信仰，在解释中，生存尽管获得一个起点地位，但其目的还是信仰神，或者说，如何在生存中践行其信仰是卢瑟福的核心问题。就此而言，卢瑟福乃是一位基督教神学家，尽管他的神学论证确立了（某种开始被理性化的）生存这一起点。若把卢瑟福对生存的界定定位于"信仰-生存"的话，那么，在他之后不久，霍布斯就把卢瑟福式的"信仰-生存"转变为一种"理性-生存"。其基本要义就是不再把生存向信仰的接受性方向引导，相反，理性或理性的自主性和自发性是生存的方向——这就是霍布斯对生存的"绝对自由"的说法。其实，比较两者，在具体的生存内容上，信仰和理性都是生存的内在张力，在这一点上，他们并无区别；其核心差异在于如何理解生存的"真实的"方向。霍布斯对卢瑟福的推进在于，相较于传统的基督教世界，（生存中的）人的主动地位得到明确的凸显，其生存的主动性和自发性则被理解为理性，理性开始逐步取代信仰成为现代世界确立自己的标志。但这个过程不是一蹴而就的。

本研究的核心内容就是通过在历史中讨论几位重要思想家的文本以呈现现代世界如何从基督教世界中走出并确立自我的。综观这些文本，信仰与理性的张力都是无处不在的，但仔细检讨这些文本，我们又会发现，在无处不在的信仰和理性的张力之外，它们之间又有着内在的关联，这条逻辑之线就是，理性不断地取代信仰成为思想和生存，乃至整个时代的出发点和立足点。但无论如何,需要特别指出的是,即使在卢梭,甚至康德的文本中,哪怕理性已经作为其思想和生存的基本出发点,并且亦沿着这一出发点建构了成熟的体系,但生存的接受性维度(传统意义的信仰)依然保持在他们的文本之中——正是自主性和接受性共同组建了生存。① 这一点提醒我们,尽管现代道德-政治世界已经建立,并且它也事实性地成为总体生活的一个必不可缺的部分,但它并未穷尽人的生存本身,换言之,道德-政治世界无法遮蔽,更谈不上穷尽人的心灵世界,尤其是宗教世界:走出宗教世界的只是现代政治和现代道德,但宗教依旧是人类生活必不可少的一部分。

在这样的研究内容中,我们需要根据信仰与理性之张力关系在几位重要思想家那里的展示提供逻辑上环环相扣的框架。第一章,在卢瑟福这里,是在信仰中寻求对权力出发点的基本理解。并在出发点意义上重新解释"神律"和"人律",以期重新厘定国家与个人之间的关系。第二章,在霍布斯那里,是在理性-理解中消弭对神权的信仰,以生存为绝对出发点建构契约国家,并在此基础上进一步澄清国家与教会的关系——这是当时英国政治最重要的问题。第三章,在洛克那里,展示了一种要把信仰理性化的思路,以此为基础重构有基本权利的个体与国家之间的关系。这是对霍布斯问题的解决。第四章,在卢梭那里,理性取代信仰,现代人和现代国家形态完全确立。第五章,重述现代道德-政治世界中生存的基本张力,在理性的自主性和生存的接受性(信仰)之间,以及生存的个体性与理性的普遍性之间,评述这段历史进程及其对思想未来的展望。

---

① 笔者有文章就这一点比较了作为哲学家的康德和作为神学家的施莱尔马赫,其差别只是将生存的哪个方向作为出发点而已。参阅尚文华《从自主性到接受性——论施莱尔马赫的新宗教观》,载《基督教思想评论》第 22 辑,宗教文化出版社 2017 年版,第 123—138 页。拙著《自由与处境——从理性分析到生存分析》(中国社会科学出版社 2018 年版)亦通过对众多思想文本的分析追踪了这一点。

　　以上对研究内容和基本框架的概述表明,这段政治思想史内在的演进思路集中展示在信仰与理性的争辩之间,而这种争辩一开始就被卢瑟福理解为"生存"。无论是霍布斯对生存之绝对起点的觉识、洛克之对生存的基本权利(自由权和财产权)的论述,还是卢梭对生存之完全可能性状态的界定,"生存"都成为现代世界——无论是道德世界,还是政治世界——内在冲突和争战的"场所"。这就决定了本研究的基本方法论,即通过对生存的分析(生存分析)呈现这段政治思想史的建构过程。其核心要点有二。首先,生存中的张力表现为理性和信仰的张力,这种张力展示在基督徒的生存中,同样展示在历史中,这段历史本就是理性不断取代信仰,而成为历史实际的出发点,并从此出发点开始,建构起自身。亦即理性的历史和历史的理性,不断地取代信仰的历史和历史的信仰,而作为理性-历史或历史-理性自身绝对地确立起来(黑格尔哲学是对此的最好的见证和说明)。

　　其次,生存的张力亦表现在个体的生存与生存欲求的普遍性之间。生存总是个体性的生存,总是在具体性和特殊性中展开的,但同时,其内在地寻求普遍性,寻求将自身的个体性投掷到普遍性之中。这便是道德的原因。理性最重要的倾向便是寻求普遍性,并对普遍性作一般性的论证。若视理性为生存所欲求的普遍性,那么生存的个体性(具体性和特殊性等)与理性的普遍性之间的张力就是生存所不得不承受的。这种张力最明显地展示在卢梭的文本中,甚至在康德那里,感性(生存的个体性)与理性的分裂与弥合成为思想的基本动因。在历史中——尤其启蒙时代的历史观中,如果说生存中的信仰与理性的张力是时代尚未理性化的标志,那么,个体性与普遍性之间的张力则是理性化时代中的生存的最基本的张力。

　　之所以在这里特别指出生存分析方法中的这两种张力,是因为随着历史和分析的推进,第二种张力逐步取代第一种张力而成为历史和现实政治进展的主要标志。在卢梭那里,这一点能得到凸显。极端地讲,若

可以视卢梭为第一个现代人的话——这一点能得到相当程度的论证,①
那么,卢梭之后的现代人的生存中最核心的张力或冲突就展示在生存的
个体性和道德或理性的普遍性之间,这本质性地不同于基督徒式的
生存。②

　　有了基本研究内容和这个方法论的概述之后,让我们离开导论,进
入专题性的讨论。

---

① 笔者有未刊文《爱的伦理:现代性的基石,还是荒漠?》(拟载《伦理学术》)说明这一点。
② 在笔者的一系列分析中,克尔凯郭尔式的生存分析与海德格尔式的生存分析的关键差别点
　在此。参阅拙著《自由与处境——从理性分析到生存分析》(中国社会科学出版社 2018 年
　版)第三、四章与第五章。

第一章 在信仰中寻求对权力的理解：
卢瑟福《法律与君王》解读

路德的宗教改革对天主教世界最大的冲击不在于他根据三个解释原则（唯独信仰、唯独恩典和唯独《圣经》）解释《圣经》，而是他提出了《圣经》解释权的问题。换言之，三个唯独本就是基督教世界所接受的，但把《圣经》的解释权放在任何一个基督徒那里，以取代教皇的权威，则是有着深厚传统的天主教世界无法接受的。无论如何，因为时代的进展以及天主教世界所出现的问题，平权解释《圣经》成为主导那个时代的关键。

既然每个人都有阅读《圣经》和解释《圣经》的权利，那么根据何种原则解释《圣经》就成为时代的重要问题。这一点清晰地展示在历史和思想史之中。路德之后，甚至就是路德在世的时候，有关争论就已经如火如荼地展开了。若从"九十五条纲领"提出的1517年算起，甚至从亨利八世的宗教改革算起，到卢瑟福的时代，100多年已经过去。姑且不论这100年间英国历史上发生的种种——天主教、国教和新教之间的冲突一次又一次地发展成流血事件，单是内战这一件事就足以让作为新教牧师和新教思想家的卢瑟福不得不反思《圣经》解释的原则问题。换言之，《圣经》解释原则问题不仅仅是基督教神学内部的问题，也不仅仅关涉无数基督徒如何面对天主教传统和新教改革的意义问题,它更是生死攸关的生存现实问题。

从卢瑟福的文本可以看出,如何面对内战这一现实问题,是其解释《圣经》的直接动机。但无论如何,我们需要看到,卢瑟福的《圣经》解释在有意无意之间触及了"新时代"《圣经》解释的原则问题,并且这一原则直接进入后续思想家的思想和文本之中。在阅读和解释《法律与君王》这一经典著述的时候,这一点是尤其需要注意的。

本章将着力分析卢瑟福《圣经》解释的这一原则,并从此出发,分析卢瑟福的思想世界中"神律"与"人律"(即现行法律)的关系,及其与君王权力的关系,这一点若能够得到《圣经》解释的支持,它将是苏格兰和英格兰人民反抗君王权力的"圣经"。更进一步,沿着此原则进一步前行,人的基本存在样态会发生重要的方向性改变,这是现代道德世界由以起步的关键所在——从学科或已经被建构的思想传统看,这或许来自马基雅维利,但从历史现实的角度看,卢瑟福或许是更好的分析起点。

第一节 国王权力与个体生存:几种代表性的观点

1485 年,都铎王朝的建立意味着作为统一的民族国家的英格兰的形成;至 1603 年伊丽莎白一世去世,英格兰取代西班牙成为海上霸主,其商业、农业、海外贸易等都达到非常可观的程度。这期间,天主教、国家和新教的争端和冲突形成、发展,并在伊丽莎白一世时期达到某种平衡,但新教中的独立派(亦称为清教的独立派)也早已出现,并有一定程度的"外溢"——主要是去了荷兰,他们会是斯图亚特时期重要麻烦的一个来源。有了这个政治和经济基础之后,詹姆斯一世意图进一步扩张(三十年战争),征税则是解决扩张和战争问题的最重要的途径,历次议会的成立和被解散,乃是国王权力和议会权力、国王的法律解释和议会的法律解释张力和冲突的外在表现。为了增加征税的合法性,同时或许也有推行天主教方面的一些考虑,詹姆斯一世及其维护者们拼命地鼓吹"君权神授"理论,与之相应或相对,各种有关国王权力来源以及个体权利来源的说法甚嚣尘上。在查理一世挑起内战前后,这个问题表现得尤其突出。在这里,我们将提纲挈领地综述下这两种对立的说法各自的依据所在,及其可能的思想走向,以为接下来讨论卢瑟福确立基础。

一、有关"君权神授"

在《罗马书》13:1—2 和 13:5 中,保罗谈道,"在上有权柄的,人人当顺服他;因为没有权柄不是出于神的,凡掌权的都是神所命的。所以抗拒掌权的,就是抗拒神的命;抗拒的必自取刑罚。……所以你们必须顺服,不但是因为刑罚,也是因着良心。"根据保罗,所以要顺服掌权的,顺服于权力之下,在于所有权力都是来自神,抗拒权力,就是抗拒神;而顺服的意义不单是因为刑罚,更是要因为良心顺服。亦即,人不只是因为惧怕刑罚而顺服权力,同时亦要出于良心而顺服。若把刑罚视为外在的趋利避害,良心则要求每个人从自身出发顺服权力。如果从神与权力乃是统一的立场看,[①] 则任何对权力的抗拒就是既违背外在处境,也违背内在处境(良心)的。因此,对于基督徒来说,尤其对于把神和权力视为一体的基督徒来说,"君权神授"就是一条不可抗拒的"死命令"。

伊丽莎白之后,英格兰得到空前的发展,其广泛的海外殖民,以及长期的战争,需要大量的资金支持;天主教与新教各个支派的内在斗争需要得到缓解,以实现内部的统一一致;等等。这都需要权力的高度集中。作为有雄才大略的君王,詹姆斯一世上位不久,就开始"秘密"地推行这一点。亦是在斯图亚特前两位君王在位的时期,"君权神授"论得到空前的提倡和推行。如果单从民族国家的统一和稳定来看,权力的集中是必

---

① 在《法律与君王》中,卢瑟福正是以对这一点的批评展开论述。权力源于神,并非意味着权力与神是统一的,或者说,权力源于神,并非意味着权力没有其他来源。在本章第二节,我们会详细讨论这一点。

然被要求的,而为了集中权力,君王需要把其集中权力的合法性放置在超乎权力的"超越者"层面,对于基督教世界来说,作为权力来源的合法性依据肯定在神那里。因此,我们需要认识到,詹姆斯一世时期的"君权神授"论高涨是有原因的。

但无论如何,"君权神授"并非詹姆斯一世时期的产物,相反,在漫长的人类历史中,这一说法广泛地存在于所有时代。① 统一英格兰的外族威廉一世的颂词便是"世界和胜利属于最尊贵的威廉——权力为上帝所授并带来和平的伟大国王"②,作为一个外族,其统治英格兰的依据肯定在英格兰传统之外,因而无论是否出于自己的信仰或者本心,上帝便是威廉统治英格兰的最好的依据。不止如此,甚至在英国史上,这一理论还被比附于耶稣为病人治病。亨利一世等国王就宣扬,国王继承了上帝治病的神力,并且有些病只能经国王之手才能医治,这便是所谓"国王病"。③ 作为亨利二世的顾问,布罗伊思本是耿直之士,却也说"必须承认,辅佐吾主国王乃神圣职责,因为他是圣者,是上帝的基督,其所受的涂油礼并非徒然。如谁未意识到或怀疑他的权力,腹股沟瘟疫和淋巴结核病的消除便可为证"④。 对于已经距离这个时代很遥远的我们来讲,布罗伊思的真诚是无可怀疑的,对于布罗伊思以外的其他普通人而言,又何尝更不是如此呢。

除了《罗马书》的依据,以及深远的传统之外,16 世纪中晚期的博丹更是把君权神授理论与父权完美地结合在一起:"……不管他的父亲是多么的不虔诚,犯的罪是多么的邪恶,也不应该由自己的亲生儿子亲手

---

① 在古代埃及、古代中国等的文化传统中,国王或皇帝都把自己的权力来源诉诸神或者天,这是显而易见的。毕竟,如果单从人的角度看,凭什么一个人占据权力,而其他人不可以呢?若要为自己的权力确立依据,王肯定要有与普通人不一样的"禀赋",而这个禀赋只能来自更高者。

② D. C. Douglas, *William the Conqueror*: *The Norman Impact on England*, Berkeley, CA: University of California Press, 1996, p. 247.

③ 孟广林:《试论中古英国神学家约翰的"王权神授"学说》,载《世界历史》1997 年第 6 期。

④ 孟广林:《中世纪前期的英国封建主权与基督教会》,载《历史研究》2000 年第 4 期。

杀死父亲……臣民服从专制君主所作的有悖神法或自然法的任何行为……无论拥有主权的君主如何邪恶和残酷,作臣民的绝对不要作任何反抗他的事情……"①父亲不虔诚或者犯罪,应该由他人来处罚,而不应该由儿子来处罚,从直觉上看,这一点太"天经地义"了,以至于任何从内心出发的人都不会否认这一点。② 博丹把这一点与臣民顺服君王相提并论。既然儿子不能处罚犯罪的父亲,那么臣民也不能处罚君王,哪怕君王是如何的邪恶和残酷。这是很典型的"家—国"一体的思路。这条思路有着很久远的传统。甚至若把亚当视为人类共同的父或祖先,这条思路亦可以在《圣经》中找到依据;同样地,在柏拉图或亚里士多德等人的文本中,我们也可以找到一些依据。③

詹姆斯一世本人也继承了这个思路。他在 1610 年昭告议会:"在《圣经》中,国王被称为神祇,因而在某种程度上,他们的权力相当于神权。……国王乃臣民的政治之父。最后,国王类似于微小人体器官中的首脑""至于家庭中的父亲,他们在古老的自然法中对子女或家庭具有父权,也就是生杀大权,我的意思是,家庭中的父亲就是国王最初来源"。④ 从"神权""政治之父""父权""父亲…最初来源"等说法来看,在詹姆斯一世的心中,他的权力是来自神的,这个"来自"就像父亲对儿子拥有权力一样,甚至父亲在家庭中的权力就是他对国家的权力的最初来源。或者说,他之于国家的权力如同父亲之于家庭的权力一样"自然",都是上帝赋予的结果。——"君权神授"如同"父于家庭"一样自然!

与这种论调相似,把君权与父权相等同亦得到众多"御用文人"的拥护,比如理查德·莫克特(Richard Mocket)在《上帝与国王》中就说,"国

---

① [法]让·博丹:《主权论》,李卫海、钱俊文译,北京大学出版社 2008 年版,第 183—190 页。

② 《论语》中亦有对此的言说和论述。

③ 从《法律与君王》专门讨论这个问题的篇幅之巨,以及《政府论》专门开辟"一论"讨论这个问题来看,把王权与父权相类比,甚至相等同绝非少数人的看法。

④ [英]詹姆斯:《国王詹姆斯政治著作选》,中国政法大学出版社 2003 年(影印版),第 181—182 页。

家中子与父之间的义务关系比私家中的关系更高、更密切。后者只涉及几个人的福利,要是没有前者,即全民族和全国成千上万个家庭共同养父的帮助和保护,他们不可能过上正当和和平的生活……(作为共同养父的国王)仅从上帝那里获得权威……除了上帝没有比他更高的人能够惩罚或者责难他。……臣民服从君王的义务是基于自然法的,从人之初即已开始。因为正如我们生而为子,我们也生而为臣。作为子,我们为人所生;作为臣,我们在他人的统治领域所生……"① 因为迎合了詹姆斯一世,他还要求每一位家长必须购买此书,每个中学生和大学生都必须学习这本书。换言之,通过父权论证"君权神授"并非只是在议会上说说,或者出几本书宣传一下,相反,这种理论本身进入中学和大学的日常教育之中。

因此,反抗"君权神授"观念,本身就是反抗已经形成的传统,以及广大人民已经被宣传和教育所灌输了的"事实般"的观念。无论如何,在"君权神授"论的周围,有关权力来源的各种说法已经甚嚣尘上,在库克等人的时代,甚至更早的时候,有关法律和法律的来源、有关自然法和契约论、有关《大宪章》保障基本财产和自由等问题都已经得到一定程度的讨论。在内战前后,为了反抗王权,为了为拿起武器反抗王权寻求最终的依据,已经成为思想家们不得不面对的问题。

二、有关反"君权神授"

《大宪章》以来,如何有效地限制国王的权力,以保护贵族、骑士等"自由民"的财产和自由就成为英国历史中一条或隐或显的线索。随着意大利人文主义或文艺复兴的不断推广,这条线索也逐渐明朗起来。在15 世纪,人文主义运动开始席卷英格兰,与之相应的人文主义教育掀起

---

① Richard Mocket, *God and the King*, or *A Dialogue Shewing that Our Soueraigne Lord King James*, London, 1615,(http://eebo. chadwyck. com/home), p. 1, p. 31, p. 35. 转引自郭丰收《审判查理一世与英国君权观的变化》,武汉大学博士论文,2011 年。

热潮。百年以后,牛津大学、剑桥大学以及各地的律师公会所接收的学习法律的高等人才已经上升到一个可观的数目,[①] 也是在这个时期前后,伦敦各个郡的地方绅士开始拥有很大的地方主导权,他们的大量出现及其财富的大量积累,使得议会的阶层变更异常激烈。人文主义的迅猛推进、英格兰深厚的法律传统以及地方财富的大量积累,使得与"君权神授"观相对的反"君权神授"理论在潜移默化中扎根、发芽,并在内战前后达到顶峰——处死查理一世,除了革命派的激进之外,这些理论的发展无疑为这种激进提供了思想和现实上的双重支持。

这些反对"君权神授"的论调从大的方面看,一是诉诸古老的英国宪法中的契约精神,一是通过自然法对国王与人民之间的契约精神进行重新解释。霍布斯如此,洛克如此,在他们之前亦有人采取了汇合的思路。1628 年,菲利普斯(Robert Phelips)在一次演讲中表述过国王与人民的关系只是一种契约关系:"众所周知,这个国家的人民只服从国王与人民最初结成的契约……契约赋予许多必要的特权和自由,如同普通法和议会法令所显示的那样"。自诺曼以来的加冕宣誓本身就是契约的明证,内战之前,就有人接受了这一点"国王与其臣民之间……是真正的契约或公约",议会中有很多人持有这样的观点。[②] 从契约精神本身来看,它乃是对双方权力的约束,契约所以为契约,就在于一个基础性的约定,一方不能对另一方强加一些超出约定内容本身的权力。这是主张契约论者的基本动机。

但是另一方面,最初的契约是双方约定的产物,契约形成之后,人民转交的权力是不是就不可以收回了呢?若如此,契约论思路本身不能形成对国王权力的基本限制。保王者们反对契约论思路的关键也在此。

---

① Alan G. R. Smith, *The Emergence of a Nation State*:*The Commonwealth of England* 1529 - 1660, London:Longman, 1997, p. 197.

② 参见 J. P. Sommerville, *Royalists and Patriots*:*Politics and Ideology in England* 1603 - 1640, London:Longman, 1990, p. 63 - 64。

比如,达德利·迪格斯就认为,尽管王权源于人民,但一旦人民把权力交出去形成王权,王权也就不再受到限制而能够随便被收回。[1] 对于这一点,霍布斯后来给出几点理由,首要的便是,国家不曾与全体人民契约,因为契约前,全体人民尚未有独立人格,那是契约之后的事情;其次,国家也不曾与个人契约,若如此,它既代表个体人格,亦代表全体人格,若个体收回契约而反对国家,就意味着所有人违背契约;最后,若第二点发生,则重新进入非契约状态,这与契约精神本身相违背。[2] 因此,从学理上看,诉诸契约论未必能够为反对"君权神授"提供足够的依据,亦可以说,若从契约论思路反抗或者限制权力,它需要做进一步的界定和逻辑推演。

或许是由于看到这个问题,更多的论者选择从自然法方面,甚至(自然)理性方面论证契约论,这是自然法-理性与契约思路相综合的表现。在通过自然法解释契约,并从此出发对国王和人民之间的关系进行重新规定的作家中,布坎南是最激进也最有代表性的一位。在布坎南看来,未进入法律-社会状态前,人没有任何理性,强力决定了分配和相互之间的从属关系。进入社会状态的目的只是为了使得生活更加有序和便利,因而政治社会是人自己的创造而非出于神。于是,作为权力担当者的统治者是由为了有序和便利生活的人们共同选举出来的,选举本身证明了契约,亦即统治者权力的使用需要遵循一定的规则,否则生活会更加无序和不便利。更加重要的是,在布坎南看来,契约并非权力的让渡,即似乎一旦把权力交出去,就把生杀大权让给了统治者,相反,契约只是一种委托,在统治者不能带来符合理性的秩序和便利的时候,人民有权利重

---

[1] Dudley Digges, *An Answer to a Printed Book*, *Intituled Observations upon Some of His Majesties Late Answers and Express*, Oxford: Leonard Lichfield, 1642, p. 1. (Http://eebo. chadwyck. com. home)

[2] 笔者有文字专门阐释过这个问题,参阅尚文华《自由与处境——从理性分析到生存分析》,中国社会科学出版社 2018 年版,第 49—50 页。

新收回这种委托。统治者一旦背叛了契约,最初的契约也就自动解除。[①]

这种契约原则根本性上与"君权神授"理论相对立,这对于尚处于绝对君主制的时代来讲是有颠覆性的。天主教徒罗伯特·帕森斯,以及马修·凯利森、约翰·塞尔登等持相似的观点:按照自然法,拥有主权的人民决定交权力于某个人时,君权才产生,因而权力属于共同体,民主制是最好的制度。[②] 仔细检讨该思路,我们会发现,如是理解的契约已经不再单单诉诸传统的契约精神了。契约的根据并非传统的法律,而是每个人出于生存本身对秩序和便利生活的基本诉求。正是因着把论述的起点放置在生存的秩序上,一旦契约之后的权力对这种秩序有了破坏,出于生存本身,反抗权力也就是"合法"的——法的依据是生存的自然或理性。由是观之,霍布斯和洛克,尤其是洛克,对自然法,以及出于自然状态的契约的论证实乃是历史延续的结果,他们的贡献在于在逻辑上做出了严格一致的论证。

到了内战时期——亦是卢瑟福生活和形成思想的时期,这种种论证都走到了一起。甚至各种极端的言论也开始出现了。无论是单单根据古老法律传统,还是单单根据自然法,抑或是根据自然法解释后的契约论思维,对国王权力的反对都达到极端,并在一定程度上得到综合。即使保守派如约翰·皮姆者,在 1643 年的国会演讲中,也把判断权力的依据放在综合性的理性基础上:"如果反对者是忠诚的,或者他的判断建立在理性基础上……根据效忠职责、陛下的高贵身体,尊严以及财产和议会的权力、臣民的合法权利和自由……"[③] 理性、财产和自由,这些我们

---

① Quentin Skinner, *The Foundations of Modern Political Thought*, Vol. 2, Cambridge: Cambridge University Press, 1978, pp. 340 - 344.

② 参阅郭丰收《审判查理一世与英国君权观的变化》,武汉大学博士论文,2011 年,第 25—26 页。

③ John Pym, *Master Pym's Speech in the Guild-Hall in Answer of His Majesties Message, Sent by Captaine Hearn*, London, Printed by I. H. and W. White, 1643, pp. 7 - 8. (Http://eebo. chadwyck. com. home)

现代人"熟知"的观念统统出现在这些演讲中,而其中心目的则是限制国王的权力,并为反抗国王权力的滥用提供依据。

不独皮姆,此时议会反对国王,并组织军队进行对抗的依据也正是财产权、自由、理性、自然法、契约等等。甚至,在1642年,法学家彼得·布兰德根据理性和自然法直接提出这样的问题:"难道没有人听过议会曾经废除过国王吗?"这样的极端之问,答案很显然,是肯定的。威廉·普林则在《议会的统治权和王国》中,直接否认君权的至高性,把王国的安全放在了首位,因而在这样的观点看来,国家的最高统治权在抽象的人民和王国利益的代表者那里,而这,显然就是议会。换言之,对于激进者来说,议会已经取代国王成为权力的最高代表。更加可怕的是,普林将这种见解建立在《圣经》的话语之中,"不可难为我受膏的人,也不可能恶待我的先知。"①

综合言之,无论是"君权神授"论,还是"反君权神授"论,在内战前后,都已经发展到极致。除《圣经》依据外,前者都把论据延伸到"父权"层面,并且这些论述已经深入到宣传之外的教育领域;后者则诉诸了可以诉诸的各种传统,古老的法律传统、自然法、契约论、理性等等,并且在布坎南等人的论述中,个体的生存及其基本诉求已经开始作为根本论据被提出。换言之,不只是上层人的生存(财产、自由等)要得到保障,所有人的生存都需要得到保障。这意味着,国家(以君王及其权力为代表)和个体(每个人的生存本性)之间的张力和冲突在内战时期达到顶峰——或者王权就是一切,或者个体生存成为一切的出发点。单从思想或理论上看,这个问题在这个时代已经很容易被提出,甚至得到某种程度上的根本解决,但在那个时代,一切都处于破晓时分,亟须切合时代的思想来点燃整个黎明。卢瑟福的《法律与君王》正是这样一部照亮人类心灵的著作。

---

① 参阅郭丰收《审判查理一世与英国君权观的变化》,武汉大学博士论文,2011年,第72页。

第二节　卢瑟福论述权力的双重出发点

把国王与人民之间的关系视为一种契约的关系,是很古老的事情。但契约之后,若国王不能实现对人民所要求的和平和秩序的保障,甚至变本加厉地施行邪恶的犯罪,人民是否有权利收回这个原始的契约,是保王者和反抗王权者争执的关系问题。布坎南的论述显示,契约赋予国王的权力受制于它能否为生存所要求的和平和秩序提供保障,若秩序和和平得不到保障,人民有权收回最初的契约。换言之,国家或王权建基于人民的生存,契约的真正目的在于把生存引导向更好的方向。但问题是,何以生存能够成为王权和契约的基础呢? 这一点能够得到论证吗?最主要的是,这一点能够得到《圣经》的"证明"吗? 另外,生存中的"什么"让王权和契约本身会丧失合法性呢? 至少在布坎南等人的论述中,这些问题并没有得到充分的说明和论证。

更进一步,若契约出来的国家(以国王为代表)本身受制于人民的生存,那么国家就是有限的,但它在哪一种意义上是有限的呢? 毕竟,人民只是个政治概念,活生生的是单个的人,当国家与单个的人的生存形成冲突的时候,个体的人能否收回契约? 若可以,那么国家本身就与个体形成对立,这意味着什么呢? 若不可以,收回契约又有什么样的意义呢?若认为这样的发问只是出于理论,那么现实会告诉我们这些问题对于英国人有多么棘手。比如,在处死查理一世的问题上,这些问题统统被发问了。而在处死查理一世之后,整个国家陷入深深的迷惑之中,以至于查理一世的"灵魂"再次游荡在英国的上空,久久不能散去。① 这是主导从卢瑟福,经霍布斯,到洛克、卢梭等人的重要的问题,亦是现代自由个

---

① 相关的各种看法、笼罩在英国上空的"阴霾",以及留下的大量讨论文献,可参阅郭丰收《审判查理一世与英国君权观的变化》,武汉大学博士论文,2011 年,最后一章。在笔者看来,霍布斯所以在《利维坦》中把国家论证为绝对国家,其动机之一或许就是对处死查理一世引起的恐慌和虚无感的一种回应。

体被"催生"出来，具有绝对深度的现代国家由以形成的关键问题。

由于内战的历史效应并未在卢瑟福时代全然显现出来，《法律与君王》提供的还是对第一组问题的论证。换言之，为了对王权进行限制，为了拿起武器反抗王权，卢瑟福要把权力限制在生存的基本倾向之下，即以生存作为权力的出发点。并且，生存是（任何）个体的生存，因为《大宪章》的实施过程已经证明，若不能保障任何个体的财产和自由，那么所谓"自由人"的财产和自由都不能得到保障。在基督教传统世界，个体的生存（权）若要取得相对于权力的出发点位置，需要得到《圣经》的证明，亦即，卢瑟福需要在《圣经》中寻找资源论证生存必须是权力的出发点，并从此出发点开始，重新解释《圣经》文本。即除了神是权力的出发点之外，个体的生存同样是权力的出发点——这是在对《圣经》和神的信仰中完成的论证。

一、有关《圣经》解释的一些原则问题

一个文本若成为经典，可以在漫长的历史中不断地展示它的意义，其关键便在于解释。在不同的时代，因为解释视角的不同，同样的经文能够被解读出不同的，甚至是完全相反的意义。这并非单单意味着解释的主观性，而是在时代的进展中，这些经文对人显现的意义已经不同，因而解释的不同的或不同的解释本身就是历史境遇所造成的客观效果。《罗马书》第13章之所以对于詹姆斯一世们和卢瑟福们显示出不同的意义，其根源在于主观视角，更在于随着时代的进展，其造成的客观的历史效果已经发生了变更。这个历史效果既奠基于个体的实际处境，亦奠基于时代的实际处境。

于个体而言，他总是生存在自己的经验和观念之中，而这些经验和观念本身就是在其"历-时"和"历-事"中形成的。换言之，个体的生存本身就是在"过去-现在-未来"这一统一的整体性时间架构中被建立起来的，过去作为效果被积淀在现在之中，而现在的诸多选择本身由对未来

的各种预期所规定。在这样完整的时间统一性架构中,经验和观念既是由过去所塑造的,亦是面向着未来而变更的,这些要素本身制约着生存的当下性。对于信仰者而言,纵使信仰和恩典不断地解构着已经形成的经验和观念,但这些已经形成的经验和观念也不断地塑造着生存对恩典的"接受"。换言之,信仰并不是"空空如也",它对上帝的"接受"本身受制于生存中已经形成的经验和观念,并不断地让这些经验和观念进行更新。

只有在最极端的时候,比如,对现实处境的应对已经穷尽了一切可能的经验和观念,但是生存还是要进行判断和选择,那么此时的一切决定就不再取决于已经获得的经验和观念。此时,路德诉诸信仰。但是毕竟,判断和选择依旧是由人作出的,只要是由人,而非上帝,作出的判断和选择,就有可能是错的——即使当时生存无法察觉它的对错,但在时间的运行中,他总是可以看到这个判断和选择所带来的效果。在这样的极端处境中,路德看到,即使是出于对上帝的信仰而作出的判断和选择,我们都不能说它是出于上帝的——一切以上帝之言说出的话,都预示着极端的僭越,但无论如何,在被拷问这些判断和选择何所依据的时候,路德把它视为出于自己的良心。因此,即使路德的良心依止于信仰,但良心就是良心,它无法摆脱其本性上的主观性。

从路德开辟的这一时代传统来看——这也是卢瑟福所归属的新教传统,良心已经成为个体生存判断和选择的最后的也是有着某种绝对性的主观根据。于神学家而言,这个主观根据的最终落脚点是信仰,但于时代而言,这个主观根据就是最后的根据,笛卡尔、康德等人莫不如此。但有一点是相同的,在这样的时代,无论神学家,还是哲学家,以及其他什么,对《圣经》的阅读和解释不能离开个体的生存,差别只在于如何理解或者界定这种生存。因此,时代精神(历史的客观精神)已经决定了思想家们需要在对生存的反思中重建《圣经》传统——卢瑟福乃是在这种自觉中进行《圣经》解释的。

极端的完全诉诸良心为自己辩护的处境毕竟不多,更多的则是在时代精神和自己的经验和观念的约束下进行《圣经》解释。有什么样的经验和观念,就可能会有什么样的《圣经》解释,尽管在信仰中,在不断地阅读和聆听上帝话语的过程中,它也不断地让生存的经验和观念得到更新,但在更新尚未得到明确的自觉的时候,即新经验和新观念尚未建立的时候,我们依然会按照已经形成的经验和观念和时代精神解释《圣经》。比如,在"君权神授"被广泛接受的时代,"顺服"是解读《罗马书》第13章的最重要的观念,甚至它不仅仅是观念,更是主导生存之一切判断和选择的依据所在。因此,无论王权的施行带来的是和平与秩序,还是邪恶和犯罪,在顺服中,我们总是可以对之进行解释。在和平和秩序时期,我们感谢上帝的恩惠;在邪恶和犯罪时期,我们仍然感谢上帝的恩惠,因为它让我们通过被惩罚看到自己的罪而能够悔改。换言之,顺服一旦主导了生存,外在处境的变迁只是上帝根据我们所应得的而给予罢了。

在生存的主动性得到宣扬的时候,即使仍然在信仰中认为应该顺服上帝,但对于如何顺服、顺服什么等问题,生存就获得了更多的解释权。比如,顺服上帝,是否就意味着一定要顺服君王呢? 难道在反抗君王的时候,我们就不能聆听到上帝的旨意了吗? 既然当下的声音是反抗君王,并且这种反抗是出乎良心的,那么这种反抗不正是对上帝的顺服吗?因此,顺服上帝,并不必然意味着顺服上帝之外的其他什么,但在其他之外,上帝还是什么呢——极端地讲,无非就是生存中当下降临的良心状态。换言之,一旦把生存的主动性激发出来——而这正是路德所开启的时代所带来的东西,生存与生存所指向的上帝就是暧昧不清的。卢瑟福尚且认为在生存之外还有上帝作为权力的出发点,霍布斯则径直把上帝这一出发点取消掉了,从此,权力也就只是人间造物。

无论如何,我们需要看到,路德所开启的这一主观性传统深刻地渗入到时代精神之中,或者说,路德本就是对这种时代精神的言说而已,如何理解并意图界定这一主观性很快就进入英国历史的实际发展之中。在这样急剧变革的新时代中,如何根据这种基本精神解释《圣经》,从而确立自身的基本原理-原则,就是时代最迫切的任务;一旦这一进程得以展开,从专制的民族国家向现代国家的转变就如火如荼地开启了。因此,现代国家的这一进展必然伴随着对《圣经》的基本解释,否则它无以在基督教世界中获得合法性;而对《圣经》的解释则需要遵循一种全新的主观性原则,其最终的依据是信仰,而其从人性上最后的依据则是良心,在它们之前,则是对生存之全新的主动性或自发性的觉识。

《法律与君王》把生存的这种主动性规定为"自卫本性";《利维坦》将之规定为"自由";《政府论》将之规定为基本权利。接下来,让我们从新时代的《圣经》解释原则这一背景出发先来解读《法律与君王》。它开启了从霍布斯到卢梭这一政治哲学传统。

二、卢瑟福对权力之双重出发点的论证

在詹姆斯一世和查理一世之前,苏格兰教会奉行的是长老制,而鉴于伊丽莎白一世宽容的宗教政策,这一制度并未受到英格兰国教和罗马教会的太大影响。但詹姆斯一世上位之后,一直意图把苏格兰教会改造为主教制度,并且取得相当的成功,以至于在其逝世的时候,苏格兰教会几乎完全掌握在主教制度下的主教们手中。查理一世上台后,本被赋予希望的苏格兰人更加失望:查理一世采取了更加激进的宗教政策。1636年4月,在时机不成熟且缺乏妥当考虑的状况下,查理一世命令主教们为苏格兰教会编撰新的祈祷书,并于1637年强制苏格兰人严格遵循新的礼拜仪式。但很快,动乱即起。为避免进一步的战乱,查理一世只能让步,主教制废止,长老制重新掌控苏格兰。但无论如何,一次次的颠覆,使得苏格兰零星的战乱不断,随着查理一世在1642年8月份向国会宣战,苏格兰人逐渐融入英格兰的为反抗王权而战的斗争局面之中,这便是卢瑟福的《法律与君王》的写作背景,而随着战事的不断深入,其思

想意义也开始具体展现出来。

1643 年初，在威斯敏斯特召开的联合大会上，卢瑟福被任命为长老会委员，正是在这个时期到 1644 年，《法律与君王》写作完成并很快出版。其一出版便引起轰动，彼时，格思里主教说道委员会成员"人手一本撒母耳·卢瑟福先生新近出版的著作，尊崇不已。布坎南的论著原被当做神谕看，现在，卢瑟福著作出现后，它在反对绝对君主制这事上就显得力气不足了，而卢瑟福的《法律与君王》才是真正的思想"①。前文提到，布坎南乃是从契约是为了社会生活的便利方面论证权力并非绝对的，但同样地，遵循《罗马书》思路的"君权神授"论却从国王的权柄来源于上帝说明权力乃是绝对的。尽管在现实中，布坎南的论述更加符合反对王权者的诉求，但对于如何从《圣经》方面找到依据以说明何以契约的目的在于维护基本的生活，以及国王权力何以受制于基本生活，则是缺乏理论根据的。在战争初期，尽管很多人"愿意"拿起武器反抗国王，但一旦国王带领军队去征服的时候，很多人根本没有勇气继续战斗而只能选择节节败退的原因，正在于这种反抗得不到真正的说服，以至于反抗可能意味着对上帝的背弃。在这样的状况下，人们亟须在理论上说服自己，即把反抗王权的根据建立在对《圣经》文本的重新解释中。

若要为反抗王权提供辩护，首要的是反思王权（政府）的来源。"君权神授"论者们正是根据王权唯一地来源于上帝为自己提供辩护的。卢瑟福也不例外。在《法律与君王》的开篇，他即提出这样的问题：政府及其权力究竟是如何确立起来的？同样地，卢瑟福亦接受《罗马书》第 13章的说法，认为权力必出乎上帝；甚至顺服权力本身亦是出乎上帝（《彼得前书》2：13）。但与"君权神授"者们不同的是，卢瑟福特别强调，在世界中建立权力并叫人顺服权力同样是符合人的本性的，若非有这种本性，权力及对权力的顺服就是没有意义的。换言之，上帝不仅建立权力，

---

① 引自《撒母耳·卢瑟福的一生》，载《法律与君王》，李勇译，谢文郁校，复旦大学出版社 2013年版，第 10 页。

亦把人顺服权力的权利放置在本性之中。如果说设置权力的目的是为了完成某种计划,那么为了完成某种计划的权力本身既出乎上帝,也出乎人的本性。① 那么,人的本性究竟是什么呢?

若单单把权力和对权力的顺服视为本性,"君权神授"论者亦是赞同的,甚至是大加欢迎的。但不同的是,卢瑟福并不认为这种本性是在联合为一个社会或政治有机体时特别赋予的,即把人联合为一个社会而有权力问题视为上帝的新创造。相反,如同上帝创造人一般,这种本性一开始就随着人被创造出来而被赋予人类。② 因此,如同在单个人的被创造中那样,单个的人因为某种需要而联合为一个社会或一个政治共同体同样是出于这种本性。若按照中世纪末期的唯名论传统——这个传统恰恰是英国人一直以来都遵循的传统,卢瑟福的理解更加符合思想传统。上帝何必要在创造之后再赋予人什么本性呢?明明可以一次性赋予的事情为何要两次呢?于是,对于卢瑟福来说,同样对于思想本身的状况来说,社会或政治共同体能被组织起来乃是基于人的本性本能。换言之,若承认权力以及对权力的顺服来源于上帝和本性,那么权力以及权力的运作必须得符合上帝的旨意和人的本性。既然这个本性既是被创造出来的个体的本性,也是能够组建社会和政治的本性,那么,问题就转变为单个的人何以要组建社会和政治形态,并且组建起来的社会不能反对单个人的本性——否则就是自相矛盾的,组建起来的社会恰恰取消了他的原初本性。

既然组建社会和政治共同体的要求源于个人,那么,他乃是以自愿的方式而出乎本性地做这样的行为。于是,组建社会和政治共同体之后所形成的权力就不能反对他的本性,他只是把自己的"本性之力"转交到一个共同的代理人那里,前提是这个共同的代理人即权力的拥有者不能反对他的本性。否则就违背了组建社会的前提,他也就取消了自己的本

① 卢瑟福:《法律与君王》,第 2 页。
② 卢瑟福:《法律与君王》,第 3 页。

性,这是既违背自身,也违背上帝的。从同样是被创造出来的单个人来看,权力拥有者亦不拥有比交出权力者"更多的本性"——似乎一开始他就高人一等。其根据亦在于本性是伴随着创造而被赋予的,而非随着社会的建立而来的。这一点是明确的。

进一步,一旦在这样的本性中论述个体与社会、个体与上帝的关系,所有维持其本性的思虑都是源于"本性良知"(natural conscience)的,"鉴于'凡流人血的,他的血也必被人所流'(《创世纪》9:6),他就默认了他的血可以被人流。这种认同是因果性的、默许的、有条件的,如他对自己弟兄行暴后所受的惩罚。但是,这种认同无论怎么说都不是始于纯粹本性。我想,理性必须认同这一点。前提一旦确定,理性受到这一不可逾越、不可抗拒之光的持续性压力,不得不从。但是,从本性情感出发,那就是自爱与自卫行为"[1]。 从本性出发,最起码的是他不愿意被杀,但因为杀人,他不得不被杀,这是理性决定的。组建社会并交出权力,而在伤害社会的时候,接受权力的惩罚同样出于这种铁一般的因果事实,这亦是理性的规定。无论是出于求生的本性,还是出于理性的"第二本性",都是要经受本性良知考验的。无论如何,那种捍卫生存下去的本性,即本性情感,被卢瑟福理解为自爱和自卫;尽管出于理性,他可以接受权力的惩罚、接受血被人流这一事实,这种自爱和自卫本性情感却是对本性的直接的、纯粹的规定。

由是,作为出乎本性而理性地(第二本性)组建起来的社会或政治共同体并不能剥夺纯粹本性——尤其在这种剥夺不能得到本性良知的自觉的时候,即不能得到理性的证明的时候。换言之,尽管沿着第二本性(即理性),权力拥有对生存的掌控权,但它却是要合乎理性的;作为自爱和自卫的第一本性或纯粹本性却是无法被外在剥夺的——只有在出乎本性良知的状况下,他才可能主动地放弃这一生存下去的本性。因此,

---

[1] 卢瑟福:《法律与君王》,第5页。

"屈服于政府并不是属于本性的。把我们的自由交给一个君主或几个统治者也有悖于本性","圣经的观点就可以很好地由本性殿堂引导出来:① 这些权力都出自神,所以本性之光教导我们要顺服这些权力。② 反本性之光就是反神的法令。③ 神赋予当权者以剑是为了惩罚恶行,我们不必惧怕。④ 不必称誉当政者的善行。⑤ 不必因为他的工作而称赞他。"① 换言之对于卢瑟福来说,服从政府的权力更多是理性(第二本性)的决定,其目的在于更好地维持纯粹本性,从纯粹本性的角度看,"屈服于政府并不是属于本性的"。随之而来的就是,权力亦应该是服从纯粹本性的,本性之光告诉我们要顺服服从本性的权力,这本是上帝的命令:服从于纯粹本性的权力本就是权力的本质所在,它不是什么更高的、值得赞誉的行为。

既然出乎纯粹本性情感的乃是自爱与自卫行为,那么纯粹本性就是一种自爱和自卫的"意识"或"情感"。既然权力应该不违背因而是顺从人之生存的纯粹本性,那么权力应该归旨于个体生存的自爱和自卫——除非作为第二本性的理性告诉我们,在行为违背了上帝的律令(神律)和共同的律令(法律)的时候,我们甘愿受到惩罚,这亦是出乎"本性良知"的。因此,对于卢瑟福来说,权力本就有着双重的出发点,并且这两点都基于对上帝和《圣经》的信仰。首先,权力来自上帝的命令,它需要遵循上帝的基本教导,即《圣经》给出来的一些基本原则。其次,它来自人的生存本性,是为了更好地生存下去而缔结的共同体,因而是理性(第二本性)的产物,其施行的界限在于不能违背生存的纯粹本性(即被造之初被赋予的第一本性)。即使《罗马书》第 13 章告诉我们要顺服地上的权柄,但是当地上的权柄不经本性良知的"同意"而侵犯甚至取消生存的纯粹本性,即其最基本的自爱和自卫的时候,那么这种权柄本身就违背了上帝最初赋予人的本性,因而人们拿起武器反抗这种侵犯或者取消就是符

---

① 分别参阅卢瑟福《法律与君王》第 4 页与第 6—7 页。

合上帝旨意的。

现在我们就能够非常清晰地看到卢瑟福与"君权神授"论者们之间关于权力与顺服的原则性差别了。对于后者来说,权力一开始就与上帝捆绑在一起,顺服上帝就是顺服权力,不顺服权力就是违背上帝。这种思路在起点上就取消了个体的生存权利,而把他置于权力之下。对于卢瑟福来说,权力只是第二阶产物,它是个体为了更好地生存下去而出于理性所缔结的产物,因此首先与上帝缔结关系的乃是个体的生存(本性),或者说,与上帝的创造相伴随的是个体的纯粹本性,权力的运作顺服于上帝本身就意味着顺服于上帝的创造-本性。从神学上看,卢瑟福的思路更加合适。除了上面所提到的唯名论传统外,这种思路更好地贯彻了上帝的主权。既然人是上帝的造物,他的生存只有上帝能够取走,地上的权柄何以能够以上帝之名取走被上帝所造的生命呢?既然本性良知直接指向上帝,他又何以能够指向地上的权柄呢?尤其在权力的运行无法获得本性良知的认可的时候,生存本性顺服于权力岂不意味着它在违背上帝的主权?

进一步审视这个问题,我们会发现,把权力一开始就与上帝捆绑在一起,顺服就意味着顺服于既定的一切,或者把既定的一切视为上帝在大地上的展示,在这种状况下,生存只是一种被动的接受状态,我们或许可以在这种被动的接受状态中看到一些不一样的东西,从而能够不断地扩充自己的接受能力和理解能力。毫无疑问的是,这里缺少甚至可能会取消生存的主动性。而把生存本性直接与上帝缔结关系,顺服则意味着顺服于信仰和理性认识中的上帝,这种顺服尽管是出于信仰的,但信仰则无疑是在理性的认识和理解中的信仰。换言之,直接与上帝建立关系本就是在不断地对上帝和周围世界的认识和理解中接受上帝的启示和作为。与前者缺少甚至取消生存的主动性相比,这种思路更加强调生存的主动性。正是因此,卢瑟福以自爱和自卫界定人之生存的原始或纯粹本性,亦是因为要在信仰中理解权力和政治问题。卢瑟福也把上帝视为权力的出发点,甚至是首要意义上的出发点。换言之,生存的主动性(主要被表达为理性)和接受性(对上帝的信仰)作为一对张力存在于卢瑟福对权力和政治的基本体察中。我们会看到,这种张力亦是霍布斯、洛克,以至卢梭的政治思想的内核,但无疑,卢瑟福是首开风气者。

有了这个基本界定之后,我们再来简略地呈现卢瑟福何以能够根据上帝和本性的双重出发点界定权力,并在《圣经》中寻找相应的论证。

三、权力双重来源的《圣经》根据

从卢瑟福对纯粹本性和第二本性(理性)的区分可知:首先,权力源于被赋予自卫本性的人为了更好地生存下去;其次,从每个人都被赋予这样的本性来看,每个人都有自由地生存下去的平等权利。因此,人民乃是通过"将这保护权交付给一个或者多个统治者,通过治理保护自己","就民事权利而论,如果所有人都生而平等——没有人出母腹便头戴王冠手握权杖,社会却将这王冠与权杖给了此人而非彼人——那么,这权力就必留在这个群居社会中","王权不过就是联合的最高级别的权力;它由诸多下级法官汇聚成更大的法官。最后,我们便称之为君王",结论便是"封某人为王的权力来自人民"。① 单从理论上看,即一旦设立一个起点,其他的都可以顺乎逻辑地推演出来,卢瑟福得到这些结论并不难;但问题是,这些结论需要得到《圣经》的支持,否则它就难以在基督教世界中得到遵行。因此,接下来的任务就是通过对《圣经》经文的解释说明这一点,核心就在于论证君王并非独一地和直接地来自上帝,同样地要来自人民;结合现实的需要,卢瑟福还需要在这个基础上论证若有必要,人民还可以收回这一权力。

在《列王纪上》1:34—39,上帝借着以色列民、先知拿单、大卫王的仆

---

① 卢瑟福:《法律与君王》,第16页。

人和整个国家高呼"愿所罗门王万岁"，这本就证明立所罗门为王乃是上帝和以色列民的共同行为。尽管这是借着上帝之口，但上帝与人民的呼喊并非是两种行为，似乎上帝先立了所罗门做王，再宣告给以色列人的，恰恰相反，正是在同一个行为中，上帝借着以色列民的选举和呼声立所罗门为王。并且，也正是在人民的选举和呼声中，所罗门做了以色列人的王。同样地，立基甸为管理者，是因为基甸救了以色列人："以色列人对基甸说：'你既救我们脱离米甸人的手，愿你和你的儿孙管理我们'"（《士师记》8：22）；而亚比米勒被立为王本就是示剑人和米罗人共同决定的结果："示剑人和米罗人，都一同聚集，往示剑橡树旁的柱子那里，立亚比米勒为王"（《士师记》9：6）；亚撒利雅能够继承父亲的王位亦非血源性的继承，而是重新被立的结果："犹太众民立亚玛谢的儿子亚撒利雅接续他父做王"（《列王纪下》14：21）；等等。

　　如果说所罗门被立为王尚且有上帝借着先知和以色列人的口的呼喊，那么在基甸、亚比米勒和亚撒利雅等人承接王位的时候，上帝甚至都是缺席的——至少在字面上看是这个样子。因此，任何王位都并非由上帝所独一和直接地设立，相反，它本是上帝和人民共同决定的，甚至可能单单就是人民选择的结果。而在《申命记》17：14—15 中，"若说：'我要立王治理我，像四周的国一样。'你总要立耶和华你神所拣选的人为王，必从你弟兄中立一人，不可立你弟兄以外的人为王。"从中可见，正是人民需要一位王，耶和华才要通过先知的口告诉众人，那位王需要由耶和华所拣选，并且这位王并非是由上帝直接委派的，而是有人民参与的行为，否则"立你的弟兄中的一人而非他人作你的王"就无从谈起。就此而言，王确实是由耶和华神所立，但至于立哪个人为王，则是人民共同决定的结果；而"就是因为没有人民的拥护，所以心利做不了王（《列王纪上》16：15—16）。撒玛利亚耶斯利的首领（《列王纪下》10：1—11）拒绝选立王，于是便没有王产生。……我要问：除了举国上下的选举外，还有什么样的呼召能让某个族群中的一类人或者某个人执掌王权？现今，神已不再直接从天上下旨,也没有直接受圣灵感动的诸如撒母耳、以利沙那样的先知出现……"①

因此,即使在先知时代,上帝都要通过祂的先知告诉人民要选举王;而在先知时代之后,这位而非那位为王则只是人民选举的结果——尽管我们承认王位本身是出于上帝的,但这位而非那位为王则是出于人民的。为王尚且如此,王的子孙能否继续为王就更是如此。即使对于保皇党来说,在贵族统治阶级治理的国家中,也需要选出一位王,且在六位同样天赋出众的人愿意做王的情况下,具体谁来做王只能是选举的结果。故而,"是什么真正把王的职分与王权给予这个人,而非我们上面讨论的其余五人? 答案是唯一的:神带领全民选立了这人而非他人为王。"②

在接下来的论述中,卢瑟福通过对《圣经》文本的熟练使用,以及对众多基督教思想家解释的援引,进一步细致地批评了保皇党教士的理论,并且论证了人民本就拥有实际行使统治的权力。既然王是由人民选举出来的,他的权力就来自人民,其行使统治权力本来就是代理性的,因而真正行使这些权力的乃是人民;尚且,除了王之外,还有诸多的权力需要行使,而这正是由人民中的某些人承担的。我们不拟在这里继续讨论这个问题。我们关心的是,既然在立王后,人民已经把权力赋予他,人民有无权利收回这种已经让渡出去的权力呢? 在什么样的情况下,可以收回呢?

先让我们分析一下巴比伦困惑(Babylonish Confusion)问题。犹太人被掳到巴比伦,这件事是难以理解的。作为犹太人的主,耶和华是不会抛弃他们的,但现在,他们则无法抗拒,被迫离开居住地。以至于若干年后,当以斯拉和尼希米要带领他们回耶路撒冷重建圣殿的时候,耶路撒冷对于其中的大多数人来说已经如此遥远,回耶路撒冷还是待在巴比

---

① 卢瑟福:《法律与君王》,第 19—20 页。
② 卢瑟福:《法律与君王》,第 21 页。

伦已经成为困惑。抛却非信仰因素，比如已经待了很多年，有太多割舍不掉的东西，待在巴比伦或者回到耶路撒冷本身都可以是诉诸信仰的。上帝要不要他们回耶路撒冷呢？难道放手让巴比伦攻破耶路撒冷毁掉圣殿，把他们掳到巴比伦不也是上帝的旨意吗？若这是上帝的旨意，待在巴比伦不正是符合上帝的旨意，而对于他们来说是好事吗？换言之，若认为在巴比伦的受困是有上帝旨意的，那么被压迫、做奴隶就能够得到信仰的辩护；相反，起来抗争，反抗压迫，重回耶路撒冷重建圣殿反而得不到辩护。

从信仰角度看，巴比伦困惑问题的关键在于如何在自身的生存处境中体贴上帝，如何在对上帝的信仰中体贴自身的生存处境。如果接受了当下的生存处境，信仰就意味着在这种处境中体贴上帝，因而处境的现实性实际上成了信仰所依托的。如果以既往的信仰经验体贴当下的生存处境，那么当下不符合信仰经验的状况就是应该改变的，因而抗争反抗亦是信仰的应有之意。因此，在保皇党教士为王的权力做绝对辩护的时候，这种辩护可能亦是出于信仰的，只是这种信仰辩护着落于已经形成的王权事实。同样地，根据卢瑟福对权力来源的分析，既然权力本身源于人民，亦最终由人民来决定谁来、怎样来行使权力，那么凡是不符合这些要求的王权就得不到辩护。

> 我们知道，无论是王个人还是王室，现今都没有那外在的合法呼召了；现在有的只是人民的呼召。除此之外的呼召都是不可见、不可知的。神不会命令我们顺服王，并把我们置于黑暗中不让我们知道谁是王。这教士（指保皇党教士——引者注）把他的合法王冠呼召置于全能者之直接的、不可见的、精致的动作中，用洗礼中的洒水，如此，神指示撒母耳膏扫罗与大卫，而非以利押及其他弟兄。正是这教士的恶毒，而不是我们，在教导人去杀害一位合法的但也是残暴的王。自始至终，我们都坚称王权及所有权利的主体都是全体

人民,理性之人天然地倾向于组成社会。[1]

既然《圣经》和先知时代已经过去,无论王个人还是王室都不可能再有那种外在的呼召,只剩下人民的呼召。但凡将王直接与上帝捆绑在一起的行为,都是把王的存在置于上帝之直接的、不可见的、无可理解的行动之中,这样的教士在无形之中把自己当成了先知,甚至是上帝本人。正是因着这种自以为,他可以为了一个他认可的王而杀害另外一个王,最终的裁决者只是他自己。在只有人民呼召的时代中,上帝不会把我们置于这样一位黑暗中的不被人民所知的王之下。王只能以某种人民所赋予他的方式行使其统治,否则他就是不可知的。

根据"独断的"保皇党教士,由于王直接地被上帝所立,他行的任何行为都是符合上帝旨意的——哪怕是坏的行为,上帝亦是借着这些行为让人民看到祂的旨意,因而一切出于王的现实行为都是我们需要顺服的,正是通过这种顺服,巴比伦之囚是有上帝旨意的。根据卢瑟福,王的可知性在于其施行统治的方式源于人民,若其行残暴,比如违背一般的法律、伦理和道德等等,就是需要纠正的,甚至反抗亦是合法的。"所以,压制人的伦理、政治、道德的权力都不属于神,也不是权力,而是对某种权力的无耻背叛。它不再是出于神的了,只不过是一张犯罪的执照;来自人的犯罪本性和那条伊甸园的蛇。"[2] 那不再是出于上帝的权力,甚至是反上帝的权力,它就不再是权力,而是对权力的背叛。对于这样的权力,人民起来反抗它乃是维护上帝,维护权力本身。

从卢瑟福对反抗这样的权力的论据来看,其关注点主要有二。一是人的纯粹本性,当其生存受到侵犯后,其自卫本性让他反抗。二是为了维持纯粹本性,他需要秩序,需要在秩序中被凝聚起来。从前者看,权力源始地源于他,亦为了维持他;从后者看,权力的行使以维持秩序为目

---

[1] 卢瑟福:《法律与君王》,第 71 页。

[2] 卢瑟福:《法律与君王》,第 71—72 页。

的。若没有任何理由或者不能得到本性良知认可而取消人的生存，他就可以合法地反抗这种权力；若肆意地破坏秩序，哪怕不能当下对生存直接造成侵犯，他亦可以合法地反抗这种权力，因为最终对秩序的破坏就是对纯粹本性的侵犯。

从卢瑟福所面临的现实问题看，詹姆斯一世和查理一世强行在苏格兰推行主教制度和弥撒书等本就是对已经形成的秩序的破坏；詹姆斯一世破坏法律，甚至跨过国会直接制定征税法本就是对法律秩序和已经形成的国王与国会关系的破坏；在国会拒绝查理一世的一些破坏秩序的行为的时候，国王要诉诸武力解决问题；等等。这些都毫无疑问地破坏了权力本身以及上帝和人民所给予权力的真正意义。反抗这样的权力肯定是合法的。

接下来，卢瑟福需要循着《圣经》和既定的传统界定秩序，只要做到这一点，人民就知道反抗王权的具体依据。根据英格兰和苏格兰传统，秩序最终的担纲者乃是法律，而作为其制定者的国会就应当是讨论法律与君王关系的最重要的关节点。

第三节 神律与法律

人的生存本性是上帝赋予的，因而无论以自卫的方式，还是以其他方式使得生存能够维持下去就是符合上帝旨意的。相关于人的生存来说，上帝的法律（或神律）就是让人生存下去的法律。而从信仰传统看，如果说《圣经》作为上帝的话语就是"神律"，那么根据卢瑟福，信仰意义下的神律即是关涉人的生存的，尤其是人的第一本性，这一本性既是落实在尘世中的神律的意义的彰显，亦是人世间的其他法律（人律）的最终依据。因此，作为理性存在的第二本性即是第一本性的延展，就是人律能够被制定出来、能够被施行下去的根据和归旨。换言之，第一本性和第二本性既是关于生存本性的概说，同时在生存现实中，它们亦展示为神律与人律(一般意义上的法律)的相互纠缠和张力。

就此而言,若要理解有着近代政治思想开端意义的卢瑟福,我们就需要厘清作为传统信仰意义的神律与经过生存解释的神律,及其与法律(现实的规定生活各领域的人律)之间的错综复杂的关系。只有厘清这一点,才能澄清何以卢瑟福体系成为反抗王权的"圣经",及其在何种程度上影响了霍布斯等人,更重要的是,才能理解法律何以在现代世界中具有如此的神圣地位——这一切都离不开以生存本性作为解释《圣经》信仰的基础,以及本性良知在现代社会中的出发点意义。

一、作为信仰对象的神律

根据基督教形成的解释传统,《旧约》主要是律法(即神律)传统,因为深刻地体认到人的罪性,体认到人不可能以自身的方式完成律法,所以惩罚是人能够遵循律法的不得不采取的手段。犹太拉比们不断地丰富律法传统,以至于律法能够事无巨细地进入犹太人生活的方方面面便是律法传统的表现之一;在耶稣生活的时代,文士、法利赛人、撒该都人等都围绕着律法解释犹太人的生活和种种作为的原因也在此。

但根据律法解释生活和行动会面临种种难以克服的困境。比如,针对安息日不可做工这一律法,就会面临何谓做工的问题。在安息日这一天,忽然一个人要死了,要不要救?救,就势必需要做出行为,这样的行为算不算做工?如果算,就会面临"见死不救"的困境,难道为了遵守上帝的律法就眼睁睁看着人死去?上帝的律法难道就叫人去死吗?如果不算,那么一般的小伤时算不算?一般的困难时算不算?一个人挨饿,要不要摘麦穗让他不饿?……一系列难以想象的问题都会出现:现实处境的丰富性远远超出理智所能设想的。也正是因此,法利赛人指责耶稣不遵循律法,他在安息日摘麦穗,他在安息日救人,等等。但为了救人,为了帮助挨饿的人做工是不遵守律法呢?还是更好地遵守了律法呢?正是在这个问题上,耶稣与法利赛人陷入深刻的对峙。

　　深入检讨这种对峙，会发现，对峙的根源在于人的理智（或理解能力）能否覆盖律法的方方面面，能否穷尽律法所能够穿透的生活的无比丰富性。如果认为能，律法就会完全呈现在人的理智之中，从而人的理解本身就成为律法的全部，换言之，上帝律法的意义就成为理智的完全相关物。如是，掌管律法解释的那些人（比如法利赛人）就是上帝在大地上的代言人：他的理解就是律法的原始意义，他的意思就是上帝的意思。这何尝不是一种更加深刻的罪，甚至是一种以自己取代上帝而杀死上帝的罪！但如果认为不能，律法的意义又何在呢？难不成人注定无法践行律法？或者难不成律法可以在任意的解释中成为可有可无的存在物？如是，则或者上帝的话语或律法成为一种完全外在于生活的"死物"，或者只是生活中可供任意解释的对象而已。

　　因此，无论能，还是不能，都让上帝的律法处于一种于生活而言的"尴尬"境地。这也是耶稣之后，如何理解凭着"字面"还是"精义"守律法成为关涉生死的关键问题的原因。① 保罗对此问题的回答是"因信称义"，即律法表达的是人的罪性，凭其自身，人无以守住律法；但因为信仰，人胜过了律法。换言之，于人而言，神律是表征人与上帝之间"绝对"差异的存在，凭其自身，人只能遵守人律，而无法践行神律；但因为对上帝的信仰，人能够借着上帝的帮助而为义，而能够践行神律。于是，因为信仰，《圣经》中的上帝的话语本身就是神律；亦因为信仰，人能够在现实的生活中践行神律。

　　无论如何，信仰不是一句空话，也不仅仅是一种主观的情感，相反，它需要在现实的生活和行为中践行。而一旦涉及生活和践行，就离不开

---

① 很明显，根据"字面"还是"精义"面对律法早在保罗时代就成为重要问题，也是因此才有"因信称义"这样的说法。在与有着理性的人文传统的佩拉纠争辩的时候，奥古斯丁也通过对"精义"作仅仅出于信仰的解释而确立了信仰这唯一的出发点，这开启了基督教千年的信仰传统（参阅［古罗马］奥古斯丁《论圣灵与仪文》，载《论原罪与恩典》，周伟驰译，商务印书馆2012年版）。但无论如何，若不依托于一个基点，信仰本身就是随着处境而游移的。卢瑟福正是找到"生存"这一基点对信仰进行解释的。

理智的判断。也就是说,生活和行为本身展示在信仰和理智的时时刻刻的张力之中。甚至严格来讲,生活和行为更多地乃是展示在理智和经验中,只有在极少数时刻,信仰的完全意义才可能得到"经验",甚至在这样的极端时刻,行为还是需要出于理智而有所选择。于是,我们重新回到本章开端处的处境:神律与人律的交会处便是信仰与理性的张力处。不同的是,哪怕这是一个交会处,检验与理性交叉的神律的依据正是依据信仰而成立的《圣经》或上帝的话语的真理性。

因此,无论如何与理性有交叉,《圣经》本身是一切解释的起点和来源。把握住这一点,我们就能够理解基督教世界和基督教思想传统中的真正张力,这是理解卢瑟福关于神律和法律区分的关键点。

二、相关于生存-本性解释的"信仰下的神律"

卢瑟福并未"赋予"张力中的理性一维任何具体的内容——一旦这样做,就会进入为何是这一个,而不是那一个的境地。相反,他认为一切具体的内容都维系在"生存"中,维持生存便是回应上帝造人的目的或善的方式,因而(维持)自卫本性即第一本性本身就是神律;但同时,为了维持第一本性,人不得不组建社会,组建政府,这既是理性的选择而为第二本性,亦是出于神律的。因为组建政府、赋予政府权力是出于维持生存的第二本性的理性选择,从而政府权力本身来源于上帝,因此亦是神律。但其意义也仅仅止于此。换言之,即使政府权力来源于上帝,服从政府权力是出于本性和神律的要求,但服从政府不意味着服从这个或那个政府,不意味着服从这个或那个政府的代理人:服从的目的仅仅是因为它源于人的第二本性,从而是神律的一部分,是为了更好地维持生存或生存的第一本性。服从政府权力是出于本性的,但服从哪种政府,以及哪些人能够代理政府而行使权力,则需要受到"事先"的规定。于是,从"问四"开始,卢瑟福开始追问政府的形式,以及政府代理人之合法性的神律之外的"理性"来源。

卢瑟福是以反驳的策略追问政府的形式问题的。按照"君权神授"思路，王权唯一地来源于上帝，除了君主制之外，寡头制和民主制都是不合法的。但是，根据卢瑟福，王权来源于上帝，其意义在于保障生存，因而无论君主制，还是寡头制，还是民主制，它们之间的区分并非关键的，关键的问题只在于是否保障生存。若认为后两种制度不来源于上帝，那正好证明它们之间的差别不是本质性的，换言之，寡头制与民主制的差别只在于多个还是更多个，与之类似，君主制的一个亦与多个无差别。因此，承认多个和更多个不合法，本身也就逻辑性地引导出一个也不合法。但由于都承认权力来自上帝，那么只要认为一个合法，多个就是合法的。因此，其中的关键问题在于"群体认可统治者并非是一种绝对中立的行为，而是一种道德行为。说群体不确立自己的统治者，我认为是违反第五条诫命的。……"① 换言之，根据神律，即权力来源于上帝——这亦是"君权神授"论者接受的，衡量权力之合法性的乃是道德，即维持生存的依据。

据此，只要承认政府权力来源于上帝，那么规定政府形式的并非各种现实的政治制度，而是在不同的处境下的道德选择的结果，规定道德的则是是否为了更好地保障生存。在上帝之外，衡量权力合法性的还有维持生存这一道德要求。只要承认这一点，在上帝之外，权力的合法性亦在于人民生存的选择。卢瑟福区分了三种形式的选择：一是人民实际性地手握王权；一是人民有选择地给予王权；一是给予王权的有限性。但无论哪一种，封某人为王的权力乃是来自人民。② 从"问五"到"问十七"，卢瑟福事无巨细地根据《圣经》讨论了种种情况。毫无疑问的是，正是由于把生存本性视为神律，或来自神律，现实的政治形式才不再是决定性的，相反，无论哪种政府形式，只要守住了保障生存这一道德要求就是合法的，否则则不合法；也是因此，权力来自生存着的人民或人民的生

---

① 卢瑟福：《法律与君王》，第 12 页。
② 卢瑟福：《法律与君王》，第 15—16 页。

存要求本身就是神律的一部分，否则就会进入"君权神授"论者们的思路之中。

比较"作为信仰对象的神律"和卢瑟福式的"相关于生存本性的神律"可知，尽管后者仍然是信仰的对象，但此时，作为信仰对象的神律已经有了明确的"附着点"，它不再仅仅纠缠于神律与理性理解之间的张力——尽管这个张力会一直存在，而是要在现实的政治安排中分析生存与政府之间的关系。也正是因此，《罗马书》第 13 章不再"字面性"地为"君权神授"提供依据，如何以生存（它本身就是出于神律的）本性为依据解释政府权力成为所有问题的聚焦点。一旦这个起点建立起来，政府形式就不再像柏拉图或亚里士多德笔下的那样只是现实存在的对象，似乎思想的任务只是对准它们，理解它们之间孰优孰劣，相反，政府形式已经确定下来了，并且这种确立不单单是理性的结果，而是更多地出于信仰，出于信仰中呈现出来的神律。换言之，现代政府不再是历史中的某种现实物，也不再单纯是理性的相关物，而是有着神圣的神律作为基础，并且是政府与（个体）生存先在地耦合在一起的神律。

不能理解近代之初开始涌现出来的"现代国家"的这种信仰和思想意义，就不能领会卢瑟福这一起点的真实意义，也不能真正面对当下存在的各种各样的国家（西方的、东方的；资本主义的、社会主义的；民主的、独裁的；等等）及其相应法律体系的根基所在。[1] 同样地，也是因为政府权力和生存的这种深度耦合（其意义正是现代国家），神律本身引导我们深入反思政府的形式，以及哪些人可以代理政府。鉴于不同的社会状况，卢瑟福无法明言哪种政府形式最好，但无疑的是，政府本身被赋予一种道德责任，很明显，这种道德责任首要地关涉每个人的生存，甚至每

---

[1] 我不能在这里对这个问题展开详细的讨论。但相关于当下后现代式的"国家困境"，可以说，如果丧失了"神律"这一维度，国家也就丧失了前进的动力和"真实的"方向。尽管霍布斯之后，国家只是理性的塑造物，但这种理性不是可以任意权衡的个别理性，相反地，于个别理性而言，普遍或绝对理性本身可能就是信仰的产物。我会在后面展开讨论这个问题。

个人的生存本身是政府之道德责任的来源。换言之,无论哪种政府形式,其权力的形式以保障个体之生存为唯一的道德要求。在这样的要求下,谁来代理政府就不是任意的,也不是自然或历史的,相反,权力的代理者行使权力的合法性在于人民,因而除了上帝是权力的来源之外,人民的认可或选举是其第二来源。

我们看到,由于相关于生存本性解释"信仰下的神律",相较于仅仅"出于信仰的神律"思路,卢瑟福把政府形式(其意义在于承担保障生存的道德责任),以及在形式上,哪些人可以代理政府(得到人民的认可或由人民选择的——更恰当讲是人民出于生存的选择)解释进"神律"之下。政府的意义(国家)在于承担道德责任,政府的代理人需要得到人民的认可,本身就是神律的要求。① 我们也知道,这样的"形式性"神律正是现代宪法的意义,但不同的是,卢瑟福是在信仰中给出这些形式性神律,而现代宪法作为国家的形式性规定(其展开的法律体系及其治理就是宪政)则是近代启蒙理性传统的产物,就此而言,卢瑟福之于现代道德-国家世界的建立有着深远的现实意义。

但无论如何,国家之为国家不仅仅是上帝的造物,它更多地有着自身的运行规范和运行意义;人类生活的展开也不仅仅是在信仰中的展开,而是更多地展开在理性和经验之中。相应地,政府的代理人不单单是国王,在那个时代的英国,如何理解国会,厘定国会与国王和平民之间的关系,都是需要反思的;尤其在国王与国会和平民之间出现争端,甚至

---

① 不得不说,"认可"或"选择"本身证明人民与国王(权力代理人)之间是不同的,"道德责任"这一提法亦以两者之间的分离为前提,即使在"问九"中,卢瑟福提到人民在必要的时候可以收回权力,但亦承认"本性中有一种天然的附属关系,那就是上下级关系。这里没有选择自由"(《法律与君王》,第79页),这意味着,收回的不是权力,而是违反本性之律(亦是神律)的"那个人"。这反映的是那个时代区分国王的"自然身体"和"政治(或国家)身体"的思路(恩内斯特・康托洛维茨的经典著述《国王的两个身体》追踪的正是这个问题)。霍布斯、洛克等人的思想则突破了这一点,也正是因为这种突破,才会有启蒙(主义),才会更加把现代国家的深度展示出来——我不想在价值观上评判这种"进步"的好坏,但思想史确实展示了这种思想进展。

面临你死我活的战争的时候,如何使得各种行为有依据,则是"法律"(人律)需要面对的问题。从"问十八"开始,卢瑟福开始追问"王的法律",即一般的法律问题。

三、神律与法律的纠缠

根据卢瑟福所面对的问题,法律问题必须相关于神律进行探讨,否则一切对"王的法律"的反对都会归于无效,更谈不上为自卫战争找到依据。既然神律的意义在于维持生存本性,既然政府存在的意义源于生存的第二本性,那么王的法律就不能违背生存本性,哪怕是生存的第二本性。在"问十八"的"王的法律是什么? 他的权力又有哪些?"的开始,卢瑟福便澄清了自己的立场:

> 我说:1. 区分君主职分与王权无意义。王权要么是一种依神的律法统治的权力,如神所诫命的那样(《申命记》17)。这正是万王之王的神给予他之下的王的职分与正式权力。这是王者职分的权力,为创造的主而统治,要么就是一种作恶,对神子民施暴政的权力。君主具有暴君品质属偶然现象,并非来自神。此时这君王的法律必是君王的暴政。2. 君王若无统治权,法官便无法控制百姓。……所以,统治权与行暴政之权都是压迫臣民的东西,且来自于神,必是一种合法的权力。这结论是荒谬的。①

根据卢瑟福,王的法律和职分并无差别,它要么是根据神律而施行统治的权力,要么是对上帝的子民施行暴政的权力。前者来源于上帝,后者则否。既然行暴政乃是压迫臣民的东西而不来源于上帝,那么它就不是合法的权力。因此,合法与否指示着这种权力或法律是否建基于神律,即是否与人民的生存本性相违背。顺应人民生存的法律就是建基于神律之上的,因而是合法(神律之法)的法律,否则就不是合法的法律,由

---

① 卢瑟福:《法律与君王》,第 141—142 页。

其施行的统治就是暴政。由是可见，在卢瑟福的思路中，传统信仰中的神律(《圣经》中的话语)不得不与人民的生存建立关系，从而需要得到生存性的重新解释。

但问题是，即使是国王，他也承认自己的法律建基于神律——事实上，他们也承认并且极力地通过解释《圣经》来论证这一点，那么，如何理解这种"建基于"呢？哪个国王不是以上帝之名行侵犯生存之实呢？于是，需要问的问题是：① 君王是否是神律(信仰中的《圣经》)独一、最高、最终的解释者(问二十七)？如果不承认这一点，② 谁有解释神律的权力(问二十一)？ ③ 在人民(以国会为代表)和法律面前，君王到底有着怎样的权力？甚至是否有超越法律之上的权力(问二十四到二十六)？这几个问题最终都关联到一个最核心的点：解释神律的根基在哪里？如果说君王可以"理直气壮"地宣称他有解释一切，包括《圣经》的权力，并有超越法律的权力，那么以卢瑟福为代表的"挑战派"则缺少这种"理直气壮"——毕竟在历史和现实中，君王"本来"就有这样的权力，并且也是一直这么做的。但现在，作为新历史的开启者，卢瑟福又如何面对这种现实的"宣称"呢？事实上是，如果卢瑟福能够逻辑一致，并且得到《圣经》的证明，那么反抗王权就是合理的(问二十八之后)，但这种逻辑一致和《圣经》的证明的根基在哪里呢？——这是这个时代最关键的问题。

我们先来看第一个问题。毫无疑问，根据卢瑟福思想的起点，君王不是神律的独一、最高和最终的解释者。为了论证这一点，卢瑟福需要说明，在历史上，君王就不是神律的独一、最高和最终的解释者，在"问十九"中，通过引述《撒母耳记》《以赛亚》等中对君王是上帝给予人民的"礼物"，以及其他哲学式的论辩(比如整体与部分的关系、教会与个人的关系等)，卢瑟福证明王的权力和尊严非但不在人民之上，而是在其之下。① 既然人民在君王的尊严和权力之上，那么解释神律的更高的根据应该在

---

① 卢瑟福：《法律与君王》，第151—155页。

人民。但是，人民毕竟只是个整体（理念），在法律的解释问题上，君王尚且不能代表它，谁又能够代表它呢？这是卢瑟福解释所要面临的最大的困境——卢瑟福难道比君王的职分更高，以至于能够代表人民？这就引向了卢瑟福对君王之绝对解释权的更深度的反驳，也正是这个理由，可以认为卢瑟福把路德的"良心论证"推向了政治-社会层面。

> 对公众而言，律法有一个基本原则，即人民福利。就像行星之王——太阳，它把星光给予所有法律，并借此对它们加以阐释。偏离了政策的基本法、自然法，偏离了本性之律和民族之法，特别地，偏离了人民安全原则等，所有的阐释都是在破坏律法，应予拒绝。所以，当君王任意歪曲法律时，受压迫人民就可以求助人的本性良心。这是在这个世界上阐释法律的最终原则。……①

既然生存本性是上帝赋予人的最美好的礼物，而维持生存本性则离不开最基本的福利，那么解释神律（律法）最基本的原则在于人民福利，舍此，解释的原则就只能是个人私利或个别的主观动机。既然在信仰传统下，我们承认神律是一切人间法律的最终来源和意义的赋予者，那么任何偏离人民福利或安全原则的对神律的解释（现实的法律）就是违背本性之律或自然法的。换言之，当君王任意歪曲法律，即为了自己的目的而偏离本性之律或神律的时候，人民可以从自己的福利或安全原则出发抵抗这种歪曲解释——这是出于本性之律或神律的要求——而其诉诸的正是自己的"本性良心"。需要说明的是，如果说良心更加是个体的东西，那么与公共福利和公共安全相联系的良心则可以被视为一种"公共的-本性-良心"。我们前面提到，在面对大公教会要求收回其思想的时候，路德拒绝了这种要求，并诉诸自己的良心为这种拒绝辩护。② 路德的良心并非以某种纯粹理性判断为根据——尽管在笛卡尔那里，确实

---

① 卢瑟福：《法律与君王》，第 263 页。
② Luther, "Luther in Worms," in *Luther's Works*, Philadephia: Muhlenberg Press, 1995, Vol. 32, p. 112.

是以纯粹理性为根据的——而更多地在信仰中的上帝那里获得根据,也正是因为上帝是良心的根据和来源,路德敢于对抗千年来的天主教秩序。但在面临农民起义等更加复杂的局势时,路德撤回了自己的"良心",选择在现实中维护天主教秩序。

现在,同样诉诸良心的卢瑟福也面临与路德同样的社会局面:即使我的良心告诉我,现实的秩序是侵犯良心的,我是否与公众一起采取行动对抗甚至颠覆这套秩序?卢瑟福回答说:是的,我应该。因为这种反抗非但出于我的良心,而且也是本性良心——既然是本性,就不是个体的,而是人之为人的基础。我们无法比较路德与卢瑟福的良心,也无法比较各自选择的对错,甚至在价值观上都无法比较它们的好坏,历史就是历史,随着历史自身的运行,思想家做出了符合历史演进的选择——也只是事后来看而已。在路德认为那只是自己的良心的时代里,他没有贸然为这种良心赋予改变现实秩序的意义;但在卢瑟福的时代里,这种良心不再单单是自己的了,而是本性的,这种本性良心注定要融入社会-政治的现实进程中,而有世界史的意义。也正是如此,卢瑟福开启了近代以来的政治哲学建构历程。

既然在君王任意歪曲法律的时候,人民可以诉诸本性良心反对这种歪曲,那么本性良心也就成为这个世界上解释法律的最高和最终的原则,从而是直接源于神律的最基础的(主观)原则。当这个原则要改变既定的(历史的)、出于任何个别(哪怕是君王)的解释或现实意志的时候,它就成为主导历史进程的(客观)原则。换言之,只有从它出发,并以它为依据的法律才是真正的法律,更重要的是,这种真正的法律建立在神律基础上——从后续的政治思想进程看,人民的法律的神圣性即来源于此。既然如此,地上的君王就没有超出法律的权力,其对权力的行使需要保持在法律的限度之内。不仅原理上如此,卢瑟福也从《圣经》经文中找到大量的依据(问二十六)。

但是,无论如何强调法律的神圣性,如何强调生存的本性良心是解释法律的最高和最终的原则,法律的制定及其解释则更需要现实的担纲者。于是,问题就聚焦于当时英国社会最紧张也最重要的一对关系中——君王与国会的关系问题。从詹姆士一世开始,一次次绕过国会征税、一次次解散国会,[①] 甚至到查理一世时期,国王径直向国会宣战;甚至可以说,整个斯图亚特王朝的历史就是国王与国会的斗争史,而现在,需要有一个思想或学理上的了断了。

在论及国会与君王的关系时,卢瑟福径直摆明了自己的观点:"君王是国家的头。国会却如头上的神庙,是头上最重要的部分;如同君王是这头上的王冠一样。"[②] 之所以说国会乃是国家头上的神庙,正是因为代表人民的国会有着神圣性,它是本性之律在大地上的担纲者,是生存本性的真正代表,而由国会而来的法律才是符合神律的,因此,若说国家的头即代理者是君王,国会便是国家的神庙。为了现实性地论证这一点,卢瑟福首先需要面对的是国王解散国会是否合法,甚至在解散之后,人民能否自己组建国会;其次则是分辨国会与君王各自权力的限度。

首先,国家秩序本就存在于现实的各个民族中,比如"民选五长官""元老院制度"等等,为了行使权力,《约书亚记》《撒母耳记》等也都有聚集会众一起做事情的记载,甚至在《列王纪下》18:19,以利亚在违背以色列王的情况下直接根据神律把侍奉巴别的先知全部处死,[③] 这些证明,为了执行上帝的审判,召集会众(国会)乃是必要的,君王为了自己的统治而解散会众反而是难以理解的。这既是既定的秩序所要求的,也是为了更好地维持秩序,否则法律传统就会成为随意解释的产物。但眼下,既然国王为了自己的目的而解散了国会,那么人民是否有权力组建议会

---

① 1604 年,詹姆斯一世召开首届议会;1611 年,解散这届议会;为了征税,1614 年,又重开议会,仅存在 2 个月后就解散。之后的 7 年,再无议会;为了战争征税问题,1621 年,又重开议会,到查理一世时期的 1629 年,这届议会解散。之后长达 11 年的时间,是无议会的局面;直到 1640 年,内战开始边缘前的一段时间,重开议会;之后便是国王向议会宣战。

② 卢瑟福:《法律与君王》,第 183 页。

③ 卢瑟福:《法律与君王》,第 183—184 页。

呢？这是卢瑟福面临的最实际的问题：离开国会，反抗就只是个体行为，个体行为难以得到辩护；现在没有国会，或者说只有君王才能组建国会，那么君王的权力就是无法限制的。

> 虽然国家为秩序的缘故立法规定，只有君王才能召集国会；但我们要在良心的法庭上对此进行辩驳：国家本质上有权来召集自己的议会（因为它们是国家，本质上有对自己领土的审判之权）。摩西依神的律法指定七十长老为以色列的大公法官后，无论摩西的主观意识如何，他都无权限制这些人行神赋予他们的审判之职。当神赋予法官权力去公正审判时，即使君王命令他做相反的判决，他也有权叫君王坐门口的冷板凳。无论何时何地，只要被压迫的贫困民众需要公正的审判，他就必须进行公正的审判。①

我们看到，卢瑟福再次把论述的核心放在"良心"问题上——这是所有论证最终的根据。即使现存的秩序赋予君王才有召集国会的权力，但在良心的法庭上，国家之为国家需要国会，否则就不是国家，也不符合既有的秩序。即使对于摩西这样的圣者，只要法官被指定出来，神律就必须由法官，而非摩西自己来执行；在任何时候，良心的"法律"（也是神律）必须遵循公正，否则就是违背神律，而成为法律的任意解释者。

仔细分辨这几个论述，可以发现，卢瑟福眼中的秩序更多的是古老的秩序，与英国现存的法律秩序规定君王才有召集议会的权力相比，古老的《圣经》中更多的是会众聚集的秩序。也是因此，在卢瑟福式的"良心法庭"上，国家之为国家的本质更多地在于会众制度。既然如此，国王解散议会之后，人民当然有权力组建议会。同样地，作为议会工作的一部分，如何制定法律，如何执行法律（法官这个群体是议会的重要组成部分），便是君王不能随意拿走的。这既是出于秩序的要求，也是公正本身的要求，否则，人民的生存就落入个人（国王）的随意处置中，而得不到保

---

① 卢瑟福：《法律与君王》，第185页。

障。故而，"人民在议会之外保留了自我保护的权力，以及为此召集议会的权力。这样他们才能在一个共同体下进行自我保护。"①

一旦承认这一点，正如卢瑟福对摩西状况的描述，只要法官被指定出来，君王也就没有权力干涉法官对法律的执行——法官乃是以代理上帝的方式维持神律-法律。这便意味着法官，以及法官之外的国会有着独立于君王的权力，甚至君王也只能在已经制定出来的符合神律的法律的规范下实施行为，而没有任何法律之外的权力。如果说国会作为人民的职分或普遍人格乃是神圣的——它是生存本性的直接性，那么君王就应该臣服于这种神圣性，而非相反地要人民臣服于他。正是因此，"君王的权力必定小于国会的权力，是从国会那里分流出来的"②。

论述至此，我们看到，地上的法律首要地乃是要依据于神律，否则就会带来暴政；由于信仰下的神律有了具体的"附着点"，即围绕着生存本性，只有顺应生存本性的才是合乎神律的法律；而为了维持生存本性，福利和安全就成为衡量法律之合法性的关键所在。由是，君王也就丧失了对法律进行解释的位置，人民，以及作为人民职分和人格承担者的国会获得了神圣性。这种神圣地位的获得既出于生存本性，也有着古老的传统作为依据，因此，国王无权擅自解散国会，即使被解散，人民也有重建国会的权力。既如此，国王与国会的权力关系就得到重新厘定：国王非但没有解散国会的权力，其权力更应当受到国会的限制。如是，当国王独断专行，甚至向国会也是向人民挑起战争的时候，国会当然有权利把人民聚集在一起，反抗国王。从"问二十八"之后，卢瑟福便以此为依据，遍寻《圣经》以及传统中的一些要素为反抗国王做全面的论述。

综观"信仰中的神律"与从生存方面得到解释的神律，以及神律与法律之间的争辩，我们看到：本性良心是神律能够得到解释，是法律之所以

---

① 卢瑟福：《法律与君王》，第 190 页。
② 卢瑟福：《法律与君王》，第 188 页。

能够和神律形成解释张力的最基础最关键的原则。这个本性良心的"觉醒"意味着个体的人开始在信仰中作为绝对的，即相对于现实的一切而独自站立起来的标志。他不再臣服于既定的现实，以及对现实的种种意识形态的解释，相反地，他本身开始成为既定现实的依据，成为对现实进行种种意识形态解释的起点。毕竟无论过去的现实，还是现在的现实，都是在解释中成立的，从不同的解释基点出发，得出来的乃是不同的"现实"。现在，本性良心要求以自己作为基点解释既有的一切，甚至开辟尚未有的一切。这是路德试图在主观的、得到信仰见证的良心之后，良心的又一个全新的要求，即它要求在现实中实现出来，摆脱纯粹的主观性，而得到客观的实现。与笛卡尔（1596—1650，卢瑟福的同时代人）把良心放置在纯粹理性的平台上不同，卢瑟福仍然在信仰中把良心的基础放在上帝那里，这就使得他的论述更加有力量，也更加贴合同时代的基督教信仰状况。因此，这种思想一经提出，并得到"出于"《圣经》的论证，便掀起来一片"血雨腥风"。

但无论如何，信仰与理性之间的争辩非但没有减弱，相较于"理性的"笛卡尔和"信仰的"路德，我相信，卢瑟福内心的"战场"更加惨烈，毕竟，一经实现，他面对的就是战争和死亡。但无疑，卢瑟福迈出了这一步。在他写作之后的数年间，无数人流血牺牲，甚至国王都被送上了断头台，这是震惊整个欧洲的一件大事，也是开辟历史的一件大事。我们无法得知，如果卢瑟福还活着，当看到国王上断头台会作何感想；但至少我们知道，霍布斯退缩了，"恐惧"开始成为主导霍布斯政治思想的核心情感。无论如何，卢瑟福一旦开启了这个进程，历史也便无法阻挡：反抗，甚至与国王开战有了充分的思想和信仰依据。

接下来，我们无意跟着卢瑟福的思路琐碎地讨论何以"自卫战争"有着充分的《圣经》依据——从思想论证上看，这一切已经注定无疑，我们关心的是，卢瑟福论证权力的双重出发点会给思想和现实带来何种困境，也正是这些困境使得后续的思想家只能沿着卢瑟福继续追踪下去。

第四节　评述:双重出发点的深度困境

卢瑟福对生存之出发点的阐释,对生存之本性良知的凸显,使其可以为反抗任意使用的权力和任意解释的法律提供一个基础性的基点,并且在卢瑟福的信仰中,这些都能得到上帝的默许和《圣经》的证明。事实上也的确如此,因为有了《法律与君王》这本"圣经",国会和民众对国王的反抗底气更足了,起初面对国王军队不战而败、节节败退的情况少见了,相反,国会的胜仗开始多起来,以至于战争之后,处死国王尽管得不到大多数人的认可,但激进者还是采取了行动。无论如何,处死国王之后的纷争开始出现,人民开始思考:权力的基点到底在哪里? 毕竟,处死国王,并且以法律的方式处死,是人类历史上从未有过的。如何面对这个全新的事件使得英国,甚至整个欧洲陷入恐慌。之后的近 50 年,英国非但没有消停下来,还进入更加严重的派系分裂和斗争的进程中——清教内部两派已然分裂,甚至发生了你死我活的政治斗争。人们需要反思,究竟这个局面是如何造成的,究竟以信仰之名的生存对于人的生存现实意味着什么。

无疑,一旦接受了卢瑟福式的论述前提,反抗地上的权力就是自然而然的;但诉诸良心,诉诸人民的神圣性带来的又是什么呢? 克伦威尔不正是以人民的名义行军事性的独裁吗? 杀死了以上帝之名的查理一世,迎来了以人民之名的克伦威尔,不是英国照样没有迎来和平吗? 原先的国王以上帝之名制定出来的法律侵犯了宗教之间的和平,现在以人民的名义制定出来的法律不是照样没有带来宗教之间的和平吗? 如此来看,问题的关键岂不是不在于以信仰之名,还是以人民之名;以上帝之名,还是以生存之名? ——只要存在信仰和生存(本性良心)的分裂,存在上帝和生存的双重出发点,人的内心和现实就会争论不休。百年之后,卢梭更加清楚地看明白了这个问题:

由于一个国家只能有一个君王和一种国家的法律，因此，从这种双重权威（教权和王权——引者注）下便产生了一种法理上的永恒的冲突，从而使基督教国家不可能有良好的政体，使人们弄不清楚究竟是应当服从主人还是服从教士。……在所有基督教的著述家中，只有哲学家霍布斯很清楚地看出了这一弊端，并提出了补救的办法。他很大胆地建议把鹰的两个头合并在一起，重新建立政治的统一，因为没有政治的统一，则无论国家还是政府都不可能很好地组建。①

卢梭的评判可谓精当。一个没有分裂的国家以一位主权者和一种法律为基础，如果在国家中出现了两位主权者并各自有着出于自己的法律，那么很难想象这个国家不分裂。按照卢瑟福时代的英国状况，无论出于何种动机，国王和人民（以国会为担纲者）各自根据自己对《圣经》的领受给出一套关于律法的解释，并以之作为法律的基础而给出两种本质和形式上对峙的法律，这样的国家必然是分裂的。

这种分裂实质上以人的内心的分裂为前提。作为尘世生活的担纲者与主权者的国王的法律是既定的现实的法律，无论其源出于哪里——以上帝之名，还是实质上出于私人的动机——它都事实性地规范了人们的生活。在基督教世界中，要挑战它需要把论述的根基置于上帝那里，即诉诸宗教的或上帝的权威。如是，表面上，查理一世和卢瑟福诉诸的都是上帝，但实质上，他们之间的对立彰显的乃是政权和教权的对立：只要教权（上帝的权威）是与政权相对的两极，无论什么处境下，都会有人诉诸上帝之名反抗政权，并且在良心上这些反抗都站得住脚。这也是从詹姆士一世开始一直到查理一世，人们总是可以给出种种理由来反抗王权的真正原因：一旦内心不认可王权和现实的法律，只要诉诸上帝之名，无论这种诉诸是真诚的，还是不真诚的，或者在信仰中，或者在理性中，这种反抗都有充分的动机和理由。

---

① ［法］卢梭：《社会契约论》，李平沤译，商务印书馆 2014 年版，第 148、149 页。

因此,卢瑟福等人的"生存-本性良心"彰显的只是内心不认可现实的王权和法律,如果认可的话,何等的"暴政"都可以忍受:这些可能只是上帝对罪的惩罚,祂通过惩罚让人看到自己的罪。但现在,因为内心已经不认可现在的政权,并且又可以凭着良心解释对上帝的信仰(由路德开启),那么,反抗王权就只是时间问题。我相信,只要内心允许自己在良心中解释信仰,对地上权柄的反抗,甚至对一切的反抗就是必然会发生的,即使不发生在 17 世纪 40 时代,也会发生在其他世纪或其他年代。并且我也相信,这次反抗之后,以至新的王权建立起来之后,它也必然会遭到反抗——后续的历史也证明了这一点。现在以人民的生存的名义杀掉国王之后,后面还会有人打着人民的名义杀掉另一个国王。这是处决查理一世给欧洲带来动荡的原因,也是后续的处死路易十六的原因,也是一切革命能够合法化的预示。

于是,英国人甚至基督教世界的所有人都面临这样的时代处境:由于对上帝和《圣经》解释的良心化,个体独自面对上帝(个体化的教权)与现实的国家-政治(政权)就陷入一种永恒的冲突之中。这种法理(建基于神律)上的永恒冲突使得基督教世界不可能存在良好的政体——再好的政体也经不住每个个体的考验。这种冲突以前存在于教会与世俗国家之间,现在则存在于(信仰)个体与国家之间。由于信仰解释权的个体化,有着共同信念和解释体系的一群人会形成教派;不同教派之间对于上帝解释和政权的理解所存在的偏差会使其相互之间的差别扩大化。一旦发生现实的政治性的对峙,就是教派战争。在卢瑟福时代的英国,天主教派、国教派、清教派,以及清教内部的激进派和保守派,等等,在持续百年的时间里,相互之间的斗争从未真正停止过。

如果说在路德时代,信仰与世俗建制之间的战场尚在人的内心中,到卢瑟福时代,战场则由内心转移到国家内部。如果内心的争战不止,现实的战争就不会停止。现在,生存和历史亟待一种转变,那便是霍布斯给出的方案:把鹰的两个头合并在一起,重新建立政治的统一。亦即,或者把政治和国家的统一建立在纯粹理性的解释上,从而使得现实的国家和法律体系得到信仰之外的纯粹理性论证,而不再允许假借上帝之名对之作出挑战;或者以信仰为基础重建政治的统一。但无疑,无论从英国内战之后的历史看,还是从思想和生存本身的处境看,后一条道路是走不通的。只要允许对政治-国家作出于信仰的主观方面的解释,争战就不会停止,哪怕在信仰中,以人民的名义都不行。剩下的道路只有一条,那便是从纯粹出于理性的现实出发重建政治上的统一,因为没有政治的统一,无论国家还是政府都不可能很好地被组建起来。——这便是霍布斯《利维坦》的写作背景和写作目的。

其实对卢瑟福的追踪已经证明,他已经开始走在这条道路上。只是由于还把生存的基点置于对上帝的信仰中,那由生存出发作出的论证就由"神律"所主导。一旦认为那是"神律",就会存在对之不同的解释,并且种种解释似乎都是出于良心的,于是以上帝之名行一切行为似乎就有了充分的根据。要摆脱这种解释困境,就需要对生存做一种信仰处境之外的一般分析,这种分析必定是纯粹理性的分析,并且必须是纯粹形式的分析。若"事先"给予生存一些内容,无论这些内容来自信仰传统,还是其他什么思想传统,都会使得生存被限制在一个框架中,由其推论出来的东西就会受制于其他传统。换言之,在这个种种事物交织甚至争战不息的时代,在这个即将被光照亮的黎明时刻,思想家面临一种前所未有的思想挑战,那便是走到一切传统之外,并在一切传统之中开辟一个全新的思想起点。否则,在国王都能被处死,在一切既定价值似乎都可以被挑战的时代里,文明将会万劫不复——处死国王后,欧洲的恐慌就在于此。①

---

① 但不得不说,吊诡的是,在人们走出查理一世死亡的阴影之后,在这个思想基点已经获得之后,欧洲的恐慌不是更小了,相反是更大了。在解除掉信仰而只保留理性起点,并以此基点为基础确实建立起统一的政治和国家之后,在人民获得了与卢瑟福的论证相匹配的神圣性之后,传统的社会秩序统统面临崩溃的处境,革命、战争在获得充分的合法性的同时,一切也都抹平了,神圣性开始成为一个符号而不再由任何具体的东西来承担。简言之,一个完全世俗的虚无主义的时代开始降临。有关这一点,我们会在后面的篇章进行深入的分析和批判。

　　于是,一个即将开启的全新时代呼唤全新的思想起点,一个要对"生存"进行全新解释的思想局面等待思想家们来开启。卢瑟福已经给出这样一个分析"生存"和"本性良心"的平台,亟待后续的思想家拿掉其中的信仰维度,而仅仅在纯粹的、抽象的,脱离一切思想和时代背景的"自然-自由"状态中进行分析。——时代的呼唤"让"霍布斯出场了!

　　在请出霍布斯之前,让我简单勾画下这种纯粹的理性分析之于思想史的一般意义。首先,这种分析是一种抽象于一切既定传统的分析。这种抽象的形式性,使其能够不再纠缠于具体的历史处境,而处身于宗教的、政治的、国家之间的等一切的对峙之外和之中,从而能够为现实的各种问题确立一个全新的起点。这是卢梭所说的霍布斯要寻求的"政治的统一"的意义。其次,这种"政治的统一"不再考虑宗教问题,从而宗教只是关涉内心的信仰领域,宗教信仰可能会影响人们对政治的判断,但从事政治只能根据政治的原则。这是现代社会最重要的政教分离。再次,在现实的政治和宗教问题之外,由于把思想的起点确立在纯粹理性基础上,它给出了一种考察和研究社会各个领域的方法。这是牛顿的自然科学之外的社会科学的一般方法。遵循这种方法论,现代人文-社会科学有了基础。

　　有了这个基本概说之后,让我们进入霍布斯的思想世界。

第二章 在理性中消弭神权信仰：霍布斯论生存和国家的绝对性

霍布斯(1588—1679)较卢瑟福(1600—1661)年长，也较来自苏格兰的卢瑟福更多地卷入英格兰的历史和后续的科学建构中。他15岁进入培养贵族子弟的牛津大学；22岁开始担任大贵族卡文迪希家的家庭教师，并通过这个家族结识了当时英国一大批有学术地位和社会影响力的名流；在担任家庭教师的过程中游历欧洲大陆很多国家，与科学家伽利略和担任大法官的培根都私交极好；在1640年流亡巴黎期间，与笛卡尔等人建立了联系，也于1646—1648年担任后来复辟的查理二世的数学教师。[1] 从这个大致的经历和交往对象看，相较于卢瑟福，霍布斯与同时代的科学家、哲学家、各派政治人物，甚至国王本人都有更多的联系，其了解的不仅仅是英国的政治现状，更多的是学术研究和科学研究本身。这一点使得霍布斯的工作更加哲学化和体系化。

霍布斯的哲学和科学头脑使其能够更理性地面对英国当时的政治局面和更一般的思想局面，并在学理上对其作出诊断。没有证据证明霍布斯和卢瑟福之间有过实际的交往，也没有足够的证据证明霍布斯读过卢瑟福的《法律与君王》——尽管根据格思里主教的说法是委员会每人

---

① 参阅[英]霍布斯《利维坦》，黎思复、黎延弼译，商务印书馆2013年版，"出版说明"部分。

一本,但这个委员会很明显是苏格兰教会委员会,《利维坦》以及霍布斯的其他著作都没有提到卢瑟福及其著述。即使如此,正如第一章第一节所言,布坎南很出名,他们都诉诸生存的自卫为反抗国王作论证,可以肯定,霍布斯知道这些观点。在《利维坦》中,霍布斯也事实性地分析了人之生存的原始状态,并以之为基点展开对契约和国家等问题的论述。自然法、契约、生存、自由等都成为这部著作的关键词,可以视为对之前的种种思路的汇聚和批判。其中,在思想上,最重要的就是对卢瑟福问题和困境的回应,这种回应在回答了英国状况的同时,也开启了全新的思想局面。

观察霍布斯思想处境的一个重要的切入点是"恐惧"。据其《自传》所言,他是他母亲生的一对孪生子之一,另一个叫做"恐惧"。[①] 对于霍布斯来说,恐惧是与生俱来并伴随一生的东西。正是这种恐惧推动着人的生存,为了摆脱这种恐惧,生存不得不采取某种理性的方式化解它;即使如此,生存依然无法摆脱它,因而理性的构造物亦开始成为令人恐惧的对象。这便是面对巨兽"利维坦"的生存状态:一方面,"利维坦"可以保护其摆脱与生俱来的那种恐惧;另一方面,"利维坦"本身便是可恐惧之物。这种无法摆脱的生存处境彰显了前述对卢瑟福之生存和思想处境的描述。一方面,国王能够任意解释法律而把生存置于危险的恐惧状况;另一方面,即使杀掉国王建起新的国家(无论军政府,还是共和政府),生存依然处于随时被剥夺的状态。但是,与卢瑟福只从信仰出发反抗并意图在建立的现实国家中面对的恐惧状态不同,霍布斯认为,拿掉信仰之后,凭着纯粹的理性建立起来的国家亦是可恐惧之物——这个论断深刻地切中了现代人无论面对采取何种形式而建立的现代国家都会面临的状况。何以如此呢?

---

① 霍布斯:《利维坦》,"出版说明"第 2 页。

第一节　一个全新的生存处境：从自然状态到国家

回溯一下我们面临的思想和生存处境。英国思想家们迫切地需要走出当下的历史困局，一方面，为了捍卫自由和生存，人们不得不拿起武器反抗国王的暴政和肆意的法律解释；另一方面，思想家们也需要看到，即使诉诸对上帝的信仰而对《圣经》作出有利于反抗王权的解释，但解决掉王权之后，英国需要重新面对另一个"国王"（事实是一位军事领袖克伦威尔），人们可以同样以信仰之名拿掉他的王位。那么，英国将要面对的乃是无限的王朝更替而绝无和平可言——出于信仰所进行的对生存解释的行为可能恰恰取消了生存本身。在这样的生存和思想困境下，英国问题的解决需要的乃是"一揽子"方案，而非解决掉这一个，或那一个王权的问题。加之，这种对生存所进行的信仰解释亦会引起更深刻的宗教教派之间的对立，一旦把这些对立政治化，那么教派纷争就与政治纷争耦合在一起，局面就会更加棘手。

因此，只要历史接受了路德以良心解释信仰的思路，接受了卢瑟福以良心解释生存，并将之推进到政治的现实中，或者也可以反过来说，路德和卢瑟福只是看到了历史自身的这个进程，英国的难题就是基督教世界的普遍问题。毕竟，良心本身可能就是处境下的产物，遵循"君权神授"的教士难道就不是出于良心的？愿意跟国王一次次进行对话的国会成员难道就不是出于良心的？在基督信仰笼罩的时代里，任何出于处境（塑造观念和经验）的选择都可能打着良心的旗号，也可能真实地出于良心对某种行动做出选择。所以，从出路上看，仅仅把行动的基点建立在自己那里，而非以上帝之名或许更加简单。但无论如何，任何人都是处境下的产物，他的行为选择本身受制于处境。

问题的解决在于，出于处境的生存究竟于人而言意味着什么。从大的方面讲，这种处境就是基督信仰的处境吗？就是古典帝国或共和国时代的处境吗？那好，如果只是基督信仰的处境，那么教派化以来（这是路德带给现代世界的），究竟是安立甘宗的处境呢？还是天主教的处境？抑或是清教徒的处境？如果只是古典世界的处境，那么马基雅维利以来，究竟是希腊式的"善"的处境呢？还是罗马帝国的"善"的处境呢？——总之，如果持守于这些处境，那么卢瑟福长老制下的处境选择又有什么理由取代天主教下的处境？作为统帅的克伦威尔的激进派处境又有何理由取代查理一世的专制处境？

所以，从大的方面讲，卢瑟福带来的困境彰显的是教权和政权、个人良心本性的法律和国王的法律之间的无从选择性；从小的方面讲，这种困境更是不同的生存处境（由宗教、历史、习俗等限定起来的）之间的对峙：一旦允许个体能够从自己出发确立自己（历史进展到近代出现的"基本现象"），这种对峙就是必然发生的。换言之，英国问题的出现只是"近现代的独立个体"出现之后必然产生的，正是因此，英国问题不只是英国问题，更是近现代世界史意义的问题。

解决这个问题的本质既是化解遗留的历史问题，也是开辟新时代的世界历史问题。不同于传统秩序塑造的人，现代个体已经出现，① 他要在历史中重新确立符合自己生存的秩序——这是英国人反抗既定历史给出全新方案的根源。既然不能够诉诸任何传统解决这个问题，那么他要在思想中重新理解和塑造自己，并在这种塑造中重建历史和世界秩序。霍布斯正是处于这个关节点的一位思想家。如果说卢瑟福尚在基

---

① 观察哲学家涉及两个角度：历史的和思想的。从历史角度看，思想家无非是在为时代提供方案，或者说因为相较于其他人更快更好地看到时代的问题而有所言说；从思想的角度看，似乎是思想家塑造了历史。在霍布斯、卢梭等人这里，这一点表现得很明显。是他们塑造了现代个体和现代国家吗？还是说现代个体和现代国家的出现，塑造了他们的思想？似乎这两种意义都成立。现代个体是什么，是他们定义出来的；但这种定义恰恰以这种个体的出现为前提，但人们又对于他们的"出现""熟视无睹"。我更倾向于黑格尔的说法："密涅瓦的猫头鹰只在黄昏时候才起飞。"

督信仰传统中面对英国历史，霍布斯则要超出一切传统面对世界历史；①如果说卢瑟福只是给出了一个可供分析的基点即生存，霍布斯则要在这个基点上给出一整套的纯粹分析和建构。

作为分析和建构基点的生存究竟是什么呢？摆脱一切传统和观念的生存是什么呢？既然是摆脱传统和观念的，就是非历史性的，一种非历史性的生存意味着什么呢？既然是非历史性的，它又如何能够进入历史，而为现实的历史提供方案呢？让我们进入霍布斯的思想和生存世界。

一、生存的"自然"：一个基于因果推论的状态

与马基雅维利、卢瑟福等政治思想家不同，《利维坦》并未从任何一种关于何谓"善"、何谓"权力"、何谓"良好的秩序"的讨论开始，相反地，它从追问什么是"感觉"、什么是"想象"开始。只要睁开眼睛，甚至闭上眼睛，人都是在感觉中"领会"事物的，甚至动物都要以感觉的方式与周围"世界"建立关系。正是有了感觉，才会有脱离感觉的对"事物"的想象，也正是在想象中，事物似乎可以被建立在一个"链条"中而有相互之间的关系。换言之，无论是"善""权力"，还是"秩序"，虽然距离最最普通的感觉很远，却首先以能够具有感觉为前提。

我们无法判断动物除了感觉之外是否有想象能力，但有一点很明显地区分了人和动物，那便是对所感觉之物探究原因的能力。动物更多地根据给定的"信息"行动，但人却很明显地能够寻找这些给定的"信息"之间的因果关系，并进一步根据最初的因果关系建立更多的因果关系，从

---

① 超出传统不要理解成不要传统的横空出世，也不要理解成不受制于传统。相反，他恰恰需要通过"解构"传统而给出思想原则，并根据这种思想原则解释传统，从而使得传统得到更新。于霍布斯而言，"解构"在重新思考人的不受制于既定传统和社会思想观念的原始状态，并根据这种原始状态重新构造国家、社会等等的原型，以此与现实和经典（包含《圣经》）对话，从而给出一种不受制于传统的对传统已有产物的解释方案。

而能够把"目之所及"的一切建立在因果链条下——如果不能做到这一点,焦虑和恐惧就会产生:这一点证明他不会停留在当下无根据的安逸中,而是向着未来筹划着自己。

因此,于人而言,"首先,对于所见事件好探究其原因是人类特有的本性,这种特性有的人多些,有的人少些,但在所有的人身上其分量都多得足以使他去穷究本身的好运与厄运的原因。其次,当人们看到任何事物具有一个起始时,便也会想到有一个原因决定它在那个时候开始,而不是更早或更迟"①。 正是因为相信一切都有原因,对于不断地寻求避免灾祸、得到幸福的人来说,未来就是可怖的。在霍布斯看来,这种由寻求原因主导的"恐惧"感就是宗教的源泉:"有一个万物的初始和永恒的原因存在,这就是人们所谓的上帝这一名称的意义。这一切都并没有联想到自己的命运。对命运的关切一方面会使人产生恐惧,同时也会妨碍人们探询其他事物的原因。这样就会造成一种情形:——有多少人假想,就假想出多少神来。"② 另一方面,由于原因乃是某种力量,这种力量推动着结果的产生,与因果伴随的必然是对各种力量的追求,能够掌握的力量就是能够消除恐惧的力量。于是,神也就便是不可见力量的另一代名词。③

从寻找原因到寻找终极原因、从可见的力量到不可见的力量之间有一个跨越——这是霍布斯分析的一个软肋,但从霍布斯对宗教的基本界定来看,"恐惧"是上帝"产生"的原因(这或许能够通过对《旧约》作自然的解释而证明),上帝这一终极原因及其"拥有"的无限力量的存在的意义就在于消除恐惧。一旦把人的具体命运考虑其中,上帝的存在方式就会各有不同:有多少人寻找,就会寻找到多少个"上帝"。换言之,根据霍

---

① 霍布斯:《利维坦》,第 79 页。
② 霍布斯:《利维坦》,第 80—81 页。
③ 霍布斯:《利维坦》,第 81—83 页。

布斯"科学式"的思路，上帝很难是信仰中的上帝，① 而是与本质性和处境性共存的"恐惧"息息相关的，其意义在于化解这些恐惧，而非在自然的恐惧中"相信"一切都是上帝的恩惠——即使有这样的可能，也只是诸多可能性中的一种。

仔细检讨霍布斯对上帝之存在的论述方式，会发现，他根本性地弃绝了传统信仰的思路，也不同于马基雅维利式的"非道德的功利主义"思路，相反，我们明确地"知道"，感觉和因果是主导任何一个人的最基本的生存要素，哪怕传统意义上的信仰者（无论信上帝，还是天，抑或其他什么）都不得不在（理性的）因果关系中展开现实的生存。只要有因果，就会有无法被"看到"的因果关系，恐惧本身便是生存不得不寻求，但又无法全部找到的因果关系的产物，因而终极因果性便是他需要直面，却无法呈现出来的：这便是上帝产生的原因。因此，相较于卢瑟福们和马基雅维利们，霍布斯的分析论证更加原始；甚至他们的思路可以建立在霍布斯分析的基础上：前者的信仰从终极原因上看，就是对无法找到最终因果性的"见证"，因而一切的发生都在上帝手里；后者的功利则是对于能够寻找到的有限的因果性的运用而已。尽管信仰和功利本身未必全都是"因果性"的展示——它们都有超出于因果性的超越维度，但在世界历史的这个全新时刻，霍布斯的思路更能够面对问题。②

---

① 但也恰恰在这个地方霍布斯引入对上帝存在的分析，在上帝的国的问题上，绝对权力（即力量的象征）和终极原因性是唯一的对上帝存在的"正面描述"，其余则是否定性的"属性"，对上帝之绝对权力和终极原因性的表达是通过崇拜实现的。单纯从这个地方出发，霍布斯的上帝的国更多是犹太（教）式的。但是，在基督教体系的国家中，对"耶稣是基督"的信仰则是起点性的。霍布斯似乎并未意识到，如果人与上帝的关系是信仰式的，整个国家体系会发生某种改变：这也是斯宾诺莎、洛克等人能够解构霍布斯的国家，而给出另一种国家体系的原因。

② 这一点证明，"霍布斯式的生存"本身是不到底或有缺陷的。尽管从认识或产生角度看，上帝可能"产生于"生存对终极因果性的寻求，但祂一旦"产生"，就会成为比"终极因果性"更多的绝对存在者——这便是信仰的意义。相较于作为终极因果性的上帝，信仰中的上帝不再是生存的理性分析的对象，而是"让"生存能够突破因果性，甚至对终极因果性的寻求，而有对于由因果性建立起来的世界而言的"超越性"。换言之，于纯粹理性而言，信仰是需要重新得到反思和面对的，这是哪怕现代世界建立起来之后都要面对的核心问题。

在清理出霍布斯生存分析的基地之后，让我们正式进入与国家相关的生存个体分析。人不单单生存在自己的感觉和自己建立的因果性中，他更多的是在感觉和因果性中面对与他一样的存在者。甚至相对于动物或其他东西，他人更多地并且首先呈现并塑造着他的感觉，并且更多地和首先地是他需要建构并确立他的因果性。暂且不要谈最小单位的家庭——那里最初地培养起他对周围世界的感觉和情感，以及其他种种，① 在家庭之外的"社会"的"自然状态"中，② 什么首要地刻画了他的天性呢？

> 在人类的天性中我们便发现：有三种造成争斗的主要原因存在。第一是竞争，第二是猜疑，第三是荣誉。第一种原因使人为了求利、第二种原因使人为了求安全、第三种原因则使人为了求名誉而进行侵犯。在第一种情况下，人们使用暴力去奴役他人及其妻子儿女与牲畜。在第二种情况下则是为了保全这一切。在第三种情况下，则是由于一些鸡毛蒜皮的小事，如一言一笑、一点意见上的分歧，以及任何其他直接对他们本人的藐视。或是间接对他们的亲友、民族或名誉的藐视。③

寻求原因性是为了避免灾害、获得幸福；但不能完全占有原因，便产生恐惧；恐惧推动人们寻求终极原因性，因而上帝存在的意义在于消除恐惧。综观霍布斯的生存分析链条，能够生存下去，并且能够更好更安

---

① 霍布斯的"自然状态"最为洛克和卢梭诟病的正是他对家庭和最初的伦理问题的忽视。姑且不论"自然状态"需要抽象掉一切（这是卢梭对霍布斯和洛克的"自然状态"的最重要的批评），把"敌对关系"界定为自然状态也是不好的，因为根据洛克的追溯，在"敌对"之前首要乃是"爱"，人难道不是首先在"家庭的爱"中成长起来，才可能进入"敌对"的社会中吗？因而相对于以"敌对"界定自然状态，似乎"爱"更加合理。我会在下面深入探讨洛克对霍布斯的批评，以及卢梭对霍布斯和洛克的批评。

② 请允许我采取这样的表述。正如"自然状态"这个说法本身的意义，它需要与"家庭"和"社会"隔离，才有真正的"自然"。正如卢梭批评的，无论霍布斯还是洛克给出的都不是真正的"自然状态"。在这里采取这样的说法，是为了接下来的批评。

③ 霍布斯：《利维坦》，第 94 页。

心地生存下去，是主导"霍布斯式的生存个体"的根本动力，即霍布斯给出的生存个体本质上乃是一个"自爱"个体。自爱首要在于生存下去，其次在于更好地生存下去。同样地，在与他者的关系中，自爱亦推动他首要地需要生存下去，其次乃是更好地生存下去。这便不得不要求他与他者首先需要竞争，竞争的意义在于生存并更好地生存下去；而为了能够生存下去，他不得不猜疑他者之于他的关系；为了能够更好地生存下去，他不得不确立相较于他者的某种优越性，这种优越性既使得他者不敢侵犯他，也是他自身自爱的要求。

因此，从竞争、猜疑和荣誉的逻辑关系上看，人类的这种"自爱"天性推动着的乃是他与他者之间的"敌对"而非"和平"的关系。为了生存下去，他不得不与他者竞争，并猜疑他者；为了更好地生存下去，他不得不奴役他者以从他者那里得到好处，猜疑的对立使得他能够保持这些好处，为了保持相对于他者更好的荣誉则使其哪怕为了一点点东西都时刻保持着相互之间的"敌对"。换言之，因为要生存下去，并要更好地生存下去，人与人之间的"敌对"不仅仅是现实，也是有充分理由的。这便意味着，一旦以这样的生存方式（即为了更好地生存下去）界定人与人之间的"自然关系"，生存便成了绝对的基点，一切为了生存下去并更好地生存下去的行为都是有充分依据的。

因此，根据霍布斯的思路，并非首先有生存的"敌对"，相反，"敌对"只是刻画了生存者之间的关系，其背后的依据则是生存的绝对性。根据前述的分析内容，维持生存之绝对性的是恐惧，是因为无法占据终极因果性，生存因而只能被置于恐惧的支配下。为了拒绝这种"明确可知"（即保留在因果论证范围内的）的恐惧，生存或者通过上帝建立其终极原因性而得到个体的安心；或者在绝对地有相对于他者的优势的状况下，使得处于生存者之间的生存能够得到安心。这也是更好地生存下去的意义。前者是由因果性主导的——这种因果性是通过上帝获得的（无论通过信仰，还是其他哪种方式），后者也是由因果性主导的——是由能够保证生存下去的纯粹理性推论赋予的。如果生存是个绝对的起点,那么这些因果性就是从这个起点出发进行的推论(甚至上帝也只能在因果性中呈现)。[①] 于是,生存本身就是个"绝对的自由因",由此出发,才有后续的因果关系,才有生存中的自然权利(所谓自然权利,就在于它是从生存的自由因推论出来的有着充分依据,甚至有着绝对根据的权利)。正是由此出发,霍布斯给出了一套非常不同的自由观念,并以此为基础讨论理性:

> 著作家们一般称之为自然权利的,就是每一个人按照自己所愿意的方式运用自己的力量保全自己的天性——也就是保全自己的生命——的自由。因此,这种自由就是用他自己的判断和理性认为最合适的手段去做任何事情的自由。自由这一语词,按照其确切的意义来说,就是外界障碍不存在的状态。这种障碍往往会使人们失去一部分做自己所要做的事情的力量,但却不能妨碍按照自己的判断和理性所指出的方式运用剩下的力量。[②]

能够按照自己的意愿保全生存的权利就是自然权利,这种权利之所以是自然的,乃是因为它是出于自己的意愿的,换言之,自然不在于外在的给定——在基督教或其他社会传统中,自然更多的是被外在的更高者给出来的东西,相反,它的意义只在于生存个体的出于自身的意愿。这是对生存之绝对性的表达。天性的意义恰恰不是"天"(或其他外在者)性,而是生存的"自"性,自己就是自己的给予者,自己也是被给予自己的。自由的意义就在于在自己的意愿中给出自己:除了由于外在的障碍使得自己失去一部分做自己所要做的事情的力量之外,剩下的力量便纯乎出于自己。从因果性的角度看,那能够因为自己的判断和理性而实现出来的东西,都在生存个体的可选择范围内;那出乎判断和理性,或者在

---

① 这里隐藏着一种比较彻底的"机械论"思维。从一个绝对的点出发,做纯粹理性和科学的分析,不只是针对自然事物,哪怕是对人,为事物都要做彻底的机械论式的科学分析。

② 霍布斯:《利维坦》,第97—98页。

判断和理性看来不能做的行为（否则会被能够取消生存的力量所取消），就是外在的阻碍力量。而之所以不做这些行为，或"屈服于"这些外在力量，原因也在于保存自己的生存，保存自由的天性。

因此，对于"霍布斯式的生存个体"来说，"自然"的意义恰恰在于自己，在于自己在因果性中保存自己的自由。与之相对，外在的"非自然"是可能取消自己或自己的生存的力量，这些力量哪怕使得生存失去一部分力量，但它不能是妨碍甚至取消自己的判断和理性的理由。我们不能因为"非自然"力量的存在，而取消在判断和理性中成为自己，相反，我们更需要在对因果性的理解中保存自己，按照自己的意愿保存自己。很明显，霍布斯针对的是信仰传统，其认为：我们不能因为对上帝的"无知"和"信仰"，就不在判断和理性中成为自己——这不符合人的天性和自然，是对自由的背叛。人的天性在于保存生存，在于捍卫生存的绝对性（通过因果性），在于以生存作为绝对的基点，更好地（通过判断和理性）保存生存及其绝对意义。

但无疑，对生存及其绝对性的保持愈发使人意识到与之相对的外在力量。这种外在力量既令人恐惧，也在恐惧中不断地呈现。比如，由于不是他者，即使暂时地保持对于他者的优越性，但这种"势"的转变是人时刻面对的。甚至"势"的转变也是必然的，由于每个人都寻求相对于他者的优势，使得他者有必然的可能性转变这种"势"。哪怕这种相对的"势"尚未转变，对于能够"转变"的"恐惧"也会时时刻刻占据心灵。这种"恐惧"，这种相互之间的"敌对"，维持的只能是暂时的和表面的和平，这种和平随时可能会被相互之间的"争斗"取缔，而只要争斗，生存就会面对丧失的困境。

因此，只要终极原因性无法被"占据"，只要作为外在力量的他者存在，生存的绝对性就面临挑战，自由或自然权利的"天性"就是难以保持的。对保全生存的"恐惧"是支配生存的最核心的情感。无论是恐惧带来的内心的分裂和争斗，还是生存与外在的他者之间的争斗，都使得人的这种"自然状态"不能持续下去:前者让他太痛苦,而不安心;后者让他时刻面临生存无法保全的状态,而处于悖论中。为了安心,却恐惧;为了生存,却时刻面临被取消生存。

"自然状态不自然",因而必须改变。改变的动力在哪里呢? 很明显,不是"恐惧",也不是"自然"。前者会使人以更加惨烈的方式面对他者;后者只是使其沿着内在的意愿自由行为,即无法真正地面对作为外在力量的他者。与内在的恐惧和内在的意愿相比,理性更加接近于外在力量,因为它真正是面对外在力量而做出选择的力量。

正是从理性出发,自然状态被推进到社会状态。

二、理性与自然律:契约的生存根据

生存是绝对的,从自己的意愿出发保全生存的自由亦是绝对的;外在力量的存在也是事实性的,甚至正是这种无法掌控的不能进入完全因果性的力量使人陷入深刻的恐惧处境——正是对取消生存(即死亡)的恐惧使得理性不得不走出自己,面对外在力量,从而有所判断和选择地最大限度地保存生存。要做到这一点首要地乃是在理性中发现一般的规则,甚至于生存而言,这些规则如诫命一般存在,是理性地保存生存的基本规定。

霍布斯把这样的诫命或一般规则称为"自然律",相关于生存的绝对性,首要的诫命是"禁止人们去做损毁自己的生命或剥夺保全自己生命的手段的事情,并禁止人们不去做自己认为最有利于生命保全的事情"[1],这条诫命是对生存之绝对性的表达。但不同的是,仅仅从生存之绝对性出发的做意愿之事的自由是一种"权"(自然权利);而面对外在力量的理性给出的诫命则是"律"。前者是做或者不做的自由,是对生存状态的描述;后者则要求人必须采取一种行动,是从生存出发的必然行为,

---

[1] 霍布斯:《利维坦》,第 98 页。

因而必然受制于因果律。正是因此，从理性出发，生存必然地展示为一个因果逻辑链条，这个链条要推展到外在力量中，是原始的生存在时间性和空间性中的拓展。根本言之，这个链条的拓展在于取消恐惧，使得生存之绝对性得到保障，相应地，自由概念会随之改变。

既然出于理性的"自然律"首先在于"禁止损毁生存，做最有利于保存生存"的事情，其一般表达便是得到和平，否则死亡的恐惧就必然伴随他。从此出发，就可以逻辑性地引申出得到和平的两条自然律或者自然律的两个部分：

> 以下的话就成了理性的戒条或一般法则：每一个人只要有获得和平的希望时，就应当力求和平；在不能得到和平时，他就可以寻求并利用战争的一切有利条件和助力。这条法则的第一部分包含着第一个同时也是基本的自然律——寻求和平、信守和平。第二部分则是自然权利的概括——利用一切可能的办法来保卫我们自己。这条基本自然律规定人们力求和平，从这里又引申出以下的第二自然律：在别人也愿意这样做的条件下，当一个人为了和平与自卫的目的认为必要时，会自愿放弃这种对一切事物的权利；而在对他人的自由权方面满足于相当于自己对他人对自己所具有的自由权利。因为只要每个人都保有凭自己想好做任何事情的权利，所有的人就永远处在战争状态之中。①

"寻求和平、信守和平"是自然律的最基本的部分，一切能保存自己的可能的办法都在其中——当然包括"自然状态"下所有的行为选择。但很多时候，采取一切行为的意愿可能恰恰使得生存无法保障、和平不能获得，正如上面推论的那样。此时，就引出第二自然律，或生存-理性的自然律的第二部分，那便是：为了和平，人们可以放弃生存源始具有的对一切事物的自然权利。这种放弃必须是相互的，否则的话，生存就自

---

① 霍布斯：《利维坦》，第98—99页。

动地把自己置于面对他者的危险境地,而取消自己,这既违背生存的绝对性,也违背理性的一般判断。相互放弃生存源始的对一切事物的自然权利,并不意味着在每一件事情上都放弃,这样的话,一切行为就会变得不可能。当一个人在这方面放弃,相当于给他人让出这方面的阻碍力量,那么他人就需要在那方面放弃,而让这个人享受那个方面的权利。这是一种互惠原则,它建立在理性的计算和判断之上。

能够保障这种相互放弃实行下去的力量在于对死亡的恐惧。因为一旦这个人在这方面放弃,而另一个人不在那方面放弃的话,就相当于把彼此再次置于"自然"的状态。换言之,"己所不欲,勿施于人"的道德诫命于霍布斯式的个体来说,只是出于恐惧,若非如此行为,生存就是自我取消的,但鉴于生存自身的绝对性,这是不可能的;同时,为了拒绝恐惧的产生,理性的这种选择是遵循因果律的,"己所不欲,勿施于人"也就得到传统道德之外的完全因果性的解释。毕竟,在不同的传统,甚至出于不同的欲望的时候,何为善、何为恶本就是纠缠不清的,一个人或一个传统认为的善,可能在另一个人或另一个传统看来就是恶。现在,"和平是善,因而达成和平的方式或手段……是善;换句话说,它们都是美德,而其反面的恶行则是恶"①,因此,有关自然法的真正学说就是真正的道德哲学。②

从形态上看,"放弃"有两种:一是单纯的放弃,即不管把权利给谁的时候;二是转让,即把权利给予特定的个体或群体的时候。但无论哪一种,由于不能使得自愿放弃的行为失效,他都需要信守这种放弃,这是义

---

① 霍布斯:《利维坦》,第 122 页。

② 与马基雅维利把"善"置于政治的功利或古典的美德基础上和卢瑟福把善置于信仰传统的立场上不同,霍布斯给出的是纯粹因果性的"自然"解释:只要承认生存有着绝对性,是一切的起点,能够维持生存的就是善,反之就是恶。换言之,善恶因为不建立在任何传统和个人感觉的基础上,就获得一个全新的完全出于生存个体的基点,由于从理性的因果性界定生存个体的展开,有关善恶的理论即道德哲学就可以被建构为一套科学。无论在后续的思想史中,这种思考方式面临怎样的批判,但这种科学式的思考是需要重视的,这正是霍布斯之于现代学术的意义和价值。

务或责任的意义。由于放弃是相互的，义务和责任就是双方共同遵守的，否则恐惧会使得一切无效。权利的相互转让就是契约。信守契约是共同的义务和责任，否则就会重新进入恐惧的生存中。于是，义务和责任是自愿放弃一部分权利而保存生存的人不得不承担的，而对死亡的恐惧使得背叛契约不可能——这既是出于（绝对）生存的理性的，也是支配生存的内在恐惧"告诉"生存的。这便引出理性的"第三自然律"，即"所订信约必须履行"，① 没有这条自然律，契约就毫无意义，生存也便处于自然的战争状态。

从理性给出"三个自然律"的顺序看，契约源于第二自然律，这个自然律深刻地奠基于第一自然律，有关信守契约的第三自然律的意义亦在于维护第一自然律。这证明了霍布斯思考的连贯性，也证明了理性的意义在于维持生存。同时，第三自然律即契约的不可取消性在于生存不能重新进入绝对的恐惧状态，哪怕一次都不行，因为只要开了这个口子，契约的瓦解在逻辑上就是必然的。生存只要有再次进入恐惧状态的可能性，就意味着他无法拒绝恐惧状态，如是，恐惧就是不能取消的——在逻辑上所有的自然律就会毫无意义。这是为何霍布斯只能设想绝对国家的原因。

如此可见，对恐惧的体察何等地影响了霍布斯和他的思想体系。正是因为这种生存最深处的恐惧，生存的绝对性才是可能的。也正是因为这种最深处的恐惧和生存的绝对性，理性的推论链条于霍布斯而言才是绝对的（即契约不可消除）。从现实看，正因为国王有着某种绝对的权柄，国会才会节节败退，也因着国会的节节败退和似乎每个人都有的信仰解释权力，使得每个人的生存都被置于无法保证的恐惧状态。宗教上教派的对峙、政治上的内在的不统一，不断地强化这种恐惧情感，使得无论在现实中，还是内心里，恐惧都深刻地笼罩了英国社会。卢瑟福尽管

---

① 霍布斯：《利维坦》，第 109 页。

可以通过诉诸信仰反抗王权,但在反抗的过程中,甚至反抗之后,这种对生存状态的恐惧根本不可能消除:不能从根子上解决这个问题,下一次的王朝更迭、血流成河是必然会发生的。和平反而是值得庆幸的小概率事件。这种状况与哪个人掌握权力、哪个人良善、哪个人邪恶本质上无关。

正是这种现实的生存和思想处境,推动卢瑟福从生存的"自然状态"走进"国家建构"。在进入国家问题之前,让我们再次检讨自然状态,以对霍布斯式的国家有更深的理解。

三、评述:在霍布斯的思考和时代之间

霍布斯出身贫寒,自幼由伯父收养,即使跻身于上流社会,生性、出身,以及整个历史状况所造就的懦弱都使其不像贵族那样对待生命,1640 年,由于自由主义式的写作被针对,为了活命,他很快跑到法国流亡。远的不说,亨利八世的宗教改革先是处死很多天主教徒,后是处死新教徒;玛丽女王的倒退使得数量不少的新教徒被烧死;詹姆士一世和查理一世的横征暴敛和摇摆的宗教政策都使得政治和宗教意见参与者们面临生死存亡的处境,尤其查理一世宣战之后,生死存亡更是只在一线之间。追踪大宪章以来的传统,这些争斗和战争的缘起都在于国王的权力得不到限制,个体的自由得不到保障。只要一天权力得不到限制,个体的自由,甚至生存就一天得不到保障。或许就是因着这些外在的和内在的、历史的和现实的状况,使得恐惧深深地刺痛霍布斯的内心,同样地也会笼罩着其他英国人。

正是因为生性的敏感脆弱和历史-现实状况的惨烈,让霍布斯不得不正视笼罩着生存的恐惧,并寻求最终的方案化解这种恐惧。尽管信仰能让人在某个或某些时段不再恐惧生死,但生存在时间中的人却不得不经常性地面对恐惧,因此,追踪恐惧的原因和化解恐惧的结果只能诉诸理性的分析,这也是霍布斯的解决方案。正是权力的不受限制,使得个

体的生存和自由被置于恐惧的境地，如果不针对权力本身，即使颠覆了查理一世的权力，克伦威尔的权力照样把他以外的所有人置于恐惧的境地。因此，在起点上，必须要论证每个个体的"绝对"的权利，正因为每个个体生存权利的绝对性，个别的生存才是不容易被轻易剥夺的，甚至哪怕暂时性地剥夺了这个人的自然权利，剥夺者也知道换一个处境被剥夺的乃是自己。换言之，只有每个人都在平等的自然权利的处境下，即使有着某种相对的优势，每个人才不至于或不敢任意使用权利。

这是可以设想的绝对地限制权力的唯一方案。一切善的传统、信仰的传统在限制权力面前都不可靠，历史已经告诉了这一点，人性也能证明这一点：在缺乏绝对限制的状况下，欲望是无限的，权力肯定会被滥用。只有在每个个体都有绝对权利的时候，权力才不会被滥用，对权力的重新思考需要在这个基点上运作。很多人从霍布斯的国家观念出发认为他是威权主义者，把个体置于绝对权力的控制中，这纯属无稽之谈。他要化解的正是个体在绝对的权力面前的绝对恐惧状态。

理解这一点后，我们能够更好地看到，因为绝对权力处境下的生存的内在恐惧，无人真正地敢把自己置于自然的"战争状态"，因为一旦如此，生存根本无从谈起，这种状况比现实的绝对权力状况更令人恐惧。因此，放弃对一切事物的权利是接下来的必然的选择，正是放弃对一切事物的权利，保全生存才是可能的。换言之，只要承认"自然状态"，承认每个人有对一切事物的权利，走出自然状态就是必然的；只要承认第一自然律，第二自然律和第三自然律就是必然的。

表面上看，这是理性的因果推论；但实际上，对生存的保全、对失去生存的恐惧是推动这一切的力量所在；而从历史上看，这一切源于对绝对王权的恐惧。如此看来，"霍布斯式的个体"，乃是绝对自由的绝对生存个体，其内在地属于国家，并且因为是放弃对一切事物的权利，这样的国家必定是绝对国家，否则第三自然律就不可能，如此，第一和第二自然律也不可能。由此,我们面临着一种悖论状况:绝对自由的绝对个体如何可能? 以及怎样与绝对国家并存呢? ——这正是霍布斯所打开的现代社会的潘多拉盒,也是"现代个体-现代国家"的绝对深度所在。我们会在下面展开详尽的分析。

因此,如果说马基雅维利的思考只是对现代民族国家出现之后的"民族主义"(对统一的意大利的诉求)式的回应,卢瑟福的思考只是对查理一世式的绝对王权状况的回应,霍布斯则真正开启了对现代国家和现代个体复杂而深入的关系的思考。其针对的绝对王权从历史上看是英国的,但其解决的却是绝对权力的一般困境问题:只要从自己出发作独立自主判断的个体(理性主体)出现了,绝对权力问题就必须要解决,否则人类永无安宁之日。从霍布斯给出的方案看,先论证个体的生存绝对性(自然状态),再通过完全理性的方式呈现其生存具体性(理性个体),为保证生存的绝对性,国家就不得不呈现在理性的推论中。这是接下来我们需要分析的内容。

第二节　霍布斯的绝对国家及其深度困境

"自然状态不自然",人需要走出这种状态,否则自然状态是无以为继的。走出自然状态的目的是保存生存,其手段则是理性给出的第二自然律,即通过相互放弃对一切事物的权利,以获得绝对的生存空间。这种相互放弃的契约是需要遵守的,否则就会重新陷入悲惨的状态。但无论如何,尽管对信约的遵守有充分的内心依据——没有人愿意重新回到绝对的恐惧状态,但缺少外在约束的遵守或者不能得到当事人的信任,或者若有人违背了信约如何让他得到惩罚呢? 于是,最好的方式是,人们把相互放弃的权利放置在某个人或某些人那里,让他或他们有绝对的(因为放弃的是一切权利)权力来惩罚背约者,或使得在压力下,无人敢于违背信约。换言之,权利的相互转让若真的能够实行下去,我们需要权力的代理人,他才是真正使得第三自然律实现出来的力量——否则,内心的恐惧无法真正被祛除。①

于是,从自然人到主权者的过渡就是自然而然的。而从对自然状态的基本设定看,绝对的生存个体与国家必然是个统一体,这既是生存之绝对性本身的要求,也是理性推论的自然结果。如是,一旦契约达成,主权者的权威就是不可撼动的,否则生存个体就是自我取消的,这既不容于生存,也不容于理性;如是,在绝对的生存个体之外,绝对的国家就是不可避免的。根据一直以来形成的思想传统,从个体的绝对性出发理解国家,并限制国家权力(以主权者为代理人)的是自由主义者;从国家的绝对性出发理解个体,并据此讨论个体行为空间的是国家主义者。霍布斯属于哪个群体呢? 似乎都是——在霍布斯这里,两者都有绝对性;也似乎都不是——在霍布斯这里,它们本就是绝对的统一体。

对于后续政治思想史来说,如何理解霍布斯就成为一个不可跨越的难题。这个难题若得不到解答,则或者主权者的权力(代理人)得不到限制而威权化;或者个体无限扩张而无国家化。无论如何,这都证明现代国家和现代个体的绝对深度。本节致力于反思霍布斯的国家及其内在难题。

一、从自然状态到国家

在卢瑟福那里,我们已经看到何以人们要组建社会和国家。个人的力量无法达成一些目的,而要完成个人无法达到的目的,就需要人们组织起来构建一个有机的联系形态。这会使得人们生活得更好。这是社

---

① 这一点充分说明了霍布斯对人性的不信任,无论摆脱恐惧状态有多好,"我"还是无法相信他人能够遵守信约。从这一点可以看出,"霍布斯的自然人"是没有原始的"爱"或"怜悯"等情感的,至少看不到它们的任何推动力量,这是洛克和卢梭共同指责霍布斯的一点。对于霍布斯的思考,笔者是深表同情的。要绝对地限制权力,否则,一切善意的理解都会撕开口子;不管来自哪里的理由都不能让我们对权力宽容,否则,权力的肆虐就有了空间。这是霍布斯对当时英国现状的体察,中国学人也更应该体察到这一点。

会形成的基本原因。这个力量角度的论证尽管回应了权力使得生存变得更差的问题，却没有指明权力本身的来源问题，尤其没有说明权力如何与每个个体相关联。这个问题解决不了，尽管卢瑟福可以为反抗权力作论证，却无法从原理上根本性地论证何以要限制权力本身。

现在历史开始聆听霍布斯。既然没有外在的绝对约束，第三自然律就不能顺利地施行，甚至本身就是不可能的。为了维持生存和和平，就迫切地需要建立外在约束条件。首先，这个条件不来源于外在于人的任何东西，上帝或任何现成的强力者都不可以，前者可以成为"任意"解释的对象，哪怕秉承良心原则都不行；后者则只是暂时的、得不到真正认可的。① 其次，它也不能来自群体中的任何一个个体，因为只要在所有个体都转交出对一切事物的权利的时候，这个约束条件才是可能的。于是，保障契约的外在约束条件（权力）只能来自所有的放弃对一切事物的权利的缔约者。换言之，只有在所有人放弃自己的绝对权利的前提下，他们才可能把放弃的权利赋予某个或某几个人，否则，哪怕只要有一个人保留着一个或几个对事物的权利，这种赋予都不能真正实现，因为它们会在这个或这些权利上形成对抗，如此，便是自然状态。

因此，外在约束条件只要存在，就必然以"群体内的"所有人都放弃自己对一切事物的权利为前提，哪怕有一个人、对一个事物不放弃权利，外在的约束条件就是不存在的。自然地，外在条件存在之后，人与人之间可以就某个事物或某件事实现相互之间的放弃，但这以外在绝对的约束条件的存在为前提。相关于这个"群体"，外在的绝对的约束条件在政治上就是"主权者"，由于群体内的所有人都把自己对一切事物的权利转交给他，他就代表所有人拥有这些转交出来的权利。如果把拥有对一切

---

① 历史现实中有建立在上帝中的国家，也有建立在强力上的国家。前者也需要一个尘世的代理人，比如摩西；后者则或者通过血缘或者通过强力，霍布斯称之为"以力取得的国家"。这两种国家都是不稳定的。前者在个体能够独立面对上帝的时代里，丧失合法性，或者只有符号意义；后者则内在地对立。这里要讨论的则是政治上的国家，或以约取得的国家。

事物的权利的绝对个体称为一个完全独立的"人格",那么主权者就是全体中所有"人格"的代表,因而可以认作是"群体"的"共同人格"或统一性人格本身。由于这个"群体"是因为在权利上而有一个共同的主权者或统一人格,在法律上,这个人格就是群体的代理者。

很明显,根据霍布斯的界定,主权者存在的直接意义在于维持大家遵守信约,维持信约的意义则是维持生存,维持和平。在面临作为缔约群体的国家之外的个体或国家时,主权者作为共同的人格或意志的意义就在于抵御外来侵犯和制止相互伤害。因此,现在,维持生存与和平,抵御外来侵犯和制止相互伤害,就以"主权者"和"共同人格"的出现为前提。从意志和判断方面讲,对自己权利的放弃和转让意味着缔约者需要把自己的意志统一于主权者,把自己的判断服从于主权者,"这就不仅是同意或协调,而是全体真正统一于唯一人格之中;这一人格是大家人人相互订立信约而形成的,其方式就好像是人人都向每一个其他的人说:我承认这个人或这个集体,并放弃我管理自己的权利,把它授予这人或这个集体,但条件是你也把自己的权利拿出来授予他,并以同样的方式承认他的一切行为"①。 如是,所有的意志和判断就统一为一个意志和一个判断,它们共同汇集于和出于一个人格,这样的人格就是主权者,而统一于这个人格的一群人所组成的就是国家。

　　这就是伟大的利维坦的诞生,——用更尊敬的方式来说,这就是活的上帝的诞生;我们在永生不朽的上帝之下所获得的和平和安全保障就是从它那里得来的。因为根据国家中每一个人授权,他就能运用托付给他的权力与力量,通过其威慑组织大家的意志,对内谋求和平,对外互相帮助抗御外敌。国家的本质就存在于他身上。用一个定义来说,这就是一大群人相互订立信约、每人都对它的行为授权,以便使它能按其认为有利于大家的和平与共同防卫的方式

---

① 霍布斯:《利维坦》,第131—132页。

运用全体的力量和手段的一个人格。承当这一人格的人就称为主权者，并被说成是具有主权，其余的每一个人都是他的臣民。①

利维坦，《圣经》中的上古神兽，面目可怖，神通广大，力量巨大无比。国家之所谓伟大的利维坦，抛开其神学意义不谈，② 霍布斯更多地也是强调它在力量上的强大无比。由于在起点上，国家作为绝对的约束条件，它的意义在于维持生存、保障和平；而事实上，由于每个人放弃其权利和力量，而把它们转交于一个人格，这个人格就获得了全部的权利和力量，无论在内部威慑每个人信守信约上，还是在对抗外来的侵犯时，这全部的权利和力量一旦运作起来，它激发起来的能力是不可想象的。也正是因此，它是每个个体维持生存，并处于和平的最强有力的保障。换言之，自然状态中的生存个体只有在国家中，其生存的绝对性才是可能实现出来的，其自由才是有意义的，否则那些绝对性都是无从谈起的。

反观《利维坦》（出版于 1651 年）的写作背景，可以说，贯穿了 1640年到 1650 年的整个英国历史。内部的政治分裂、权力分裂，外部的法国的强大，都使得英国人处于巨大的恐慌和灾难感之中。反观法国，英国的问题在于权力的分裂导致的不统一状况，而随着不统一状况的加剧，英国作为一个国家的力量相较于黄金期的伊丽莎白时代已经大大减弱。查理一世被处决更加彰显了权力的无核心性带给人们生活的巨大震颤——如果再晚几年，克伦威尔死后的权力真空会更加让霍布斯窒息。在这样的历史处境下，主权者的绝对权力造就的和平于英国人而言就更加切身和合理；在对外上，其凝聚起来的巨大力量则是面对强大的、统一的、中央集权的法国的唯一的可能性。

这一切正是卢梭眼中的霍布斯：寻求政治上的统一是这个时代，也是基督教世界的最核心的任务。但无疑，政治上的统一需要唯一的，甚

---

① 霍布斯：《利维坦》，第 132 页。
② 施米特在《霍布斯国家学说中的利维坦》（应星、朱雁冰译，华东师范大学出版社 2008 年版）中，通过追索"利维坦"的神学形象追踪了现代国家的神学意义。可参阅其相关论述。

至绝对的权力中心，国家中所有人的意志和判断都得统一于主权（者），只有一个意志一个判断形成的一个人格，是政治统一的唯一可能性。否则，英国出现的国王和国会-人民的分裂、基督教世界出现的国王与教士的分裂就是无解的，在这样的状况下，和平无望，个体的生存无望。

在这样的时代背景和生存处境下观察霍布斯的思想，就面临着一个基本的张力——我相信这个张力深刻地引导了霍布斯的思考，以至于"利维坦"式的国家中出现的矛盾都是深刻的。一方面，权力分裂正是权力集中造成的。如果詹姆士一世以来不是肆意地侵犯国会已有的权力（国会有权力不代表与国王权力必然冲突），国家内部的权力紧张就可能不会产生；如果不是非要坚持自己的绝对权力（"君权神授"），查理一世也未必非要发起针对国会的战争。换言之，出现多个权力中心本是权力不受限制的结果，或者说把权力作为私人意志来使用的结果。因此，设想每个人都把良心建立在上帝那里来反抗权力似乎是合理的（卢瑟福）；设想人在自然状态下有绝对的生存（权利）亦是合理的，否则个体只能受他人（哪怕是国王）私人意志的奴役。另一方面，每个人把良心建立在上帝那里，或者说个体在自然状态下有绝对的生存（权利），反抗权力就是合理的吗？不正是这些反抗使得权力不再有核心，而让国家进入一盘散沙的状况吗？此时，不单个体的生存无法保障，国家也处于被整体奴役的状态。因此，权力完全集中在作为主权者的国王那里似乎是不可以的，但不完全集中在他那里也是不可以的。——这正是霍布斯面临的两难处境。

在这种状况下，如何寻求国家内部的政治上的统一？这是霍布斯相较于卢瑟福们走出关键一步的原因。但这意味着什么呢？

二、政治上的统一与国家的内在困境

让我们重新回到思想界定问题上。自然状态下的个体对一切事物拥有权利是力量的体现，但由于有外在的力量阻碍其自然权利，因而理性推动他放弃其对一切事物的权利而缔约。国家正是缔约的产物。现在,作为一个人格的国家使得其中每一个个体相较于国家之外的个体或国家有着更加强大的力量;而在国家内部,由于存在着绝对的约束条件,遵守信约是必须的。于是,于生存而言,国家带来的和平是双重的,它既使得内部的个体遵守信约而处于和平状态,也使得个体和群体有力量对抗外部而处于和平状态。这便是"霍布斯式的国家"的意义所在:和平、保持生存是一切的出发点和归宿,离开国家,它们是不可能的;国家是理性的必然产物。

因此,为了维持和平、保持生存,政治上的统一就是唯一的选项;而政治的统一以一个意志、一个判断,即一个人格为前提。这也就意味着所有的意志和判断都统一于,或者从霍布斯的界定看,乃是服从于主权者。"主权者"和"臣民"这样的提法本身证明在霍布斯的脑子中,他们之间的关系不是内在的联结,[①] 而仅仅是为了保持生存与和平而不得不服从国家而已。于是,对于以理性作为核心的霍布斯来说,论证主权者的绝对权力就是必要的,得不到充分论证的"服从"怎可能是"真正的服从"呢?——如果服从是有绝对理由的,对不服从的处罚就有绝对的依据:这便是法律的根源。霍布斯充分意识到这个问题,也给出了几乎"无可辩驳"的理由:

> 显然被推为主权者的那个人并没先同他的臣民订约,否则他就必需将全体群众作为一方与之订约,要不然就必需和每一个人分别订约。将全体群众作为一方与之订约是不可能的,因为他们在那时(指:国家产生前——引者注)还不能成为一个人格。要是有多少人他就订立多少单独的信约,那么在他有了统治权以后,那些契约就无效了。因为不论(主权者的)任何行为如果能被其中的任何一个

---

① "内在的联结",我说的是,两者之间不是因为任何外在的原因而实现的联结方式,在本性上,一者就是另一者,它们以相互成就的方式实现自身。于"霍布斯式的个体"而言,他是要保存自己才不得不采取某种策略实现彼此在国家中的联结。尽管只有在国家中,生存才得以保持,因而国家是其不得不选择的对象,但终究,国家只是选择的产物,因而有契约之说。

人声称为破坏信约的行为的话，这一行为便既是他自己的行为，也是所有其他人的行为。其原因是：这行为是代表他们每一个人的人格并根据他们每一个的权利作出的。此外，如果他们之中有一个或更多的人声称按约建立主权者时由主权者订立的信约有违反情形，而其他的人或另一臣民或者是主权者自己又声称没有违反，在这种情况下，就没有一个裁断者来决定这一争执。于是便又会重新诉诸武力。①

自然状态之外的一切都是契约的产物。契约之谓信约乃是双方的约定，正是在约定中，出现相应的权利和义务。如果要解除契约，就需要契约的双方有新的约定。但现在，尽管国家的主权者是契约的产物，但他却没有契约中的对方，这分三种情况。首先，他并没有与全体臣民立约，因为在全体臣民作为一个统一人格的政治概念出现之前，根本无所谓全体臣民。其次，他也没有与群体中的每一个人立约，若非如此，当个人声称主权者违背信约，就意味着所有人违背了信约，因为主权者在代表自己人格的同时，也代表共同人格。最后，如果一部分人（任何一个亦可）认为主权者遵守信约，而另一部分人认为没有遵守，那么，就再无第三方裁决，如是，则会重新沦为自然状态。

第一种情况和第二种情况在逻辑上是无可辩驳的。既然如此，主权者就不是契约中的任何一方，因而一旦契约达成，服从主权者就是唯一的选择，否则他就会走到国家的对立面。第三种情况严格来讲只有一种可能性存在，那便是主权者认为自己信守契约，其他所有人都认为他没有遵守，其实这也就意味着，除了主权者之外，所有人达成了统一意志。在这种状况下，主权者恰恰成为个体，姑且不论这个可能性在现实中存在与否——其实几乎是不可能的，那么，剩下的统一意志则可以重新订

---

① 霍布斯：《利维坦》，第 134—135 页。

立契约。① 第三种情况中的其他可能性都是不合法的,或者是第二种情况的不合法性;或者是霍布斯诉诸的,缺少第三方而进入战争状态,这恰恰是违背最初的契约的。本质上,诉诸战争是不必要的,因为哪怕一部分人认为主权者违背契约,这种认为都是违背自身的,因为主权者乃是共同人格。

既然主权者不是契约的一方,个体或一部分人就没有理由收回契约,因而由主权者代理的国家就是绝对的。这个论证的核心依据是主权者乃是统一的共同人格,反对他,就是反对所有人,当然包括自己。无论如何,我们需要看到,主权者的出于统一人格的共同意志本身是与他的个体意志耦合在一起的,当个体意志理论上与共同意志相合的时候,可以说,他的意志就是共同意志;但同时,不可否认的是,在理论上,他的意志有可能与共同意志不相符合,② 甚至,有时候是"明明可见的"不相符合——这也是卢瑟福论证人民与国王不一致的出发点,换言之,卢瑟福本人未必意识不到国王的意志乃是共同意志,是需要遵守的。由于共同意志自身的复杂性,其与个体意志的耦合使得这个问题更加复杂,重要的乃是,如何通过制度的设定限制把共同意志个体化。这也是《利维坦》接下来讨论法律等问题的原因。抛开接下来的技术性问题不论,绝对国家意味着什么呢?对主权者的绝对服从,于生存而言意味着什么呢?

不得不承认,若跟随霍布斯对人的自然状态的"描述",绝对国家,以及对国家的绝对服从在逻辑上是一致的:既然生存之绝对性要求他走出自然状态,走进国家就是必然的;既然主权者不能是契约者,对他的服从就是必然的;即使违背自身反抗非契约方的主权者,最终走向的也只能是取消生存之绝对性。生存之绝对性乃是一切的起点。换言之,无论如

---

① 霍布斯没有讨论这种可能性,或许是因为他在这里看到新旧契约间是没有差别的,即都是统一意志和统一人格的表现;也或许是因为这种可能性在现实中几乎不会发生。

② 在政治上,这就叫作"腐败",即以共同意志之名行个体意志之实,从而把共同的利益私人化。在权力不受限制的地方,"腐败"横行是人性使然。

何，他都必须生存在绝对的国家中。这是一个逻辑上的闭环。① 但无论如何，根据霍布斯的思路和逻辑，承认绝对国家并不能意味着绝对地服从主权者。为了保持生存、得到和平，对于国家之外的群体形成力量上的威慑，绝对国家是必须的，这可以从生存之绝对性推论出来。但是，如果主权者的意志只是个体意志——这在逻辑上是存在的，那么非但个体，国家本身都可能成为交易的对象——这在历史上不是没有发生过，这岂不意味着生存把自己主动地交给一个取消生存自身的主权者？

既然主权者是共同人格，是所有人缔约之后的产物；既然缔约之后，主权者就不再是契约的一方，反抗主权者就是反抗自己和所有人；限制主权者的法律就或者出于契约，或者出于主权者的意志。对前种情况来说，解释法律就是关键所在，但现在，因为主权者乃是统一的意志，与之相对的只是个体意志，解释法律的权威肯定是主权者；对于后种情况来说，法律是契约之后的产物，由于主权者是共同人格，他所代表的便是所有人，不但解释法律的权力在他那里，连立法的权力都在他那里。无论哪种情况，法律及其解释都可能是出于主权者的个体意志，却以共同意志之名来推行，如是，契约人在契约之后很可能把自己置身于另一个绝对的权威面前。

在逻辑上，霍布斯可以通过把契约本身设定为一套法律体系，主权者之谓主权者就在于依据着这套法律行事，但无论如何，法律是在解释中呈现的；如果把法律的解释权赋予主权者之外的一个群体，比如法官，他们对法律的解释若与主权者相左，根据霍布斯体系，应该遵从的乃是

---

① 这种逻辑上的完全一致性让霍布斯敢说，一切与政治相关的活动和思想术语，既不来自物理学，也不来自神学，相反，"除了人的智慧外，它们不来自其他一切"。参阅 Thomas Hobbes, *Elements of Law, Natural and Politic*, rpt. *Human Nature and De Corpore Politico*, ed. J. C. A. Gaskin, Oxford：Oxford University Press，1994，20.1。Gordon Hull 充分注意到这一点，他认为，霍布斯把政治理解为一种生产性的艺术，而非亚里士多德意义上的科学；这种理解与极端的唯名论的联姻，使得霍布斯将政治视为证明式的科学，其最大的创新就在于"自然-社会"状态的契约。参阅 Gordon Hull, *Hobbes and the Making of Modern Political Thought*, London：Continuum International Publishing Group，2009，p. 11。

主权者的意志,毕竟只有他才是共同意志。如果承认法官对法律的解释才是权威性的,主权者的绝对主权就无从谈起了。现代法律体系把制定法律、解释法律和执行法律作了三分,目的在于让相互之间形成制衡,它们共同作为主权者。如果根据霍布斯的思想体系,即使退步到这里,在逻辑上,状况仍然不会更好。① 这是因为,哪怕把主权者分为这三个部分,他们仍然可能出于"小群体"的私人意志而把他们之外的人作为意志对象,从而使得共同意志只是个名称而已。我相信,这种状况不只存在于霍布斯时代,也存在于这个时代。

因此,无论视主权者为法律的制定者、解释者,还是把主权者划分成几个部分,逻辑上,大多数人都可能只是面对庞大国家的纯粹的私人性的个体;在离开自然状态的危险之境后,他们通过契约或法律的方式把自己"理性地"置于更大的危险之中:在自然状态中,他面对的只是和他的力量差不多的敌对个体;但在绝对国家和对主权者的绝对服从中,他面对则是利维坦似的庞然大物。他丧失的不只是自然状态下的绝对的自然权利,更可能是生存的全部——一个想要获得一切的人,通过契约却可能丧失了一切。

这是为什么呢?对绝对权力的绝对恐惧,何以让霍布斯重新回到令人绝对恐惧的绝对权力之下呢?本要拒绝和摆脱恐惧,何以又把自身主动地理性地推到更加恐惧的状态呢?

三、霍布斯式困境的根源:"现代"个体究竟是什么样的?

为了反抗王权,卢瑟福把自己的良心交给上帝,但在反抗王权胜利之后,他的良心或者又重新回到另一个王权那里,直至再次轮回;或者一

---

① 现代法律的三分,或权力上的三权分立,主要目的在于限制公权力的"私人"使用,即预防腐败;其实现的关键则在于每个人的监督。换言之,每个人都是政治人,都有参与政治意见的自由,甚至责任。但根据霍布斯的体系,一旦承认作为代表的主权者(这未必要否认主权的绝对性)契约之后不再是契约的一方,一旦承认每个人交出最初的权利之后就不再有"绝对"的权利,那么,再好的制度设定都会成为私人意志滥用的舞台。

直在上帝那里，那对王权的反抗就是永恒的。为了根本性地拒绝再次轮回，只能寻求政治上的统一，霍布斯只能"理性地"限制人的绝对的自然权利，把他规训到绝对的国家中，但可能真的以取消生存的绝对性为代价：以消除恐惧为目的的体系，恰恰结束于更大的，甚至绝对的恐惧。

　　为什么生存于绝对的恐惧中呢？——因为赋予了国家及其代理者绝对的权力。为什么要赋予他绝对的权力呢？——因为要维持生存、保障和平。为什么维持生存、保障和平就这么难呢？——因为每个人都有绝对的自然权利，并且这种自然权利完全出乎自身，而没有任何的可普遍性。换言之，因为每个个体只欲求自己相对于他者的某种优越性，只有把这种欲求的绝对权利拿掉之后，和平才是可能的。正是因为利维坦的绝对强力的威慑，每个人才可能遵守契约，获得唯有契约能够实现出来的共同生存，即生存的普遍性。因此，在霍布斯的体验中，个人只有绝对的个体性，而没有起码的可普遍化的东西；国家则是普遍性的化身。只有在绝对的国家中，个体才可能出于恐惧而放弃其绝对的个体性，而实现其可普遍化的生存。这是支持霍布斯式的国家的生存体验依据和逻辑依据。①

　　也正是因为国家是普遍化的化身，正义、善恶等不存在于自然状态中的"东西"出现了。很明显，正义不是个体想怎样就怎样的，善也不是空洞的个体欲念的产物，相反，它们是规约共同的普遍生活的，不遵守生存的共同性和普遍性，正义和善等就无从谈起。当霍布斯说"和平是善"，或自认为给出一套全新的科学式的善恶理论的时候，其潜台词乃是，能维持公共普遍生存的就是善，反之就是恶。既然自然状态下，根本无所谓普遍的公共生活，也就无所谓善恶，这个时候即使随意把别人杀

---

① 黄裕生教授的《国家为什么不是缔约方？——论霍布斯的国家学说》（载《云南大学学报》2012 年第 3 期）一文提出，由于"正义优先于契约""个体人格的普遍身份就是共同人格"，霍布斯的国家是有问题的。但从霍布斯的论证路径看，这两个命题正是其反对的，契约之前无正义，个体人格只有绝对的个体性。

掉,都无所谓恶;但一旦缔约,公共生活开始出现,此时反对契约就是反对公共生活,就是恶,就是不正义。于是,在霍布斯的体验中,相较于个体和自然状态,国家就变得无比的崇高,它是一切历史上"高尚"词汇的源头;与之相对,那"个体的绝对性"非但不证明人如何有尊严、有道德(甚至这些只是国家之后的产物),而只是像野兽一样的欲望的无限性,与国家联结在一起的理性才稍微证明人有那么一点儿超出于"堕落"(相对于国家状态的)的欲望的要素。

回到霍布斯生活的历史现实看,最晚至 15、16 世纪,无限崇尚感官生活的时代已经悄然地开启,有意无意地,作家笔下的这类形象充斥着世俗生活。如果承认霍布斯式的个体是现代人的某种形象,这种形象首先就以无限的感性欲望展示出来;如果把霍布斯式的个体与英国当时的现状关联起来,这种形象更多地就是传统权威被颠覆、上帝成为私人解释对象之后的无序化写照。如果任由这样的个体支配现实的生活和历史,正义和善等就是无从谈起的。故而,历史要求重新把这些个体或这样的个体塑造进一个秩序之中,并且若非绝对的秩序,无以驯化他们。

在这样的语境下解读霍布斯,《利维坦》就展示出多种面相。他对传统权威是戏谑的,因为在这样的个体看来,传统权威恰恰是小丑般的存在,真正重要的乃是重建秩序——这可以得到反王权者的支持,后续《利维坦》成为禁书,被王权者们诅咒也是应有之义;同样地,它对现代个体也是戏谑的,因为他们也像小丑一样,毫无禁忌,在把传统权威推翻之后,他们自己也成为虚无之物——这是霍布斯自认为自己是王权者阵营一部分的原因。[①] 为了驯化这样的个体,需要利维坦式的庞大之物,使

---

① 我们从莎士比亚,及其前代人和同代人的著述中,能很好地看到这一点。他们既戏谑传统权威,也表达对戏谑传统权威的"人物"的戏谑——这是虚无主义的时代的开始。《威尼斯商人》等一系列作品展示了个体欲望的无限释放所带来的伦理和法律困境;《麦克白》《理查三世》《理查二世》等则揭示了传统权威在面对现代社会萌芽之初的各种问题。

其重建正义、道德和其他的一切。因此,作为历史的一维,霍布斯式的自然个体并无空穴来风的抽象之物;但毫无疑问,他也不是终点,不是能够担当历史的个体。正是因为在国家中的驯化,在其中学习何谓正义、何谓善恶,才可能成就自己。但在一个时代过去,一个时代尚未开启之际,国家中的正义、善恶,又"是"什么呢?——这是一个新的道德时代所要面对的问题。

因此,即使如此解释霍布斯的个体和国家,矛盾仍然存在,在谁也不知道应该是什么样子的情况下,个体怎能把自己随意置于绝对的权力之下?既然这样的个体不能担当历史,那能有所担当的个体应该是什么样子的呢?——这里隐含着进一步推进霍布斯思路的思想线索,洛克、卢梭等人正是这样做的。

于是,思想和历史的纠缠就展示出一个复杂的局面。于霍布斯而言,历史的演进使其不得不解构传统权威——一旦无限欲望的个体出现了,一旦这样的个体要诉诸良心和上帝伸张自己欲望的合法性,权威就需要对自己的合法性作出论证;但是,在这样的无限欲望得不到出于自身的"限制"的时候,必然需要外在绝对权威的限制,否则别说欲望,就是生存也是不可能的,因而政治上的统一,即一个意志和一个人格是绝对必要的。毫无疑问的是,没有人愿意生存于绝对权力之下,这既令人恐惧,也得不到自身论证——霍布斯的国家困境本身就是个逻辑困境,为了生存,却要把生存置于无法生存的境地;为了摆脱恐惧,却要置身于更大的、绝对的恐惧状态。综观霍布斯的论证,所以出现这种状况,是因为个体只具有个别性,而没有普遍性;要具有普遍性,只能通过一个意志的驯化。换言之,国家的绝对性源于个体的个别性,个体的个别性只能走向国家的绝对性。

若要解决霍布斯的国家困境,逻辑上只有两条道路:一是,论证个体并非只具有个别性,相反,他自身有着走出自身的可能性,即其存在中本身有可普遍性的生存要素;二是,论证从个体的个别性出发并不一定导致国家的绝对性。但无论如何,第二条道路是走不通的。一方面,霍布斯的论证逻辑几乎天衣无缝。另一方面,政治上的统一不只是思想问题,也是历史问题,是民族国家出现之后,不得不接受的历史现实——马基雅维利也是因为这一点成为历史现实意义上的"近代政治哲学之父"的。现在只剩下一条道路便是论证个体的个体性意义,即个体性不只是个别性,其存在本身就是普遍的。也是因为其存在的普遍性,正义、善等不是缔约国家之后的产物,相反,正是因其寻求正义和善,缔约国家才是可能的——这是洛克,尤其是卢梭的契约论思路。① 有了这样的契约论思路之后,康德一生都在论证个体的道德性与黑格尔要拿掉契约中的"主观性"要素而论证"个体-国家"的内在统一体(即给出现代国家的原理问题)才是可理解的。

无论如何,思想离不开历史,走出霍布斯也不只是逻辑和思想问题。霍布斯之后,尤其光荣革命之后,对个体之无限欲望的限制不只有了思想的可能性,更有了现实制度的可能性。"道德个体"的出现在历史上有个漫长的过程,思想的引导和现实处境中的自我驯化,都在其中起到了难以估量的作用。无论如何,霍布斯之后,无论是思想,还是现实的历史处境都亟待改变。从下一章开始,我们将展开相关论述。在此之前,我们需要厘定霍布斯时代一个很关键的问题,那便是政治国家和宗教之间的关系。

第三节 国家与消弭个体信仰解释的宗教

寻求政治上的统一是霍布斯论述个体、国家和宗教等问题的最直接的动机,以"自然的"理性逻辑一致地把相关主题建构在一起是其最基本的路径。相应地,这一切都以科学的方式严格地表达出来就是霍布斯的

---

① 根据契约论的思路设定,个体的自然状态不能有具体的社会性内容,即这些"普遍性"不是任何具体的正义或善,若非如此,就重新进入何种正义或何种善的争论。与霍布斯自然状态下的人无法打开与他者共在的局面相比,洛克以"爱"、卢梭以"怜悯"等刻画自然状态下的人,正是因为这些形式性的要素,个体内在地可以实现与他者的联合。接下来的章节中,我们会展开论述。

思想体系。在我看来，这三点是能否清晰地理解霍布斯及其之于后续思想史影响的关键。

在卢瑟福那里，我们已经清晰地看到，诉诸个体良心对信仰和《圣经》作出解释无益于根本性地解决英国甚至基督教世界面临的历史局面，甚至在良心和信仰冒头的地方，现实的统一问题正好走到它的反面。教派林立和纷争的根源就在于良心及其对上帝的信仰所带来的深刻对峙，当这种对峙以上帝的名义出现的时候，尘世生活永无安宁之日。无论如何，宗教问题和政治的统一深刻地耦合在一起，不打破这种耦合局面，不清晰地厘定宗教权力和世俗政治权力的关系，英国的问题就不能得到解决。

从英国的政治现实看，统一的民族国家已经是既定的世界历史现实，重塑国家的绝对权力是霍布斯开出来的方案。遵照这个方案，宗教最高的解释权不能独立于国家，否则权力的分裂以至国家的分裂就是必然的。因此，在卢瑟福诉诸神律解决法律的地方，霍布斯只能反其道而行之，即神律的解释权不能在私人那里，任何私人的良心在国家的公共性面前都得让步。若要做到这一点，霍布斯需要重新解释良心、信仰、启示等一系列主题。其核心原则就是根据理性的"清晰明见"和"逻辑推理"将这些宗教主题"自然理性化"。

无论如何，奇迹、启示、信仰等以某种私己的"内心经验"方式显示——尽管根据自然理性，它们无法取得公开性——这本身证明个体有着某种超越自然理性的维度，同时，因其指向的乃是作为"建构物的绝对国家"之外的"真正的"绝对者，在公共的国家性的宗教之外就有着一种"解构"国家宗教的力量。① 既然存在这种绝对的力量，作为构造物的绝

---

① 霍布斯之后不久，斯宾诺莎很好地看到这个问题。在《神学政治论》第 19 章，斯宾诺莎清晰地区分了"外在崇拜"和"内心崇拜"，并在第 20 章，把后者扩展为思想自由、感知自由、表达自由等普遍原则。由是，个体的思想自由开始真正为国家形式和宗教形式等赋予原则。当然，此时的思想自由已经获得一种超出于现实国家或个别性的个人的"纯粹理性个体"的意义，这是启蒙的基本原则。参阅［荷兰］斯宾诺莎《神学政治论》，温锡增译，商务印书馆 1996 年版，第 258—279 页。德国政治哲学家施米特看到了这个问题，并追踪了其后的政治哲学走向。参阅［德］施米特《霍布斯国家学说中的利维坦》，应星、朱雁冰译，华东师范大学出版社 2008 年版，第 89—101 页。

对的"利维坦"内部就隐含着一种瓦解自身的力量。这些都是霍布斯之后,人类思想史和现实国家需要面对的问题。

一、神律与自然理性:霍布斯的宗教解释原则

如前所言,在基督教世界中,神律与人律(一般的法律)作为一对张力存在着,卢瑟福也是通过对神律的良心解释反抗国王的法律。如果允许对神律的私人解释,法律就会成为永恒的有缺陷之物。为寻求终极的解决方案,对神律作出一般的解释就是迫在眉睫的事情。"由于所有关于法律的知识都取决于关于主权的知识,所以往下我将讨论一下上帝的王国(天国)"① 一开始,霍布斯就定下了讨论的基调:神律需要在主权问题方面解释。可见寻求政治的统一(主权问题)何等深刻地主导了霍布斯。上帝的国既然是关乎主权的,其法律(即神律)就需要能使人明确地知悉,否则就无以为法律。如果说人的律需要用人的声音予以宣布,那么神律是怎么得到宣布的呢?

> 上帝谕知其神律的方式却有三种:一种是通过自然理性的指令,一种是通过神启,还有一种是通过某一个依靠神迹的作用取得他人信仰的人的声音。由此可见,上帝的降谕之道(言辞)便有三种,那就是理性的、意识的和先知的。与此相应的听取方式也有三种——正确的理性、超自然的意识和信仰。从来没有任何普遍法则是通过超自然意识(即神启或灵感)提出的,因为上帝用这种方式降谕时只是对个别的人说的,并且对不同的人所说的事情也不同。……可以说上帝的王国有两种,一种是自然的,另一种是先知的……在先知的上帝王国中,他选定了一个特殊的民族——犹太民族作为自己的臣民……②

---

① 霍布斯:《利维坦》,第 277 页。
② 霍布斯:《利维坦》,第 278—279 页。

　　既然是上帝的国，就涉及主权问题，上帝是那绝对的主权者。其对"臣民"说话或颁布神律就涉及"说"和"听"的问题。首先，它们不能是私人性的，私人无所谓律或法则；其次，先知的时代已经过去，并且通过先知建立的国家只是犹太国。犹太国是历史问题，这个没有争议。私人不能解释神律，则意味着霍布斯一开始就拿掉了个体对信仰或神启等的解释权。如果任由个体解释，政治上的统一是无法想象的，这已经得到历史的证明；而且根据霍布斯对感觉、想象和理性等机能的分析，信仰和神启等或者由于缺少明确的因果性，或者由于缺少"经验"方面的共通性，任由它们解释神律是缺少普遍性的。由于国家是普遍性的化身，它们当然不能是神律的出发点。换言之，在霍布斯看来，个体出于信仰和启示无法形成对上帝的真正认识。现在就只剩下对所有人"说"，并以所有人"听到"的方式——这就是自然理性。那么，在都能听到的自然理性面前，作为主权者的上帝是什么样子的呢？自然理性呈现怎样的上帝呢？祂和其臣民是以什么样的方式联系起来的呢？[①]

　　首先，作为绝对者主权者的上帝不能以"恩义"的原则（即创造，因为被造而感恩，以至接下来的各种问题）显示自己的主权。（救）恩以个体为前提，因为每个人在其生活的展开中，需要的恩是不一样的，一旦以此作为原则，就会重新沦落到信仰神启的解释上。如果承认一种普遍的恩义，这种恩义就是上帝的普遍主权，在上帝面前，每个人都是一样的。如是，则寻求恩义或理解上帝的主权本质乃是寻求关于上帝的知识本身，这种知识只能出于自然理性，而非任由个体解释。这个基本原则本质上不同于卢瑟福。尽管在卢瑟福看来，生存是上帝赋予的，因而生存本性是无法被拿掉的，但上帝对于生存本性是否有主权呢？——这是毫无疑

---

① 以下对上帝存在属性的讨论是从一开始（第十二章）就决定了的，谈及"恐惧"的根源时，霍布斯就明确地说，对终极原因性和不可见力量的"占据"是消除恐惧的原因，因而在上帝的国中，才能真正消除恐惧，而能够被自然理性认识的上帝的存在也在这两点。换言之，从自然状态到国家状态，再到基督教体系的国家，本身是由生存的求原因性和求力量所推动的。

问的。既然如此,解释上帝主权与其以个体为出发点,不如以自然理性为出发点。

根据自然理性,上帝的主权主要体现在其力量的无可抗拒性,无论有罪而惩罚,还是无罪而惩罚,[①] 都在上帝的主权之内。这也是上帝有绝对主权的应有之意。无论如何,根据自然理性,国家之为国家在于其普遍性,在于得到超出于个体之外的善或正义,上帝的国更是如此。因此,上帝的绝对主权首要地表现为善,表现为让其国度更好地展示出来,而非任意地展示。如是,有关上帝的知识就在于认识上帝的力量和善,遵循其善、臣服其力量就是主动地参与进上帝的国。这便是"崇敬"上帝的原始意义:"崇敬是对他人的权力与善的内在认识和看法。因此,崇敬上帝便是对他的权力与善的尽可能高的认识。……内心的崇敬是对权力与善的看法,从这里就产生三种激情:第一是爱慕,这是相对于善的激情,第二是希望,第三是畏惧,两者都是相对于权力的激情。"[②]

真正地崇敬上帝表现为绝对的爱、希望和畏惧,相关于善的爱指向上帝与人的密切的关系,因而上帝必然存在,必然是时刻关心人的;相关于希望和畏惧的情感则指向上帝的绝对权能。从这两点可以推导出上帝如是的存在方式:因为属性是有限的、界定的产物,任何属性都不能加在上帝前面;任何形象或情绪等有形的事物也以感觉或理智的赋形为前提,因而不能加在上帝前面;世界或灵魂本身也不能指称上帝。换言之,只能用"无限、永恒、不可思议等否定的属性形容词或至高、至大等最高

---

① 在思想史上,为了反抗这种"肆意的"主权,人们设想罪都是自己招致的,自由意志问题也是这样被促逼出来的。这个思路有内在的问题,其本质是高举人的存在,奥古斯丁和路德等人都看到了这一点。霍布斯则采纳了一种中和的立场:即使由自己招致,定罪的主权也在上帝,因而并不必然导致"无辜不能受惩罚"这一点。参阅霍布斯《利维坦》,第 280 页;有关自由意志问题,请参阅[古罗马]奥古斯丁《论圣徒的预定——致普洛斯柏和希拉里》,周伟驰译,商务印书馆 2012 年版,第 415—474 页;[德]路德《论意志的捆绑》,载《路德文集》第二卷,上海三联书店 2005 年版;以及尚文华《在崇高与虚无之间的自由意志——兼论现代自由原则及其可能出路》,载《哲学动态》2020 年第 1 期。
② 霍布斯:《利维坦》,第 283 页。拿掉"信"是因为它是私人性的。

级的属性形容词，或者是用善、公正、神圣、造物主等无定属性形容词，而用时意义又像是不为了说明上帝是什么，而只是为了说明我们怎样赞美他、怎样随时准备服从他……"① 由于祂不是世界或灵魂或其他的一切，在自然理性中，祂只能是世界的终极的绝对的原因。

从这些关于上帝的"认识"或"知识"看，人与上帝的崇敬形式就是祷告、感恩、祭礼、不妄称上帝的名等，最重要的乃是公开敬神。② 既然没有任何正面的、人可以赋予的属性，人与上帝的关系不可能以任何私己的方式表达，即使要表达，它也要遵循公开的敬拜形式，否则就是渎神，因此，在上帝的国中公开崇敬神乃是应有之意。无论如何，这也不意味着上帝只能以这种公开的方式展示自己，否则，这样的论断一旦作出，就意味着上帝的权能只能通过这种方式展示，这就违背了不能通过理性的界定限制上帝之绝对性的原则。自然理性承认上帝的传谕之道有超出理性的方面或内容，这些内容既无法为自然理性证明，也无法为其证伪：

> 但天赋理性中却没有与之相违背的东西。看来出现与之相违背的情形时，毛病要不是我不善于解释，便是我们的推理错误。……我们就需要把自己的悟性吸引到这种道上，而不要费许多力气用逻辑方法去寻找这种不可思议同时又不归属于任何自然科学规律之下的奥义的哲学真理……悟性的吸引并不意味着使自己这种智能服从于任何别人的意见，而只是意志在应当服从的地方服从……除开符合圣经的教义以外，也没有义务要听取任何教义。……地上的基督教体系国家的最高统治者的权利，以及基督教臣民对其主权者的义务（时），则正是要从圣经中去寻找原理。③

从后面的描述看，霍布斯肯定上帝的传谕之道超乎自然理性的部分只存在于《圣经》中，而非任何《圣经》之外的对任何个体的神启或其信仰

---

① 霍布斯：《利维坦》，第285页。
② 霍布斯：《利维坦》，第285—286页
③ 霍布斯：《利维坦》，第291—295页。

表达,并且进一步认为,尽管自然理性"暂时"无法理解上帝的传谕之道,但道本身并不与天赋理性相违背,并将无法理解归于不善于理解和推理错误。这种不相违背是一种深深的信念。本质上,既然承认无法理解,哪怕是暂时的,都无法引申出不相违背这样的结论。这是其一。其二,从霍布斯对"天赋理性"的信念看,因为不承认私人性的信仰或启示体验,他根本性地背离了路德和卢瑟福的原则。尽管都把《圣经》视为最高的依据,前者只是将之视为要解释的对象,以寻求其与自然理性的全然相通性,换言之,对一切都做完全理性的解读是其出发点;后者则将之视为信仰对象,一切都要依据于《圣经》。这两条道路都有深刻的信念作支持,一者意图以"天赋的"理性照明一切;一者意图把一切收归到信仰的见证之中。①

对于霍布斯来说,如何在自然理性呈现的上帝及其权力结构中解释基督教世界的国家权力就是唯一的问题,其核心在于不违背《圣经》,更恰当地讲,乃是把《圣经》解释进国家的权力结构中。赖此,困扰基督教世界的教权和政权的分裂状况才能得到解决,政治的统一性也才能得到原理性的解决。需要记住的几个关键词就是:自然理性、作为主权者的上帝、国家和宗教。

二、基督教国家的教权问题

根据自然理性,上帝存在是首要原理,终极原因性和绝对权力是由之推出来的,能"修饰"其存在的属性词只能是否定的、无定的和最高级的;人与上帝的关系在"国家"中唯有服从和敬拜,并且必须以公开的方式进行。在现实的(时间性的)国家中,自然理性展示为三个自然律以及

---

① 这两套思路作为一对张力贯穿于近代以来的思想史的一切领域,最终,分别落脚到黑格尔和施莱尔马赫那里。但毫无疑问,理性的思路主导性更大,施莱尔马赫体系则是对理性思路的反抗。笔者有论文从情感的原理角度阐释这个问题,参阅尚文华《观念抑或情感:一个关涉哲学和神学起点的争论》,载《学海》2019 年第 6 期。

缔约国家之后的一套法律体系,其原理已经得到展示。[①] 也就是说,如果承认国家也是上帝的造物(这是没有疑问的),那么出于自然理性的这些内容,无论关于上帝存在和主权的,还是关于现实国家的这些法律,都是神律,或是神律的展现方式。在自然理性及这些神律之外,《圣经》展示出其他的一些神律。其中,一部分很容易得到自然理性的认识;另外一部分则似乎超出了自然理性。在霍布斯看来,天赋的理性并不与这部分相悖,理性需要做的乃是不断地提升自己,并在应当服从的地方服从——这是意志问题。以上便是已经达到的结论。

什么是应当服从的呢? 服从谁呢? 服从,首先是意志问题,其次则是权力问题。意志的服从分两种情况:一是,源于内心深处的、非强制的服从,是自然理性告诉我的有理由的服从;二是,强制的服从,即不出于自然理性的服从。[②] 根据霍布斯,不出于自然理性的服从,指的是,暂时无法得到自然理性的"认可",但仍然服从更高的权力。这也是"应当"的含义——出于自然理性的服从不存在应当或不应当的问题。这种服从必然与基督教世界的国家相伴随,这是因为,第一,国家本身中的服从都是出于自然理性的"事实";第二,对于上帝以及能够得到自然理性证明的神律(即有关上帝的主权及其敬拜问题),亦是出于自然理性的。但在基督教国家中,因为涉及上帝在地上的代理人问题,就有国家主权者之外的另一个主权者——在历史上,以教会及其教权为代表;另一方面,这位主权者就有国家之外的对《圣经》的解释权问题——其中,自然理性承认有些暂未得到"明证",而只能服从,在这种情况下,服从谁呢?

---

① 一旦国家缔约出来,剩下的就是法律问题。如何厘定国家的形态、主权者和臣民分别享有的权利,以及主权者和臣民的关系,等等,都是法律问题。这是《利维坦》第十九章到第三十章的内容。

② 根据霍布斯对"自然理性"的理解或界定,它是自然状态下每个人都被赋予的,因而在国家中,每个人亦根据这种自然理性而行,即服从国家和服从上帝是自然理性的结果。非出于自然理性的服从指的是由于暂时得不到"明证"但仍服从。这种状况与无理由的绝对服从不同——这种服从是"盲从"(即不使用自然理性)。换言之,在霍布斯看来,最终一切都能得到自然理性的证明。

先来看第一个问题,是否存在国家主权者之外的另一个主权,或者说,在政治主权之外是否存在宗教主权的问题？如果存在宗教主权,必然意味着上帝在现实国家中有唯一的代理人,如果有多个代理人,就会存在不同的人格代理上帝,主权问题也就无从谈起了。一般地,这个充当上帝代理人的人格也便是教会。

> 教会如果不是一个统一的人格,它就不具有任何权威；它既不能下命令,也不能有任何行为,对任何事物也不可能具有任何权力或权利；它不会具有任何意志、理性和声音,因为所有这些性质都是人的性质。如果全体基督徒不存在于一个国家中,他们就不能成为一个统一的人格,而且也没有任何普遍的教会具有任何权力统辖他们。因之,圣经便不是普遍教会制定的法律。相反,如果教会是一个国家的话,那么所有的基督徒国王与统治者便都成了平民,可以由全基督教世界的普遍主权者加以审判、废黜和惩罚。所以圣经的权威问题便成了这样一个问题：基督徒国王和基督教国家的主权议会在自己的领土内究竟是直接处于上帝之下的绝对的主权者,还是要服从于一个属于普遍教会之上的教皇,并可由这教皇在自己认为有好处或公共利益有必要时,给予审判、定罪、废黜或处死。[1]

如果没有主权者,任何一个自然人(包括基督徒)都没有任何义务服从,除非他在神谕的领受中认识到上帝的主权,并以服从上帝及其话语的《圣经》为义务；但在尘世生活中,服从别人的《圣经》解释都是不可能的,除非有一位主权者。教会的状况同样如此。如果教会形不成统一的人格,它就没有任何权威要人服从,也没有意志和权力；在这种情况下,圣经只有在自己的认信中是神律,而非教会制定的任何法律。如果教会能够形成统一的人格,即基督教国家是成立的,那么就存在两种情况：或者国家的主权者(包括国王和议会)就是直接处于上帝之下的绝对主权

---

[1] 霍布斯:《利维坦》,第 307 页。

者,即上帝的唯一代理人;或者一个普遍教会之上的教皇。

后一种情况确实存在过,但在霍布斯时代,已经过去。基督教不认可天主教的《圣经》解释权威,本身意味着教皇已经不再拥有最高的解释权。由于把《圣经》解释权置于个体的良心和良心中上帝的显现,宗教分裂已经是既定的历史事实,在这样的处境下,寻找超出普遍教会,甚至哪怕是国家之外的教会的绝对主权就已经无从谈起了。甚至在国家内部,教会的统一性人格都是难以形成的。在每个人都有对《圣经》和神律解释权的时代里,只能由一部分持大致相同解释的人汇聚在一起形成共同人格,其余地,则形成另外的人格,这也是宗教教派产生的根源。在教派林立的状况下,形成统一人格的宗教主权几乎是不可能的。这也是霍布斯生存的现实。

如是,由于"在各自分立的国王和国家领域之中都有基督徒存在,但他们每一个人都要服从自己的祖国,因之便不能服从任何另一个人的命令。这样说来,能够发布命令、审判案件、宣告无罪、判定罪行或作出任何其他行为的教会便形成一个由基督徒组成的世俗国家了,它之所以被称为世俗国家,是因为组成者是人,它之所以被称为教会,是因为其臣民是基督徒"①。在历史上,以及在单纯的思想中,人们曾经设想有一个与世俗国家相并立的性灵国家,在世俗政府之外有一个性灵政府,但这样的说法只是由于认不清什么是合法的主权者而"杜撰"出来的两个名词而已。诚然,基督徒复活后的身体是属灵的,但在这之前,毫无疑问它乃是属肉体的,是在世俗国家和世俗政府之下的,如果以暂未发生的现实之外的"权力"和"权利"干涉现实的权力和权利则是不合法的。由于现实的教会没有这样的统一的代理上帝的人格,以性灵国家或政府的名义干涉现实的"权力"和"权利"实则是以自己或一部分的人格干涉已经现实存在的统一人格。在霍布斯看来,这是宗教战争的根源,也是基督教

① 霍布斯:《利维坦》,第 374 页。

世界永无安宁之日的原因所在。

现在的任务则是重新建立唯一的主权者共识：如果是在基督教国家，即国王是基督徒，那么在基督教世界，作为基督徒的国王和议会就是绝对的主权者；如果不是这样，由于教会不能形成共同人格，它也没有任何权力和权利与世俗权力的主权者对抗。① 既然在基督教国家中，国王及其议会有着绝对的权力，那么在《圣经》的解释权上，他便是最终的裁定者，以及根据神律给出现实的法律的人——国家中的所有人必须以此作为最终的依据。

于是，由于教会没有统一的人格，《圣经》的解释权，以及个体"应当服从"的也就落脚在作为基督徒的国王那里，他是应当被服从的。——这是霍布斯对第二个问题的回答。从这个回答可以看出，寻求政治上的统一何等深刻地塑造了霍布斯，同时这也是英国历史现实的要求，否则政治和宗教内部的分裂就是不可避免的，基督教世界就永无安宁之日。

在解决了教会主权问题之后，霍布斯不得不面对他那个时代更加尖锐的一个问题：个体有无权利根据自己对信仰和《圣经》的理解反抗绝对的主权者。毫无疑问的是，从自然状态的设想开始，霍布斯就拿掉了这种可能；在对上帝的敬拜和对《圣经》的解释上，他都采取了公共性这一立场。无论如何，哪怕走出自然状态，组建国家之后；哪怕根据自然理性推导出上帝的存在方式及其敬拜问题，都不意味着信仰和神

---

① 很明显，霍布斯论述的只是作为社会学意义上的或现实的历史性教会，即"可见的教会"。由于解释权威的转移，教皇体系崩溃之后，这样的教会不再可能形成统一的人格，也正是因此，它的绝对主权也就无从谈起了。这种状况是因为《圣经》或信仰的解释权造成的，只要承认个体拥有对上帝话语的解释权，这些是必定会发生的。但教会乃是上帝的教会，其人格统一在上帝那里，那么教会的权柄本身就是上帝的绝对权柄，因而从教会自身的精神和思想意义看，它根本不存在分裂问题，其权柄直到永远，是现实教会和现实国家的方向。与社会学意义上的"可见的教会"相比，精神意义上的"不可见的教会"才是"真正的教会"。康德正是通过这个划分重建宗教的绝对意义。参阅［德］康德《纯然理性界限内的宗教》，载《康德著作全集》第 6 卷，李秋零译，中国人民大学出版社 2007 年版，第 100—126 页。

启等问题不存在了。相反，只要承认在信仰中，个体是独自面对上帝的；个体都有着阅读上帝话语（《圣经》）的经验，"奇迹""神启"等就是会发生的。换言之，出于自然理性的推论和公共性本身不是信仰及其伴随的奇迹、神启等。在《利维坦》第 33—38 章，霍布斯尽其所能地以其自然理性解释《圣经》，但无论如何，"解释"不是"经验"：正是这些"经验"支撑了"启示""奇迹""得救"等等。这里隐藏着解构整个"利维坦"的要素。

三、隐藏在"利维坦"里面的敌人——信仰和思想

个体能不能成为与国家相对的力量呢？毫无疑问，既然教会都没有权利和权力根据自己对《圣经》的解释反抗国王的绝对主权，遑论生存个体呢？——这之所以可能的依据在于当下的神律就是自然理性给出的那些法律，而在自然理性尚未理解或知晓的神律的地方，判断权应该属于绝对的主权者。

> 假定一个臣民被世俗主权者禁止宣布他有关上述见解（注：主权者根据耶稣是基督这一信仰给出错误的结论）中的某些见解，那么他根据什么样的正当理由就可以不服从呢？基督教国王在作出结论时可能发生错误，但由谁来审定呢？当这问题是一个平民自己服从不服从的问题时，难道要由这个平民来审定吗？难道单单是教会指派的人（也就是代表教会的世俗主权者指派来的人）不能审定，其他任何人都可以审定吗？要不然的话，如果由教皇或使徒来审定，他在作出结论时会不发生错误吗？当圣保罗当面反对圣彼得时，他们两人之中是不是总是有一个在上层工程的理论方面发生了错误呢？所以神律和基督教体系国家的法律之间是不可能有矛盾存在的。……至于他们的信仰，则是内在的和看不见的，他们可以具有纳缦所具有的那种自由，并无须为此而自行冒险。但如果他们冒了危险的话，他们也应当期待天上的报偿，而不应当对他们的合

法主权者发出怨怼,更不应当对他开战。①

霍布斯把神律与基督教国家的法律之间的一致性建立在无人能够取代主权者的解释权的基础上。在个人与国王出现解释信仰或《圣经》的偏差的时候,谁来裁定哪个解释更加合理呢?很显然,在霍布斯看来,不能是个人自己;也没有理由是教会指派之外的其他人;甚至使徒们都不行,因为使徒之间都会出现矛盾。在这样的处境下,诉诸自己的信仰本身就是冒险,而一旦抵抗甚至开战,就是更大的冒险——可能恰恰得不到天上的报偿,而得不到救赎。因此,除非是故意作乱,或为了什么私己的目的,否则就是在内心踏出这一步都是艰难的:因为确实没有解释权柄胜过地上主权者的。因此,霍布斯有理由宣称,神律和基督教国家的法律不可能有矛盾。换言之,基督教国家的法律既建基于自然理性,亦建基于主权者的《圣经》解释,它们作为整体乃是世俗国家中的神律。在个人解释与此神律相冲突的地方,个人应当服从于主权者。

为了避免个人以奇迹或神启之名不服从主权者的解释,霍布斯重新思考了奇迹、神启等问题。以奇迹为例,霍布斯如是界定:"奇迹是上帝通过在他创造世界时所运用的自然方式,为了向选民说明前来拯救他们的特殊使者的使命而行出的业绩。"② 根据这个界定,奇迹直接源于上帝,其意义在于让人认识祂。尽管对于人来说,作为奇迹的行为是"超自然的",即无法通过经验或观念证实的,但对于上帝来说,却是自然的;"自然"的意义于自然理性而言,就在于认识上帝的绝对权力。所以,能行奇迹者并无相较于别人而言的更大的能力,是顺服上帝,而不是顺服他们自己。同样地,神启并非个人的某种官能或特殊能力,而仅仅是上帝通过某种"自然"的方式让人认识祂而已。先知的意义也只是为上帝作见证,并且其能够为上帝作出见证的身份的获得,或者是能够很快地、

① 霍布斯:《利维坦》,第 488—489 页。
② 霍布斯:《利维坦》,第 351 页。

真实地让人看到其预言的实现，或者应该由主权者来识别，而不能自我宣称。[①]　从神学上看，霍布斯的这些界定和理解并无问题，无论奇迹、启示，还是先知，其来源都在上帝，其意义在于让人认识上帝，而非人所拥有的什么。[②]　所以，相较于自然理性和神律，这些并没有说出更多的东西；而既然主权者是解释《圣经》的唯一合法人，服从主权者并不与服从上帝相矛盾。

综观霍布斯的这些论述，其目的在于把与个人相关的因素拿掉，其手段则或者是将之放置在上帝那里，或者是将之置于公共的或主权者的判断中。正是因为把这些置于上帝、公众和主权者那里，个体只能服从，而毫无判断权。一言以蔽之，这种做法在于把奇迹、信仰等所指向的或包含的内容视为核心，而把行为者自身排除在外；其代价则是以解释取代了作为某种"经验"的奇迹或信仰，以服从解释取代了经验者自身对"经验"的解释，即以外部权威取代了内心的权威。

怎么理解霍布斯的这种做法呢？——对生存处境和现实处境的"恐惧"！如果把内心立为权威，这种权威的基点在哪里呢？——除了带来内心与外界的紧张状态，又能是什么呢？一旦把这种紧张状态拉大到对峙，甚至是战争的状态，如何保障生存下去呢？如果不能生存下去，内心的权威又有什么意义呢？现实是：以内心的权威挑战国王的权威和法

[①]　霍布斯：《利维坦》，第 347 页。

[②]　如何评价霍布斯的"信仰"态度是个艰难而复杂的课题。在《利维坦》中，霍布斯以"服从神律的意志"和"相信耶稣是基督"两条概括基督教体系国家中个体的"信仰"（《利维坦》，第474—490 页），对它们的信守是能否进入天国的"原则"。无疑，把"服从"与"神律"相连，把"耶稣是基督"的解释权交给主权者，指示着霍布斯意欲拿掉信仰的个体解释权。但另一方面，在 1668 年再版的《利维坦》附录中，霍布斯把"Word"理解为历史中的上帝之拯救行动，这一拯救行动很明显不是自然理性中的神律，也不是希腊人的逻格斯，而是在每个个体心灵深处和整个人类历史中的拯救，如是，霍布斯则"一直努力想要描述宗教生活和政治生活的关系，以便确认一个神圣庄严、不可侵犯的内心领域，在这一领域中，个人的信仰和判断能够引导他自己采纳一种方式和某些条件，通过这种方式和这些条件，他就可以去接近和探讨神圣者"——《利维坦》附录的英文编辑和翻译者莱特如是理解霍布斯。一旦承认莱特的这种解读，斯宾诺莎的解释原则也就只是沿着霍布斯未曾明言的"心底事"前行而已。分别参阅［英］霍布斯《〈利维坦〉附录》，赵雪纲译，华夏出版社 2008 年版，第 67—70、47—48 页。

律,带来内战;内战之后,新的权威树立起来,但内心与之的争战依然不止。无论是内心的战争,还是外在的现实战争,带来的都是生存的恐惧。为了摆脱恐惧,权力上的绝对权威必须确立起来,只有在内心真正服从外部权威的状态下,恐惧才可能被消除。但是,真正的服从只能是对自然理性(上帝在自然理性中显现)的服从,但在自然理性尚未全然彰显(即神律尚未被完全认识)的情况下,服从绝对的主权者是唯一的选择。

但无论如何,主权者的《圣经》解释"事实性地",也是必然性地会出现的与内心及其解释不相一致——为了消除恐惧的"一致论证"不能取代这种真实的不一致。换言之,通过自然状态的"设立"完成的国家论证,以及通过自然理性解释的神律和基督教国家体系,只是外在地掩盖了卢瑟福们所面对的问题:个体的"良心"和建立在良心上的思想与国家权力之间的永恒冲突并未解决。不能真正地服从,就不能称之为服从;外在的服从并不能消解内心的冲突:强大的利维坦内部隐藏着解构自身的"绝对"力量。

换一个思路解决政治的统一性势在必行。《利维坦》出版(1651年)之后不到20年,斯宾诺莎就在《神学政治论》(出版于1670年)中把"内心崇拜"明确地提出来,其前提则是政治上的绝对统一(拿掉教权):①

> 没人能完全把他的权能,也就是,他的权利,交付给另一个人,以致失其所以为人;也不能有一种权力其大足以使每个可能的愿望都能实现。命令一个国民恨他所认为于他有益的,或爱于他有损的,或受辱而处之泰然,或不愿意摆脱恐惧,或许多与此类似的事,那永远是枉然的,这些事密切地遵守人性的规律。我想这已由经验充分地证明了。因为人从来没有完全把权交给接受此权和权利的统治者而不受猜忌,从来统治权受其内部人民的威胁与受外部敌人的威胁是一样大的。果真人们的天赋之权能完全剥夺净尽,若不得

---

① [荷兰]斯宾诺莎:《神学政治论》,温锡增译,商务印书馆1996年版,第258—270页。

到握有统治权的人的许可,对于事务不会再发生什么影响,那安然保持极暴虐的暴政就是可能的了。这一点我想是绝没人会承认的。①

很明显,斯宾诺莎的观察更加符合"事实"——自然状态本就是理想的抽象状态,人即使可以转交一些权利,但没法做到转交一切权利。没有人可以命令他人爱那不可爱、恨那不可恨、愿意生活于恐惧状态,等等,除非内心真实地发生了变动,否则这是不可能的。甚至除却这些,也没有人交出权利,更不猜疑对方对权力的使用;更别说把一切都交给对方,剥尽一切而不猜疑了。这些都是人性的规律,不是权力能够触及的领域。相关于更加私己化的信仰领域,人怎么能把内心最隐秘、最深刻、最切己(关涉救赎)的东西转交出去呢? 如果遵循一种完全不能得到信仰见证的敬拜、接受完全不能得到良心认可的信仰规定,天堂中的位置如何能够得到"确信"呢? 即使服从,内心的争战也是大的;而且,这种争战本身证明生存中有权力无法触及的领域,或者说,有些权利是人之为人所无法交托出去的。这种无法交托的权利更加切己地证明人之为人最基本的,也是最宝贵的生存维度。

保留(也不得不保留)内心这个隐秘的领域,甚至让人言说这个领域,是不是必然冲击政治的统一呢? 首先,从内心讲,主权者剥夺人说心里话的自由是不可能的,这个领域是权力无法触及的;其次,即使让人说出来,也未必会损及主权者的权威,其中关键在于双方的克制和明确认知,在斯宾诺莎看来,原则在于"每人可享受此种自由而无害于公众的安宁,并且不会由此发生不易遏制的烦忧。每人可以享受此自由而无害于其效忠。对付思辨问题的法律是完全没有用处的。最后,给人以这种自由不但可以无害于公众的安宁、忠诚以及统治者的权力,而是为维护以

---

① 斯宾诺莎:《神学政治论》,第226—227页。

上诸项,给予这种自由甚至是必须的"①。

很明显,在霍布斯和斯宾诺莎的时代里,寻求政治上的统一是共同的课题,他们都以拿掉教权,重塑政治上的绝对权力为目的,否则国家就不为国家。但在霍布斯的思路里,内心领域被拿掉了,从其出发的自由和思想也就只能服从于外在的权威;斯宾诺莎则敏锐地看到,这个领域是无法被轻易拿掉的,政治统一性必须建立在这个领域的基础上,否则,利维坦内部的这个缺口将被无限地放大,以至于无情地使其崩溃。

无论如何,霍布斯的体系在逻辑上是连贯一致的,只要接受其关于自然状态的论述,以后的一切都是顺理成章的。斯宾诺莎看到了其内在的问题,但其解决方案则一开始就引入了无法被交出的权利(尽管是事实性的),与其说这解决了霍布斯的问题,不如说需要另起炉灶重新设想人的自然状态;另一方面,如果允许从无法被交出的权利出发引申出信仰自由、思想自由等原则,政治统一性的意义或国家的意义就需要重新思考。②

简而言之,现在我们到了这样的思想境地:人的内心状态逼迫思想家重新思考其自然状态,并在自然状态下重新建构国家的意义。这是不是就意味着需要为自然状态赋予内容了呢?——一旦如此,自然状态也就不是自然状态了。现在,思想和历史开始聆听洛克和卢梭。在进入对他们的讨论之前,我想简要地评述一下霍布斯的思考方式之于科学的意义。阐释好这一点,会让我们更好地理解现代政治和现代国家不同于前史的意义。

---

① 斯宾诺莎:《神学政治论》,第 278 页。

② 我不想在这里讨论斯宾诺莎的体系,不是说斯宾诺莎不重要,而是其思维方式不是抽象的自然状态式的;其对契约的理解更多的是既定的,而非从自然状态出发重新为契约赋予意义。这与斯宾诺莎的思维方式相关。他不承认有一个理想的个体状态,似乎国家只是个体相互契约的产物;相反,他更多地讨论个体和国家本身的伦理性的原理意义——其思想方式类似于黑格尔。

第四节　小结：霍布斯思想的科学性及其现实效应

纵观《利维坦》，从人之最基本的感觉和想象问题入手，逐步切入求因果、关心命运问题，这是宗教的根源；也是霍布斯切入自然状态的契机。审视这个开端，两点最为关键，其一，人首先是个体性的；其二，恐惧是其个体性之为个体性的原因和结果，既使其成为个体，也使其走出个体。前者是宗教的原因，后者是国家的原因。缔约出国家之后，探讨宗教性的国家（于霍布斯而言是犹太教国家和基督教国家）也就是必然的——只有作为绝对力量和终极原因性的上帝的存在才是恐惧能够消除的根本。但吊诡的是，在基督教国家中，恐惧似乎没有真正被消除。在一般国家中，由于绝对主权者可能存在的"私人意志"，恐惧也是无法消除的，究其原因，它把个体完全"窒息"在国家之中，个体也便成了"僵尸般的"存在物，只有身体，而无内心。可见，寻求政治统一性的现实需要何等深刻地钳制住了霍布斯的思想。即使如莱特等人论证的那样，霍布斯可能是一个秉承路德等人的寻求并捍卫内心尊严的原则的基督教思想家，[①] 其政治思想和基督教思想也是割裂的，因而霍布斯的内心也充满了分裂：这也正是每个分裂的现代人的形象。

放下其可能的内心分裂不论，单从《利维坦》的"个体-国家-宗教"体系看，这是个逻辑上连贯一致的、科学的体系。由于一开始，那个"自然人"就没有与他人共在的某种生存要素（主要是情感性的），也没有要持守的内心"价值"，只求活命的"僵尸"也并不违背这个体系；另外，无论何种体系，只要生存被绝对安全主导，恐惧都是无法消除的，因为任何个体都不能现实地"占据"或"拥有"终极原因性和绝对力量。从这个角度看，这个体系似乎也没有毛病，霍布斯眼中的"自然理性"也能告诉我们这

---

① ［美］莱特："霍布斯的1688年版《利维坦》附录"，载《〈利维坦〉附录》，赵雪纲译，华夏出版社2008年版，第1—48页。

一点。

与马基雅维利的"现实体系",以及同时代和更早一点的卢瑟福、苏亚雷斯、布坎南等人的"准信仰体系"相比,毫无疑问,霍布斯体系乃是科学的典范。它抛开一切既定的传统和历史现实(尽管其动力和落脚点都在现实),只从最基本的生存现象(感觉、想象、语言、因果性等等)出发分析、理解人类历史中的一些基本现象(宗教、国家、法律等等),理性地区分、建构,从而给出一个规范化、合理化的生活整体。作为第一个政治科学体系、国家科学体系,或其他什么科学体系的创立者,霍布斯是当之无愧的。

这种科学的思维方式首要地在于拿掉"前见"——无论是历史性的,还是信仰性的,抑或是其他什么,其所根据的或作为起点的乃是一些自明的内容和理性的推论原则。于霍布斯而言,这便是自然状态下的人的生存:完全而纯粹的自爱和因果律,它们是推动他走出这种状态,从而实现其他可能的生活状态的依据。根据这种自然状态,无论是国家中的生存方式(基础是出于自爱的"恐惧"和出于因果律的"自然律"),还是宗教中的生活(基础是无法掌控命运,即无法实现自爱的"恐惧",和终极因果性和非可见权力的诉求),都是"自然而然"的、"合乎逻辑"的。另一方面,如是理解的国家现象、宗教现象等,也便是作为理性对象的"客观物",或理性自身所建构起来的对象——这不同于任何既定的国家体系和宗教体系,却为评判和理解现实的国家和宗教提供了理性的依据,即它们作为理念的意义。由是,从霍布斯开始,国家、宗教,以及其他非个体、非感觉经验的对象就成为科学研究的对象。

在这个时代及之后,伽利略、牛顿等人慢慢地确立起自然科学的规范和原理意义,霍布斯等人则确立起社会科学的基本意义。这个进程一旦开启,人类也便逐步进入科学的时代。换言之,尽管霍布斯面对的是英国现实问题,其对政治统一性的强烈追求证明了这一点,但因其科学意义的奠基,这个进程就不再单单是英国问题,而更多的是人类共同的问题。——这是霍布斯体系超出马基雅维利、卢瑟福等人的关键所在。

理解这一点之后，如何沿着霍布斯，而非其他人走下去也就成了历史和思想史的既定课题。根据上述分析，霍布斯之于后人最大的教益有两点。其一，政治统一性是历史的诉求；其二，体系的科学性则是思想自身的要求。从第一点看，霍布斯确实建构了有着政治统一性的国家，但其基础却是"僵尸般"的个体；也只有在由僵尸般的个体所组建起来的统一国家中，作为主权者的"个体"才有绝对权力，才有解释《圣经》，甚至解释信仰的权力。如果在霍布斯体系中，承认消除生存的"恐惧"是唯一的缔约动力，那么把自己安置在主权者个体的统治之下，这种恐惧恰是无时无刻不伴随着生存的——于霍布斯而言，国家的目的和使命就是"求安全"，由于再好的法律都无法真正限制主权者，除非主权者只享有法律赋予的权力，否则绝对权力就把个体置于危险境地。

因此，霍布斯式的绝对国家有两个"天然的"缺口：一是，它可能给人带来深刻的"恐惧感"；二是，它拒绝了个体的内心世界。后者可能不是体系本身的问题，因为一开始霍布斯就把自然状态设想为求安全的自爱个体，只要能够维持生存，服从是不得不做出的选择。但于现实的人而言，这却是不可接受的，尤其在关涉救赎的信仰问题上，进一步，表达信仰就会延伸到言论自由等问题，这也是斯宾诺莎看到的。因为一开始，人就有一部分权利是无法交托出去的。换言之，如果从生存本身来看，暂且承认霍布斯的自然状态是合理的，那么在缔结契约的时候，人总是有一部分是无法交托出去的，这便是内心。也是在这种意义上，如果承认霍布斯体系，其中的个体就被我称为是"僵尸人"。与"僵尸人"困境不同，第一个问题则是霍布斯体系的内部问题。如果认为由于不能绝对地"占据"终极原因性和不可见力量，恐惧本身是无法消除的，那么在霍布斯式的国家中，尽管存在恐惧，那也不是大问题。但问题是，一个体系成立的动力是消除恐惧，但最终却带来恐惧，这个体系又有什么意义呢？除非进一步解释这是两种不同的恐惧——但霍布斯又没有这么做。

无论是恐惧问题,还是僵尸人问题,其本质都与个体的自由问题相关。自由难道仅仅是出于自己的自爱？自由真的就是对一切事物拥有绝对的权利？抑或是,为了保存自身,在国家中,自由难道必然以牺牲内心为代价才能获得吗？如是获得的自由不恰恰是不自由吗？

要走出霍布斯困境,就不得不重新思考个体的自由问题,并把这种思考投掷到自然状态下的个体中。无论如何,自然状态的设想让思想家们取得一个"科学的"基础,只有在这个基础上,体系才能摆脱现实和历史而获得绝对的理性基点。这既是科学本身的要求,也是现实的要求,否则批判现实的国家就缺乏基础。现在思想史,也是现实的英国历史,开始聆听来自洛克的教诲。

第三章　理性神学观点下的国家与个体：洛克的自由观

　　相较于卢瑟福和霍布斯，洛克更加深刻地卷进英国政治-国家历史中，因而其论述也更全面地塑造了英国历史。1632 年 8 月 29 日，洛克降生在英格兰萨默赛特郡（Somerset Shire）林格通（Wrington）的一个清教徒家庭，其父亲老约克是名乡村律师、英国国教徒，却有着强烈的清教倾向，其祖父则是加尔文主义清教长老派信徒。内战中，老约克参加了清教激进派克伦威尔的军队与国王军保王党作战。自幼，洛克就深受加尔文主义的清教熏陶，根据阿龙所述，"洛克小时候熟知清教徒家庭的严肃家规。他被训练得冷静、勤奋、努力，被教育得热爱简朴、憎恨过分的装饰和炫耀"[1]。 1647 年（一说 1646 年），洛克被送到名校伦敦威斯敏斯特公学学习，却非常不喜欢那里的学习环境。此时的威斯敏特是英格兰议会常驻地，也是内战和宗教斗争的核心地带，1649 年，斗争的高峰随着查理一世被处死而到来，清教长老派取代安立甘宗成为英格兰法定教会制度；这期间，保王党、国教徒与议会党、清教徒之间错综复杂的争论，都是年少的洛克所经历的。

　　1652 年，洛克到牛津大学基督教会学院读书，院长是清教徒神学家

---

[1] ［英］阿龙：《约翰·洛克》，陈恢钦译，辽宁教育出版社 2003 年版，第 4、5 页。

欧文(John Owen,1616—1683),校长正是克伦威尔。此时,清教中的独立派(激进派)已经取代长老派主导英格兰的政治局势,独立派特有的宗教宽容精神深刻地影响了洛克,院长欧文甚至以"论宽容"为题给学生和老师们布道,布道稿也以文字形式提交议会。① 1663年洛克写作的《论自然法》(*Essays on the Law of Nature*)打上了这种跨越宗教教派、跨越传统之争的烙印。1664年,洛克决意学习医学成为医生,并于1675年取得行医执照。其后,则与波义耳(近代化学学科奠基人)、牛顿(现代科学奠基人)有着密切的来往。1666年,34岁的洛克迎来了其生命的重要转折点:结识了英国政坛著名政治活动家阿什利勋爵(Lord Ashley Cooper),即沙夫茨伯里伯爵(First Earl Shaftesbury),从此之后,洛克便没有真正离开过英国政坛;其重要著述均是在政治斗争失败期间所作。1704年10月28日,洛克逝世,遗体安葬在奥兹教堂;自己用拉丁文撰写的碑文祖露了其清教徒的学者身份,"他的著作,比之于碑文上的令人生疑的颂扬之词,会更为忠实可信地告诉你们有关他的一切评说。他的德行,即使有一些,既不足以说明他的声望,也不配作为你们的典范。让他的罪恶随他一起埋葬吧! 德行的范例,福音书中已经有了;罪恶的范例,仍以没有为好;必死的范例(你们可从它吸取教益)所在皆是。他生于1632年8月29日,死于1704年10月28日。这块本身即将蚀灭的石碑就是一个证明"②。

1661年4月,查理二世加冕,斯图亚特王朝复辟。刚开始几年,查理二世还算遵守加冕时的约定,通过"良心自由"法案,并限制天主教徒,但随后,他就决意联合法国对抗荷兰,并在合适的时间宣布自己的天主教徒身份。也是在这个时期,洛克结识沙夫茨伯里伯爵并与其深刻地联结在一起,卷入当时英国的政治斗争,并随着沙夫茨伯里的政治起落而起落。1683年,斗争最白热化的时段,为了一劳永逸地解决宗教纷争,逃亡

① 参阅钟瑞华《论洛克思想的清教渊源》,载《中国社会科学院研究生院学报》2019年第3期。
② [英]洛克:《教育漫话》,杨汉麟译,人民教育出版社2006年版,第209页。

荷兰期间的洛克完成了经典的《论宗教宽容的书信》（第一封，1685—1686 年），直到 1689 年 2 月，由于光荣革命的胜利，洛克才返回英国，结束长达 5 年的流亡。很快，面对光荣革命之后亟待重建的政治秩序，分别于同年和第二年（1690 年），完成《政府论两篇》（*Two Treatises on Civil Government*）。1695 年，暂时稳定下来的英国政局需要从原理上解决宗教纷争问题，63 岁的洛克匿名出版《基督教的合理性》，这部著作为其早些时候的"宗教宽容"立场提供了理论和《圣经》上的根据；随后，针对宗教人士的攻击，又作《辩护》。可以说，这几封书信和两部专著中的论述解决了光荣革命前后最重要的理论问题：政治的合法性问题和宗教教派的纷争问题。

与霍布斯的相对"独立"立场不同，作为一度是上议院议长的沙夫茨伯里的忠实朋友和战友的洛克需要为英国的政治和宗教现实寻找出路，因而其政治理论和宗教学说并不那么"纯粹"或只出乎"逻辑"，相应地在满足这些条件之余，它需要面对更加现实的问题。比如，作为能干并已经获得雄厚财产和社会地位的清教徒或资产阶级，他们需要保障自己的财产和自由；作为已经在一次次教派斗争中伤得"体无完肤"的政治家们，他们需要国王的权力远离宗教领域，需要在自己的内心中有选择宗教和信仰的权利。这些要求使得洛克不可能像霍布斯那样设想缔结契约后，人可以丧失一切；也不可能设想在基督教国家中，人丧失对自己内在的信仰进行解释的权利。更重要的是，光荣革命之后，英国已经在事实上完成政治和国家的统一，现在亟待在理论上解决统一之后可能遇到的再次分裂问题，作为分裂根源的宗教对抗就是首先要面对的。只要权力能够深入到宗教领域，它支持哪一派，势必就会引起其他派别的对抗；只要固执于自己教派的教义，并将之作为唯一正确的"信条"，其他"信条"就是需要改变的。前者要求政治权力和宗教的分离，后者则要求宗教上的宽容，能做到宽容势必需要在理性上看清楚"原始的基督教"（即教派分裂之前的状态），这就需要在理性上解释《圣经》。洛克一系列工作遵循的正是这个逻辑。

因此，与卢瑟福把"信仰和生存"作为关键词、霍布斯把"生存和国家"作为关键词不同，洛克的关键词乃是"自由和理性"，因着前者，国家乃是自由个体的契约物，并以保障个体的自由为最高使命；因着后者，宗教-教会权力非但不能干涉政治权力，它更需要在理性的范围内参与公共事务，信仰只是私人事务，在这个范围内，个体有着绝对的空间。对于现代人而言，洛克"看上去更像"一个现代人，事实上，现代国家与个体也确实在洛克这里成型——尽管在原理上，我们还需要再进一步。在进入对其政治和宗教问题的探讨之前，先审读一下《论自然法》一文，让我们看看 31 岁的洛克的内心究竟经历了什么。

第一节　理性、上帝与自然法：草描现代人的内心世界

在霍布斯那里，我们已经看到霍布斯眼中的现代人肖像的一面，那便是感性欲望的无限性，他对感官中的一切都享有"权利"，以至于任由这种状况发展下去，人与人之间就是敌对的。我们也提到，这种形象很丰满地展示在莎士比亚等人的作品中。——这种形象正是霍布斯式的"自然状态"所表达的。内战之后，尤其处死查理一世之后，人们意识到，哪怕诉诸上帝、以信仰之名，一味地反抗传统、一味地主张自己对一切事物的权利都是走不通的。对于正值 30 多岁的洛克来讲，对这一点的体会应该很深刻。若要改变霍布斯式的"自然状态"，洛克需要在人的内心中找到不同于无限度的感官的另一个维度，这个维度需要把自己和自己以外的个体内在地联合起来，否则，不但政治和宗教的纷争无法解决，个人的内心也充满了冲突和对立。换言之，发现并论证个体内心中的可普遍性维度成了洛克的首要课题。无论如何，这种可普遍化的维度不能诉诸传统——这是霍布斯之于洛克等

人的根本意义；也不能诉诸要由个体进行解释的信仰——这一点霍布斯也明确地表达了出来。

年轻的洛克选择了"自然法"这一题材表达他的认识和观念。由于霍布斯的影响，洛克不能诉诸任何传统中的自然法观念，也不能完全在对上帝的信仰中作出表述，相反，他需要重建现代个体的内心世界，并在重建中，给出现代世界的基本秩序。在这个初步的尝试中，理性和上帝成为洛克论述自然法的关键词。

一、对霍布斯原则的批判

在霍布斯那里，我们已经看到最重要的三条"自然律"（或自然法）之于霍布斯体系的重要意义。第一条自然律是自然状态下的"生存原则"，第二条推动自然状态的人走向契约，第三条则是形成国家的依据，其余自然律则是国家建构后形成法律等规范的基础。12年后，年轻的洛克不点名地批判了霍布斯对"自然法"的理解。此时的洛克尚无力完成系统的论述，却对霍布斯的自然律，尤其第一条和第二条表达了不满，提出了自己对自然法的思考，并在这个基础上对理性和"上帝的存在"做出了定位。这些初步的思考经过改进也融入洛克后期的著述，尤其《政府二论》中。

洛克并未一开始就提出他自己的"自然状态"——这要等到36年之后，但对霍布斯的"自然状态"却提出了明确的批评。自然状态下，人拥有对一切事物的绝对权利，除非来自外在的障碍，自然状态下的人是绝对自由的，这是霍布斯的界定。但洛克一开始就拒绝了这个界定："鉴于有某种善恶原则为全人类所共知，也鉴于没有任何一个国度会如此野蛮、如此排斥一切人性的情感，以致连某种善恶观和荣辱观都没有，似乎就不得不探究以什么方式来认识那让人类以一种如此普遍同意的方式予以遵从，且使人类只要人性自身不灭就无法消除其一切情感的自然法；因为只有当一个人完全丧失本性时，才能妄称自己是绝对自由的。

因此,我们认为,人类是依凭其本性而非其他途径认识了自然法。"①

通过其他各处的论述可知,所谓某种善恶原则为全人类所共知,并非指某种善恶观念是普遍的,相反,没有任何一种善恶观念是普遍的,自然法并非是铭刻在人类心中的,② 而是说,只要有人类存在,都会有善恶观念。尽管不同的地方和时代善恶观念有着差别,但有善恶判断却是普遍的。与之相伴随的是,出于人性的情感,这些情感或者内在地推动了人类做出善恶判断,或者使人产生公共的荣誉意识等。换言之,只要是人,他便首先生存在群体之中,也正是因为这种群体性的生活,使其不得不拥有善恶观念和荣辱判断,这些善恶观念和荣辱判断意指着个人本身拥有超出于自身的某种"普遍性"生存的动向——人性的情感正是这种内在生存动向的展示。③ 很难判断究竟是这些情感动向引导了人们的善恶判断和荣辱意识,还是这些善恶判断和荣辱意识塑造了情感,但无疑,设想人能够没有善恶判断和荣辱意识,没有普遍的人性情感,却是困难重重的,如果不是不可能的话。

由是观之,即使思想要抛开某个或某些传统确立全新的出发点和立足点——这是马基雅维利和霍布斯给出来的,但抛开传统并非意味着人成为霍布斯式的个体,相反,如果成为霍布斯式的个体,那么传统可能恰恰是无法解释的。毕竟,为了生存缔约国家而形成的善恶观念和荣辱意识只是外在的、被迫的,主导这些意识的情感也只能是外生的、后天的;但事实是,一旦回到现实的传统和国家中,这些意识和情感可能恰恰是内在的、自生的。正是因此,洛克说,当一个人完全丧失本性时,才能妄称自己是绝对自由的。本性,那个时代常用的"自然之光",如果不从上帝造人的角度来看的话,它意味着出于人生存内在的、自生的东西,也正

---

① [英]洛克:《自然法论文集》,李季璇译,商务印书馆 2014 年版,第 12 页。
② 参见洛克《自然法论文集》,第 22—25 页。
③ 洛克对霍布斯体系的回应正是从情感入手的,卢梭亦然。前者诉诸"仁爱",或者诉诸"怜悯",这些内在的情感是打开自然状态下人与人交往的动力。我会在下面的分析中展开这个问题。

是这种内在自生的"自然之光"使得人成为人，传统成为传统。因此，被迫的、出于理性算计的东西恰恰不是本性、不是人之为人的东西。换言之，如果回到"自然之光"、回到本性，霍布斯式的"自然法"只是"理性法"，而非真正出于内心的、自发的自然法。

从内心的"自然之光"看，自然法不仅不是被迫的个体的理性的产物，也不是公共的所谓"理性共识"或契约的产物，即它不来源于人类的"普遍同意"。针对这一点，洛克"忧伤"而又"气愤"地批评了他正在经历的时代：

> 显然，关于"人民的呼声就是上帝的声音"这一不吉的格言是多么不可信，多么荒谬，以及随着它（近来）在民众中的广为散布产生了何其多的罪恶，带来了何其多的心灵纷争与邪恶意图，我们已有过一次极为不幸的经历（指内战、处死国王及其后果——引者注）。事实上，如果将之视为神圣法则的降临，则几乎根本无法相信神的存在。因为还会有什么是如此可鄙、如此邪恶，并与所有正义和法则背道而驰呢？还会有什么与其说是一群乌合之众在某一时刻所主张的普遍同意，而毋宁说是他们的阴谋呢？因此，我们必定听闻过诸如把神庙当战利品、傲慢无耻、目无法纪和颠覆王国等各种恶劣行径。然而，如果这是上帝的声音，它恰好有违于上帝创造和安排这个世界，并令其从混乱中趋于有序的首要法则；上帝也从未这样教导过人类，除非它期望一切重蹈覆辙以创建一个地上的无序之国。因此，我们从人类的普遍同意中去寻求理性的命令和自然的律令终将徒劳无获。[①]

"心灵纷争""有序的首要法则""无序之国"，这些用词点明了洛克眼中的秩序观念。心灵的秩序出了问题，必然意味着现实秩序会出问题；而现实秩序的问题也正意味着有些人以其邪恶的意图或阴谋挑动人内

---

① 洛克：《自然法论文集》，第 35—36 页。

在的心灵秩序。诉诸普遍同意,这表面上的"人民的呼声"似乎是"上帝的声音",似乎是"人民主权",似乎是"良心的产物"(卢瑟福很危险地进入这个境地),但事实上,"呼声"只是以一种生存方式或观念体系取代现实的生存和观念,它充其量可能只是一种生活观念,一种对"上帝的声音"的肆意理解;如果这"呼声"与现实的秩序相容还好,否则带来的正是秩序的颠覆,在秩序颠覆之后,心灵与现实要重归和解,就会付出更大的代价。因此,按照洛克,"呼声"也好,"契约"也好,这些所谓的"普遍同意"只是基于一种生活方式,一种观念体系,甚或一种道德判断,它们中的任何一种都不足以充当普遍的自然法基础。[1] 霍布斯把第二自然律视为走向契约国家的基础,势必需要拿掉其中的普遍同一要素,并仅仅应该从自然法角度进行解释。否则便是引入人为要素,而使得自然法无据。

因此,自然法既不是被迫的产物,也不是普遍同意的产物,它乃是"自然之光"即本性的产物,但在洛克看来,人的本性并非像霍布斯所看到的那样只是欲求生存的本性,或像我们所阐释的那种感性欲望无限的现代个体那样。如果是那样的话,我们根本无法设想他能够从自身出发建立善或正义等观念,而这些观念之所以会产生,乃是出于要维持生存的被迫的结果——这也是霍布斯式的"个体"和"国家"所以可能的关键。换言之,如果要设想自然法,它首先不是被迫的产物,也不仅仅出于个体的个体性,相反,不是个体性,而是其存在内在的普遍性,或普遍性的生存倾向是思考自然法的关键。于是,按照洛克的说法,"法则的约束力之所以不依据于功用原则,乃因为只要你去考察人类生活中所有尽职尽责的行为,就会发现没有仅出于功用的,并仅因为有好处就具有约束力的行为。事实上,绝大多数美德,尤其最崇高的美德所蕴含的不过是:舍己为人。……如果每个人的私利是自然法的根据,因为不可能同时考虑到

---

[1] 详细的论证参阅洛克《自然法论文集》,第 36—47 页。

所有人的利益,这一法则就会不可避免地被违背。……任何原则都不可能成为自然法的根据,若果真有这样的原则,那么,所有正义、友谊和慷慨将从生活中消失殆尽。"①

　　如果按照个人的利益原则(霍布斯的原则即是如此)考察自然法,就会发现这样的自然法与人类的现实生活相违背。现实中所有被称赞、被鼓励的恰恰不是出于个人利益的——如果不是完全违背的话,甚至,很多时候,完全考虑个体的利益正好与被称赞、被鼓励的行为完全违背。自然法能够成为违背自身的"法则"吗? 它能够违背所有关于善恶判断和荣辱观念的尺度吗? 果若如此,它将根本性地与人类生活的普遍诉求相矛盾——我们很难想象,人们可以提倡不想要的东西,就像人们会提倡邪恶一样,既然如此,自然法不正是适应生活想要的那个方向吗? 并且这个方向不只是个人的,而更是公共生活的方向?② 换言之,个体利益原则过分强调,因而是抽象化了个体的生存方向,从而抽象掉了生存方向(必然是公共的)的"正义性"或"善性"。每个社会、每个时代中的善恶判断和荣辱观念,尽管有所不同,但都有相关要素的呈现,本身证明了洛克的分析相较于霍布斯更加有力量。

　　因此,与霍布斯相比,年轻的洛克的分析更加切合人类生存的现实。如果善和正义等都是国家或社会建构起来之后的产物,善和正义就是为了维持生存而被迫产生的,尽管这个说法并不违背个体生存的"欲求"方向,但与人类共同欲求的方向相违背。因为没有任何一个地方和时代会不欲求善和正义,而把恶和非正义树立为欲求目标,这恰恰意味着个体

---

① 洛克:《自然法论文集》,三点分别见于第 66、68、69 页。
② 这个论证延伸下去正是柏拉图的"人皆求善"的原则,也是孟子主张的"人性之善也,犹水之就下也。人无有不善,水无有不下"(《孟子·告子上》)。这个观察或分析意味着人的生存是有一个走向的,这个走向就是"善",或用谢文郁教授的说法是"生存即善"。参阅谢文郁《善的问题:柏拉图和孟子》,载《哲学研究》2012 年第 11 期。深究这个原则,霍布斯或许也不与其相违背,每个人都沿着生存的方向展开,正是这个原则的展示;但霍布斯的问题在于,这个原则的展开又不仅仅是个体性的,相反,它需要展示在共同的生活中,而一旦如此,个体的生存方向就不是抽象的、孤立的,而是现实的、公共的。洛克正是据此批评霍布斯。

和社会都是把善和正义树立为生存方向的。既然善和正义乃是一般的、普遍的方向和原则，那么无法设想它不存在于个体的生存方向中。据此，洛克对霍布斯的批评是有力量的：抽象地设想个体的绝对自由、设想人与人之间没有共同的出于人性的情感，是与人类生存本性相矛盾的；在这个抽象的基础上认为善和正义只存在于契约之后的国家或社会状态中，亦是与生存的倾向不相符合的。

　　既然自然法既不是个体迫于处境而理性的产物，也不是一群人出于某种处境而普遍同意的结果，更非仅仅出于个体利益的结果，但因着对一切人类生存的追踪，善恶荣辱等又是无处不在的，因而其存在乃是实实在在的，那么应该从哪里追踪自然法的存在呢？

二、生存中的可普遍化维度：一个理性的论证

　　每个时代、每个传统都会有善恶判断、荣辱观念等，这指示着自然法的存在；但鉴于不同的传统、不同的时代对善恶等问题的说法如此之悬殊，自然法就不是如同天赋观念那样写在每个人的内心里，同时，特定状况下的"普遍同意"，个人的利益非但不能证明自然法，甚至更多时候与自然法相违背。那么，如何追踪自然法呢？"某些东西可依凭本性被我们所认识，无非意指有某种真理，即关于它的知识人类凭借其自身而无须假以他人帮助便能获得，只要他恰当地运用了自然所赋予的那些能力。然而，有三种知识，如果这里不细究用词，那么，可分别称之为：天赋知识、传统和感觉经验。相应地还有第四种知识，即，超自然的、神启的知识，但它并非我们现在要讨论的内容。"①

　　由于善恶判断等因着传统和时代的不同而差别很大，很难从天赋观念和传统的角度追踪自然法，② 同样地，鉴于神启知识的殊异，更是无法从这个角度入手，于是，对洛克来讲，追踪自然法只能从感觉经验出发。

---

① 洛克：《自然法论文集》，第 12—13 页。
② 《自然法论文集》的第 Ⅲ 和第 Ⅱ 节分别反驳了这两点。

为什么只有感觉经验,而没有理性呢? 要知道,在启蒙正高歌猛进的时代里,理性可是最重要的一面大旗。甚至在霍布斯体系中,若非理性,自然状态下的人根本不可能走出原始的生存状态。洛克深知这一点,"有人想知道为什么我忽略了理性,它看起来是我们所有知识的首要启蒙者,尤其是自然法最常被视作正当理性自身及正当理性的命令",但随后,洛克就指出自己的立足点,"在此我们要研究的是第一原则和知识的起源,以及基本的观念和知识的要素进入心灵的方法。而所有这些或先天印在我们心灵中,或通过间接知识为我们所接受,或通过感觉经验进入我们内心的知识,都无法为理性直接把握。除非有某些东西事先被设定,否则理性本身所具有的那种强大的演绎论证能力的确会一无所获。诚然,理性可运用这些知识的要素,去阐释和完善它们,却丝毫无法创造它们。因为即使理性不断地建造一座高耸入云和宏伟至极的知识大厦,却不能为知识奠定基础"①。

从洛克对理性的基本界定可知,理性只是一种演绎论证能力,演绎和论证则需要基本的要素,只有当这些基本要素被给出来之后,其强大的论证和建构能力才能发挥效力。因此,即使表面上看,人类的知识都是由理性建立起来的,但若缺少了基本要素,理性就会一无所有、一无所获。暂且不论神启知识的基本要素是什么,神启之外的知识要素则是由感觉经验给出来的,理性正是在心灵接受感觉经验刺激的要素产生之后才发挥作用的。在自然法领域亦是如此。换言之,如果把自然法则视为第一原则,关于自然法知识的起源就只能在感觉经验中寻找,而非在理性之中;而同时,第一原则不是空的、知识的起源也不是知识,要寻找自然法及其知识,就需要理性来"整理"这些感觉经验。前者为后者提供要素(论证的素材),后者则引导前者形成新概念或新事物。那么,感觉经验为理性提供了什么? 以至于理性能够得出有关自然法的知识?

① 洛克:《自然法论文集》,第 13—14 页。

　　洛克从年轻时起就与波义耳等科学家建立了深厚的友谊,大学毕业后,就致力于医学研究,并成为出色的医生,与牛顿结识之后,成为牛顿自然科学的忠实信徒。对自然科学研究对象(感觉经验给出)的关注使其深刻地认识到大自然造物的"合规律"性,并进一步认定大自然造物为上帝的造物,从对自然的关注转向自然神学。另一方面,人的身体和心灵的完善(感觉经验给出),证明人类不可能自我创造,不可能是自己生命的真正创造者。① "依凭着这些感觉经验,理性已得出必然有某种我们理应服从的更高权力,也就是说,以正义的和无法抗拒的命令支配我们的上帝能随心所欲地……",② 换言之,感觉经验给出来的"精妙结构"和"无法抗拒的命令"等使得理性能够推论出上帝存在,并拥有绝对的意志,因而人必须得服从上帝。③ 这便是自然法成为第一原则的依据。

　　很明显,洛克采纳的是相对粗糙的"自然神学"的论证路数,④ 根据这个论证路数,凡是认识到自然和人所拥有的"精妙结构"和"无法抗拒

---

① 对自然物和人为"上帝"所造的"自然神学"思路的具体论证,可参阅洛克《自然法论文集》,第30—34 页。需要注意的是,年轻洛克的自然神学路径在后期开始转变为理性神学的路径,即一旦论证了上帝的存在,其与人的关系以及《圣经》等就需要在理性的范围内予以说明。后面我们会分析这一点。

② 洛克:《自然法论文集》,第 31 页。

③ 其实,坦白地讲,"精妙结构"也好,"不可抗拒的命令"也好,本身就是理性参与的结果。从概念上讲,感觉经验给出的只是一些材料,至于这些材料何以有序,则是理性判断的结果,甚至有序本身就是理性建构起来的。因此,刻意区分感觉经验和理性,明确地界定它们各自的"功能"是不太容易的。这个划分进入康德体系,不同的是,理性的"功能"得到了新的界定,一直到胡塞尔的现象学,才有了另外一种处理方式。

④ 在《自然权利与历史》中,施特劳斯认为,洛克实质上是一位隐蔽的霍布斯主义者,因而不能用理性证明上帝的存在,其核心是相信永恒赏罚。其弟子布鲁姆等人甚至认为洛克的上帝存在证明以隐蔽的方式反对神圣存在的可证明性。这种思路过分地相信洛克是一位经验主义者。但如是的话,自然法的根据究竟在哪里呢?《政府论》中诉诸上帝证明财产(权)和人身(权)的意义又何在呢? 1987 年,洛克晚年着迷般解释保罗书信的作为也就难以理解了。参阅 Leo Strauss, *Natural Right and History*, Chicago: University of Chicago Press, 1953, pp. 203 - 212; William T. Bluhm, Neal Wintfield, Stuart H. Teger, "Locke's Idea of God: Rational Truth or Political Myth?," *The Journal of Politics* 41(1980), pp. 415 - 416; Locke, *A Paraphrase and Notes on the Epistles of St. Paul*, ed. Arthur William Wainwright, Oxford: Clarendon Press, 1987。

的命令"的人群，都可以认识到上帝是存在并拥有绝对意志的；而自然科学和道德学的研究证明，每个时代每个传统都是如此，那么，洛克就认为他的论证是普遍的。正是因此，洛克调侃了以"良心"或"敬虔"证明上帝（加尔文）和以"心灵中的观念"证明上帝（笛卡尔）的方式是"可疑的"，[①] 因为很多人没有意识到上帝的存在，却没有野蛮地不认善恶和科学知识的人。我们不拟在此评判洛克的论证方式及其软肋，我们关心的是，如是论证的上帝之于自然法的意义，以及理性究竟在对自然法的认识中起到了什么作用，进一步，相较于霍布斯的思路，这又说明了什么？

> 这种自然的法则可被描述为神圣意志的律令，它可通过本性被觉知，它表明什么与或不与理性的本性相符，从而有所命令或有所禁止。我认为，有人称自然法为"理性的命令"也不确切，因为并非理性创立和颁布了自然法，理性只是将自然法当作一种为更高权力（superior power）颁布并将其植根于我们心中的法则去追寻它、发现它。与其说理性是自然法的立法者，不如说是它的解释者，除非我们亵渎最高立法者的尊严，而期许理性对这一它仅是有所探究的既定法则负责；理性也的确不能给予我们法则，它仅仅是一种思考能力和我们的一部分。因此，很显然，一种法则不可或缺的因素都在自然法中被发现了。因为，首先，它是更高意志（superior will）的律令，其中似乎已包含了一种法则的形式因。……[②]

很明显，既然"精妙结构"证明了上帝的存在、"不可抗拒的命令"证明了更高者的意志，上帝的意志便是其颁布自然法的依据，因而于洛克

---

① 参见洛克《自然法论文集》，第 32 页。
② 洛克：《自然法论文集》，第 5 页。

来讲,自然法便是一种出于神圣意志的律令。① 本性或自然之光既是上帝给予人的,便也是觉知上帝的,理性的使命便是追寻和发现自然法,而非给出或创立它。换言之,对于洛克来说,普遍法则(即自然法)的存在既不是理性出于自身的构造物,也不是外在于每一个生存个体的。相反地,理性只是它的发现者和解释者,个体也是内在地生存在自然法则的支配之下。不致力于追寻自然法,不把生存置于它的支配之下,或者证明了人的懒惰,或者证明了人无法进入到自己的本性(the light of nature)之中。通过理性进入到本性中,通过理性认识本性中的自然法,就是认识上帝的意志,并把生存置于上帝的意志之下。

洛克对自然法的理解完全不同于霍布斯。对于后者来说,第一自然法只是生存之法,只是由个体的生存给出来的,为了维持生存,理性不断地把自然法开显出来,以至于共同体生活,或与他人共在的生活完全是从自然状态下的生存个体论证出来的;甚至,上帝也只是因为生存个体无法掌控终极的因果性而推论出来的,其意志问题也只能从人的力量的不足,以及共同体生活中的权力视角引申出来。在霍布斯体系中,生存

---

① 在几乎是洛克最后一部重要著作《基督教的合理性》中,洛克径直把合乎上帝纯洁本性的律法(主要是摩西十诫)视为(人的)理性法则或自然法则。(参阅[英]洛克《基督教的合理性》,王爱菊译,武汉大学出版社 2006 年版,第 8 页)换言之,从开始写作到结束写作,主导洛克心灵世界的乃是上帝的律法,正是神圣的律法确立了人的理性和人的存在本身。这也是主导笔者阐释洛克的核心线索。在西语学界,20 世纪 80 年代之后,这条线索逐渐确立起来。John Coleman 的《洛克的道德理论》是奠基性的,"始终如一的神学伦理观"是其把握洛克内在的从"上帝创造人性的方式"到"人之普遍而永恒的利益和需要"这一张力的关键;1987 年出版的洛克的《保罗书信注疏》,证明了洛克晚年疯狂地痴迷于宗教问题,这也引导了对洛克作宗教性解释的理路。参见 John Coleman, *John Locke's Moral Philosophy*, Edinburgh: Edinburgh University Press, 1983; Locke, *A Paraphrase and Notes on the Epistles of St. Paul*, ed. Arthur William Wainwright, Oxford: Clarendon Press, 1987。之后, A. Spellman, John Simmons, John Marshall, Kirstie McClure, Greg Forster, 等等,都做出洛克在各个方面与宗教的关系问题的研究。可参阅西格蒙德的综述和评论文章《沃尔德伦与洛克研究的宗教转向》,载《上帝、洛克与平等》,郭威、赵雪纲等译,华夏出版社 2015 年版,第 344—358 页。

是起点性的，理性则是动力性的，两者是上帝和国家问题由以被提出来的依据。而根据洛克，理性只有根据感觉经验认识到上帝的存在及其意志之后，遵循本性的生存才是正当的和可能的，而所谓正当，正是遵循自然法，从而能够内在地与他者共在。完全根据自己的原则，完全从自己出发的生存是不正当的，不合乎法则的。

洛克和霍布斯的差别是起点性的，前者认为生存的本性在于法则性，即从上帝的意志出发的与他者共在，因而善和正义是内在于生存的；后者则认为生存在于绝对的个体性，法则只是为了维持个体生存的绝对性而由理性给出的，从而与他者的共在只是契约的产物。更进一步看，霍布斯不认为生存个体内在地能够与他者联合，因而霍布斯式的个体是纯粹的个体，其生存只具有个别性（主要是无限的感官性），而无与他者内在地共在的可普遍化要素；洛克则在个体的生存本性中看到，个体能够内在地与他者联合，从而洛克式的个体拥有属于自己的个别性之外的可普遍化生存的要素，这是个体与他者能够在共同体生活（社会-国家）中实现内在联合的关键。因此，从概念上讲，洛克"开辟"了现代个体的"个体性"，① 与霍布斯式的个体的"个别性"相比，个体的自身确立性使其内在地与他者相纠缠（黑格尔哲学的一个基本原理），而非外在地、被

---

① 或许在这里就指出洛克论述个体性的局限性为时尚早，但无论如何，笔者还是要多说几句。意识到霍布斯的问题是洛克的重要贡献，但洛克并未严格地按照理性自身的思想逻辑走下去。这集中体现在他的自然神论思路、《政府论》不加反思地以上帝论述财产权和人身权，以及在《基督教的合理性》中把律法视为理性本性（默默地把启示与理性等同）等思路中。如果不能明确地意识到启示、上帝之于洛克体系的起点意义，就像施特劳斯及其弟子们那样，即使反对某种事后构建的"理性思路"对于反驳洛克也是无太大意义的。思想的真正任务是剖析洛克思路的软肋，进入理性自身的论证——这也是启蒙的意义，也是卢梭之于启蒙的根本意义——不能在这个层面上反对理性自身（启蒙），施特劳斯等人通过反洛克而反启蒙就是有深刻漏洞的。对于洛克政治哲学和基督教真实关系的汉语学界研究，可参阅汪堂峰《洛克自由思想的神学基础及真实目的》，载《江苏大学学报》2017年第4期；洛克对神学分析的几个层次，可参阅陈丽《洛克论神学命题的认识论意义》，载《世界宗教研究》2019年第1期。

迫地建立关联。①

通过"自然法"论证,使其能够首次"发现"(套用洛克的用语)现代个体的"个体性",是洛克之于思想史的重要贡献。无论如何,我们需要看到,洛克的论证不是纯粹理性自身的论证(这是现代性确立自身的标志),因为他把上帝看作(在信仰中)起点性的,理性却只是自然法的发现者和解释者——理性如何完成自身论证要由卢梭进一步推进。那么,洛克看到的生存的"本性"是什么呢? 如何从这种本性出发讨论人类的共同体生活? 这个问题引导我们进入洛克成熟时期的《政府论》。

第二节　爱与自由视角下的自然状态与国家

生存的本性(即自然之光)在于法则性(自然法),其并非必然与个体生存欲求的方向相左,但首要地乃是普遍的欲求方向(这是"真正的"共同体生活由以可能的基础),这个欲求方向才是我们,或者推动我们理解和界定"善"或"正义"等问题的关键。尽管在洛克看来,自然法或普遍欲求的方向是上帝意志的体现,但理性并非一无是处,相反,其意义在于寻找或者发现这个法则和这个方向。于是,通过理性追寻生存的本性也就顺理成章了。在笔者看来,这是理解洛克思想的关键。

回到思想和历史的基本境遇。霍布斯所以要"建构"一个绝对国家,现实的依据是解决权力分解的问题,如果有多个权力中心,或者权力没

---

① 个体性(individual)是现代(性)论证自身的关键,也是启蒙的基本要义所在。正是因为现代个体除了拥有出于自己的"个别性"(主要是无限的感官性)之外的可普遍化生存要素,他才能真正确立起自身,并凭其自身内在地与他者共在,而确立起现代国家的原理意义。这是现代性(现代个体-现代国家的一体性建构)论证自身的关键。换言之,霍布斯只是开启了一条科学论证的道路,其论证的个体与国家尽管在逻辑上是连贯一致的,却是相互矛盾的,其根源是霍布斯式的个体只具有"个别性",而没有个体性,后者才是完成现代性,以及随之而来的国家、政治、道德等自我论证的关键。洛克看到了这一点,也看到了理性之于现代性的意义,但由于把上帝"请"出来(哪怕是论证式的),而未曾完成对现代性原理的基本论证——这要等到卢梭与卢梭之后,才会有黑格尔的体系化论证。

有权威性，对一个正常的国家来讲都是难以想象的；理论的依据则是其只看到现代人感官无限释放的方面，因而设想了只具有"个别性"的生存个体，若要约束这样的个体，只能诉诸绝对的权力权威。在洛克写作"自然法"的时代，内战结束，情势基本稳定下来，尽管权力核心依旧飘忽不定，但现实的惨烈已经告诉英国人，迫切的问题是找到权力的正当性依据。① 换言之，权力的权威性在于"说服"和"论证"，而非肆意的解释和挑战。光荣革命的发生，几派人物的相互妥协和让步在证明了这一点的同时，也亟待在理论上为权力的来源和使用方向确定基础。缺失正当性的权力及其使用，总是隐藏着被再次颠覆的可能性：权力的正当性和合法性是保障"永久和平"的关键。

综观《政府二论》，会看到，对权力及其使用限度作正当性论证的意识何等深刻地影响了洛克，以至于他重新翻起已经去世的罗伯特·菲尔麦爵士对"君权神授"（本质是国王或国家权力的绝对性）的论证，并猛烈批评之。之后，才进行自己的正当性论证。这是为何呢？洛克对生存的本性"界定"又是怎样的呢？

一、洛克批评菲尔麦的动因和依据

光荣革命之后，几个法案的提出，以及当时的政治形势和欧洲局势，使得威廉三世要获得绝对的权力几无可能。但第二年，洛克还是写作了《政府一论》批判绝对权力的维护者及其基本立论，就显得别有深意。

---

① 正当性（legitimacy）和合法性（legality）是近代政治哲学的关键术语。这是"神律"与"人律"的区分被抹平的现代社会才出现的问题。前者说的是（国家）权威能够成为权威的根据，后者说的是合乎法律。在信仰时代，权威的正当性源于上帝，或天命赋予；在理性时代，权威则源于人民的认同，无论认同的依据是什么（韦伯区分了三种）。在"外在正当性"失位之后，正当性与合法性发生了断裂，正当性很容易萎缩成合法性，而丧失超验的维度。纳粹能够上台就是明证。在这样的时代处境下，出于理性的法律并不能保证权力的正当性，因而亟须对权力的来源作某种超越于权力体系的论证。洛克批评并解构了"君权神授"观点之后，就需要对权力的来源做更深入的论证——遗憾的是，洛克体系隐隐约约地还以"上帝"作为最终的依据，这就引导思想做进一步的论述，这也是我们理解从洛克到卢梭的一把钥匙。

为什么洛克要重复斯图亚特王朝早期的那些论证呢？要回答这个问题，首先需要厘清，洛克的论证与那些早期论证究竟差别在哪里呢？

这需要结合不同的历史境遇来理解。在斯图亚特时期，王权是绝对的，国王可以行使自己的权力一次次地解散和重组国会。在这样的背景下，思想的任务是寻找途径限制权力，并在这个过程中，论证个体的权利和自由，如是论证的权利和自由必定是相关于现实的绝对权力的。因此，思想家们或者从历史和已有的传统、法律适用等方面，或者从上帝那里论述之，即：个体权利和自由并不是因为个体本身而可能的，相反，它只能从传统和信仰，以及其他什么地方获得。换言之，权利和自由是从属性的，第二位的，也正是因此，权力才可能是从属性的，即权力不能凭其自身享有绝对性。但现在，无论现实状况，还是已经获得的思想进展（可以以卢瑟福、霍布斯等人的论证参照之），都使得威廉三世的权力已经不再具有绝对性——尽管国家本身或许具有绝对性，但权力已经得到制衡，作为权力代表的国王已经没有绝对性。在这样的历史境遇下，对权力和权利（自由）的论证已经无须在相互对抗的局面下完成，也无须诉诸外在于它们的传统、法律，甚至上帝。换言之，光荣革命之后，思想家的任务已经转变为仅仅就权力和权利本身论证自己。

在这样的状况下，要反驳"君权神授"或"父权绝对论"已经不需要诉诸外在的什么，只要把生存的本性（自然之光）阐释出来，"君权神授"这些说法不仅丧失了现实的市场，也丧失了理论意义。换言之，揭示生存的本性不只是论证权利体系的关键，也是反驳权力绝对性的起点，这是一体两面的事情。之所以要首先反驳权力的绝对性，既是为论证并建构权利体系扫平道路，也凸显了洛克对权力绝对性的恐惧：只有凭个体自身的确立性（自由-权利体系）把自己建立起来，才能一劳永逸地解决权力的绝对性问题，否则哪怕现在的现实处境不允许，一旦现实处境得到改变，权力绝对性的时代就还会到来。只有在理论上彻底解构了权力的绝对性，让其深入到每个人的内心，才会根本性地摆脱那恐怖岁月的影响。

于是，为了未来的和平，重新反驳"君权神授"和"父权绝对论"是必要的；只有从自身生存的本性出发，这种反驳才是真正有力量的。与传统的反驳相比，很明显，洛克的出发点发生了本质性的转移，那便是不再诉诸"外在的"权威。即使在引证《圣经》、重新解释《圣经》经文以佐证自己的时候，其针对的只是菲尔麦对《圣经》的解释，以解释的更加"合理性"应对解释的"不合理性"。评判"合理性"与"不合理性"的标准在于是否符合生存的本性，即生存的本性成为《圣经》和信仰解释的依据。在权力绝对性已然成为不可能的时代里，生存的本性于洛克而言便是个体的自由，个体生存的自由对于洛克来说成为自明的前提，这也是光荣革命之后，英国社会的共识，此共识即源于对权力的限制。因此，在阅读洛克论证的时候，我们需要把英国的历史现状放进去，否则既不会理解洛克，也不会理解生存和自由问题何以能够主导整个近现代思想和历史进程。

在论著开篇，洛克即提到，奴隶制是一种可恶而悲惨的人类状况，它同我们民族的宽宏性格与英勇气概直接相反，以致难以想象。① 这个判断直接把权力的绝对性（无论是君权，还是父权）等同于奴隶制，将之与英国民族区分开来。其背后的依据则是每个人的自由："这篇埋没了很久的论文一经问世，凭它的论据的力量，就能剥夺人世间的一切自由，并且从今以后，我们这位作者的简略模式就要成为耶稣登山训众那样的典范和作为尽善尽美的政治标准而永垂后世。他的体系建立在一个很小的范围里，不外是说：一切政府都是绝对君主制；他所根据的理由是：没有人是生而自由的。"② 绝对君主制背后的根据是没有人是生而自由的，正是因为其不自由，他才会奴隶般地臣服于绝对的君主；也因为君主的绝对权力，人世间的一切自由才会被剥夺殆尽。在洛克看来，这与英国的民族性截然相反。一次次反抗国王的权力的英勇气概证明了这一点，

① ［英］洛克：《政府论》上篇，瞿菊农、叶启芳译，商务印书馆 2010 年版，第 1 页。
② 洛克：《政府论》上篇，第 2 页。

光荣革命的妥协与宽宏也证明了这一点,这些品性的背后是对自由的追求和捍卫,是对人之为人之生而自由的表达。

由此可见,菲尔麦与洛克真正的对立在于人是否是"生而自由的",①是否一出生就有不可被剥夺的自由-权利。不承认它,权力的绝对性,甚至奴隶制就可能是合理的;相反,承认每个人的自由,不仅这些是不合理的,权力本身也需要重新思考和建构。不承认这一点的菲尔麦,其论证在有时代性(斯特亚特时期)的同时,也诉诸《圣经》中上帝和亚当的主权;洛克的论证也有其时代性(光荣革命之后),同样地,为了反驳菲尔麦的论证,他更需要从自由出发解释《圣经》,以彻底解构菲尔麦的立论基础(无自由)和论述体系(亚当的主权)。坦白地讲,如果不以其自然法论文作为基础(这也是目前学界很多人的做法),从洛克的论述看,"人是否是生而自由的"或者是一个观察命题,或者是一个信仰命题,其相较于菲尔麦并无太多论证上的优势。因此,综观"一论"的论证,除非有自由情结,或者在观念上受到自由主义的影响,洛克《圣经》方面对菲尔麦的反驳,完全可以颠倒过来。但无论如何,随着时代的迁移,洛克对那"看似自明的命题"的论述进入了思想史,并成为推动思想史进一步论证自由的力量。这是我们需要注意的。

因此,若要理解洛克的前提和论证,势必要以"自然法论文"为基础。缺少了对生存本性(自然之光)中的可普遍化要素(善和正义的基础)的论述,人生而自由是无从谈起的,从经验角度看,人生而不自由才更加明显。通过分析而显示出来的本性的可普遍化生存要素证明了人与人在一切现实的政治或社会形态之前能够内在地联结在一起,亦是这种内在

---

① 根据笔者的诊断,这个命题在有时代依据的同时,其真正成立源于洛克对《旧约》传统的接受。在《基督教的合理性》中,洛克明言,人能够接受代表上帝之纯洁本性的律法,证明了人有一种理性本性,因而律法即是一种理性法则或自然法则。这证明了人的自由。Michael P. Zuckert 在《自由主义的起点》一书中,也讨论了洛克和《旧约》的关系。请参阅[英]洛克《基督教的合理性》,王爱菊译,武汉大学出版社 2006 年版,第 8 页;Michael P. Zuckert, *Launching Liberalism:On Lockean Political Philosophy*,Kansas:University Press of Kansas,2002,pp. 129 - 146。

的联结给出善或正义的一些基本原理，现实的政治或社会形态则需要建立在这些基本原理上。因其能够实现本性上的内在联结，现实的政治或社会形态无论如何都不能完全限制住个体的生存；相反，他总是能够突破这些现实，而给出自身的内在联结方式；不是现实限制他，而是他凭其自身开出现实。这既是人的自由存在身份，亦是每个人生而自由的依据。

霍布斯把自由视为个体生存之绝对性而带来的对一切事物的权利；洛克的自由则超出个体生存的绝对性，而指向所有个体内在地实现合乎普遍性联结的力量。这种内在的联结力量是现实政治和社会形态由以确立自身合理性的根据，也是批判并改变现实政治或社会形态的永不衰竭的力量。正是因为对这一点的深刻体察，与前史批判"君权神授"论者相比，洛克的言辞更加确凿，更加有力，对《圣经》的引述和解释看起来也更加毋庸置疑，甚至板上钉钉。这提醒我们，时代境遇的变化有其内在的逻辑，思想家对思想的表达亦有其内在的演进逻辑，两者是相互影响相互塑造的；一旦这个进程开启，很多事情的发生就是不可阻挡的，权力的拥有者需要顺应这个方向（詹姆斯二世的逃亡即是明证）。①

笔者不想在此深入分析洛克反驳菲尔麦的具体论证，其原则无外乎两点：论证基础是人之生而自由；论据是引证、分析并解释《圣经》的经文；结论则是君主享有绝对权力是不合理的。因着时代的改变，更重要的是个体自由的深入人心，洛克对"君权神授""父权制"等辩护君主享有绝对权力的反驳成为历史的"封笔"之作，这也在非常大的程度上回应了霍布斯的主权者享有绝对权力的论证，如果主权者有绝对权力，如何界

---

① 单从论证上看，很难把自由、平等等建立在《圣经》基础上——仅从一个文本出发的话，相反的论证总是可以作出的。2002 年，沃尔德伦又从基督教方面反思洛克对平等的看法，我不怀疑洛克会有这样的想法，但无论如何，这种想法的基础是信仰，甚至有对个体自由的信仰成分，而非论证。在笔者看来，这是启蒙时代之后，审视洛克的关键。［美］沃尔德伦：《上帝、洛克与平等——洛克政治思想的基督教基础》，郭威、赵雪纲等译，华夏出版社 2015 年版，第 23—25 页。

定主权者就成为主导接下来的历史的关键问题。

在反驳了君主的绝对权力之后,洛克需要沿着早期对生存本性之可普遍化生存要素的分析进一步具体明确地分析本性的意义,这亦是为光荣革命之后的英国政体奠基的关键所在。完成"一论"后的第二年(1690年),洛克就发表了真正意义上的"政府论"。

二、自然状态与国家

自然法部分只是通过对一切传统一切时代都有"善"和"正义"的"认识"论证生存本性中有可普遍化的生存要素;并通过对自然的认识论述上帝(自然神学路径)的绝对意志,以此把可普遍化的生存要素"意志化",而有可普遍化的法则(自然法)。但对于生存本性中的可普遍化的生存要素并未有进一步的说明,这一点却是绝对必要的。根据洛克对知识的划分,天赋知识、传统、感觉经验,以及神启知识是唯有的四条途径,而能够认识自然法的只有感觉经验(有理性配合),但认识归认识,若生存中没有推动遵循自然法(其前提是实现可普遍化的内在联结)的力量,则实现内在的共同体生活联结就只是理论性的。换言之,尽管对自然法的认识能够让我们知道人与人之间能够实现内在的联结,但推动这种内在联结的"生存动力"却是进一步认识联结,以及之后的国家或社会状况建构的关键。

成熟的洛克需要认识到,单凭自然神学的论证,上帝之于人类生活的实际意义乃是单薄的;同时,自然神学的论证在逻辑上亦不否定精密的机械论论证,后者隐含着把一切都置于偶然的境地,自然就是这样的,未必要设想其背后的人格神。甚至与自然神学的论证相比,机械论思维更加逻辑上一致,亦更好地遵循了"奥卡姆剃刀"。换言之,霍布斯提醒我们,在一切都要科学化的时代里,国家学说需要诉诸严格的科学分析和论证,这个基础上的国家理论才是可普遍化的。对权力和权利的论证同样需要走科学的路线,而非自然科学式的。从洛克不满霍布斯对绝对权力的论证，却少直接批判霍布斯，甚至在《政府论》中采纳霍布斯的思想方式，可见科学式的论证何等深刻地影响了洛克。

于是，我们需要认识到洛克思想的两个关键点：一是寻找生存本性中的可普遍化生存要素，这是推动人们实现内在联结的重要力量；二是严格的逻辑线索，正是逻辑推论保证了其体系的科学性——但恰恰在这里，我们看到了洛克的逻辑漏洞，但这个有漏洞的论证逻辑却深刻地进入英国历史，理解其中的吊诡之处，是我们审视历史与思想错综复杂关系的一个窗口。这两点都深刻地隐含在洛克仿照霍布斯所"构造"的"自然状态"中。

让我们先来看洛克给自己制定的任务。在"二论"的开头（总结"一论"之后），他便提到自己的任务："我认为政治权力就是为了规定和保护财产而制定法律的权利，判处死刑和一切较轻处分的权利，以及使用共同体的力量来执行这些法律和保卫国家不受外来侵害的权利；而这一切都只是为了公众福利"①。这个开篇即体现出洛克和霍布斯的不同。后者把国家（权力）视为保障人能够生存下去不得不作出的理性选择，换言之，生存，是霍布斯式国家存在的依据。洛克则把国家（权力）视为保障（私有）财产安全的权利，其使用这项权利是通过法律，此其一；其二，它是保卫不受外来侵害的权利。这两者的共同落脚点则是公众福利。因此，于洛克而言，生存并非唯一的问题，如果被剥夺财产、被拿走公众福利，还怎么设想生存呢？

从时代处境看，霍布斯的内战时代，或许求和平就是唯一的目的；而对于光荣革命之后已经获得和平的洛克来说，和平已经是既定的，真正的问题是维持财产和公众福利。从思想意义看，霍布斯并未为生存赋予生存之外的其他内容，国家的意义也只是从生存而发；洛克未明言生存（后面以人身、自由指称），但财产和福利却以生存为前提，洛克为霍布

---

① ［英］洛克：《政府论》下篇，叶启芳、瞿菊农译，商务印书馆 2014 年版，第 2 页。

斯式"赤裸裸的"生存赋予了一些具体的内容。如何评判这些内容呢？为什么是财产和福利，而不是其他内容呢？（这在内容上涉及英国的资本主义状况）——对此，洛克并未明言，只是从《圣经》方面为添加财产作了一些引证和分析。这个问题会是切入洛克论证漏洞的关键。让我们看看洛克对人的"自然状态"的描述：

> 为了正确地了解政治权力，并追溯它的起源，我们必须考究人类原来自然地处在什么状态。那是一种完备无缺的自由状态，他们在自然法的范围内，按照他们认为合适的办法，决定他们的行动和处理他们的财产和人身，而无须得到任何人的许可或听命于任何人的意志。这也是一种平等的状态，在这种状态中，一切权力和管辖权都是相互的，没有一个人享有多于别人的权力。极为明显，同种和同等的人们既毫无差别地生来就享有自然的一切同样的有利条件，能够运用相同的身心能力，就应该人人平等，不存在从属或受制关系，除非他们全体的主宰以某种方式昭示他的意志，将一人置于另一人之上，并以明确的委任赋予他以不容怀疑的统辖权和主权。明智的胡克尔认为人类基于自然的平等是既明显又不容置疑的，因而把它作为人类互爱义务的基础，并在这个基础之上建立人们相互之间应有的种种义务，从而引申出正义和仁爱的重要原则。……①

我们看到，"自然法论文""一论"，及其论述政治权力的那些关键词几乎都出现在洛克对人的"自然状态"的描述中："自由""自然法""财产""人身"等。其关于"平等""相互""自然的""身心能力"等的描述则分享了霍布斯的论述。在这些之外，洛克特别地加入了胡克尔的一些描述，即人的互爱义务，以及这个基础上的正义和仁爱。很明显，"义务"（强意义上的）不能用在这里，它本就是人类社会组建起来，而有具体规则之后的产物，否则谈不上义务。或许是注意到这一点，洛克把"正义"和

---

① 洛克:《政府论》下篇，第 3 页。

"仁爱"作为"组建"自然状态的基本原则。为何要在自然法和霍布斯基本原则之外加上这一点呢?——这就涉及对生存本性(自然之光)的理解了。

人与人能够实现内在的、合乎"正义"和"善"的原则的联结是需要动力的,只是认识到这一点并不足以保障内在联结的实现,甚至在经验上是恰恰相反的。如果自然状态下的人能够走向普遍的国家和社会状态,内在的可普遍化生存要素乃是关键;思想的任务乃是"发现"这种可普遍化的生存要素。霍布斯所以只能走向绝对国家,走向主权者的绝对权力,是因为霍布斯式的个体缺乏这种可普遍化的生存要素,因而只能在权力的强制下实现联合,否则其生存就是无法保障的。因为深刻地看到这一点,洛克认为,哪怕在自然状态下,人与人之间也存在互爱。爱意味着人内在地希望、并给予对方好,甚至在特别的情况下,愿意为了对方付出自己。互爱乃是说人之生存本性在于他者,也是在对他者的成就中,成就自己。换言之,能够互爱的个体们,其存在不仅仅在于自身,亦在于他者,自己与他者在爱中能够先在地实现某种联合,洛克把这种出于爱的联合称为"正义",把通过爱建立的关系称为"仁爱"。

因此,根据洛克,在缔结社会之前,自然状态下的人已经通过爱实现了某种内在的联合,尽管这种联合不是现实的社会状态,即不是通过明文的法律或其他强制性的规范建立起来的,但这种内在的联合能够得到个体的认可和认识,甚至是推动他们平等而自由生活的重要情感力量。所谓按照"合适的办法,决定……",或许就是洛克引述"义务"一词的原始意义。由于生存中"爱"的力量的存在、由于"互爱"力量的推动,自然状态下的人"拥有"某种尽管尚未明确的法律、规范,却可以形成某种"默会"的相处的模式。根据这种模式,哪些行为是"合适的",哪些是"应该的"(义务),大家能够达成一种行为上的默契。与霍布斯式的只关注自己的生存和绝对权利的生存个体相比,洛克式的个体因为"爱"这种生存本性而能够在社会状态中实现一种生存性的"合适"和"义务"的领会。

这种领会也正是洛克认为自然状态下亦存在自然法的依据——尽管这种自然法尚不是明文的,从而在洛克看来,自然状态下的自由是一种"完备无缺的自由状态"。换言之,如果没有"爱"和"互爱",我们很容易进入霍布斯的思路,如是,则合适地处置财产和人身、平等而不掌控他人的意志就是难以谈起的。

区别霍布斯和洛克的关键就在于自然状态下的生存是否拥有这种内在可共存的情感力量。如果没有,实现"善的"或"正义的"共存,就需要权力的绝对限制;如果有,权力的意义也就仅在于保障这种共存,并竭尽所能地把这种原始的共存力量激发出来。根据后者,自然状态与社会状态的分立并不像术语上的那么大,相反,社会状态的意义只在于更大限度地激发生存个体内在地联合起来的情感力量,并把破坏这种力量的其他力量扼杀在萌芽里,而这便是法律、正义、善等等的伦理和政治意义。正是因此,洛克极力反对破坏自然状态下的平等和爱,并把对平等和自由的破坏视为"战争行为"——即使在建构起国家和社会状态之后,洛克仍然认为,即使凭借缔结的权力破坏个体的自由,也是一种对个体或公民发动的战争行为。[①] 这一点与霍布斯在解释主权者权力使用时的审慎态度是极其不同的。对于洛克来说:一切破坏个体生存自由的"权利"都是"绝对权力",由"绝对权力"而起的对立和纷争乃是战争行为。

> 谁企图将另一个人置于自己的绝对权力之下,谁就同那人处于战争状态,这应被理解为对那人的生命有所企图的表示。……凡在自然状态中想夺去处在那个状态中的任何人的自由的人,必然被假设为具有想夺去其他一切东西的企图,这是因为自由是其余一切的基础。……不基于权利以强力加诸别人,不论有无共同裁判者,都造成一种战争状态。……避免这种战争状态是人类组成社会和脱离自然状态的一个重要原因。因为如果人间有一种权威、一种权

---

① 洛克:《政府论》下篇,第146页。

力，可以向其诉请救济，那么战争状态就不再继续存在，纠纷就可以由那个权力来裁决。①

因为起点的不同，洛克与霍布斯对战争状态的界定也截然不同。对于后者来说，由于自然状态乃是无普遍生存维度的个体生存，自然状态下的生存本就是战争状态。但对于前者来说，自然状态乃是完备无缺的自由状态，凡对抗这种状态的就是战争状态，破坏爱和互爱的、破坏平等的、破坏自由状态下的财产和人身安全的，均是如此。也是在这里，洛克明确地把自由视为财产和人身的基础。一切生存状态、一切制度，都应该以保障个体的自由为基础，否则就是人与人的战争状态。为了避免这种战争状态，洛克诉诸缔结社会，正是在缔结的过程及以后，权威和权力产生了，其意义在于终止战争状态，重归自由状态。这就回到了洛克论述的政治权力的目的，即为了公众福利，为了自由，为了保障财产和人身。

从论证上看，既然自然状态乃是完备无缺的自由状态；既然自然状态下，人与人是通过互爱内在地联结起来的，战争状态又是如何可能的呢？对于霍布斯来说，这不是问题，因而从自然状态到社会状态在理性看来是自然而然的；对于后面即将分析的卢梭来说，由于引入自爱（不完全同于霍布斯式的自爱）和比较原则，这也不是太大的问题；但对于洛克来说，这却是个难题。② 从第五章论述"财产"的部分看，似乎是因为"人满为患"，以及交换、货币等出现之后，不平等不平均等现象的增多而产生战争状态的，但严格来讲，这些可能都是社会出现之后的现象。因此，

---

① 分别参阅洛克《政府论》下篇，第 11—12、13、14 页。
② 从洛克论述的整个文脉看，确实看不到战争状态产生的根源。即使自然状态下存在恐惧和经常的危险，但其产生的根据是每个人对"合适的"理解的差异，这种差异并不在概念上导致一个人对另一个人的奴役和对财产和人身的剥夺。换言之，洛克只需要根据恐惧和经常存在的危险论述从自然状态到国家-社会状态的过渡，而无须设想战争状态。但洛克还是在第二章开篇即描述战争状态之于自由的剥夺，可见洛克受霍布斯影响之深远。一方面，洛克要与霍布斯针锋相对，战争状态并不存在于自然状态中，其存在恰恰是对自然状态的颠覆；另一方面，其深远意义恰恰是对国家的绝对权力状态的描述，其潜台词是，霍布斯的绝对主权者乃是带来战争状态的根源。

过分地强调人与人之间存在内在联结的可能性,而忽视生存个体的比较和自爱原则,似乎也是有问题的。或许也是注意到这一点,在距离战争状态很远的第九章,洛克为走出自然状态、走进社会状态提供了一个理由——但需要注意的是,这并非是战争状态产生的理由。

> 虽然他在自然状态中享有那种权利,但这种享有是很不稳定的,有不断受别人侵犯的威胁。既然人们都像他一样有王者的气派,人人同他都是平等的,而大部分人又并不很严格遵守公道和正义,他在这种状态中对财产的享有就很不安全、很不稳妥。这就使他愿意放弃一种尽管自由却是充满着恐惧和经常危险的状况;因而他并非毫无理由地设法和甘愿同已经或有意联合起来的其他人们一起加入社会,以相互保护他们的生命、特权和地产,即我根据一般的名称称之为财产的东西。因此,人们联合成为国家和置身于政府之下的重大和主要的目的,是保护他们的财产。①

如我们所言,洛克并未明确地区分两种意义上的"公道和正义":一种是出于生存的互爱的,一种是契约之后法律意义上的。② 但从离开自然状态进入社会状态后,人所丧失的两个"权利",即"合适的"和"自己处罚",③ 能看到洛克意识到这个问题。"合适的"意指自然状态下每个人根据自己理解的"爱"和"自由"处理人与人之间的关系,凡符合自己理解

---

① 洛克:《政府论》下篇,第77页。

② 在笔者看来,这种不区分是有问题的,是没有注意到自然状态下出于爱的"公道"(它是洛克论述财产和人身的关键)本身以相互承认为前提的,而承认则是一种基于共识的共同意志,因而是契约性的。接下来我会分析这一点。但 A. John Simmons 却认为,"洛克的自然状态适合于志愿者的相互授权,授权能够产生连续的志愿者(即自然状态与社会状态并不分离),这是市民-国家关系的自然状态",因而洛克的自然状态相较于霍布斯更好。我们认为,更好的依据在于洛克看到人内在的与他者联合的普遍维度,而非自然状态与社会状态不可分离,后者在我们看来,恰恰是有问题的。参阅 A. John Simmons, "Locke's State of Nature," *The Social Contract Theorists: Critical Essays on Hobbes, Locke, and Rousseau*, ed. Christopher W. Morris, New York: Rowman&Littlefield Publishers, Inc, 1999, pp. 97 - 120。

③ 洛克:《政府论》下篇,第79页。

的，就是合适的，就是公道和正义的；凡不符合的，就应该受罚，因而是"自己处罚的权力"。在每个人都保有自己判断的状况下，对立和冲突必然会出现。从推论和现实双重意义看，自然状态下的人哪怕都"知道"自己的爱和自由，他们之间也是充满恐惧和经常危险的——但不能把充满恐惧和经常危险视为战争状态，两者的意义是不同的。这是洛克眼中的人愿意走出自然状态而进入社会-国家状态的理由。

进入契约国家之后，人丧失了根据自己的"合适"行事和"处罚"的权利，却把"合适"和"处罚"的权利移交给法律和权力，因而是把"自己的"交给"公共的"。这也是洛克视国家权力为保障公共福利的原因。除此之外，个人自然状态下的自由，即其财产的权利和人身的权利都没有任何损失：原始意义上，他也是因为要保护一般意义上的财产（包括人身）而缔结国家的。洛克未曾明言的是，国家也应该支持并最大限度地激发人与人之间的爱，这种人势必会反过来激发出人对国家的爱。这是国家能够成为政治上的国家之外的伦理性的国家的关键所在。——后来的卢梭和黑格尔等人都对此做了更为深入的分析和解释。

在此不能苛责洛克，但需要指出的是，对自然状态下人与人之间的互爱的强调应该成为洛克论述的一个重点。正是这种爱，是人与人实现内在联合的关键——无论在自然状态下，还是在社会状态中，是人能够尊重他者的平等地位，因而能够实现自由的共在的关键力量。霍布斯因为没有看到这一点，只能逻辑性地推演出一个绝对的国家；因为看到这一点，洛克的国家是一个文明、宽厚、尊重人之为人的自由和尊严的国家。对人之生存本性（自然之光）的这个可普遍化生存维度的认识，是洛克推进霍布斯的论证的关键一环；也是卢梭能够论述面对全然可能性的自由、能够看到"怜悯"和"爱"之于人之生存的伦理维度的关键所在。在霍布斯那里，很难设想健康的伦理关系，但在洛克之后，一切就不一样了。

"自然法论文"对于生存本性的可普遍化维度的论证（理性的），"政府二论"对于生存本性可普遍化生存维度的揭示(情感的),是洛克的"自然状态"思路之于思想史的重要贡献。描绘出这个图景之后,让我们检视洛克论证上的漏洞。

三、自由与财产(权):洛克的问题

在界定自然状态的时候,霍布斯只承认生存的绝对性,其对一切事物的权利乃是其自由的本性。这种权利不是具体的,亦是不受限的;只有在契约之后,权利才会成为具体的。只有在社会状态中,才能设想具体的权利,而在这个状态之前,很难想象有什么具体的权利。一旦在自然状态中设想具体的什么权利,潜在地就是将其与社会状态相互混淆。霍布斯很好地看到这一点,因而给出一种对个体-国家建构的科学体系。洛克明确地把人身权和财产权作为自然状态中的自由权利,是需要进一步论证的,否则他很难给出一个科学的体系。让我们来审视洛克的具体论证:

> 因为一个人既然没有创造自己生命的能力,就不能用契约或通过同意把自己交由任何人奴役,或置身于别人的绝对的、任意的权力之下,任其夺去生命。谁都不能把多于自己所有的权力给予他人;凡是不能剥夺自己生命的人,就不能把支配自己生命的权力给予别人。①

> 不论我们就自然理性来说,人类一出生即享有生存权利,因而可以享用肉食和饮料以及自然所供应的以维持他们的生存的其他物品;或者就上帝的启示来说,上帝如何把世界上的东西给予亚当、给予挪亚和他的儿子们⋯⋯他的身体所从事的劳动和他的双手所进行的工作,我们可以说,是正当地属于他的。⋯⋯但上帝是以什么限度给我们财产的呢?以供我们享用为度。谁能在一件东西败坏之前尽量用它来供生活所需,谁就可以在那个限度内以他的劳动

---

① 洛克:《政府论》,下篇,第15—16页。

在这件东西上确定他的财产权；超过这个限度就不是他的份所应得，就归他人所有。①

整体上，洛克的论证诉诸对上帝的信仰。从洛克对自然状态的界定看，自然状态是由自然法主导的，而根据《自然法论文集》的论证，自然法所以能够进入人的内心、主导人的生存，是因为以上帝的意志为前提，否则法则无以为法则。由是观之，洛克在这里诉诸上帝论述人身权和财产权亦是连贯一致的。其论证人身权的论据在于人不是自己生命的造就者，因而亦无权在契约时把生命所有权转交出去；其论证财产权的依据是生命离不开基本的供养，上帝也确实在《圣经》中说，他把世界上的东西分给了人。进一步洛克也认识到生命的供养物资和财产在概念上是不同的，前者是生存下去必需的东西，后者则以某种方式"归属于我"，是一种权利概念。因此，洛克转而从劳动方面说明财产（权）的正当性；但无论如何，为了避免霍布斯式个体的无限占有欲，他转而以享用作为限度限制对财产的无限占据，意图亦将之拉到维持生存的限度之内。

从洛克强调自然状态下的生存本性有互爱这一可普遍化的生存维度看，以享用为目的的财产权是可以成立的。因为互爱，人"不能"以损害他者的生存为代价攫取无可限制的财产；相应地，在自然能够供养所有人的范围内，人也"应该"最大限度进行劳动，以获取最大可能的财产。洛克的设想和界定非常"资产阶级化"，也更符合新教徒们的生存状态。因此，与霍布斯式的自然个体相比，洛克的自然个体内在地更加节制，也更加符合莎士比亚时代之后的英国的状况。②

---

① 洛克：《政府论》，下篇，第 17、18、20 页。
② 历史的吊诡在于，洛克写作的时代正是英国大规模奴隶买卖开始的时代。从 1690—1710 年起，20 年内只是非洲奴隶的年均买卖数量就从 10950 人，到 14130 人，到 23070 人，到 25155 人，到 1771—1790 的年均 26080 人。1807 年（《废除奴隶贸易法案》于第二年正式实施）最后一艘合法的满载奴隶的奴隶船于 8 月 16 日离开利物浦。但之后，奴隶贸易并未根除，而只是走向了走私。（Philip D. Curtin, *The Atlantic Slave Trade*, Madison: University of Wisconsin Press, 1970, p. 150）从这个背景看，似乎人类的进步并不像理论描述的那么美好。

无论如何,需要看到,财产所以为财产,首先是一种私人占有,私人占有的前提是相互承认,承认则以个体的意志为前提。如果没有相互承认,"这是我的"乃是不可能的,对于随时能够被夺取的东西,何来"我的"？而承认也首先是意志的决定,只有在意志能够把对象作为自己的所属物而宣称的时候,意志才是有效的,承认才是可能的。相互承认就以每个人都拥有出于自身的意志为前提,进而以各个个体之间意志的约定为前提。换言之,如果财产(权)是可能的,必定以意志的相互约定为前提,劳动并不是论证财产权的关键。因为即使是劳动的产品,如果没有事先的意志约定和相互承认,它也可以随时被剥夺。

即使因为互爱,我们承认,劳动的产品不能被剥夺(这本身以出于互爱的相互承认为前提),但劳动的场所,或土地问题是更加难以界定的。对于以农业、以土地为核心财产的生存状态来说,"我"怎么能够把土地视为财产呢？——但土地却恰恰是最重要的财产。凭什么在我的羊要吃草的时候,你能够关闭那"属于你的""公共农场"呢？如果说承认你的劳动产品尚可以出于互爱,那么我的羊要吃的草为何要受"你的"土地的限制,那明明就是公共的土地、公共的草场呀？因而我们很难把土地的私有视为互爱的产物,公共的土地能够成为私有财产更加以相互的承认和个体的意志为前提,相应地,土地的私有只能是约定的产物。正是因此,卢梭说:"不要听信这个骗子(说'这块土地是我的'的人)的话；如果你们忘记了地上的出产是大家的,土地不属于任何个人,你们就完了。"[1]换言之,一旦承认土地也是财产(它确实是),人与人的奴役(社会状态)也就是必然的了。

因此,表面上看,洛克似乎可以通过劳动(生存本性)说明财产,进而通过互爱论述有限度地占有财产(财产权)在自然状态下的"正当性"；但深入的分析却显示,财产(尤其是土地的私有)以意志的相互约定为前

---

[1] 参阅[法]卢梭《论人与人之间不平等的起因和基础》,李平沤译,商务印书馆 2007 年版,第85 页。

提。这种约定乃是一种社会状态下发生的事情。

如果承认财产（权）可以存在于自然状态，其他的权利为何不可以呢？虽然生存必然以人身和供养为前提，但把人身和供养上升为人身权和财产权，却是明显地超出了生存的内涵。如果认为自然状态下的生存以人身权和财产权为基础，在逻辑上，就无法堵住其他的权利亦可以成为基本权利。比如，生育权，生育亦是一种自然的生存本性，它为何不能成为基本权利？比如，与异性结合的权利（婚姻只是其中的一种形式），它亦是一种自然的生存倾向，为何不能放在基本权利里面？同样地，如果要诉诸《圣经》，它们也明确地写在里面。因此，如果认为自然状态下，人拥有一种或两种基本权利，那么，一方面，我们会问，为何只有这些基本权利？另一方面会问，缘何其他的权利不能成为基本权利。似乎洛克因为过分地要为新兴的资产阶级的基本权利做辩护，而忘记了要在逻辑上追问这些问题。

更重要的是，洛克似乎漠视了从卢瑟福到霍布斯的内在演进逻辑，重新又把思想的立足点放在上帝和《圣经》问题上。正是为了避免单纯从信仰和良心方面解释《圣经》所带来的现实问题和思想问题，霍布斯意图通过纯粹的理性和逻辑论证国家和权力的一些核心问题，但洛克又重新引入了信仰要素。要知道，凡是把需要解释的东西诉诸信仰，那么与之相反的东西同样可以通过信仰解释而成立，这也是洛克与菲尔麦的相似之处：把自由视为理所当然的，并在《圣经》中寻找依据，与把奴役视为理所当然的而寻找《圣经》依据，本质上和逻辑上并无多大区别。一者进入历史，一者被历史抛弃，可能只是时代问题带来的变更，而缺乏理性和逻辑上的根据。但是，思想的任务恰恰是理性和逻辑。可见，即使承认从自由、财产、人身等方面解释《圣经》是更加"符合"的，但是，供养自己和他人、尊重自己和他人的身体却也不得不是上帝给人的任务，因而乃是对上帝的一种义务。如是，对上帝的义务乃是这些所谓的"权利"的基础，一种有前提的"权利"怎么可能是基础权利呢？究竟"基础权利"的

"基础"是什么意思呢?[①] 洛克很难回答这个问题,除非再次诉诸自己的信仰。

因此,尽管洛克的论述进入了英国史,[②] 因而也进入了近代以来的世界史,但在冷冰冰、不意图"随和"时代的理性面前,洛克的论述却缺乏充分的理性根据。这也是卢梭在《论人与人之间不平等的起因和基础》开篇即批评霍布斯和洛克错失了真正的自然状态的依据所在:他们都过分地把社会状态引入到自然状态中,[③] 因而其建构起来的"个体-国家"体系都是有问题的。在进入卢梭的突破性分析之前,让我们讨论洛克理性神学视野下的宗教宽容问题,这是亨利八世之后,尤其斯图亚特王朝以来的最核心的问题,光荣革命之后,现实的宗教问题在各方妥协之后基本已经解决,但亟待理论上的分析。因为这一点,洛克之于霍布斯有着很重要的改进之处:良心和信仰(思想)的自由开始成为关键词了。

第三节　政教分离与圣经解释:内心自由的唤起

除税收等问题外,国王与教会的关系是主导斯图亚特王朝走向的另一个关键问题。卢瑟福写作的直接诱因就是查理一世对苏格兰教会的迫害而引起的起义。光荣革命之后,疲惫不堪的英国人在各方面都作出妥协,甚至在内战结束之后,如何解决天主教徒的问题也已提上日程。但在理论上,如何规定政府和教会各自的权限、各个教派乃至不同的宗

---

① Ross Harrison, *Hobbes*, *Locke*, *and Confusion's Masterpiece*: *An Examination of Seventeenth-Cenrury Political Philosophy*, Cambridge: Cambridge University Press, 2003, pp. 232 – 244.

② Matthew H. Kramer 就认为,洛克最大的贡献是对财产权的捍卫,即把财产权论述为起点性的,这是很重要的;但同时,洛克的论证逻辑也是存在严重问题的。笔者认可他的分析。Kramer 的分析,及其对西语学界有关洛克财产权研究的一系列文献的罗列,请参阅 Matthew H. Kramer, *John Locke and the Origins of Private Property*: *Philosophical of Individualism*, *Community*, *and Equality*, Cambridge: Cambridge University Press, 1997, pp. 93 – 150。

③ 卢梭:《论人与人之间不平等的起因和基础》,第 46 页。

教之间的关系，都是很棘手的问题。毕竟国王和教会之间的纷争，教派之间的纷争都是昨日的事情，如果不能一劳永逸地作出理性上连贯的论证，暂时的和平总是让人迟疑。尤其在国教存在的情况下，其余的派系，尤其天主教怎能安心呢？

在光荣革命之前，洛克就明确地诊断出这个问题，并写作第一封《论宗教宽容的书信》（1685—1686 年），光荣革命之后，连续发布了《论信仰自由书》（1689 年）、论宗教宽容的《第二封信》（1690 年）和《第三封信》（1692 年），这些著述系统地阐述了政教分离的一般原则和个人内心（信仰和良心）的自由。为了应对教派的分离对峙问题，更重要的乃是寻找实现宗教宽容的"路径"，在 1695 年，洛克写作了《基督教的合理性》。这部著述弱化了早期教会以来的"原罪"说法，并以绝对地服从律法就是公义这一旧约原则阐释人的本性问题；同时，以"耶稣是弥赛亚"这一点概述基督教信仰的总原则，以悔改作为与"耶稣是弥赛亚"相并立的原则解释基督教。这一相对"简练"的解释框架大大地回避了传统信经容易带来的理解冲突问题，同时，以悔改作为原则则为实现真正的宗教宽容提供了生存上的依据。

洛克以其睿智的眼光，通透的心志，用优美的文字清晰明白地将其理性的原则表达出来，这些思想和文字很快进入英国人的心智之中，塑造了一直以来被称为"经验主义"的流派。接下来，我们将从洛克界定的政府和教会各自的权力入手，探究洛克对内心自由的论述，这是洛克之于后续自由主义传统的重要塑造。

一、政教分离的一般原则

深入洛克之前英国教派的纷争会发现，教派纷争所以影响整个社会的和平，在于权力的触角深入到宗教领域。一旦允许某个教派（国教）掌握权力，它很快就会以禁令、战斗的方式侵害其他不同的信仰体系。因此，如果宗教宽容不是一句空话，首要地就是拿掉任何一个教派的权力；

同样地，教会只要拥有世俗的权力，它就是国家权力的挑战者。霍布斯等人因为看到后一点，主张拿掉教会的权力；但一旦在基督教国家体系中，主权者拥有了教会曾经拥有的权力，不可避免地，他会把权力的触角伸向其他教派，这样的话，宗教及其宽容问题就是无从谈起的。洛克看到了这一点，在"论宗教宽容"第一封信的一开始就指出："我认为下述这点是高于一切的，即必须严格区分公民政府的事务与宗教事务，并正确规定二者之间的界限。如果做不到这点，那么那种经常性的争端，即以那些关心或至少自认为关心人的灵魂的人为一方，和以那些关心国家利益的人为另一方的双方争端，便不可能告一结束。"①

在霍布斯那里，主张取消教会的世俗权力是出于政治统一性的需要；洛克则明确地以灵魂的拯救作为宗教的核心问题，以公众世俗的福利为国家的核心问题。这种提法既避免了教会掌权带来的对政治统一性的危害，也避免了其对其他教派可能带来的权力压力。如果一个教派因为主权者的青睐而拥有像主权者那样颁布各种信仰法规（权力的宣示）的权力，灵魂的拯救就非常容易混淆于权力的欲望，以拯救别人的灵魂之名行世俗控制之实是如此普遍，以至于洛克对自己的时代作了这样的控诉："我们英国近代史上可以提供更新鲜的例证。如在亨利八世、爱德华六世、玛丽女王和伊丽莎白当政时期，教士们如何投国王们和女王们之所好，轻易而驯服地改变他们的教会法规、信条、礼拜仪节以及其他一切；然而国王们和女王们在宗教观点上相殊甚远，颁布的法律也截然相反，以致没有哪个神智正常的人（我想说，除无神论外，没有一个人）敢于说，任何诚恳而正直的上帝敬拜者，能够服从他们的各种教会而自觉问心无愧。"② 教士或教派投权力之所好，只会随着权力的更迭引发更加深远的灵魂上的对峙，以至于无人能够直面自己出于灵魂的对上帝的敬拜和教会要求的敬拜之间的冲突和争斗。这不仅撕裂了世俗权力，更撕

---

① ［英］洛克：《论宗教宽容》，吴云贵译，商务印书馆 1982 年版，第 5 页。
② 洛克：《论宗教宽容》，第 22 页。

裂了敬拜上帝的灵魂。

即使教会不投世俗权力之所好，如果缺乏对世俗权力与宗教的灵魂拯救方面各自严格界限的规定，不仅教会会有权力反抗世俗权力（卢瑟福和霍布斯关心的问题），世俗权力对灵魂拯救的影响就更加普遍。同样地，洛克也以刚刚发生不久的事情佐证这一点："如果容许官长在属灵事务方面拥有这样的权力，例如，容许日内瓦的官长拥有这种权力，他就会以血腥暴力消灭那里以偶像崇拜著称的宗教；依同一准则，某个邻国的另一位官长，就要镇压改革派宗教；而在印度，则要镇压那里的基督徒。世俗权力可以依君王们之好恶而改变宗教里的一切，或者是什么东西也不改变。一旦容许以法律和惩罚手段把任何东西引入宗教，那就不存在任何限制了；在这种方式下，根据官长自己虚构的真理标准，改变一切也就同样是合法的了。"①

无论教士们假托世俗权力之名施其权力欲之实，还是世俗权力以合法（法律）的形式行血腥地干扰灵魂事务之事，都是权力对灵魂得救事务的侵入。它们或者给教徒带来心灵的分裂，使其无所适从；或者给教徒带来杀身之祸，仅仅因为其敬拜上帝的方式不同于世俗权力给出的。如果要根本性地避免这一点——宗教纷争已经与权力纷争脱钩是当时英国的现实，就"必须严格区分公民政府的事务与宗教事务，并正确规定二者之间的界限"，"这是高于一切的"。换言之，达成现实性的和解不足以根本性地解决问题，真正需要的乃是作出严格的界定，并以法律的形式固定下来。对此，洛克给出了自己的方案，这是对政教分离原则的清晰表达。

> 国家是由人们组成的一个社会，人们组成这个社会仅仅是为了谋求、维护和增进公民们自己的利益。所谓公民利益，我指的是生命、自由、健康和疾病以及对诸如金钱、土地、房屋、家具等外在物的

① 洛克：《论宗教宽容》，第29页。

占有权。官长的职责是：公正无私地行使平等的法律，总体上保护所有的人并具体地保护每一个公民属于今生的对这些东西的所有权。……既然官长的全部权力仅限于上述公民事务，而且其全部民事的权力、权利和管辖权仅限于关怀与增进这些公民权利，它不能、也不应当以任何方式扩及灵魂拯救。①

公民政府的全部权力仅与人们的公民利益有关，并且仅限于掌管今生的事情，而与来世毫不相干。……教会是人们自愿结合的团体，人们加入这个团体，是因为他们认为能够用上帝可以允许的方式礼拜上帝，以达到拯救灵魂的目的。我说教会是一个自由的、自愿的团体，是因为任何人都不是生来就属于某一教会。……既然期待得救是人们加入某个教会的唯一原因。因此，这也是他留在那个教会里的唯一的理由。……因此，教会就是一个以此为宗旨的、由会员们自愿组合而成的团体。②

我们看到，对于国家（政府）的存在意义及其权力限度，洛克的想法已经很成熟，之后，在《政府二论》中，这些原则得到进一步的展开。对于宗教（教会）的意义，洛克也界定得非常明确，其核心在于灵魂的拯救，而非任何外在的、现实的利益。既然是灵魂拯救，其出发点就只能是自己，任何被告诉的拯救方式，如果不能真正进入内心，就或者造成心灵的分裂，或者造成全然的奴役。因此，就拯救自身的内涵来说，首要地乃是在良心里确认这种对上帝的敬拜方式是否是出于自己的，如果不是，势必需要改变这种敬拜方式；如果是，则能够与他人一起停留在这种敬拜方式里。正是因为对拯救与良心的这种相同一，而不能方向上相悖的体察，洛克明确地以自愿为原则界定教会团体。很明显，这种自愿不仅仅是理性上的选择，更多地乃是内心状态（良心）与敬拜方式不冲突，因而

① 洛克：《论宗教宽容》，第5页。
② 洛克：《论宗教宽容》，第8—9页。

乃是一种内心自由的展示方式。当内心的自由与外在的敬拜方式完全不冲突的时候，灵魂的拯救才是可能的，否则，强迫之下的敬拜只能带来内在的冲突。①

但是，这种内心的自由只能在宗教领域，在事关灵魂救赎的领域；而在国家的领域，则需要按照已经制定出来的法律而行。与私人遵循法律相比，更加值得警醒和限制的乃是政治权力，因而洛克政教分离的核心原则在于：国家权力不能深入到宗教领域，尤其在关涉灵魂救赎的问题上；其次，教会只是一个自由的、自愿的敬拜上帝的团体，其既没有权力掌管外在的领域（属于国家），也没有权力掌管个人根据什么敬拜上帝。就前者而言，主权者（包括一切世俗权柄的拥有者）权力的使用只能遵循法律保护个人的财产、自由和人身等公共福祉；在其作为教徒参加教会事务时，也就只是寻求救恩的个人而已，与所有人并无任何差别。就后者而言，教会非但没有独立于国家的外在权柄（霍布斯拿掉的），亦没有掌控灵魂救赎的权柄，灵魂救赎纯粹是上帝和个人之间的事情，教会只是有着共同崇拜模式的信徒自由、自愿地结合的团体。在教徒"严重地"违背教会共同敬拜模式或其他公认的违背行为时，其对教会会员拥有的"权力"只在于规劝、训诫和勉励，如果这些都不能使得信徒有所改变，那么也只能将其逐出这个教会——但不能对其外在福利，以及进入其他教会有所损伤。②　这是洛克对教会"权柄"的界定。

需要确切地看到的是，洛克之所以把教会仅仅界定为自由和自愿的团体，其根据在于内心（信仰和良心）的自由，如果把这种自由置于权力（不管国家的，还是教会的）和权威之下，那么灵魂永无宁日，更不要说对

---

① 我并不否认很多时候在强迫的处境下，人可能能够更深刻地"经验"上帝；但同样毫无疑问的是，外在强迫都是人们不愿意接受的，并且强迫下的上帝对人的"造就"更多是在以后的时间中看到的，当下更多地乃是对强迫的反抗，哪怕是顺从，也是张力性的顺从。在经历了近百年的政治和宗教的冲突，以及宗教内部的冲突之后，外在的强迫实在无法被心灵所接受。这是洛克对内心自由的呐喊的背景。

② 洛克：《论宗教宽容》，第 11 页。

灵魂得到拯救的某种"确信"了。

二、内心的自由:政教分离和宗教宽容的基础

对信仰自由,以及国家和教会何以没有任何权柄规定、干涉,甚至惩罚个人灵魂拯救事务等问题,洛克有着清醒的认识。

> 谁都不能使自己的信仰屈从于他人的指令,即便他想这样做也罢。真正的宗教的全部生命和动力,只在于内在的心灵里的确信,没有这种确信,信仰就不成其为信仰。不论我们表示相信什么样的信仰、遵从什么样的外部礼拜形式,如果我们在自己的内心里不是充分确信前者为纯正的信仰,后者为上帝所喜悦,这样的表白和礼拜便毫无裨益,而且注定会成为我们灵魂拯救的巨大障碍。因为这样做,不仅没有通过礼拜赎免我们原有的罪过,反倒因为我们用看来会触犯上帝的方式去礼拜全能之主而增添了新罪,这就是对神圣陛下伪善和蔑视之罪。……纯真的和救世的宗教则存在于心灵内部的信仰,舍此没有任何东西能够为上帝所接受。悟性的本质就在于,它不可能因外力的原因而被迫去信仰任何东西。监禁、酷刑和没收财产,所有这类性质的东西都不能改变人们已经形成的关于事物的内在判断。①
>
> 只要我在内心里未能充分相信,我就不可能放心地跟着他走。无论我要走什么样的道路,只要它违反我的良心的指示,便不可能把我引进那幸福的圣所。……我绝不能因为信奉我不相信的宗教与履行我所厌恶的礼仪而得救。对于一位不信者来说,袭用另一个人表示信仰的外部形式,是徒劳的。只有信仰和内心的虔诚才能博取上帝的悦纳。……归根结底,一切的事情都还得留归人们自己的

---

① 洛克:《论宗教宽容》,第 6 页。

良心去决定。①

　　笔者相信，洛克在写下这些话语的时候，脑中浮现的是宗教改革以来的一次又一次的宗教纷争，内心则是由这些纷争所带来的灵魂分裂的深切感受。这些纷争和彻骨的分裂感受，引导着洛克深入地反思那个时代的信仰问题。如果因为外在的权威，哪怕一个人极力想使自己的"信仰"屈从，这种理智上的努力却也根本性地不能左右他心灵里的确信。如是，则表白的信仰和外在的敬拜，非但不能为自己所"确信"、为上帝所悦纳，反而引导人进入一种更深的罪恶之中——伪善和蔑视上帝权威会像肉里的刺、血中的吸虫、心灵中的魔鬼那样腐蚀自己的身体和心灵。换言之，即使如霍布斯那样因为尊重主权者的权力而选择顺服，这种顺服除了表现在行为上之外，并无法得到内心的真正认可。于最重要的灵魂救赎而言，这种内心的不认可以上帝世界的坍塌为代价，哪怕表面上再和平，真正的灵魂的战争则更加惨烈。也正是因为这种深切的体察，洛克认为在世俗权力与灵魂救赎极端不常见地出现争战的时候，人应该顺从内心而非外在权力——哪怕尘世的和平被打破。②　由于洛克所处的时代与卢瑟福所处的时代已经不同，他的这种体察在笔者看来并非是要为个人（教权已经被拿掉）反抗权力作辩护，而是要为信仰与权力的绝对界限作最基础的辩护，若要使得权力不能深入到信仰领域，内在的确信（不是为了外在的什么）必须得到保障，否则，政教分离就是不可能的，权力与内心的纷争就是无解的。

　　因此，只有信仰自由、内心的确信得到第一位的，甚至超出于世俗权力之上的"权柄"保障，政教分离原则才是可能的，否则就永无权力不深入到内心领域之日，而与之相伴随的则是，权力与心灵的争斗。这种争斗在解构权力的同时，亦解构人的内心。同样地，教派纷争带来的宗教

---

① 洛克：《论宗教宽容》，第 23 页。
② 洛克：《论宗教宽容》，第 38—39 页。

不宽容状况根本来讲乃是权力深入到教会领域的结果。一次次的宗教屠杀，教派压迫，都是诉诸权力的，如果没有权力的涉入，屠杀和压迫一方面不会那么惨烈，另一方面也不会那么大规模。如果内心的确信是允许的、信仰是自由的、教会成为自由和自愿的团体，很难想象，一个宗教或教派能够聚集起来那么大的力量对其他宗教和教派形成碾压之势，甚至要诉诸武力乃至剪灭来解决问题。

从文脉和基本论证上看，洛克心目中的信仰自由者和良心确信者是自知自己界限的人，这从其认为内心自由极少与世俗权力发生对抗看得出来。但从另一个层面讲，如果自由者坚定地确信并持守自己的"信"，一旦他与权力或其他人发生对峙，而对方是一个和他一样坚定地确信并持守自己的"信"的人，权力的拥有者或需要宽容的信徒与他之间如何实现分离和宽容原则呢？换言之，即使承认政教分离原则和宗教宽容原则以内心（信仰和良心）的自由为前提，但这种内心的自由可能并不必然带来政教分离和宗教宽容——即使国家与宗教之间、不同的宗教或教派之间，会因为充分保证内心自由而不发生纷争，但在个人之间，这可能是另外一个问题。

在基督教内部，教派之间的宗教宽容问题即使因为政教分离，权力无法深入到教会而得到解决（这避免大规模的对抗和战争），但由于每个人、每个教派对自己的信仰（信条、仪式等等）"过于"确信，甚至排外般地持守，彼此之间的宽容亦是难以解决，却需要面对的问题。否则，宗教宽容甚至一般的宽容都是难以落实的。对于一个倡导信仰自由、宗教宽容的思想家来说，在宗教和教派之间已经妥协而不至于发生宗教战争的时代里，这恰恰是最重要的问题。这就引导我们进入《基督教的合理性》中的相关论述。

三、悔改：宗教解释原则和宽容原则落实的内在基础

引起宗教纷争和宗教不宽容的不是理性，而主要是对信条的信。如

果能够自由地理性辩论，很多争端是可以消除的；但任何理性辩论都涉及一个立论起点的问题，这个立论起点很多时候是情感推动的。在基督教世界中，尤其如此。比如，对于原罪学说，《圣经》并未明言原罪，但原罪一旦成为信条，就面临无数的解释问题，不单这些解释之间会形成对峙，其与不相信原罪的，冲突就会更大。对于三位一体学说，耶稣的神人二性，相关的争论就更加多元，甚至在历史上，除非形成信经传统而有巨大的权威压制力量，否则这些争议不会停止，甚至即使成为信经，公开反对的也不在少数，异端也便是在这种状况下产生的。

宗教宽容和政教分离若是可能，势必以信仰和内心自由为前提，并且需要得到保障。既然内心和信仰是自由的，传统的各种信经如果还能够是信经，还有权威性，首要地是得到个人内心的"认信"和"认可"，否则，于个人而言，信经非但没有权威性，还会引起内在的争端。从历史传统看，信经成为信经的过程，同时也是教会塑造其权威的过程，在教会的权威下，公开宣告不接受信经就会面临外在权威的压制。但在教会的外在权威丧失的时代里，传统信经就面临极大的挑战。对信经的态度就会直接检验教派间、信徒间能否实现真正的宽容。换言之，以更少争议的理性原则，以及单纯的《圣经》文本，解释何谓信经，及其内容，对于洛克来说，就是当务之急——这并非意味着洛克把信仰置于理性之下，而是说，通过理性原则和遵循《圣经》把超出理性的"启示"（最终还要通过理性来理解）和"需要信"的东西确定下来——这是一种理性神学思路。

洛克以讨论"原罪"入手。首先，《圣经》并没有任何关于原罪的说法。在传统上（主要是奥古斯丁之后），为了说明亚当被逐出伊甸园，从而每个人都离开伊甸园而离开上帝，说人的原罪，因而有因为祖先亚当的犯罪，每个人都有原罪之说。为了说明这种"本性"上的"继承"之罪——本就是一种矛盾的说法，历代以来形成种种理解，这些理解作为一种张力在扩展了人的理解力的同时，也带来种种对峙和对抗。为了避免这些对峙和对抗，洛克仅仅以《圣经》的文本，说明这种原罪其实只是

"死",除了吃禁果必死之外,它并没有给人带来其他什么。[①] 并且从理性看,这种"有死性"本也与人的有限本性相符合,无论是否有基督教信仰,这种"有死性"都笼罩着全人类。如是理解的"原罪"相较于传统的"原罪说"不仅避免了纷争,也更加符合《圣经》文本,甚至其涵盖面也更广。换言之,如果接受了洛克通过"有死性"解释的"原罪",宗教宽容就会更可能达到。

有死的人被逐出伊甸园之后,上帝并没有抛弃他,而是给他颁布律法,使其能够重新过上公义的生活。这意味着,因不顺服上帝而有死的人的有限本性并未完全窒息,相反,通过遵循律法,他能够重新与上帝建立关系。

> 这样的律法正是上帝的纯洁本性所要求的,也一定是为人这种受造物所设定的;除非上帝虽然创造了理性的人,却不要求人按照理性的法则活着,反而纵容人不守规矩,不遵循他本有的光明和与他的本性相适宜的规则。然而,这样一来,岂不是上帝准许在他的受造物中存在混乱、混淆和邪恶吗?因此,我们应该逐渐明白,这样的律法正是理性的法则,或者是自然的法则。所以如果理性的受造物不能按照自己的理性法则来生活,谁能饶恕他们呢?如果你允许他们在某一点上放弃理性,为什么不允许他们在另外一点上也放弃理性呢?照这样放弃下去,又要到何种地步才能停止?违背上帝的任何一条诫命(给理性下命令的正是上帝),就是直接反抗上帝。而只要在任何一点上听之任之,政权和秩序就会终止。[②]

律法代表了上帝的纯洁本性,给人颁布律法也说明这种纯洁本性是祂要求人的。既然能够这样要求人,也就意味着祂设定了人这种受造物的本性。因为这种本性,他能够遵循上帝给他的律法,否则,如果人的本

---

① 参见[英]洛克《基督教的合理性》,王爱菊译,武汉大学出版社 2006 年版,第一、二章。
② 洛克:《基督教的合理性》,第 8 页。

性根本性地不能胜任这样的律法，上帝又为何给他颁布呢？上帝难道是那试探人心的上帝？另外，如果上帝把混乱、混淆和邪恶先在地放在人心中，而非把遵循律法的本性放在他那里，还要造出他来做什么呢？这一方面与上帝的完满不相符合，另一方面也根本性地破坏了上帝安排给世界的秩序。因此，在洛克看来，既然上帝创造出理性的人，那律法也正是理性的法则或自然的法则。违背理性的法则（律法）就是反对自己的理性本性；遵守律法就是把理性本性施行出来，从而能够取消因着不服从而自我获得的有死的有限本性。这便是以"立功之法"成就生命——与之相对的是"信主之法"。① 但无论如何，立功之法意味着人不能有一丝一毫地违背律法，因为任何一个点上的违背，就会破坏上帝的纯洁本性（也是理性的本性），如果允许一个点，就会引发其他的点为何不可，如是，则律法就荡然无存。

　　从洛克的论述可以看出，上帝给人颁布律法，本身意味着人的理性本性是完满的，或者说，理性的法则或自然的法则（一般意义上的自然法）就是上帝的命令，也是人的原始的生存本性——与"自然法论文"的思路是一致的。如果存在能够完全遵守律法的人，他可以不借助"信主之法"重新得到生命。我不想断言是否存在这样的人——从洛克的文字看，这样的人似乎不存在，② 但毫无疑问，不能完全遵循律法的人是数不清的。洛克也是在这里切入"信主之法"，即"信约"和耶稣基督的相关问题。本质上来说，因为人不能完全遵守律法，律法便让人看到自己本性上的不足（有死本性与理性本性的"复合"），因而让人看到自己的"罪"（保罗：律法让人知罪），才可能有信。在洛克看来，公义（行律法并且知罪而有所悔改）与信（耶稣）共同作为基督徒得救的依据：

---

① 参见洛克《基督教的合理性》，第 8 页。

② 有时候洛克顾及保罗的话（律法让人知罪），因而从文字上看，认为没有人能够通过遵循律法而为义；有时候，洛克又明言能够完全遵守律法，而凭着自己的双脚站立，不需要信，似乎这样的人也存在。当然这两种说法也未必矛盾：洛克从未明言现实存在的人能够凭自己完全地守律法。可参阅洛克《基督教的合理性》，第 8—9 页、第 106 页等。

假如没有"立功之法",就不可能有"信主之法"。信本来可以使
人称义，但是如果没有律法，而且是人难以遵守的律法，用作考量义
的标准，那么信也就没有必要存在了。没有了律法，也就无所谓罪；
既然无所谓罪，那么无论是否有信心，人人都同样是义人了。……
按照信主之法，信可以弥补无法完全遵行律法的不足，只要你信，便
可被当作义人，从而获得生命和永生。[1]

并非因着信，人就可以不遵守律法，相反，人是在遵行律法的软弱中
看到自己的罪，而有所悔改，只有这种悔改，才让人归向耶稣，从而，信乃
是在一次次地违背律法，或在律法面前的软弱中不断地加强的。认识不
到自己的软弱，就看不到自己的罪，看不到罪，悔改就无从谈起，如此，纵
然言称信，也是毫无意义的。信只是弥补无法遵守律法的不足。换言
之，信不仅仅是主观的，它更是在对律法的实践中展示出来，并被不断加
强的。除了信耶稣是弥赛亚，即救主之外，洛克并未为信增加其他内容，
比如三位一体、神人二性等等，如是理解的信，就只是把人从罪中带出
来，而让人获得生命或永生的信。通过分析福音书和使徒们的文字，洛
克不断地回到这一点。与信耶稣是基督相应的是人在行公义上的改变，
这便是知罪和悔改。

他刚一开始传道，便命令人要悔改。如同圣马太所言"从那时
候耶稣就传起道来，说：天国近了，你们应当悔改"（《马太福音》第 4
章第 17 节）他还对文士和法利赛人说："我来本不是召义人悔改"，
因为真正的义人不需要帮助，生命树本是他们分内应有的；他来是
要"召罪人悔改"（《路加福音》第 5 章第 32 节）。[2]

在圣彼得第一次讲道时（见《使徒行传》第 2 章），众人感到扎
心，问他："我们当怎样行？"彼得便说："你们各人要悔改。奉耶稣基

---

① 洛克：《基督教的合理性》，第 12 页。
② 洛克：《基督教的合理性》，第 109 页。

督的名受洗,叫你们的罪得赦。"(第 38 节)在他第二次讲道时,他对众人说的还是这个……他们还把这同样的道理教导给大祭司和官长……在《使徒行传》第 17 章第 30 节中,保罗告诉雅典人:如今在福音之下,"神吩咐各处的人都要悔改"。在《使徒行传》第 20 章第 20 节……①

知罪和悔改是走向公义的起点。不知罪,没有悔改之心,公义是不可能的;认识耶稣基督是弥赛亚也是不可能的。即使认信耶稣基督是弥赛亚,若不知罪,无悔改之心,这样的信也是空的。不通过律法知罪便是根本性地离弃上帝给予人的理性生存本性,离弃生存本性,便是离弃公义的上帝,也便不可能真正认识耶稣基督。因此,按照洛克的理性神学,对于基督徒来说,律法和耶稣是人能够摆脱因吃禁果而有死本性的辖制,而能够重新获得理性本性或生命的最基本的东西;与之相应,在其心灵中,悔改(行律法)和信仰(耶稣是弥赛亚)是其能够称义的最基础的原则。其他的,比如忍耐、顺服、爱等等,都可以从这里引申出来。同样地,这也是洛克一再伸张自己对基督教解释的合理性所在。不仅如此,经过如是解释的基督教的基本原则亦与理性自身的原则相匹配,这便是洛克认为启示能够大大提升理性的依据,同时,理性亦能够反过来不断地消化启示的根据。② 其根源在于,符合上帝纯粹本性的律法同时也是人的理性本性或自然本性。

梳理完洛克对基督教合理性的论述之后,我们会看到,只以信耶稣是弥赛亚(救主)和悔改为原则解释基督教大大地改变了传统的信经格局,避免了把说不清楚的信条(三位一体,等等)加给内心的状况。如果接受洛克的解经原则,信徒或许可能从一些超出理性解释的信条中解放出来,而专注灵魂救赎,避免因为解释问题与他者对抗。吊诡的是,《基

---

① 洛克:《基督教的合理性》,第 117 页。
② 参见洛克《基督教的合理性》,第 14 章,尤其第 136—137 页部分。

督教的合理性》写出后不久,洛克便遭到"正统"神学家的讨伐,以至于其不得不作出申辩。从这些讨伐和申辩的文字,以及洛克之后,以至于现代教会内部的情况看,洛克的原则似乎更多地进入之后的教会传统中——对此的评价可能见仁见智。

抛开信耶稣是弥赛亚不论,悔改也大大地推动了宗教宽容原则。在"论宗教宽容"中,洛克认识到,若要权力参与,宗教上的不宽容造成的危害是大的,因而如果宗教宽容是可能的,首要地是拿掉权力,无论国家的,还是教会的,都需要拿掉。但拿掉权力之后,宗教宽容就真的实现了吗?尽管由于不再有权柄,但理解的差异(尤其在事关信条的时候),照样会引起对峙,无论个体性的,还是宗教派系性的。这个问题是引导洛克处理基督教(信仰)的解释原则问题的关键。无论何种解释原则,总是有与此解释相反的解释原则,哪怕再简单的解释框架——这也是洛克的书刚一出版就面临大量的批评的原因。如何衡量这些解释原则在大公教会丧失权威性之后已经不再有统一的标准,但相互矛盾的解释体系之间如果能够实现某种程度的和解,即如果宗教宽容是可能的,势必需要双方放弃对峙,而能够或者坐下来谈,或者保留自己的解释而不对对方做出攻击:这首先需要知罪并悔改。

悔改意味着知道自己的能力不足,知道上帝的公义根本性地不能通过自己展示出来,知道无论在面对上帝的时候,还是面对其他信徒的时候,自己的作为和理解都是有局限的,知道上帝或许乃是通过他者对自己说话,让自己放弃对自己的固守或自以为是。只有在悔改之心占据自己的心灵的时候,对他者的宽容、对与自己的解释体系不一样的解释体系保留一份敬意,才是可能的。否则,站在自己的理解和解释体系上指责别人就是正常的,尤其在事关灵魂的拯救问题上,每个人太容易把自己理解的拯救方式作为唯一的拯救方式,而忘记上帝对每个人的救赎其实是千差万别的。道理上其实也很简单:既然上帝的救赎是针对每个信徒的,根据哪种方式敬拜上帝也就纯乎是个体性的,个人在面对上帝的时候，与其把注意力放在某种臆想的"普遍救赎"上，还不如关心自己的灵魂得救，而这，正是悔改之于个人的意义。

因此，内心（信仰和良心）自由与悔改作为个体主观上的生存动力，它们一起组成洛克论证政教分离和宗教宽容的基础。缺乏前者，则政教分离不能真正实行下去；缺乏后者，宗教宽容就是一句空话。同样，如果政教分离得不到贯彻，内心的自由就得不到保障，宗教宽容就是不可能的；而悔改之心，则是宗教宽容的基础。

反观洛克的写作背景。光荣革命能够完成，依赖于各方的妥协和宽容。这种妥协和宽容看似仅是理性的选择，实则与宗教上的悔改息息相关。理性总是寻求自己利益的最大化，很难想象掌握权力的人能够放弃权力，即掌握绝对权力的人能够放弃绝对权力，既有的能够掌控其他教派的教派能够放弃这种权力——哪怕历史已经给出足够的教训，极端掌权者必死于权力之下。若不能在公义面前悔改，权力之心必将腐蚀所有人的心灵，古今中外，概莫能外。即使迫于形势，暂时出于理性之心能够作出妥协和表面的宽容，但这种妥协和宽容又能持续多久呢？或许正是对这一点的体察是光荣革命刚结束不久洛克奋力写作这些文字的动力：革命成果若要保持下去，一是需要以法律的形式把相关问题确定下来，一是唤起人们的悔改之心。事实也是如此，光荣革命之后，英国的政体框架真正稳定下来，还是近半个世纪之后。而一旦稳定下来，这个政体所激发出来的自由和创造力就达到了历史的顶峰。

以上，便是洛克思想体系的一些基本内容。在进入下一章之前，让我们开辟一个小节，核心性地回溯洛克的思想，并对其思想的关键词作整体性论述，以进入下一章对卢梭体系的分析和讨论。

第四节 小结：洛克的心灵世界

在霍布斯那里，我们看到一个科学的政治体系。它对洛克有非常大的影响，但是，洛克却并未完全遵循霍布斯式的严格的科学论证道路，而是在迟疑中，有所取舍。从两个体系的出发点上看，最大的差异在于，霍布斯以其界定的生存本性规约理性，并在此基础上构建其宏大的"国家-个体-宗教"体系，因而生存的绝对性是霍布斯的逻辑起点；洛克则以理性（爱）作为起点规定生存，构建其"国家-个体-宗教"体系，因而理性是洛克体系的逻辑起点——洛克并非是已经形成了的那种简单意义上的"经验主义者"。

从其早期著作"自然法论文"中，我们已经看到，尽管洛克明言感觉经验是其获得自然法知识的认识来源，但感觉经验只是最基本的材料，真正让自然法展示出来的则是理性的推论。根据自然神学路径，洛克论证作为绝对意志的上帝的存在；根据对善恶混杂的历史现实的推论，善和正义是自然法的基本内容。而在其晚期著作中，洛克径直把上帝之纯洁本性所要求的律法视为理性法则或自然法则，进而把理性本性视为人的原初本性，视为人能够获得永恒生命的基础。换言之，纵然人单凭理性本性（或许）无法实现真正的公义，那只是因为人的本性中混杂了有限本性（必死，即不能全然顺服于上帝），如果理性本性能够全然主导人，信耶稣也就是不必要的。或许正是因着对理性（本性）的这种体察，在《政府论》中，洛克认为即使自然状态下的人，依然有着内在地与他者联合的生存本性，在这里，洛克把这种生存本性视为"爱"，正是因为这种生存本性，自然状态下人是自由的，其拥有财产（权）和人身（权）也是能够得到普遍认可的。

综观这些基础文本，洛克认定，人的生存本性是由理性和爱规定的。这与霍布斯形成深刻的对峙。后者认为，生存只是个别性的绝对生存，其拥有对一切事物的权利；为了生存下去，理性才会给出各种自然律（法）。但洛克则认为，即使自然状态下也不存在这样的生存，相反，只要谈到人的生存，就是理性的或爱的，这是人之为人的基础。如果说在霍布斯这里，生存与理性是两截的（生存是起点，理性是附属），洛克则把人的生存和理性内在地联合在一起——尽管在认识上，感觉经验等作为认识起点，但在生存上，理性则是根本的推动点，这尤其展示在其晚期的《基督教的合理性》中。也正是因为生存和理性的内在联结，理性能够接受启示，解释启示，同时在启示中得到提升——至于能够提升到什么程度，能否完全取代启示，则是更进一步的问题，也是洛克之后，推动思想史发展的一个关键问题。

但也是因为洛克对理性本性（包括爱）的重视，使得《政府论》对"自然状态"的设定问题重重。即使承认自然状态下的人拥有与他者内在联合的力量，无论是爱，还是理性，但又如何能够推导出自然状态下的人的财产权和人身权呢？如同我们已经揭示出来的，财产权和人身权以某种相互承认的意志为前提，而相互承认的意志则以共同的约定（契约）为前提。换言之，由于要为新兴的资本主义制度作起点上的辩护，洛克不由自主地把资本主义制度基础的私有财产权作为其自然状态下的原始状态。这一霍布斯式的对于科学体系的追求却以体系的内在矛盾而自告瓦解。

无论如何，在这个逻辑上注定要瓦解的体系中，我们需要看到洛克的几点贡献。首先，对爱（和理性）作为生存本性的强调，让人的生存中有内在的与他者联合的动力，这是现代个体性能够论证自身的关键所在——这一点是对霍布斯的推进，也进入卢梭的自然状态中；其次，把出于理性本性的自然法则视为合乎上帝纯洁本性的律法，让人的理性本身拥有某种神圣性，这更是后续的理性哲学（尤其康德哲学）的关键点；再次，正是这种拥有某种神圣性的理性本性使得内心自由成为可能，因为人内地可以与上帝联合（上帝的形象？），这种内在性是不能被权力拿掉的——这也是政教分离，信仰自由的真正基础。在笔者看来，对理性之崇高地位，甚至某种意义的神圣地位的强调，是洛克相较于霍布斯对思想史作出的最重要的贡献，这一点与斯宾诺莎遥相呼应，深刻地进入德国理性哲学传统中。无论如何，我们也需要看到，这也只是一些思想契机，洛克的理性尽管有着某种神圣性,但其基础却在于信仰,而未获得自身的"绝对性"论证:理性要得到出于自身的绝对论证还有一段路程,这才是启蒙时代论证自己的关键。根据笔者的这段追踪,在接受和分析已经形成的有关洛克的英美式"经验主义"这一说法的时候,我们还是需要做一些思想上的分辨。换言之,我们不能低估洛克之于启蒙和现代性的思想意义①

我们会看到,洛克的这些贡献,甚至其体系中的漏洞,都进入到思想史中,并成为推动思想史发展的重要力量。卢梭,正是沿着洛克的解释漏洞进入的,但同时也把生存本性中的内在可普遍化维度继承下来。

---

① 重述一遍。在早期的"自然法论文"中,洛克就强调将感觉经验等四种要素作为认识的来源,而把理性排除,认为理性只是"把握"这些材料的功能;在《人类理解论》中,洛克也强调知识的可经验特点。需要注意的是,恰恰在最关键的"神启知识"方面,洛克明言,它不来自这种意义上的感觉经验。从洛克整个论述体系看,"神启知识"正是最关键的,缺了这个环节,自然法在根源上是不可能的;自然状态中的"财产""人身"等也是无法得到论证的;人能够接受律法也是不可能的——律法就是理性法则。换言之,如果说推论的理性以感觉经验等为素材,因而是一种推论能力,但理性本身(人的理性本性层面的理性)却不仅仅是推论式理性,相反,它本身是人的神圣性所在(是上帝的形象?或神圣者的赋予?——这两种理解会走向对理性的不同分析)。这一点深刻地进入德国哲学,尤其康德哲学和黑格尔哲学中。

第四章　自由、意志与现代性：卢梭论现代个体和现代国家

　　没有哪位思想家的思想能够脱离他生活的时代，但是，如果仅仅止于那个时代，也称不上是好的思想家。马基雅维利面对的是分裂的意大利与统一的民族国家之间的巨大落差，卢瑟福要解决的是反抗王权的合法性，霍布斯的体系则是统一的政治所要求的，洛克要为光荣革命之后的英国确立权力的限度。17 世纪是英国的世纪，经历近百年的艰难困苦、数代人艰苦卓绝的斗争后，英国人和英国的思想家们完成了历史赋予他们的任务，为世界历史确立了一个典范。英国 18 世纪能够成为日不落帝国，能够主导欧洲甚至全世界的事务得益于 17 世纪先辈们的努力。

　　光荣革命之后，欧洲开始聆听来自大陆的声音。首先是法国。内战之后，英国政体陷入纷乱状态，法国却在"太阳王"路易十四的带领下达到国力的顶峰，无论军事力量，还是政治的稳定，都是英国无法匹敌的。但是，这种力量上的顶峰、文化上的繁荣背后却隐藏着深刻的危机。经济上，入不敷出的国家财政；政治上，绝对权力被一次次的人民起义烘托得孤零零。凭借着一位强力政治家，

外在的繁荣昌盛尚且能够掩盖内在的危机，但伟大政治家并不常有。① 在路易十五主政的 18 世纪二三十年代，这些危机频繁显露，到 18 世纪中叶（1756—1763 年），英法面对面的七年战争使得两国在欧洲的地位直接实现了反转：英国政体的先进性完全反衬出法国作为专制国家的弊病。往昔的荣光和今日的衰落，这一时代的困境如同逼迫着马基雅维利那样逼迫着法国思想家们的心灵：必须要寻求改变，但又怎么改变呢？要改向哪里呢？——这是困扰孟德斯鸠、卢梭等人，直至贡斯当等 19 世纪思想家们的核心问题。

不知道是幸，还是不幸，卢梭就生活在这样的时代里，生活在这个变革直接发生的年代里。1712 年，卢梭出生于法属区（瑞士）日内瓦的一个新教家庭，在天主教主导的法国，他们属于边缘群体；他的出生伴随的是母亲的去世。或许这些造就了卢梭天性的敏感和善良。与洛克相比，他几乎没有受过良好的教育，但敏感的生性和好学的态度推动着他学习已有的各种知识，音乐、自然、政治、哲学等等，各个领域都无所不及。卢梭属于大器晚成的那种，直到 38 岁（1750 年），才有"正式的""第一篇论文"《论科学与艺术的复兴是否有助于使风俗日趋纯朴》，之后，便一发不可收拾，在 50 年代的十年中，《论人与人之间不平等的起因和基础》《政治经济学》《爱弥儿》《致达朗贝尔的信》《新爱洛依丝》等相继出版，《社会契约论》亦于 1762 年出版（一说 1759 年开写，一说 1752 年开写，上下正值法国命运最关键的英法战争时期）。

30 岁起，卢梭混迹于巴黎。此时的巴黎尽管危机笼罩，却是名副其实的"现代都市"，在这里，卢梭深刻地感受到时代，感受到时代中的人。

① 卡罗尔·布拉姆这样说路易十四和他的子孙们的差别："然而，这种崇高的君王形象却被他子孙的统治完全毁掉了。许多贵族和红衣主教热衷于效仿新国王的浮华，放弃了真正具有典范效应的正直生活。他们展示给世人的是赤裸裸的欲望、贪婪和轻浮，同时他们还宣称自己拥有超过一般人的道德特权。"如是的君王与贵族很难真正像先辈那样维持昔日的荣光和霸业。卢梭正是生活在这样的没落和普遍的道德败坏（欲望、贪婪又轻浮），因而势必要有所改变的时代。参阅[美]卡罗尔·布拉姆《卢梭与美德共和国——法国大革命中的政治语言》，启蒙编译所译，商务印书馆 2015 年版，第 5 页。

我想，如果不是在这里，即使敏感如卢梭者，也很难想象其能够写出那"第一篇论文"。对现代人之"布尔乔亚性"的揭示和批判是理解卢梭，并进入卢梭内心的第一把钥匙。完成对现代个体内心世界的扫描之后，如何面对现代人的这种生存危机，并为法国的困局提供一个思想上的方案，就成了卢梭摆脱不掉的思想宿命。一方面，法国败局已定，把一直由强大政治家隐盖起来的时代现实彰显于天下；另一方面，无论法国，还是英国，"布尔乔亚人"问题都是需要解决的。如果说霍布斯和洛克尚在为现代人的出现进行某种辩护，并在这种辩护中思考"个体-国家"问题，半个到一个世纪之后的卢梭则需要直面现代人的"布尔乔亚性"，并给出某种方案化解他的这种属性。由是，与前两位的"国家"相比，卢梭的"国家"更具深度——在这里，我们可以理解并体贴启蒙和现代性的绝对深度。

　　于是，与霍布斯的逻辑的科学的体系和洛克的半启蒙半信仰体系相比，卢梭的体系乃是完整的启蒙体系。本章将分析卢梭对现代个体的批判（以"第一篇论文"为范本，兼及其他）；对自然状态的分析，切入自由与历史、自由与国家的问题（以"第二篇论文"为范本）；对国家的分析，切入现代国家与现代个体的深度纠缠，及其各自的深度所在（以《社会契约论》为范本）；对其宗教、教育、爱等问题的分析切入如何面对现代性问题。可以说，只有真正理解卢梭，才能真正理解启蒙的深度及其限度；只有真正理解卢梭，才能真正理解卢梭之后德国古典哲学的基本要义；只有真正理解卢梭，才能真正理解信仰之于现代社会的基本意义和价值。——理解卢梭，对于汉语学界来说，还有一段路要走。

第一节　卢梭的历史背景及其对现代"文明人"的批判

　　如前所言，30 岁的卢梭一头扎进最现代（modern）、最时尚、最代表一个时代的巴黎，从此之后，"展示的画面，与以前的画面是多么不同啊！

命运在前三十年间处处有利于我的天性的发展,而在后三十年,却事事与我的天性发生冲突。在我的处境与我的倾向继续不断的冲突中,我犯了许多巨大的过错,遭遇了许多前所未闻的不幸……"[1] 在卢梭的眼中,30 岁是划分他的"天性"和"遭遇"的一个坎,天性是那甜蜜的淳朴、爱和自然,遭遇则是他在巴黎、里昂等"大地方"所面对的"现代文明"和"现代人"所带给他的东西。按理说,卢梭所学习的知识都来源于在那里生活的人,也正是在与这些人交往的过程中,他的眼界宽阔了,他的学识增加了,但是,他的心灵又怎么远离天性了呢? ——知识、科学与心灵是两回事吗? 如何理解卢梭的这种体验?

一、卢梭的历史背景

1661 年 3 月,马扎然(Jules Cardinal Mazarin,1602—1661)病逝,死前密嘱路易十四(1638—1715,1643—1715 年在位)亲自掌权、不要再任命宰相。从此直至其逝世的 54 年里,路易十四开启了法国在欧洲的复杂命运;而从 1715 年之后的年代看,法国的命运就更加复杂。路易十四完美地继承并实现了黎塞留(Armand Jean du Plessis de Richelieu,1585—1642)的政治追求,一是,追求并实现绝对权力;二是,欧洲霸业,把法国带向欧洲的顶峰,成为欧洲第一位的强国。

要实现绝对权力,首要地是削弱能够与权力相抗衡的政治力量,在法国,这些政治力量乃是在地方上有权力的贵族们。路易十四的做法是把贵族们变成他宫廷中的成员,从而解除其作为地方长官的权力,为此,他建造了凡尔赛宫。1682 年,他连同贵族们搬进这座巴黎城郊的巨大的宫殿里。在这里,宫廷的规矩迫使贵族们为了衣装费用就要付出巨款;每天的宴乐所花更是不计其数,他们从早到晚都得待在这里参加舞会、宴席和其他庆祝活动。由于沉溺于宴乐和博取国王的宠幸,他们没有时

---

[1] [法]卢梭:《忏悔录》,李平沤译,商务印书馆 2015 年版,第 363 页。

间管理地方问题，渐渐地也就丧失了统治地方的权力。无论如何，这种骄奢淫逸的宫廷生活深刻地影响了法国上流社会的风气，也塑造了他们的"行为方式"。[①]

　　1672 年，路易十四发动了法荷战争，一举重创荷兰、名震全欧，不但造成荷兰的"灾难年"，更是打响了自己的"太阳王"名号。在 1678 年的法荷战争大胜后，他继续推行更大的扩军计划，只有数年，法国的海陆两军都冠绝欧洲。法国在欧洲的地位达到顶峰，一直到路易十五时代的 18 世纪中叶，英国取代法国成为欧洲第一强国。但是，随着 1685 年废除南特诏令，迫害国内的胡格诺教徒的政策的不断演进，法国也激起欧洲新教国家的广泛敌意，严重破坏其外交成果，不仅使得原来的盟友倒戈相向，其海外殖民地也不断地受到冲击。不仅如此，路易十四在位期间，还发动了三场战争，分别是：1667 年至 1668 年与西班牙争夺荷兰的遗产战争（The War of Devolution）、1688 年至 1697 年与神圣罗马帝国皇帝之间的九年战争（大同盟战争，也被称为奥格斯堡同盟战争、巴拉丁王位继承战争），以及 1702 年至 1713 年的西班牙王位继承战争。

　　这些战争耗尽了法国的国库，使国家陷入高债之中。加之，宫廷巨大的花销和贵族官员们的腐败，都使得法国财政入不敷出。由于教士们和贵族们（第一阶层和第二阶层）都不纳税，却占有大量的土地，沉重的债务就压在普通民众（第三阶层）的身上。[②]　路易十四并非不知道这一点，在其临终之际，叮嘱路易十五不要再发动战争、要体贴民情，本就说明他深知这一点，但为了让法国成为欧洲强国，他还是以人民作为代价。在历史上，路易十四的雄才大略得到充分的肯定，伏尔泰、拿破仑、歌德

---

① 有关凡尔赛宫廷生活的外表和精神特质，以及具体的国王宫廷人员的各项开支、王室成员和贵族的各种活动及其开支等，请参阅伊波利特·泰纳五大卷本的经典著作《现代法国的起源：旧制度》部分，黄艳红译，吉林出版集团有限责任公司 2015 年版，第 89—172 页。
② 有关法国当时的财政以及各阶级构成等问题有不少相关研究。鲁德在其对法国大革命中的群众的经典研究中，给出了当时巴黎各区的人口及其构成、物价、纳税情况等。请参阅［英］乔治·鲁德《法国大革命中的群众》（何新译，北京师范大学出版社 2016 年版）的引论和附录部分。

等人,都对他献上了最深的敬意和爱戴。但是,其带来的法国宫廷生活,财政的捉襟见肘,也事实性地成为其后继者们沉重的负担:"隐藏在这一切繁荣背后的是一个繁杂的特权体系:上层阶级的生活倚靠整个区域的支持;将最繁重的税赋负担加于最无力承受的人身上;为制造业与商业制定守旧的规条加以限制;封建主义制度沉重地压迫着农民"。①

路易十五的名言,"我死之后,将会洪水滔滔"(Après moi, le déluge;1997 年版《兰登书屋大辞典》认为,路易十五的这句话乃改编自其情妇蓬巴杜夫人对其所说的"Après nous, le déluge"),即是对这种负担的洞见。② 我们不知道,假以时日,路易十四能否解决法国的问题,但毫无疑问的是,路易十五并无这样的雄才大略。他只能看到宫廷风俗进一步恶化,财政问题积重难返。好的是,他并不好大喜功,因而听从了曾祖父的教导,不再穷兵黩武。但是,树欲静而风不止,英国的崛起使其寻求更大的海外霸权以及欧洲事务的主导权。以至于在 1756 年到 1763 年,法国卷入与英国的七年战争中。这是英普同盟与法奥俄国同盟为争夺殖民地和欧洲霸权而进行的战争。此次战争后,英国成为海上霸主,法国进一步受到削弱,俄国加强了欧洲强国的地位,普鲁士在德意志的特殊地位得到巩固。法国的战败让人们看到英国政治制度的优越。

无论现实处境如何,最晚从路易十三时代起,法国就开始成为欧洲文化艺术科学的中心。路易十四的宏图霸业更是使得这一点不断地凸显,以至于其后近 200 年的时间里,法语都是欧洲宫廷、文化艺术界通用的语言。霍布斯、洛克等人也无不从巴黎学习并继承了很多东西;法国

---

① [英]露丝·斯科尔:《罗伯斯庇尔与法国大革命》,张雅楠译,商务印书馆 2015 年版,第20 页。

② 早在 1743 年,法国外务大臣达尔让松(d'Argenson)就预见到政府将会崩溃,并采取了一系列措施挽救之;与之同时代的杜尔哥(Turgot)等人也认识到需要启蒙统治者,以解决君主的绝对权力会带来的未来的风险。相反,倒是卢梭不认为法国会发生革命,他对休谟说,贵族没有做受公民的勇气。事实是,不是贵族,而是备受压迫的人民愤而反抗。在这个酝酿着巨变的时期,敏锐的人都感觉将要发生什么。参阅[英]阿克顿《法国大革命讲稿》,高望译,中华书局 2014 年版,第 9—13 页。

也为世界贡献了无数的相关人才。科学、文化、技术等的兴盛在大大提高了法国在欧洲的形象和吸引大量外国人学习之外，也在相当大程度上塑造了法国，尤其巴黎的风俗。路易十四把贵族们安排在凡尔赛的皇宫内，上流社会人群与科学文化等研究者合流，无论是舆论，还是现实的生活都深刻地具有了现代社会的一切特点。

现实处境的变化与科学艺术的兴旺之间如何协调？科学文化艺术的繁荣对于当下的社会风气究竟有着怎样的影响？能够从现实处境和科学文化等的繁荣之间的张力甚至不匹配间发现什么？现实处境的变化根子上的问题究竟是社会习气改变的结果，还是政治制度本身的问题所导致？对于卢梭时代的思想家或人文学者或政治研究者来说，这些都是实实在在的问题。或许这正是 1749 年法国第戎科学院发布有奖征文竞赛"论科学与艺术的复兴是否有助于使风俗日趋纯朴？"，以及 1753 年冬季征文"人类不平等的起源是什么？人类不平等是否为自然法所认可？"的原因所在。前者追问的是科学艺术的繁荣之于人的基本意义，后者追问的是不平等问题的政治意义。两者正处于法国科学艺术的繁荣与政治上的落后（专制国家）之间；在科学艺术一度可能沦为宫廷雅士们装点门面的世风之下，这个问题显得就更加突出。

卢梭的"第一篇论文"和"第二篇论文"就分别是这两次有奖征文的产物，第一篇使其暴得大名，进入上流社会交往的圈子。第二篇尽管没有获奖，却是卢梭最重要的自然法著作。从"第一篇论文"的内容看，卢梭深刻地看到现代科学艺术引导下的风俗使得人距离本性愈来愈远，与科学艺术深度相关的现代风俗所塑造的现代人成为符号般的"常人"，一切合乎自然的淳朴、出于自然的道德都不再存在。这个观点一经抛出就引起舆论的哗然，卢梭也做了一系列的回应，以为《纳尔西斯》写序言的形式结束了这场持续了近两年的争论。可见这个问题在当时涉及面之广。这场涉及面广泛的争论本身证明法国人已经开始认识并反思现代生活、现代人的基本意义。

二、卢梭眼中的现代"文明人"形象

让我们先从卢梭视为对手的洛克入手探讨这个问题。在《教育漫话》中，洛克说出了他心目中的"绅士形象"，并意图以教育的方式为社会培养这样的绅士。在献词中，洛克强调："对孩子进行良好的教育，是父母的重大责任和热切关心的事情，也是国家繁荣兴旺的极其重要的支柱。本书旨在根据年轻人自身的不同条件和职业要求，去努力促进那种最容易、最简便、也最可行的能够德才兼备的有用人才的教育方法。"①洛克眼中的"英国绅士"是与国家紧密联系在一起的，"德才兼备""有事业的人"或"个人荣誉"，以及在这些之下的"言论修辞""算术几何""天文地理""商业账目"等条目，无不指涉着把人按照现代商业或科学等的要求塑造在国家里，并在国家中实现自己的价值。因此，教育，或人之为人的最终目的乃是能够在世俗国家中更好地实现自我和公共的保存，过一种幸福的生活。这样的人的品性和学识都是在国家的实用中建立起来的，进一步，如是确立下来的人也建设着国家。在《漫谈绅士的阅读与学习》中，洛克如是说："想要博学的人，必须熟悉一切科学的对象。但这对于一个绅士来说是不必要的，他的正当职业是为他的国家服务，因而关心道德和政治的知识才是最正当的；因此，直接属于他的职业的学习，是那些关于……"②

洛克的这些论述并非只是他的观念或理想，更是其生活的现实。如果说在卢瑟福和霍布斯的时代，因为政治冲突，国家的内在统一性尚是问题，到洛克写作的时候，重建个体与国家深度的交融已经是迫在眉睫的事情。在强大的法国威慑下，这一点就更加迫切。相应的，由于一直以来的政治和平与统一，法国已经事实性地如此了，也正是如此，法国的

---

① ［英］洛克：《教育漫话》，徐大建译，商务印书馆 2018 年版，第 61 页。
② 转引自胡君进、檀传宝《卢梭为何将洛克视为理论对手》，载《现代大学教育》2020 年第 2 期。

强大才是可能的。卢梭深刻地看到这一点，以至于在《爱弥儿》的序言里，就指出："尽管之前有许多人著书立说，都声称其目的是为了有益公众，然而其中最重要的一件事，即培养人的事业，却遭到遗忘。我现在论述的问题，在洛克的著作问世后，尚未被人谈论，我非常担心，在我的书发表之后，以往那种情况依旧没有得到改变。"① 在卢梭看来，洛克所谓的为了有益公众而培养的人只能是社会或国家中"一样的人"（常人），而非为了人的事业本身而培养的作为个人的人。这样的人"不同于"社会或国家中的"常人"，而是真实地回到自身的天性的人。与这样的回到天性的人相比，社会或国家中的被视为"文明人"的"现代人"被卢梭称为"bourgeois"② ，即汉语经常音译的"布尔乔亚"。在卢梭的眼中，他是怎样的一种"文明"形象呢？

> 今天，人们的衣着愈来愈考究，说话愈来愈文雅，以致使取悦的艺术有了一套一定之规。在我们的风尚中流行着一种邪恶而虚伪的一致性，好像人人都是从同一个模子中铸造出来的：处处都要讲究礼貌，举止要循规蹈矩，做事要合乎习惯，而不能按自己的天性行事，谁也不敢表现真实的自己。在这种永恒的桎梏下，构成这个被称为社会的一群人，如果没有更强大的动机使他们脱离这种状态，他们就会永远地处于那个环境中，永远做着那些事，而我们也永远搞不清楚我们与之打交道的是怎样一个人，必须要等到重大的关头来临之时，才能看出他是不是真正的朋友，也就是说，必须要等到已经没有更多的时间再等了，才能看清他的本来面目。因为，只有在重大的关头，对朋友的认识才最透彻。③

---

① Roussear, J. *Emile or On Education*, trans. A. Bloom, New York: Basic Books, 1979, p. 33.
② Roussear, J. *Emile or On Education*, trans. A. Bloom, New York: Basic Books, 1979, p. 40.
③ ［法］卢梭：《论科学与艺术的复兴是否有助于使风俗日趋纯朴》，李平沤译，商务印书馆 2015 年版，第 12 页。

　　肯定不能说"有益公众"的教育必然导致现代"文明人"的产生以及这种形象的出现，但至少可以说，洛克没有看到这种教育可能会带来的"符号化"般的个人（怎样描述这种文明人如何在现代社会中出现，并主导现代社会的过程是个复杂的问题）。"有益公众"的教育一旦忽视了人自身的天性，就只能制造符合社会或国家形象的产品。这是因为，一旦把"有益公众"作为人的起点，无论科学艺术，还是道德法律，都有一套公共的"需要"形象在背后支持着，因而哪怕科学本身是中立的，其在社会中的形象和意义亦与国家或社会的需要密不可分；道德和法律就更是如此。换言之，所有的个人都会被裹挟到"公共利益"的"需要"中，并在"公众"中确立。如果不能参与公众化这一进程，个人就不能获得社会的认可，因而其自然意义上的幸福就是无法保障的；而参与这个进程，就要按照公众的利益的方向塑造自己。因此，以"有益公众"作为教育和人的起点，人就只能是按照公众要求塑造的"符号"，而丧失真实的自己或自然的天性。

　　与现代社会的这种要求相应，人的自然（至于何种意义上的自然，我们会在下面作论述）与社会就产生了深刻的对峙。洛克接受了这一点，并以之为起点塑造绅士和文明人，事实上，这个进程也实实在在地发生，并进一步"恶化"。在法国，科学艺术的兴盛本就与这个进程有着实在的关联。卢梭对这一点的揭示能够得到科学院的认可而获奖，证明很多人已经看到这个问题；之后，与他人论战证明那些即使不接受这个观点的人亦感受到了这个进程——反对卢梭的论断只是证明接受这个进程罢了。卢梭对现代文明人形象的刻画难道不是"实情"吗？在公众福利支配下，我们难道不是像一个模子刻出来的吗？为了获得认可，不都在取悦吗？等等。卢梭的描述不只符合那个时代，也符合这个时代，这是因为我们一直都在公众和符号间打着转转。无论如何，这样的符号化，这样的压制自然的天性、压制自然的真实会带来一系列的恶果，无论内在的，还是外在的。且看卢梭进一步的论述：

人心难测，怎能不随之而产生一系列坏事呢？真诚的友谊没有了，对人的真心敬爱没有了，深厚的信任感没有了。在那老一套的虚伪的礼仪的面纱掩盖下，在我们夸赞为我们这个世纪的文明所产生的谦谦君子风度的面纱掩盖下，人与人之间却彼此猜疑，互存戒心，彼此冷漠，相互仇恨和背信弃义。人们虽然不用诅咒的语言辱骂创世主，但却用亵渎宗教的语言来侮慢他；而那些羞辱神明的话，我们灵敏的耳朵居然听了也不感到刺耳。人们虽不夸自己的优点，但却贬低别人的优点；人们虽不用粗鲁的态度对待敌人，但却用巧妙的办法使他们感到难堪。民族之间的仇恨也许会消失，但对祖国的爱也将随之而遗忘。愚昧无知固然受人轻视，但代之而起的猜疑之心却是很危险的。……其他的坏事却被人们称之为善行，而且我们还必须自己做这些坏事或仿效这些恶行。①

既然被裹挟进公众而无法回到自身，既然只能接受符号化而不能宣示自身，自身的真情实感和真实的判断就只能被压抑。久而久之，公众化成为习惯，压制真实的内心也成为习惯，每个人也就只能带着一副面具生活，而把真实的自己"遗忘"了。再久而久之，如何不产生一系列"坏事"呢？真诚的友谊、发自内心的敬爱、深厚的信任感都在这种压制和遗忘中丧失了。更坏的是，由于压制和遗忘，由于友谊、敬爱和信任的丧失，猜疑、戒心、冷漠、仇恨和背信弃义等主导了人与人之间的关系。除了自己，再没有其他的一切：深度的"自爱"刻画了这样的现代文明人。"布尔乔亚"人沦为原子式的个体。哪怕对待最亲近的人，哪怕一个屋檐之下，由于社会礼仪和规范，一切都角色化了；由于压制和习惯，只剩下职责；由于这种深度的自爱，内心的真实都是很难唤起的。进一步，由于把自己消弭在公众的符号中、由于自觉自愿地投身于公众的符号进程中，只在内心最私密处与人建立关系的神圣者变得可有可无；对一个东

---

① 卢梭：《论科学与艺术的复兴是否有助于使风俗日趋纯朴》，第12—13页。

西发自内心的爱也不再有位置。"人们又把神赶出神庙,由他们自己去住。如今的神庙已经同公民的住宅没有多大区别了"①。

更重要的是,因为发自内心的"爱"已经无从谈起,"爱国"也就不再是出于内心的对祖国赤诚的爱,而是为了"利益"——不管是实现自己的利益,还是"为了"国家的利益。由于公众利益只是外在强加的,国家或国家的利益根本不能在内心被真实地唤起。但无论如何,"一切最高尚的道德行为都产生于对祖国的爱;这种把强烈的自尊心与美德结合在一起的活跃的感情,将使道德获得一种新的力量……"②,由于现代文明人只是通过"利益"与国家联合,对祖国的"爱"以及由之而来的道德行为就无从谈起了,相反,这样的国家中的道德只是通过"利益"和"自爱"建立起来的。

在卢梭识别出现代文明人的这种属性之前 2 年(1748),孟德斯鸠亦如是评价这种人;几年之后(1753),卢梭也明确看出现代布尔乔亚人的"自爱"本性:

> 在这个国家里,所有的情欲都不受约束;憎恨、羡慕、嫉妒、对发财致富出人头地的热望,都极广泛地表现了出来。要不是这样的话,这个国家就要像一个被疾病折磨的人,因为没有力气,终于没有任何情欲。③

> 毒害人的心灵的野心,以及不是为了真正的需要,而是为了显示自己高人一等的聚集财富的狂热,必然使人们产生互相损害的险恶意图,一种暗中嫉妒的用心;这种用心是极其危险的,因为它为了达到目的,往往戴着伪善的假面具。总之,一方面是由于竞争和敌对,另一方面是由于利害冲突,使人们个个都暗藏有损人利己

---

① 卢梭:《论科学与艺术的复兴是否有助于使风俗日趋纯朴》,第 32 页。
② [法]卢梭:《政治经济学》,李平沤译,商务印书馆 2013 年版,第 21 页。
③ [法]孟德斯鸠:《论法的精神》上册,张雁深译,商务印书馆 1995 年版,第 320 页。

之心。①

在霍布斯的"自然状态"中，我们已经看到了这样的人：权利（孟德斯鸠的情欲）不受限制、深度的自爱以至于要损害他者成就自己、以某种善为自己作托词（伪善），等等，憎恨、竞争、嫉妒、对财产的热望都是由此而来。一旦权利或情欲受到限制，一旦深度的自爱不能施行出来，个人以及由其组成的国家也就没有任何活力，像是被疾病折磨的人。换言之，尽管霍布斯意图通过理论建构解决现代人的这种困境，洛克意图通过对个体之可普遍化生存维度的强调而展示个人和国家的内在一体性，但事实是，国家非但没有解决个体的深度自爱，还把自己建立在这种自爱的基础上，否则无论个体，还是国家，都是死气沉沉的。根据洛克的正面论证和卢梭的反面批评，产生这种状况的根源在于现代国家只关注公众的福利，也只有在把自己融入这种公众利益的国家中的时候，个体才有相应的价值。作为现代国家和现代人"本质"的对公众福利（或财产）的追逐是产生符号化个体的根源，而深度的自爱则是国家和人有活力、有生命的根源。道德、法律，甚至科学艺术都是根据它确立下来的。② 据此，卢梭说："所有这一切，甚至连道德本身，都是由人的骄傲心产生的。由此可见，科学和艺术都是由于我们的种种坏思想产生的……它们的产生是缺乏正当的理由的。"③

因此，从整个时代的基本问题看，卢梭对这种道德和科学艺术的批判就显示出其深刻的，甚至伟大的意义。

---

① ［法］卢梭：《论人与人之间不平等的起因和基础》，李平沤译，商务印书馆 2015 年版，第100 页。

② 从思想和现实的关系看，洛克对财产（自爱的一种展示方式）的重视，甚至把它论证为自然状态中的一种基本权利是顺应现代国家"本质"的，从这个方向看，施特劳斯及其弟子们把洛克视为现代（世俗）主义者也是有道理的。尽管在笔者看来，信仰以及信仰下的理性是洛克思想的内核，但洛克确实没有看到信仰（理性）与现代世俗的张力所在，而这正是卢梭深切地看到的问题。在这个意义上，我认为洛克的启蒙是"半吊子"启蒙，他只注意到启蒙的世俗层面，而没有看到启蒙的真理意义：这是卢梭的问题。

③ 卢梭：《论科学与艺术的复兴是否有助于使风俗日趋纯朴》，第 25 页。

三、卢梭对走出现代"文明人"困境的初步诊断

对洛克的分析显示,现代文明人或布尔乔亚人的本性在于深度的自爱,这种深度自爱一方面产生于国家对"公众利益"的要求,另一方面,它也推动了国家的"公众利益"和文明人对财产或利益的追逐。这种双向的循环不断地加深着文明人的公众化和符号化,也把国家更深地推向实用化和利益化,从而整个国家内部除了由深度的自爱和世俗利益所带来的活力和生命力之外,别无生命和活力。换言之,在这样的国家和个体共同组建的生活共同体(包括政治、经济等各种活动)中,(世俗)利益成为枢纽,在利益并且唯一在利益的驱动下,人与人之间没有真实可言,人与国家之间也不是由真实的"爱"推动的。因此,在这里,个人不再是个人,而是由关系和利益建立起来的"符号",从而,个人的天性被掩盖了;发自心底的道德感,以及由"爱"祖国而建立起来的道德感被掩盖了,取而代之的则是出于利益(个人的或共同的)和关系的"公众"道德。

这种"自爱的"个体,以及现代文明人的这种"布尔乔亚性"已经展示在霍布斯和洛克的体系中了,换言之,为了为现代国家确立基础,他们也正是从这种现代个体出发建构体系的。在前者那里,自然状态下的人的自爱式的绝对生存已经展示无余,思想的任务是把这种个体合乎逻辑地整合在国家中;在后者那里,自然状态下的人尽管有了可普遍化的生存维度,但财产权和人身权已经成为国家的基础,并且要沿着"公众福祉"(包括个人福利)确立国家的合法性所在。霍布斯式自然状态的"自爱"个体在洛克的国家中非但没有削弱,反而有了现实的依据,那便是财产和人身以及与之相关的各项权利。这便是现代自由政体(国家和社会)最内在的问题:一方面,其合法性和目的在于保障这样的"自爱"个体及其各种权利;另一方面,这样的自爱个体及其权利会导向一种无内在个性和活力的国家状态。

在这样的状况下,卢梭重提道德(或德性)和自然天性问题。在开

篇,卢梭即说:"我自信谴责的不是科学本身;而是要在有道德的人面前捍卫美德。……另外还有一个使我决定写这篇论文的原因,那就是:按照我的天性的指引,决心努力发扬真理……";在论述了"科学的"败坏之后,卢梭说:"……破坏人们的信仰的基础,败坏人们的道德。他们轻蔑地嘲笑祖国和宗教这两个古老的名称,他们把他们的才能和哲学全都用来摧毁和败坏人类当中最神圣的事物。"① 卢梭谴责的只是哗众取宠,由社会的需要而产生的科学,与之相应,卢梭也反对与现代文明人相匹配的那种道德;而他之所以能够自信谴责的不是科学或道德本身,则意味着卢梭反对哗众取宠、拒绝社会需要的科学,而仅仅对事物自身进行研究的科学是可以接受的。在行将结束的时候,卢梭对笛卡尔、牛顿等天才的研究的重视也说明了这一点。

因此,其对科学和出于天性的道德的态度表明,卢梭并不意图回到古典时代解决现代社会的问题;尽管他重视苏格拉底,但这种重视只是表面的,他并不会像现代的施特劳斯那样主张回到古典时代解决现代性问题。即使意识到现代自由政体是自相反对的,卢梭也并没有意图要回到过去的"光辉时代",相反,他要在现代自由政体内部解决问题。②

霍布斯写作《利维坦》的时间是 17 世纪中叶,洛克写作《政府论》的时间是 17 世纪末,卢梭的写作年代则是 18 世纪中叶。抛开英国和法国的有所差异的具体政治状况不论,从这些融入时代的文本自身的逻辑看,晚至伊丽莎白时代,随着商业活动已经大量出现的现代(感性)个体要在国家中确立自身的位置,首先是政治地位(这是英国内战的动因之

① 分别参见卢梭《论科学与艺术的复兴是否有助于使风俗日趋纯朴》,第 7—8、27 页。
② 现代政体以捍卫个体和公共的福祉为合法性和正当性依据,但由于公众福祉要把个体拉到符号化的方向,而使得这种政体除了追求利益之外,没有其他激情和活力。同时,个体本身的自爱也是瓦解这种政体的内在力量,在政体无法保证个体的自由及其财产时,很难想象从自爱个体中迸发出一种力量来维护它。就此而言,霍布斯和洛克等人要捍卫的"个体-国家"体系是有内在问题的,在霍布斯和洛克部分,笔者也对这个问题有所揭示。至于卢梭没有回到古典时代的动机,以及现代学术界对卢梭的评判可参阅王江涛《现代性的困境与卢梭的意图》,载《中南大学学报》2019 年第 1 期。

一），其次则是与政治地位相匹配的财产权等各项权利；在光荣革命之后的英国以及一直就在政治上稳定的法国，一旦这些权利确立起来之后，如是建立起来的"个体-国家"也就将其真实的面貌呈现出来。这便是卢梭所看到的文明人及其所在的现代国家的状况。在卢梭看来，现代文明人（其前身即是近代商业活动以及由之而带动起来的"利益人"）与国家（是由这群人推动的国家）的这种"共谋"无法阻挡地把所有人都带入这种深度的自爱境地，以至于人只能按照这种共谋塑造自己，国家也无法阻挡地卷入"公共福祉"中确立自己的合法性。由是，其针对洛克教育观点的前引批评"然而其中最重要的一件事，即培养人的事业，却遭到遗忘"就是意图针对这种状况做出改变。

因此，"一论"中未曾展开，却是内在论述动力的"道德和人的天性"问题就既是卢梭批判其生存的现实世界的基础，亦是其意图"改造"这个现实世界的基础。[①] 在"一论"的结尾，卢梭动情地说：

> 道德啊！你是心灵纯朴的人所探讨的最崇高的科学，难道非要花许多力气并经过许多过程才能寻到你吗？你的原则不是铭刻在每一个人的心里吗？不是只需反躬自问，并在欲望沉静的时候倾听良心的声音，就能知道你的法则吗？这才是真正的哲学，让我们满足于懂得这门哲学。我们并不羡慕那些在文学领域里永垂不朽的名人的荣耀。让我们和他们之间像古时的两个伟大民族那样有一个明确的区别：让他们去研究怎样说话才漂亮，让我们研究怎样做

---

① 先做一个提示，这种道德或美德的深刻性与暧昧性并存。罗伯斯庇尔"跟从"卢梭声称"共和国的灵魂是美德"，这个神秘的美德使其与不道德的反革命同胞区分开来，但这个区分又何尝不是自己的认信或认定？一旦在这种认信中认为"邪恶和美德决定了世界的命运，这势不两立的两种力量永远在为争夺世界的控制权而进行着激烈的交锋"，并将之以革命的方式施行出来，后果将是灾难性的。在这里，我想说的是，接下来我们阐释的是卢梭的思想意义，而非要主观地把这思想意义自我"界定"或"认信"下来。罗伯斯庇尔的言论转引自卡罗尔·布拉姆《卢梭与美德共和国——法国大革命中的政治语言》，启蒙编译所译，商务印书馆2015年版，第7页。

事才稳妥。①

道德是心灵纯朴的人所探讨的科学，其原则铭刻在每个人心里，是良心的声音，有其自身的法则。这是卢梭批判现实风俗和现实世界的根据，也是以其为代表的"我们"（呼吁中的）要重建的基础。从这个基本"界定"看，道德与人的自然本性（心灵纯朴）是一致的，存在于每个人心里。但由于现代自爱个体或出于自爱的理性个体已经完全被现实世界束缚住，他无法回到自己的内心、无法倾听良心的声音，因而只能探求哗众取宠，甚至颠覆一切科学，从而无法建立出于原始本性的道德的科学或哲学。根据卢梭，也是卢梭的自信，一旦人能够回到自己的原初本性，并以之为基础探求出于自身的道德的科学，现实世界的自爱状况（也是已有的自由政体）是可能得到解决的。

但究竟人的原初本性是什么样子呢？合乎或出于这种本性的道德科学又是怎样一种科学呢？这样的个体与霍布斯或洛克式的个体差别究竟在哪里？它又能引导出怎样的政治建构呢？——这些问题引导我们进入卢梭更深的思索。在"二论"，即《论人与人之间不平等的起因和基础》中，卢梭直面了这一系列的问题。

第二节　自由、情感与个体：论卢梭的"自然状态"

"二论"开篇，卢梭即引述了亚里士多德《政治学》卷一中的一句话，"凡属于自然的东西，我们就不要在天性已经败坏的人身上寻找，而应当在行事合乎自然的人的身上去寻找"，意在表明这部著作的基本论题。但这种引述却是反对性的，对此，李平沤先生的注释为："他不赞成亚里士多德所说的'天然的奴隶'。这一点，他在后来的《社会契约论》中说得更清楚，他说：'亚里士多德曾说过，人根本不是天然平等的，而是有些人

---

① 卢梭：《论科学与艺术的复兴是否有助于使风俗日趋纯朴》，第 43 页。

天生是做奴隶的,另一些人天生是来统治的。'他认为亚里士多德的这个说法是错误的,因为'假如真有什么天然的奴隶的话,那只是因为已经先有违反了天然的奴隶。强力造出了最初的奴隶,他们的怯懦则使他们永远当奴隶。'"①

这种做法证明了卢梭要反对传统德性,反对由传统或社会带来的人与人自然差异的观点。由于在古典时代,这种自然差异本身得到理性的辩护,也得到理性的说明——毕竟理性或知识太明显地证明了人与人之间的差异。挑战古典德性、挑战人在天性上的差异首先需要拿掉传统的理性概念,② 或者说,要为理性赋予一种全新的普遍意义。③ 与之相应,卢梭的基本立场就是现代的,是在霍布斯传统制约下的一种再出发。从"一论"确立的基本任务看,"二论"所提出的道德问题、人的天性的问题既是与传统的"断裂"(理性的普遍论证),也是对霍布斯、洛克问题的进一步深化,需要在面对现代自爱个体及其深度利益化的状况中,重塑现代社会的根基。其巨幅的思想和生存张力是可想而知的。

一、卢梭对既往之"自然状态"的批评及其深度所在

在霍布斯那里,我们知道推论式的理性(知识化)起到了何等作用,甚至生存除了具有绝对的起点意义之外,剩下的一切都是理性推论的结果。换言之,对于霍布斯而言,理性只是一种希腊式的推论理性,而不是作为绝对出发点意义上的理性(这要到康德才完全揭示出来)。而对于洛克,理性有着双重的意义。一方面,它不能作为知识的起点,而只有推

---

① [法]卢梭:《论人与人之间不平等的起因和基础》,李平沤译,商务印书馆 2015 年版,第19 页。

② 参阅王江涛《现代性的困境与卢梭的意图》,载《中南大学学报》2019 年第 1 期。

③ 这是卢梭之于康德的启发意义。如果说卢梭之前的理性是从属于希腊式的认识理性传统,卢梭则颠覆了这一解释,理性首先是人的一种普遍的存在身份,而非知识性或认识性的。这为康德的实践哲学批判开辟了全新的空间。有关希腊理性的认识论处境及其之于基督教和康德哲学的影响,请参阅拙文《在崇高与虚无之间的自由意志——兼论现代自由原则及其可能出路》,载《哲学动态》2020 年第 1 期。

论的意义，这与霍布斯是相同的；另一方面，由于把理性视为人的生存本性，其是能够接受与上帝之纯粹本性相符合的律法的基础，因而理性有着超出于推论的某种起点意义。但遗憾的是，后者并未成为其理解人性并以之为基础理解权力和政府的关键点。

我们无法准确探究在霍布斯那里，哪种人能作为契约出来的主权者，但根据霍布斯的基本界定，或者是最强力的人，或者是最具理性的人。由于强力只是暂时的，能够坐下来的契约的人也必定知晓这一点，因而很难设想这能够是他成为主权者的理由，或者说强力并非是他能够成为主权者的最重要的理由。剩下的，也就只有理性了。或者说理性和强力共同是他能够"统治"弱者的理由。此时，其实所谓的自然状态已经不再自然，或者说这种不自然的自然状态造就了社会或国家状态中的不平等（统治）。同样，对于洛克亦然。尽管把可普遍化维度的爱和"不平等的"理性联合起来作为自然状态，但财产权和人身权中的权利——即"属于"——则是缺少界定的。我们无法理解自然状态下的"属于"，即基于某种共同意志的相互认可源于何处。格劳秀斯等认为自然状态下有着正义或非正义观念的"自然学说"就更是如此（《战争与和平法》）。据此，卢梭批评这些从自然状态为社会或国家提供基础的研究都有意无意地把自然状态混同于社会状态、把自然状态下的"野蛮人"混同于现代或古代造就的"文明人"。

对社会的基础作过一番研究工作的哲学家，都认为必须追溯到自然状态，但他们当中，没有一个人真正追溯到了这种状态。有些人竟然认为处于这种状态的人有正义或非正义的观念，但他们没有指出处于这种状态中的人何以有这种观念，也没有指出这种观念对人有什么用处。另外一些人虽然谈到了每个人都有保护一切属于他的东西的自然权利，但他们没有说明他们所说的"属于"是什么意思；还有一些人一张口就赋予强者以统治弱者的权力，而且随之就说政府是由此产生的，可是他们没有想到要经过多么漫长的岁月之后，在人类当中才出现"权力"和"政府"这两个词。值得注意的是,他们各个都不厌其烦地在书中大谈什么人类的需要、贪心、压迫、欲望和骄傲,把人类只有在社会状态中才有的观念拿到自然状态中来讲:他们说他们讲的是野蛮人,但看他们笔下描绘出来的却是文明人。①

根据卢梭的诊断,可知要重新思考自然状态,需要注意这几个问题。① 自然状态中不能存在正义与否这样的观念;② 除了保存自身的"权利"外,不存在"属于"自身的任何其他权利;③ 把强力或理性上的强弱等级拿掉;④ 把超出生存限度的需要、欲望、贪心、骄傲等拿掉,它们只是在社会状态中的理性比较中产生的。前两点是毫无疑问的,它们过分地把社会状态中的东西带入自然状态;第③点是要把天性上的差别或不平等拿掉,要在此基础上论述"现代人"内在地有着可普遍化的生存要素;第④点则是针对霍布斯、洛克等人对现代人之自爱的深度辩护,这种自爱既然存在于自然状态中,因而是人的本性,那么建立在自爱和利益基础上的现代社会或国家所面临的问题就是无解的。——这是卢梭的深切用心,却是无法塑造的,卢梭体系中很多内在的张力都隐藏在这里。

毫无疑问,人与人之间的差别和不平等如此明显,以至于不认可这一点,人简直无法思想。同样,自爱和利益如此切己,如果否认了这一点,人简直无法生存。但是,卢梭却要在自然状态中否认这两点,因而建立在这两点之上的社会都是"不合理"的,由此可见,卢梭的自然状态与社会状态之决裂何等之深刻,甚至何等之不可理解。然而,也正是这种思考和界定,为现代社会带来的深度张力和困境也是必然的。

深入思考这两点,也会发现它们有着内在的一致性。一切差别和不平等都是建立在人已有的现实中的,无论这种现实是思想性的(理性、知识等等),还是物质性的(请允许我使用这个词来指称人所有的现实物),

---

① 卢梭:《论人与人之间不平等的起因和基础》,第 46 页。

而自爱和利益恰恰是推动人拥有或占据现实的关键。自爱是说人拼命地成就自己，以获得相对于他者的优势；利益则是通过对现实物的占有实现对他者的优势。一旦承认人在天性上并无差异和不平等，乃是说人与人之间在天性上的关系不是建立在已有的现实（物，包括思想）的基础上的；而一旦不以自爱和利益作为人之天性的限定，现实也就不再是衡量人与人之间差别的基点。如是，人的自然状态于卢梭而言就不再是以现实为起点的。那么，卢梭的自然状态起于何处呢？在不以现实为起点的状态下，人与人之间又是通过什么联结起来的呢？——这个问题把我们引入对卢梭之自然状态的分析。

二、自由和情感：卢梭的自然状态

在洛克那里，尤其在"自然法"的相关论述中，我们看到洛克采纳了自然神学的研究路数。这得益于近代以来自然科学研究的进展。同样，在霍布斯那里也存在着这条隐秘的线索，表现为其对理性推论能力的重视。但如同卢梭所批评的，这种研究"自然状态"的路数过分地引入人的"超自然天赋"和"超自然的自爱"，一旦以此为出发点，自然状态也就与社会状态相互混同了。在正文的开始部分，卢梭即拒绝了这种"非自然"或"超自然"的研究"自然"的路数，卢梭谈道：

> 把如此这般成长起来的人得自上天的种种超自然的禀赋，以及他通过长期的进步而获得的后天的才能，都通通剥夺掉，换句话说就是，完全按照他从大自然的手中出来的样子观察他，我发现，他既不如某些动物强，也不如某些动物敏捷。不过，从总体上看，他身体的构造是比其他动物优越得多的；我看见他在一棵橡树下心满意足，悠然自得；哪里有水就在哪里喝，在向他提供食物的树下吃饱了就睡；他的需要全都满足了。[1]

---

① 卢梭：《论人与人之间不平等的起因和基础》，第51—52页。

与"自然"相比,无论在禀赋方面,还是在能力方面,人确确实实大大地越过了自然界。这一点如此之"自然",以至于怀疑它,都是难以想象的。但也正是因为这种似乎不容置疑的"自然",把人限制在已经获得的东西上面,以至于人的自然和天性都难以被唤起了。现在,卢梭就意图在唤起人的自然和天性的基础上,给予近现代社会一个全新的出发点。首先,与人相比,动物是与其最接近的。人与动物之间,究竟有着怎样的相同和相异之处呢?——这是卢梭思考人之"自然状态"的逻辑起点。不得不说,从动物般的自然出发是卢梭对洛克和霍布斯等人的推进之处。过分注重理性,本质上已经把差别和不平等带入体系;过分强调人超越于自然界的东西,就把知识、道德等一开始就隐秘地带入体系;自爱等就更是如此。甚至可以说,理性或知识或自爱等究竟给人带来的是好,还是坏呢?给人带来的是进步,还是毁灭呢?如果缺乏了对最原始的本性的领会,这些问题都是难以回答的。

在"描述"了动物般的自然给人带来的成长之后,卢梭甚至称这样的自然状态下的人为"野蛮人"。这与现代"文明人"相对,显得意味十足。与文明人相对,与动物相似,这样的野蛮人只要吃饱喝足之后,就心满意足、悠然自得,是一副闲散无聊的生存状态。是啊,动物不正是如此吗?但无论如何,究竟是什么区分了野蛮人和动物呢?毕竟,历史已经告诉我们,人类生活与动物生活是如此的不同。究竟在根源上的哪种不同造就了后续如此之深刻的不同呢?——在霍布斯和洛克等人看来,是理性,是自爱,以及其他种种,也正是这些现实的"种种"造就了现实的人与动物以及人与人之间的差别。换言之,以"什么"作为起点区别人和自然(动物),社会就与之相应地根据这个"什么"确定自己。也是因此,卢梭说他们的自然状态与社会状态本质上并无差别。逻辑上是这样,甚至也只能是这样,自然与(历史的)现实怎能完全断裂呢?如果完全断裂,历史的现实又如何理解呢?——但是,卢梭就是要颠覆这个逻辑,要为现代社会确立全新的起点:如果不能"重塑"人的天性和自然,对现实历史和国家的批判就只能是体系内部的批判。卢梭如是理解人与动物（也是人的动物性的自然）之间的差别：

> 使人之所以与动物不同的原因，与其说是由于人有智力，不如说是由于人有自由主动的资质。……人虽然也受大自然的支配，但他认为自己是自由的，可以接受也可以拒绝自然的支配。正是由于他认识到他有这种自由，所以才显示出他心灵的灵性。……在人和动物之间的差别这个问题上还有争论，但有一个无可争辩的特殊品质使他们之间的区别极其明显。这个品质是：自我完善的能力。这个能力，在环境的帮助下，可以使其他的能力不断发展；这个能力，既存在在我们种类中间，也存在在个人身上。[①]

人与动物之间最大的区别在于是否有相对于大自然的自由主动的资质。动物完全受制于自然，但人在受自然支配的同时，亦可以拒绝自然的支配。趋利避害是动物的自然，但人却可以出于自身趋害避利；动物只能活着，但人却可以自主地选择死；等等。人与动物的这些不同证明人有一种内在的自由主动的能力，这种能力使其能够对自然"说不"。进一步，正是这种对自然"说不"的能力使其拥有一个明确的出于自身的，趋向于或寻求"好"或"完善"的能力。动物由于只能受自然支配，其生存的方向只能是顺应自然，按照自然的方向进化自己；但人不同。由于拥有对自然"说不"的能力，他可以按照某种"好"的方向（未必完全是自然的方向）塑造自己，因而在自然的帮助下，能够使得其他的能力不断地发展。这便是一种自我完善的能力，换言之，人有一种无限的（即不受自然或其他东西限制的）可完善性。这种可完善性是对其自由主动资质的表达，亦是对人在自然状态下的最重要的本性的表达，即是人的自然本性。

从可完善性的角度看，任何已经获得的现实性，或通过任何现实性

---

① 卢梭：《论人与人之间不平等的起因和基础》，第 60 页。

界定的所谓人的本性，都不能穷尽人的存在。相对于任何已经获得的"善"而言，他总是可以向着更加完善的方向发展。换言之，对于人而言，不存在一种已经完全实现了的善，以至于他不能够更加完善。也可以说，相较于任何现实性，任何已经获得了的善，人总是在存在上拥有一种超越性和无限的可能性状态。这是对人的自由的表达。自由意味着一种无限可能性的敞开，可完善性意味着善之于人的无限敞开。因此，根据卢梭的"界定"，对于人来说，他的天性或自然即是自由，即是无限的可完善性状态；没有任何"现实的自然"可以言说他，也没有任何"现实的本性"言说他，更没有任何"现实的善或历史的善"言说他。施特劳斯如是陈述人的这种"自然-本性"，也是"自由-本性"：

> 对人来说，没有什么自然的构成可言：一切专属人类的东西都是由人为或习俗而获得的，或者说最终是依赖于人为或习俗的。人本于自然几乎是可以无穷地完善的。对于人的几乎无穷无尽的进步而言，或者说对于他使自己从邪恶中解放出来的能力而言，并不存在什么自然的障碍。基于同样的理由，对于人的几乎无穷无尽的堕落而言，也不存在什么自然的障碍。人本于自然有着几乎是无穷的可塑性。用芮那尔神父的话来说，我们想让人类变成什么样子，它就变成什么样子。如果说本性的确切意义是给人能将自己造就成什么样子划定界限的话，那么人就是没有本性的。[①]

因为这种自然的自由，因为这种可完善性，一切看起来"属于"人的东西都是人为或习俗，即历史的产物；相较于历史，人总是超出历史，而在自然或自由上有着全新的可能性意义。于是，无论是善，还是恶，于人而言，都没有一个限定，似乎人不能变得更善，或变得更恶，相反，人能变成的样子远远地超出了历史的、现实的样子，因而超出了任何由历史或

---

① ［美］施特劳斯：《自然权利与历史》，彭刚译，生活・读书・新知三联书店 2006 年版，第 277—278 页。

现实所塑造出来的人的所谓"本性"。但从另一方面讲，人也总是在历史中现实地造就自身的，离开这些历史和现实，人的本性就只是一种纯然的可能性而已。综合言之，根据卢梭，人的自然（也是自由）与历史获得了深切的相关性和互动性，一方面，历史是人自由造就的结果；另一方面，自由则使人超越历史，因而能够对历史做出更深的造就。从卢梭开始，自然、历史开始与人的自由深切地关联起来：历史就是人的自由历史，自由就是历史的自由。——一直到马克思，甚至海德格尔，这种基本的思想意义都是贯通的。

　　如果说自由或可完善性更多地关涉个人，那么作为族类的人又是如何关联起来的呢？这个问题凸显了霍布斯的困境，即由于缺乏可普遍联结的力量，只能设想绝对国家通过权力实现外在联结；洛克看到这个问题，以爱言说自然状态下人与人的关系，因而国家就是内在可能的。卢梭同样批评了霍布斯单纯以理性实现人与人的联结的思路，并明确提出，单单理性，只能破坏美德，导致人的毁灭；相反，只有人与人之间的内在的同情心或怜悯心是推动人生存下去的力量，也是人与人能够组建国家，并在国家组建起来之后，真正具有推动国家或社会"完善"的力量。

　　　　如果大自然不赋予人类以怜悯心来支持他的理性，那么，人类尽管有种种美德，也终归会成为怪物……人类的种种社会美德全都是从这个品质中派生出来的。的确，人们所说的慷慨、仁慈和人道，如果不是指对弱者、罪人和整个人类怀抱的怜悯心，又是指什么呢？……①

　　　　怜悯心是一种自然的情感，它能缓和每一个人只知道顾自己的自爱心，从而有助于整个人类的相互保存。它使我们在看见别人受难时毫不犹豫地去帮助他。在自然状态下，怜悯心不仅可以代替法律、良风美俗和道德，而且还有这样一个优点：它能让每一个人都不

① 卢梭：《论人与人之间不平等的起因和基础》，第76—77页。

可能对它温柔的声音充耳不闻。它能使每一个身强力壮的野蛮人宁可到别处去寻找食物，也不去抢夺身体柔弱的孩子或老人费了许多辛苦才获得的东西。在训导人们方面，它……采用"在谋求你的利益时，要尽可能不损害他人"这样一句出自善良天性的格言……虽然苏格拉底和具有他那种素养的人可以通过理性而获得美德，但是，如果人类的生存要依靠组成人类的人的推理的话，则人类也许早就灭亡了。①

理性是一种从前提开始进行推论的能力，推论必然以非情感化、非主观化为前提，因而理性能力的使用过程必然以拿掉内在的非推理要素为前提。苏格拉底等人可以通过理性获得美德，但这种美德并无助于人与人之间实现内在的、有现实力量的联结。一种需要拿掉内在的生存倾向（包括情感）的东西怎能实现个体间有着内在倾向的联结呢？这只会造就更加孤立的个体。仅仅由理性塑造的孤立个体在自然的状况下根本生存不下去。因此，卢梭说，单单由推理组建起来的人类会灭亡，或者说，理性是需要内在生存倾向推动和支持的。这种内在的生存倾向是大自然给予人的礼物，使其能够以族类的方式生存下去。美德之谓美德就在于能够突破自己而能实现对他人的成就，并且这种对他人的成就是发自内心的，而非由于外在力量。正是因此，内在的生存倾向才是美德产生的根源，这是外在的理性推论无法真正实现的。

霍布斯和洛克并非没有看到内在的生存倾向（情感）之于个体和共同体生活的原初动力所在，相反，恐惧情感和爱的情感对于他们来说都是起点性的。无论如何，支配前者的恐惧只是一种否定性的力量，为了化解它，只能设想自爱的个体和强力维持的共同体；而支配后者的爱虽然是凝聚共同体生活的基础，但由于把爱和理性混合，洛克依然以自爱个体作为国家的基础。一旦把理性和自爱作为共同体生活的基础，情感

---

① 卢梭：《论人与人之间不平等的起因和基础》，第78—79页。

就会消融在体系之中——毕竟要构造的或观念中的共同体生活是以理性的推论展开的，而现实中，它们又是如此强大，以至于似乎除此之外别无他途思考国家问题。但问题是，如果自爱的力量如此之强大，怎能设想健康的共同体生活？如果没有一种内在的生存倾向来缓和，甚至化解这种深度的自爱，人类的相互保存真的可能吗？在尚没有法律、良风美俗和道德的自然状态中，如果没有什么东西代替它们，作为类的人又是凭着什么保存下来的？

　　人能够在原始的自然状态中作为类保存下来，必然有一种相互保存的内在生存倾向支持，卢梭没有以更高级的"爱"，而是以更弱的"怜悯心"界定这种相互保存的生存倾向。前者是一种想把好的东西给予对方的情感，后者只是说，不能以侵害更弱的对象来获得好处，或在遇到更弱的对象时，能够出于本心帮助一下的情感。而"在谋求你的利益时，要尽可能不损害他人"这样的格言正是出自这种善良天性。如果谋求自己的利益必然以损害他者为前提，那就无法想象美德；既然相互保存或共同体生活需要美德，那么在人的自然本性中，这种格言就是有效的。换言之，即使不在自然状态中设想何种美德或正义，自然状态下的自然本性也应该有一种内在的生存倾向支持美德和正义的产生，这也是作为族类的人能够在自然状态中生存下去的根源。

　　如同洛克所言，爱的情感是自然状态下人与人能够相互尊重彼此财产和人身的内在倾向，也是共同体生活（国家）由以内在联结起来的基础，卢梭所诊断的怜悯心同样是自然状态下的人相互之间能够保存下来的内在倾向，同样地，如果他们之间能够相互契约出一种共同体生活，怜悯心也是维持这种共同体生活的基础。与洛克不同的是，卢梭并未为自然状态中的本性赋予任何具体的内容（权利之类），而是以无限可完善性的自由界定他的自然本性。由此，自由和情感（怜悯心）便是卢梭眼中的自然人的生存本性。在逻辑上，卢梭的"界定"避免了霍布斯和洛克的思想困境：它既不必然走向强力和专制，也不必然走向自爱的个体和建立在自爱基础上并以维护自爱为目的的（福利）国家；但同时，由于它的自由本性和无限的可完善性，它又能够走向他们中的任何一者，以至于更多。

在卢梭的自然状态中，是没有不平等现象的。① 这更加符合自然法的一般设定（霍布斯的理性、洛克的理性和权利都或明或暗地隐藏着不平等）。其根源在于毫无或不受现实限定的自由，以及以怜悯心取代自爱。无论如何，自由和怜悯心作为自然本性的起点，并不意味着对自爱的全然摒弃；甚言之，自爱或自我生命的保存以及由这种保存所可能带来的一切，都隐藏在"野蛮人"的生存中。随着自爱的不断发展，群体生活变得越来越普遍，以至于私有财产产生了。这一切都推动着人类势必要走出自然状态，而进入不平等状态，从而社会、国家等的产生就势在必行了。如卢梭所感叹：

> 人的可完善性、社会道德和他的种种潜在的能力是不可能靠它们本身发展的，而必须要有几种或迟或早终将发生的外因的综合作用才能发展；没有这些外因的推动，原始人将永远停留在原来的样子。……它们（指外因作用）在完善人类理性的同时，也使人类败坏了；在使人变成合群的人的同时，也使人变成了一个邪恶的人，从那么遥远的年代，终于使人类和世界变成了我们今天所看到的样子。②

究竟是哪些外因导致了这种状况的发展呢？ 这种发展究竟意味着什么？ 在这种发展中，善和恶、自由和理性又该如何描述甚至界定呢？

---

① 这种人原初意义上的平等带来的思想史效应是重要的，以至于后续寻找平等之基础的思想都会一次次地回掷到卢梭这里。而根据卢梭，平等的基础是自由，而非理性，这也引导后续的思想家重新思考一种不同于古典理性的现代理性传统。在这一点上，康德作出的贡献可能是最大的。可参阅拙文《在崇高与虚无之间的自由意志——兼论现代自由原则及其可能出路》，载《哲学动态》2020 年第 1 期。
② 卢梭：《论人与人之间不平等的起因和基础》，第 85 页。

三、自爱、理性与私有财产：不平等与社会状态产生的根源

稳定的家庭生活是人从自然状态到社会状态的第一个中间环节。推动稳定生活的是可完善性能力的不断增强，而伴随着这个进程的则是骄傲心和自爱的不断发展。"正是由于这种变化，他开始自以为了不起，头脑里产生了骄傲心，在还不太懂得什么叫等级的时候，他就认为人类应居首位，而他自己是居于首位的人类当中的第一人。"① 同样地，在稳定的生活中，他需要一个异性陪伴，在异性选择问题上，比较、竞争等自爱意识得到培养。无论如何，在没有大量的私有财产的状况下，自爱心（包括骄傲心等）能够与怜悯心达到平衡，这是卢梭认为人类生活的黄金时代。②

随着可完善能力的持续增强，理性和知识能力不断得到发展，冶金技术和农耕技术等得到发展，并决定性地使得财产（物）增加到过去远不能相比的境地。由此，物质生活的富足即幸福开始成为人的自爱心的重要附着点，与之相伴随，怜悯心和自爱心的平衡被打破、私有财产的观念得到极大的发展。并进一步，为了更大的幸福、为了占据更多的私有财产，自爱心的膨胀使其跨出出于本性的格言而以损害他者为手段获取更多的私有财产和更大的幸福。由此，人与人也便进入战争状态：

> 从一个人需要别人的帮助之时起，从他感到一个人拥有两个人的食物是大有好处之时起，人与人之间的平等就不存在了，私有财产的观念就开始形成，劳动变成了必要的事情……对土地的耕耘，

① 卢梭：《论人与人之间不平等的起因和基础》，第 89 页。
② 黄金时代的这种家庭生活本质上是由"爱的伦理"推动的，或者说它乃是爱的伦理的萌芽状态。一旦走出家庭，进入更大的群体生活，或者由于技术的进步和合作的深化，财产聚集的不断增多，巨大的差别开始出现的时候，这种相互之间的爱的伦理的萌芽状态就会崩溃。有关爱的伦理的萌芽及其之于生活的意义可参阅拙著《自由与处境——从理性分析到生存分析》，中国社会科学出版社 2018 年版，第 74—77 页；以及黄裕生《论卢梭的"自然状态"及其向社会过渡的环节——或论孤单者及其对他人的发现》，载《浙江学刊》2014 年第 6 期。

必然会导致土地被分割；私有财产一旦被承认，初期的公正规则便随之产生，因为，必须把属于每一个人的东西归还给每一个人，是以每一个人都能拥有某些属于他自己的东西为前提。[1]

富人的强取豪夺、穷人的到处劫掠和人们疯狂的贪欲，这一切扼杀了人的天然的怜悯心和微弱的公正的声音，使人变成了吝啬鬼、野心家和恶人。在强者的权利和先占有者的权利之间发生了无休无止的冲突，最后以战斗和屠杀告终。新生的社会让位于战争状态：被败坏了的可怜的人类，既无法返回到原先的道路，又舍不得放弃已经到手的不义之财，于是，愈拼命干，便愈使自己蒙羞，不但滥用了本该使他获得荣誉的才能，反而把自己推到了毁灭的边缘。[2]

很明显，在卢梭看来，自爱心的不断膨胀以及与之相伴随的幸福和私有财产观念的不断发展、理性-知识的不断进步（是可完善性的推动）以及与之相伴随的科学-技术的进步，是推动人类走出自然状态、走出黄金时代般的家庭生活，而进入战争状态以至于接下来的社会状态的根源。为了更好地维持幸福、保障已经获得的私有财产，走出战争状态，进入有外在"权力"保障的社会状态是势在必行的。但首先又是谁提出来要缔约的呢？——很明显，是富人。他们有更大的动力来保障已经获得的东西。穷人们又为何愿意缔约呢？——很明显，他们也需要保障自己已经获得的东西。在《政治经济学》词条中，卢梭如是陈述这一点：

（财产）在某些方面甚至比自由更为重要，因为，这一则是由于它与个人生活的维持最密切有关，再则是由于它最容易被他人抢夺，比人身更难于保护，所以对最容易遭人抢劫的东西更应当重视，三则是由于财产是政治社会的真正基础，是公民所做的一切承诺的

---

[1] 卢梭：《论人与人之间不平等的起因和基础》，第96、98页。
[2] 卢梭：《论人与人之间不平等的起因和基础》，第101页。

真正保证，如果人们对其财产都不重视的话，那他就会对他承担的义务一推了之，把法律更不看在眼里。①

人有一种存在的宿命。一方面，正如卢梭洞察到的，他是自由的，任何现实性都不能穷尽其自由的存在，也正是因其自由，他能够突破一切现实性的限制，而向着未来无限地敞开，因而其存在有着一种永恒的超越性，这是其一切崇高和伟大的来源。另一方面，人又是如此"现实"，如此受现实性的限制，以至于离开现实的东西，他似乎又不能找到自己的真实的存在，在没有任何现实性的生存境遇下，他又是什么呢？——其中，他的所有物即财产在最大程度上属于他的现实性，如果在财产上"一无所有"，他又是何等贫瘠和空洞呢？以至于如果一个人连自己的财产都不重视的话，又怎能指望他承担起来某种义务呢？我想，或许是看到这一点，卢梭认为财产在某些方面比自由更重要。正是因此，尽管私有财产观念的"产生"和不断地加强在加剧了人与人之间的冲突的同时，它又是公共生活（包括政治社会）的真正基础，否则，在自爱心已经被激发出来的状况下，再无财产对于人的"牵绊"，人类社会将是不可设想的。②

事实上，在自爱和私有财产已经引发战争状态的状况下，所有人缔约已经势在必行，否则就是所有人的毁灭。富人如是，穷人亦如是。因此，尽管缔约更大限度地保护了富人，但同时也保护了穷人，财产的多寡并非决定性的要素，拥有财产并生存下去才是实质性的推动要素。无论

---

① ［法］卢梭：《政治经济学》，李平沤译，商务印书馆 2013 年版，第 32 页。
② 从近代开始，私有财产凝聚了自由与制度之间深刻的张力和冲突。一方面，它是人走出平等的关键力量，因而是人丧失自由的基础；但另一方面，它也是自爱无限膨胀之后能够实现和平的最重要的依据，是缔结法律的基础。或许是受到卢梭的影响，法国大革命期间的数次制度轮回都与财产权密切相关。"大革命突然发生在 1789 年，其目标旨在充分地保护个人的安全和财产；在 1793 年，它又反对这种安全和财产以获得这种新的政治体的绝对统一；在热月 9 日，它又放弃了这种取消其自身基础的'非自然的'努力，同时重新调和财产及其不平等。但是这种调和反过来仍然保留了本质上具有的不稳定性。"（［法］皮埃尔·莫内：《自由主义思想文化史》，曹海军译，吉林人民出版社 2011 年版，第 87 页）这就决定了如同自由一样，私有财产特有的脆弱性给现代社会带来巨大的张力。

如何,缔约即政治社会的产生,更多是出于富人要维持其财产和相对优势的目的,因而实质上也可以说是把穷人的力量聚合起来保护富人。换言之,缔约所产生的法律以及个人财产权的建立本身是把已经出现的不平等合法化。与这种不平等的合法化相伴随的是"主权者"以及相应的一系列"行政官员",毫无疑问,既然富人有更大的动力推动这一进程,同时因为贫富贵贱对人的心灵所造成的影响(在比较心中,人有一种自我低贱化的倾向),最初的以及之后的掌握权力者肯定是富人或在理性-知识等方面比较优越的一批人。因此,如果说法律的制定、私有产权的建立只是第一阶段的不平等的合法化的话,那么(社会政治方面的)权力的差异,即"统治"与"被统治"的关系则是第二阶段的不平等的合法化;更进一步,专制的权力就会产生,而在社会政治体系中,这种专制以一种隐秘的、又被广泛接受和不断强化的方式被合法化。

> 法律和个人财产权的建立,是在它的(指不平等的演变)第一个阶段;行政官的设置,是在第二个阶段;在第三个也就是最后一个阶段,则是把合法的权力变为专制的权力;因此,富人与穷人的地位在第一个时期是人们认可的;强者与弱者的地位在第二个时期是人们认可的;而主人与奴隶的地位则是在第三个时期认可的。这时候,不平等现象已经达到了顶点;其他两个时期出现的现象现在也达到了顶点,直到新的革命性巨变使政府完全瓦解,或者使它接近于成为合法的制度。①

综观卢梭的论述进程,怜悯心和自爱心的平衡的打破、私有财产观念的产生和不断强化,以及与之密切相关、甚至是相互产生和发展的理性和知识方面(源于可完善性的自由)的差异是不平等产生的根源,也是这种不平等被合法化的根源。一旦这种本来是自然意义上的发展所产生的不平等被合法化,则人类在摆脱战争状态的同时,也就跨入另一种

---

① 卢梭:《论人与人之间不平等的起因和基础》,第116页。

社会状态。从此，自由和奴役就成为社会状态间不断地变更的推动力，但无论如何变更和改善，自由与奴役总是人类社会无法摆脱的生存宿命。哪怕新的革命巨变使奴役的政府完全瓦解，新的制度也只是更加接近合法，但这种合法也只是使得实际上的不平等变得表面上更加平等而已。——这个论断之所以成立，是因为理性和知识本就是制造不平等的根源。

正是在这里，卢梭不仅没有回到古典共和国，而是批判了它——因为在起点上，它就是以天然的不平等为前提的（开篇提到的亚里士多德），深层的则是以天然制造差别的理性为前提的；同样地，也是在这里，卢梭更加深刻地批判了霍布斯、洛克等人推进的现代民主制度——它过分地合理化或合法化了人的自爱和私有产权制度，而它们正是走出真正的自然-自由状态，让人们进入不自由和奴役并使其逐步合法化的根源。无论如何，从对财产与自由之关系的分析可见，如果不把私有财产制度建立起来，如果人完全不被"限制"在财产上，在自爱已经无可阻挡地成为主导性力量的时代里，人类"社会"就永无宁日可言，甚至根本上就是自我毁灭。换言之，尤其以洛克为代表的现代自由制度尽管让人丧失了纯真本然的自由状态，却是制造不平等的理性不得不选择的结果——它可能是一种"伪善"，却是必要的，于所有人而言都是必不可少的。

于是，在卢梭这里，现代自由制度（或社会，或国家）展示了它惊人的深度和矛盾。一方面，它是对人之本然生存（自由）的深度挤压和侵犯，把本来决然平等的生存状态铸造在差异、等级、统治的牢笼之中。另一方面，人如果要和平要生存，它却也是最好的保障，"合法"的和平总比天然合法的斗争以至于丧失自我保存更加"符合"自我的保存的诉求；有所保障的自由（财产等现实的东西）总比自然的自由（纯粹的可完善性状态）更能令人心安。况且，理性、知识等本就是出于自由的可完善性的——尽管它们不是可完善性或自由本身。因此，从自由的观点看，通过可完善性已经获得的东西（包括理性、知识和制度等）有其合法性；但与之相对地,它们总不是自由,亦无法穷尽自由。在自由的生存和生存的自由中,总是存在一股"危险"的力量去挑战已经获得的一切。

难道就没有办法面对,甚至解决这个问题了吗?——在笔者看来,《社会契约论》作了一些思想上的尝试。

第三节　自由、道德与现代国家的绝对深度

卢梭的《社会契约论》是一部极具深度的作品,也是一次思想上的艰难尝试。在 1762 年写给穆尔杜的信中,卢梭坦言"它是从一本大部头著作中摘录出来的。这本大部头著作题名《政治制度论》,是我十年前开始写作的,但久已停笔不作了,因为它远远超过了我的能力"[1],在正式出版稿的"小引"部分,卢梭也坦言"这篇简短的论文,是从我以前不自量力而着手撰写,但后来又久已停笔不作的……"[2] 自由与奴役之间永不停息的张力和纠缠,自然与社会之间深刻的冲突和联结,都使得在制度或国家层面解决它们变得如果不是不可能的话,也是极端困难的。如果卢梭信件中回忆的时间无太大差错的话,《社会契约论》与"第二篇论文"的写作时间应该是顺承的,也就是说,它就是想解决这个艰难的问题。但从卢梭的坦言可以看出,即使到 1762 年出版这部著作,他依然对自己的解决方案抱有深度的怀疑,认为自己以及这部著作根本没有能力解决这个问题。

在这部著作中,卢梭提出了什么样的解决方案呢?在卢梭眼中,这个解决方案为何是不成功的呢?根据这个文本,我们又能在卢梭的基础上作出怎样的阐释呢?——毫无疑问,我们不能预设一个文本的原始意义,也不能离开文本太多而肆意解释,但是,同样明确的是,既然卢梭是在探索一条道路,我们亦应该在尽量澄清这条道路,以及这条道路上的各个环节(概念、论证等)的基础上,尽量凭着后续思想家提供的一些视

---

[1] [法]卢梭:《社会契约论》,李平沤译,商务印书馆 2014 年版,第 1 页,注释 2。
[2] 卢梭:《社会契约论》,第 1 页。

野沿着这条道路及其环节作一些拓展性和纵深性的阐释。卢梭的努力和笔者的努力是否成功，还有待于后续思想史追踪的见证。

一、自由与契约：现代国家或社会的基础问题

从自然状态到社会状态的转变既意味着人丧失了一些东西，也意味着人获得了一些东西。丧失了什么呢？又获得了什么呢？——表面上看，法律、行政制度甚至专制的设立保护了人的财产，让人们能够在共同体中享有一种不同于自然状态下的自由。从正面看，这种自由乃是一种根据法律、根据自己和共同体的利益诉求行事的自由；但从反面看，这种自由是在限制状态（要根据什么）下的自由，因而也是一种变相的奴役。我们需要问的是，这种限制究竟意味着什么？与自然状态下的自由相比，这种限制意味着我们交出了或丧失了什么？或者说，在交出了自然状态下的权利之后，我们究竟"剩下了什么"？——是除了根据之外就一无所有了，还是说还保留了点儿什么？

这个问题直接涉及权力的来源和本质性的限度问题。霍布斯认为，我们交出的是一切权利，因而什么都没有剩下；洛克认为人身权和财产权是自然权利，因而是交不出的，但问题是，在本就是如此的社会状态下，人是否还有一种永远交不出的"什么"吗？换言之，除了附着于人的人身和财产之外，究竟有无什么"自然地"描述人，因而使人能够在其之外表征自己？一套尊重并维护任何人的人身和财产权的专制（甚至是奴隶）制度难度是不可以想象的吗？如果一个人在能够享有这些社会权利的情况下，却被迫或主动臣服于主权者而完全交出自己，甘作奴隶，又有何不可想象的呢？——这样做是否可能呢？至少，格劳秀斯就曾经这样认为。"人民可以把自己奉献给一位国王。照格劳秀斯的这个说法来看，人民在把自己奉献给国王之前就已经是一个国家的人民了。这种奉献，其本身是一种政治行为，它包含有一种公众的意愿……"[①]

[①] 卢梭：《社会契约论》，第 17 页。

于是,问题被转化为:无论从自然状态到社会状态的过渡环节,还是在社会状态下,人是否能够完全让渡自己自然的自由,而仅仅享有社会状态下的被外在限制的自由。答案是不可能的,这既佐证了人拥有一种自然的、与生俱有的自由,也意味着权力和一切政治都拥有一种天然的限度。

> 放弃自己的自由,就是放弃自己做人的资格,就是放弃做人的权利,甚至就是放弃自己的义务。对于一个放弃一切的人来说,是无须给予什么补偿的。这样一种放弃,是同人的天性不相容的。剥夺了一个人行使自己意志的自由,就等于是剥夺了他的行为的道德性;规定一方享有绝对的权威,而另一方无限地服从,这种条约本身就是无效和自相矛盾的。很显然,对我们有权要求他做一切事的人来说,是无须承担什么义务的。这样一种既不等价又无交换的条件,难道不表明它本身是无效的吗?因为,既然我的奴隶所有的一切都属于我,既然他的权利就是我的权利,他还有什么权利反抗我?这样一种我自己反对我自己的权利,岂不是一句毫无意义的空话吗?①

这里有两个重要的论证。如果奴隶(无论被迫,还是主动的)的一切都属于我,他的权利就是我的权利,为何还要顾忌甚至惧怕他的反抗呢?这种顾忌或惧怕本就证明了我们已经"知道"完全的奴隶是不可能的。要求甚至主动的全然服从(奴役)本身内含着一种相互承认对方拥有一种不可能完全交出去的权利。在我们认为奴隶制"天然"合理的同时隐含着它的不合理,隐含着对彼此作为人的"直接意识"(以情感的方式表现出来)。另外,无论何种义务,都是一种自觉的承担,是道德的表现;但强制甚至主动地放弃一切义务,而让对方拥有一切权利,本身以道德身份的全然让渡为前提,但其行为的作出却是道德性的。这乃是一种以道

---

① 卢梭:《社会契约论》,第 13 页。

德的身份放弃道德的身份，是一种全然的矛盾。因此，行使自己意志的自由本身是不可剥夺的。如果说后一点是概念的论证，前一点则意味着这种论证本就得到意识（由情感揭示出来）的自觉。"放弃自己的自由，就是放弃自己做人的资格"，乃是说，自由以及出于它的道德、义务等是人本然的存在身份，它既不可以被剥夺，也不可以被让渡。①

更进一步，如果说自然状态下的自由只是一种可完善性的主动资质，那么在缔约之后，或在社会状态中，这种自由就表现为一种出于自由的意志，或者说是一种意志的自由。既然在社会状态中，人与人之间建立起一种相互的义务关系，若把这种义务关系称为是道德的话，则道德乃是出于意志的自由或自由的意志的。换言之，在卢梭这里隐含着一个进一步的推论，那便是自由与意志的相互等同。这个等同直接推动卢梭去思索社会或国家状态中的道德问题，即自由不再是自然性的可完善性资质，而是社会状态下的意志的表达，是人在其中按照自身造作自身的行动。②

因此，无论从自然状态到社会状态的过渡（契约环节），还是在社会状态中（法律状态），人的自由以及直接出于这种自由的意志永远是不可以出让的。既然是永远不可以出让的，它就是人的存在本身，是他能够进入社会状态而相互契约的基础，是社会状态中的法律的基础。换言之，契约和法律无非是人的自由-意志的表达。尽管社会状态中的限制性的自由是他不得不选择进入的状态（它们也是意志的选择），这却不是他的全部，相反，他永远"有"或"在"一种自由（中），这是他自身都无法让渡出去的存在宿命。"人生来是自由的，但却无处不身戴枷锁。自以为

---

① 汉语学界黄裕生教授对这个问题已经做出值得敬佩的论述和引申。请参阅黄裕生《社会契约的公式与主权的限度——论卢梭的主权理论》，载《浙江学刊》2012 年第 6 期。谢文郁教授也论述过卢梭对奴隶制问题的解决及其之于契约论思路的推进意义。参阅谢文郁《权利：社会契约论的正义原则》，载《学术月刊》2011 年第 3 期。

② 这种思想意识直接进入康德，成为康德思考人的存在意义以及社会和国家，甚至国家间关系的动力。其表现正是对道德的分析。

是其他一切的主人的人,反而比其他一切更是奴隶"①,是对人这种奇特存在的最恰当的描述。因其意志的选择,他能够自我选择进入到限制,甚至"奴役"状态;但因其存在论意义上的自由,这些限制和奴役本质上不是他本然的存在样态。

既然自由就是人的自然,既然在契约和社会状态中,他的自然的自由都是无法让渡的,那么最大限度地"符合"自然的社会状态才是合理的——如果找不到完全符合自然的社会的话。从这里可以看到,卢梭穷尽了霍布斯以来的"自然法"思路,或者说,直到卢梭才找到自然法与社会法的最内在、最逻辑一贯的联结,甚至可以说在卢梭这里,已经无法再区分所谓的自然状态和社会状态:在自由问题上,它们本来就是一回事,只是一者处于自我纯然的可能性状态,一者乃是从这种可能性状态的自我走出。因而卢梭如是言说契约和社会或国家状态:"'创建一种能以全部共同的力量来维护和保障每个结合者的人身和财产的结合方式,使每一个在这种结合形式下与全体相联合的人所服从的只不过是他本人,而且同以往一样的自由。'社会契约所要解决的,就是这个根本问题。"②

所有人"共同的力量"与其中每一个结合者、对"全体相联合的服从"与服从自己,在卢梭这里达到了逻辑和内容上的一致,也仅有如此,社会中的自由才可能是同以往一样的自由。从逻辑上看,在共同体内部,由结合而出的共同力量只在于保护每一个结合者,否则便是自我瓦解;对联合的服从也只在于服从自己,否则便是违背自身。如果共同力量做不到这一点甚至侵犯任何一个结合者、如果要求结合者服从其为了获得共同力量保障的"约定的自由"之外的东西,那么每一个结合者就可以收回为了这种约定的自由而放弃的天然的自由,因而共同体也便瓦解了。从内容上看,这个约定涉及财产权、人身权等相关的一切,其原理便是每个

① 卢梭:《社会契约论》,第4页。
② 卢梭:《社会契约论》,第18—19页。

结合者的"意志"与共同的意志之间的内在一致性。这一点之所以可能,在于每个个体首先把一切权利毫无保留地转交给共同体,因为是每个人、是毫无保留的一切权利、是转交给整体而非任何一个个体,在转交出去之后,获得的才是转交出去的一切。

如何确切界定卢梭对现代社会这些相关原理的阐释呢?

二、公意与法律:现代社会或国家的原理问题

所有人把一切权利毫无保留地转交给整体,就形成一个共同的人格。这一点,我们已经在霍布斯那里看到了。但与霍布斯意图将每个人都置于共同人格即主权者的绝对权力之下不同,卢梭认识到了每个人都内在地拥有一种不可转交的自然的自由,因而,形成这一共同人格只是出于自由意志(个体意志)的选择,而服从这一共同人格其实就是服从自己,所以个体意志与出于共同人格的共同意志内在地是一致的。如果作为共同意志承担者的主权者违背了缔约的基本目的,即缔约的一切都是为了毫无差别地保护每一个个体,共同体也便丧失了合法性,从而个体因其自然的自由能够收回这一缔约而回到自然的状态。在这里,就出现了有关现代国家的"公约"以及一系列相关概念的基本界定:

> 社会公约就可简化成如下的词句:我们每一个人都把我们自身
> 和我们的全部力量置于公意的最高指导之下,而且把共同体中的每
> 个成员都接纳为全体不可分割的一部分。按照上面的词句来看,每
> 个缔约者立刻就不再是单个的个人了;这一结合行为立刻就产生了
> 一个在全体会议上有多少成员就有多少张票的有道德的共同体。
> 通过这一行为,这个有道德的共同体便有了它的统一性,并形成了
> 公共的"我",有它自己的生命和意志。这样一个由全体个人联合起
> 来形成的公共人格,以前称为"城邦",现在称为"共和国"或"政治
> 体"。当它是被动时,它的成员称它为"国家";当它是主动时,则称
> 它为"主权者";把它和它的同类相比较时,则称它为"政权";至于结

合者,总起来就称为"人民";作为主权的参与者,则每个人都称为"公民";作为国家的法律的服从者,则称为"臣民"。①

公意乃是都放弃了一切,因而是无差别的所有个体缔约所产生的共同意志,一旦公意产生,所有的个体意志都要在约定的范围内统一于共同意志。但是,毫无疑问,作为有着某种绝对的和天然独立存在的个体意志总会发生对公意的偏离,在这种情况下,为使公约不成为空文,整个共同体要迫使他服从公意,亦即使其自由。既然个体意志总是作为个别意志呈现出来;而同时,凝聚了所有个体意志的共同意志又是共同体生活的基础,如何从个体意志中区分个别意志和共同意志就成为最迫切的问题。如何从总是个别的意志的个体意志中分辨出他对共同意志的诉求呢?

我们注意到,若不是"因为大家都把'每个人'这个词理解为他自己,都想到为大家投票也就是在为自己投票,公意又怎么会总是公正的,而且大家又怎么会都希望他们当中的每个人都幸福呢?这就证明权利平等和它们所产生的正义观念是由于每个人的偏私所产生的,因而也是由于人的天性所产生的;这也证明了公意要真正成为公意,就应当在它的目的和本质上是公正的:它必须来自全体,才能适用于全体"② 。换言之,正是因为每个人都意识到自己的偏私(个别意志),他才需要公正和正义,否则,在被所有人的偏私覆盖的所有领域,他根本无法设想公正和正义的存在。能够追求公正和正义本身以意志的个别性为前提;既然如此,内在地摆脱意志的个别性同样是来自于他的天性的。正是因此,卢梭说,这种公正和正义来自其天性对公意的诉求。公意乃是出于每个人的个体意志对可普遍化的意志的诉求,因而必须是来自全体的,也适用于全体的。任何一个只顾及偏私的意志都是个别意志,都是与公意相隔

① 卢梭:《社会契约论》,第 20 页。
② 卢梭:《社会契约论》,第 35 页。

绝的意志，都是偏离了因结合而产生的共同利益的意志。

换言之，公意并非只是一种"设定"或主观的愿景，相反，只要组建共同体生活，只要想寻求一种超出个体能力的共同力量，意志的个别性就是需要拿掉的，否则他即将丧失的东西就远远多于现在获得的东西。从另一方面讲，能够在做事情的时候把每个人都理解成为自己，本身意味着人在天性中有一种克服个别意志而寻求普遍公义的普遍意志，这也便是公意，是超出于利益计较的某种可普遍化的道德性意志。因此，"每个人必然会、也要服从他要求别人遵守的条件"这句话，既是对公意的表达，亦是对每个人被赋予的道德意识的表达。就此而言，建基于公意的制度必然是（每个人的）利益与正义相一致的制度。如是，平等便是基础性的，它要求每个人遵守相同的条件而可享受同样的权利。

既然公意就是普遍的正义，既然缔约的目的在于获得正义，每个人就对国家的主权者（其实就是由每个人组成的整体，亦即联合起来的人民）提出一项最基本的要求：他的一切行为必须是出于公意的行为，将同等地约束每一个公民（包括即将代理人民的那个政府），不加区别地施之于国家中的任何一个人。这里没有等级，没有相对于他者的不加限制的权力，约定的每个人的幸福是其存在的唯一目的。因此，卢梭说：

> 由此可见，主权权力无论是多么绝对、多么神圣和多么不可侵犯，都不会超过而且也不可能超过公共约定的界限，而且每个人都可自由处置这种约定所留给他的财产和自由；可见主权者无权使某个臣民比另一个臣民承受更多的负担，因为，如果他这样做的话，事情就变成个别的了，主权者的权力就不再有效了。……他们这样做（指缔约），并不是真的转让了什么，而是一种有利的交易：以一种不稳定和不可靠的生活方式去换取一种更美好的和更可靠的生活方式，以天然的独立去换取社会的自由，以放弃侵害他人的强力去换

取自身的安全,以自己可被他人战胜的力量去换取由于社会的结合而拥有的不可侵犯的权利。①

正是因为个体意志与共同意志的这种深度结合及其内在的一致性,正是因为有多少成员就有多少张选票,这种出于意志的结合体乃是一种道德的共同体。如果说共同意志因其超越了所有个体意志而拥有一种真正的正义,或超越一切偏私的神圣性,那么能够被凝聚在共同意志中的个体意志亦具有了某种神圣性。正是在共同意志的实现中,正是在自觉到个别意志的偏私而欲求普遍的公正、自觉地服从它要求别人也遵守的条件的时候,个体意志拥有了一种超越其偏私的个别意志的普遍意志和道德性。② 因此,卢梭说,通过这一缔约行为,人类社会形成了一个"共同的我",这个我有自己的生命和意志。③ 这样的有生命和意志的公共人格正是现代的国家或主权者;每一个结合于其中的个体,因其个体意志与这一公共人格的联结而是"公民",公民的整体或结合者的整体便是"人民"——它就是具体的主权者。

于是,如何认识公意,以便使其能够现实地发挥效力,便成为指导共同体生活的最终目的——对公意的认识便是法律。在《日内瓦稿本》第1卷第7章《论人为法的必要性》中,卢梭说:"法律是政治共同体唯一的动力;政治共同体只能是由于法律而行动并为人所感知。没有法律,人们所建立的国家就只不过是一个没有灵魂的躯壳,它虽然存在,但不能行动。因为每个人都服从公意,这还不够;为了遵循公意,就必须认识公意。于是就产生了法律的必要性"④ 。既然公意乃出于人的天性中的对

---

① 卢梭:《社会契约论》,第 37—38 页。
② 康德在《道德形而上学原理》和《实践理性批判》中正是据此展开对道德的分析和理性原理的基础论证的。在汉语学界,可参阅黄裕生教授的一系列成果。
③ 黑格尔正是从生命和意志方面进一步揭示现代国家的真理意义,从而超越了卢梭和康德的形式国家意义,而有了真正的有关国家的形而上学体系。在下一章,我们会专门分析这个问题。参阅[德]黑格尔《法哲学原理》,范扬、张企泰译,商务印书馆 2010 年版,第三章。
④ 转引自卢梭《社会契约论》,第 41 页,注释 2。

普遍正义的诉求，遵循自然天性的法律就是最好的法律。"事物之所以美好和符合秩序，是由于它们的性质使然，而不是由于人类的约定。一切正义都来自上帝，只有上帝才是正义的源泉"① 。无论如何，由于偏私（意志的个别性）同样是人的天性，由于上帝的（卢梭的用词是"完全出于理性"）在人们中间的普遍正义需要得到相互认同（认识），把法律仅仅视为"由事物的性质产生出来的必然关系"（孟德斯鸠语）就过于形式化了。

　　从形式上讲，法律的对象是普遍的，绝非考虑个别行为的；其制定者也并非某个人（君王），也没有任何人能超越于其之上；其施行者（政府、行政）也只能根据它而行，等等，这些已经通过对公意的分析展示出来。但无论如何，法律的制定者（立法者）是个难题。从形式上看，它出于主权者，出于人民；但其制定必然是出于神一样的智慧：他不能是共同体中的一员，否则就是个体意志的产物，但又要关心共同体的幸福，并充分了解甚至洞见共同体的一切（未来维度）。对于这个问题，几乎无人能说清楚。但有一点是清楚的，立法者绝不能是行政者，前者代表的是国家、主权和人民，后者代表的是政府；前者的目标是自由和平等，后者的目标则是为它们的施行提供动力。立法权属于并只能属于人民，政府则介于主权者（人民）和臣民之间，其任务是执行法律、维护自由。

　　由是，产生了两个政治体，一是由公意组建起来的国家，二是由执行法律而组建起来的政府。"国家是以它自身而存在，而政府则是由主权者而存在，因此，君主的统治意志只能是而且也应当是执行公意或法律；他的力量只不过是集中在他身上的公共的力量而已。……（一旦）他手中掌握的公共力量服从他的个别意志，这时，可以说就会出现两个主权者：一个是权利上的主权者，一个是事实上的主权者。这样一来，社会的结合马上就会消失，政治共同体就会立即瓦解。"② 这种状况一旦发生，臣民对主权或国家的服从乃是对自己的服从，就变成对另一个人、另一

① 卢梭：《社会契约论》，第 41 页。
② 卢梭：《社会契约论》，第 68 页。

个意志的服从,这违背了缔约的基本原则,从而他也便回到其自然的状态之中。如果允许人民作为一个整体与某个人立约,这只是个别行为,而非整体行为,因而无法形成主权,也不能形成法律。正是因此,缔约只是一次性的,它只发生在组建国家的时候,政府只是从属于主权者之下的一个行动的产物。在第三卷第十六章的标题,卢梭明确以"政府的创建绝不是一项契约"说明之。①

卢梭对现代国家基本原理的界定达到了自马基雅维利以来的顶峰。马基雅维利尚停留在希腊传统下对各种制度的分析,对统治的强调使其无法形成对国家和政府的区分,尽管他想建构现代国家的一些基本原理。霍布斯在这一点上迈出很重要的一步。对主权(者)的强调使其能够给出一个现代国家(作为 state 意义)的概念,但由于绝对权力或国家对个体的压制,使其难以成为真正的独立个体,因而在霍布斯的语言中,国家和政府几乎是难以区分开来的。洛克尽管发掘出个体无论在自然状态还是在国家中的绝对意义,但作为主权的国家几乎被政府完全取代,这也是主权概念似乎并没有进入洛克体系的原因,因而他承认,其给出来的国家充其量只是 commonwealth 意义上的福利共同体。② 在内容上(指法律),洛克尽力厘清立法权和行政权的严格区分及其各自所属,但由于人民概念未曾真正而深刻地进入洛克的思维——这也许是受到内战时期以人民的名义造成的种种罪恶的影响所使然,他总是把立法权与政府捆绑在一起,"大多数人"而非作为整体的人民有决定政府形式的权利证明了这一点。③

只有在卢梭这里,作为主权的国家与主权之下的政府得到明确的区分,因而社会契约论给出的是国家,而非洛克式的政府(《政府论》),甚至

---

① 参见卢梭《社会契约论》,第 109—111 页。
② 在下篇第十章,洛克明确界定了其国家的性质就是福利共同体,即 commonwealth。参阅洛克《政府论》下篇,第 81—82 页。
③ 洛克:《政府论》下篇,第 81 页。

政府本就不是契约的产物。正因为政府不是契约的产物，个人才会在原理上保持其真正的个体性和独立性，而不被吞噬在行政下的权力之中。卢梭之所以能够做到这一点，是因为他对公意的发现；其所以能够认识到公意，乃是因为人在自然状态中的自然的自由；即使在社会状态中，这种自然的自由仍然能够得到论证和发现，因而人本就是生来自由的。在这整个论述框架中，自由、意志、道德、国家、公意、主权，以及因为这些而可能的法律、政府、福利，等等，开始成为主导现代世界的关键词。

三、重新思考契约和神圣性问题

契约产生权力，这一点没有错误，问题的关键在于权力属谁。在霍布斯那里，尽管把因订立契约而产生的权力视为属于国家的，因而是主权，但如果把主权与主权的代理人（有行政权的政府）相等同，人们也就把自己置于一种绝对权力的控制之下，因而不啻把自己从一种绝对的恐惧状态转移到另一种甚至更加恐惧的状态中。一旦把主权和主权的代理人严格区分开来，契约就只能是整体与自身的约定，而非与任何个别者的约定，由此，主权只能联结于作为整体的人民；鉴于公意乃是出于个体的生存本性（这一点已得到证明），每一个个体意志与公意或主权的联结就是逻辑上"必然的"——事实如何，就涉及一个又一个的极大的张力问题。

从主权或公意方面讲，人民主权是唯一的；从个体意志与公意的内在一致讲，每个人内在地与国家乃是一个整体——这是语言的限度，并非说个人与国家先分解，而后成为整体，相反，原理上，只有从不同的观点看，才是国家或者才是个体。就此而言，卢梭的契约论与其说是契约论，不如说他终结了或者取消了契约论。只有从对所谓的自然状态设定观点上看，才有由自然状态下的所有个体通过契约而形成国家或社会一说；从自由的观点来看，个体的自由与国家的自由、个体的意志与国家的意志本就是一回事，至少是沿着同一个目的或方向展开的。退一步讲，正是因为人拥有个别意志,拥有同样是天性的偏私,作为共同意志实行人或代理人的政府有着必然走向腐败(即把主权个别化)的倾向,才要把个体的自由作为可能性保护起来,也才有从契约角度论证国家与个体的相关原理的必要。尽管遵循如此的认识或契约路径,主权或"公意是不可摧毁的"①,这一不可摧毁性正是对个体意志与公意之最内在的联结,甚至是一体性的表达。

在卢梭这里,公意便成为现代世界真正的神圣之物,甚至可能也是唯一的通过人的力量组建起来的神圣之物。霍布斯的"利维坦"也是认识到这一点之后的产物。但不同的是,卢梭的公意远远超出了看似强大的政府的力量,而是政府自身的根据,据此,人民与政府之间的张力和对峙就在理论上达到它所能达到的极端。法国大革命的思想根据就在于此。然而,这种神圣之物恰恰就是个体之神圣性的表现,公意能够得到论证源于人的生存本性,而出于生存本性的公意得到论证之后,个体意志也便获得了某种绝对出发点的意义,从而一种前史从未有过的道德得到充分的论证。其间,无论是个体,还是国家,都展示为拥有某种绝对性的空间。善,便是对摆脱一切偏私的普遍性行为的本质界定;恶,便是对不从普遍性出发,而仅仅以偏私为目的的行为的界定。如果说偏私是人的某种生存本性,有着绝对的主观依据,那么与之相对的善的主观依据或动机只能是道德性的,是出于欲求普遍性的动机,这一点被康德视为"法则"。于是,善与恶的区别就成为绝对的区别,这种界定大大突破了古典时代的斯多葛在道德方面所达到的深度——他们把善仅仅界定为对感性欲望的斗争。卢梭未曾在这个层面展开深入的分析,但原理上引导了康德。②

---

① 这是第四卷第一章的标题。参阅卢梭《社会契约论》,第 115—117 页。
② 在《纯然理性界限内的宗教》中,康德沿着卢梭的思路把恶界定为根本恶,以与由普遍法则出发的善做了某种绝对的区分。道德哲学以及与之相关的真正的宗教批判开始成为现代哲学的关键问题。参阅[德]康德《纯然理性界限内的宗教》,李秋零译,载《康德著作全集》第 6 卷,中国人民大学出版社 2010 年版,第一篇。

正是因为对公意之神圣性的自觉，卢梭获得了一个基点批判已有的或既定的宗教的神圣性。尽管在立法方面，这些宗教或许是人能够接受法律并根据法律而行的主要动力，但这也只是一个接受法律的起点而已，一旦这个进程结束，人类社会或其国家政治生活必须要拿掉现实的建制宗教的影响，而应该回到由公意和法律而可能的现实（政治）生活中。这一点既回应了我们开篇一直分析的基督教世界不可能有健康的政治的观点，亦为霍布斯、斯宾诺莎等人的努力提供了理论上的完全的依据。人类生活不能没有或缺少神圣性，但如果国家或社会不能确立自己的神圣性，宗教势必取而代之而为人内在的神圣性诉求提供基础。而现在，既然超出于个体而又是出于个体的公意拥有了一种独特的超越性或神圣性，那因神圣性诉求而教条化了的各种宗教就应该让位于一种"公民宗教"，作为公共的或全体公民的信仰表达。[①]　这种信仰服务于由公意而可能的公共生活，因而其宣言或条款需要由主权者来规定——其凝聚起来的只是一种公共的情感，没有这种献身于公共的情感，好的公民是不可能的。卢梭本人也尝试着给出了这样的条款：

> 公民应当尊奉的宗教信仰的条款必须简单，条目要少，措辞要精确，而且不加任何解说和注释。全能的、睿智的、仁慈的、先知而又圣明的上帝是存在的，每个人都有来生，正义的人得福，恶人必受惩罚，社会契约和法律是神圣的。正面的条款就是这么几条；至于反面的条款，我认为只应当有这么一条，那就是：不宽容；这一条，早已列入我们所驳斥的那些宗教信条里了。[②]

对建立"公民宗教"的努力证明，一方面，启蒙思想家们相信，人已经成熟了，他不再需要在他者那里确立自己；另一方面，他们又认识到，若

---

① 对"公民宗教"的设想在卢梭时代已经成为普遍的问题，伏尔泰等众启蒙思想家们都做过这种努力。
② 卢梭：《社会契约论》，第 156 页。

无宗教的"驯化",那些不成熟的人又会成为狂热和引起混乱的力量。无论如何,这种设想有种内在的悖论使其无法成立。人的成熟必定是理性(卢梭眼中的可普遍化的个体意志,以及由之而可能的各种理性原则的总称)方面的成熟,但宗教要唤起的却是情感。如果成熟的人还需要宗教,那么宗教究竟要唤起什么情感呢? 这岂不意味着理性要反对自身? 或者说,理性已经"知道"它不是一切? 另一方面,如果不成熟的人需要宗教,宗教唤起的情感之于理性的进步又意味着什么呢? 岂不是说理性需要宗教的唤起? 更重要的是,意图以建立起来的宗教"教化"人或唤起他的某种情感,本身意味着人乃是一种被他人塑造起来的人,这恰是违背启蒙原则的,亦与公意的神圣性相冲突,因为公意本身以个体意志的普遍性为基础。

于是,对这种公共宗教的设想本身意味着以卢梭为代表的启蒙思想家其实已经内在地感受到由个体意志联合起来的共同意志可能根本无法取代上帝的意志,换言之,信仰问题和上帝问题总会以某种面向向人类展示它的意义。无论如何,传统的、建立在信条上的宗教传统需要在公意,也是现代个体意志的"神圣性"中得到批判。

因此,在卢梭这里,现代个体和现代国家展示出一种惊人的深度。一方面,由于人民主权、行政权以及政府有其内在的限度,因而人民本身获得了一种超越一切现实事物的神圣性,与之相应地,由于能够把自己内在地联结于主权,现代个体在公共事务方面乃是一种道德性的存在,而在私人和思想事务中有着绝不可被限制的自发性或主动性。这是国家与市民社会相互区分的依据,亦是霍布斯、洛克等人努力的方向。另一方面,由于人民的意志成了现实生活的一切,它也便取代了上帝意志成为自我决断、自我造就的意志,即其根据在自己,而非之外的其他什么。这一点完成了洛克想做但未曾做到的事业,在洛克那里,无论早期的"自然法"著作,还是晚期的"政府论",上帝意志都或显或隐地是其论证的基础。

但问题是，人民主权或公意真的能够取代上帝主权或意志，而成为绝对的出发点和目的吗？卢梭的契约真的就是最初的和最终的契约，而可以取代上帝与人之间立的约吗？——至少从卢梭设想"公民宗教"这一点的内在矛盾可以看出，这是不可能的。而从卢梭的其他文本中也可以看出，他一直战战兢兢地、踩钢丝般地行走在这条道路上。无论如何，卢梭之后，人类的信仰格局（主要是基督教）根本性地改变了，好的思想家无不在深深地思索：上帝之于人究竟意味着什么？信仰的切身性究竟如何在现代社会中得到全新的表达？

——这或许是卢梭留给思想史的最重要的问题。

第四节　卢梭与现代性问题

从 15 世纪末三个统一而强大的民族国家的几乎同时出现，到光荣革命之后，作为现代国家的英国自由政体的确立和逐渐完善，并一步步深刻地改造欧洲国家甚至整个世界，这个持续近三百年的进程深刻地塑造了现代世界。卢梭本人的工作成果是对这个进程深入思考的产物，也大大提升了后续思想家对这个进程的认识。一般地，我们也把现代世界的建立和不断地完善的过程称为现代性问题——甚至直到现在，我们可能还处于这个完善的过程之中。因而称卢梭为现代（性）之子应该并不过分。

在马基雅维利主义者那里，以统一的民族国家为参照，寻求国家在政治上的统一和强大是主导性问题。统一而强大的英国证明单纯政治上的统一和强大并不是最终的答案，但无论如何，离开政治上的统一也是不可能的。这是分别主导卢瑟福们和霍布斯们的问题。在历史处境和他们的引导下，我们知道，现代世界或现代性的根本问题是已经出现的现代个体与统一的政治体之间内在一致的联结问题。由于政治体和权力的强大和危险性,个体若要获得相对于它的绝对力量——否则内在的联结,以及对个体生存的保护就是难以想象的——就需要论证其生存中拥有绝对的出发点和内在可普遍化的生存维度。缺了前者,在庞大的权力面前,他会变得一无是处;缺了后者,国家无以获得合理和合法的位置。这既主导了作为自由主义者的洛克的思考,也在某种程度上影响了卢梭的思考。不同于洛克,卢梭对自由意志和公意的论证使得个体与国家如此深地关联起来,以至于任何一端哪怕在逻辑上都是无法取消的。这正是他能够如此深刻地同时引导康德和黑格尔的根源。

但理论归于理论,如何实现个体与个体,以至与国家之间在现实生活中的深切联结,就成为接下来的引导性的问题。另外,如同上面已经提及的宗教,尤其是实在的信仰问题,却也可能为启蒙的现代性的自身论证撕开一个口子。这是需要进一步考察的。

一、现代性完成自身论证的两个关键问题

从现代世界的事实看,无论是走出恩典时代的现代个体出现得更早,还是现代民族国家出现得更早,这本是个艰难的分辨过程——如果不是不可能分辨的话,但有一点是确定的,哪怕无限追逐感性欲望的现代个体出现得更早,如果他不能够论证自身,在权力面前都是无法站立的。这是在面临权力的压迫时,卢瑟福们要反对这个压迫必须要作出的回应。换言之,现代性要完成自己的使命,即实现个体与国家的真正的内在的联结,对个体能够成为真正的个体的论证是需要首先作出的。只有完成这个步骤之后,个体在现实的公共的生存即共同体问题才能指望得到解决。

从卢瑟福追索到卢梭这里,我们已经知道,第一个问题是对个体自由的论证,第二个共同体问题或国家问题若从第一个问题的视角看,乃是自由的最终的实现问题。最终,两者合而为一,即是现代性问题的完整表达。霍布斯已经意识到第一个问题的本质是自由问题,因而论述

说，人在自然状态下拥有对一切事物的权利，因而拥有一种绝对的自发性的自由。无论如何，因为政治状况的无序和混乱，重建政治上的统一是更加现实、更加迫切的问题，于是，在根基上，霍布斯悄悄地把自由置换为理性。这或许是源于他对"恐惧"的恐惧是如此"恐惧"，以至于不相信个体中拥有另外一种可普遍化的生存维度。也正是因为只体察到自爱中的"恐惧"，或者说，正是因其可怖的自爱，他没有看到自由的生存并非一定要现实地把逻辑上可对一切事物的权利实现出来，权衡性或计算性的理性才可能取得一种可以取代绝对的生存（也是绝对的自由）的地位。

从拥有无限感性欲望的现代个体已经展开的生活看，霍布斯的体察或许是正当的，即（无限的）自爱确实是可恐惧之物，如果没有绝对的权力限制它，秩序是难以想象的。历史的发展告诉我们，自爱的无限伸展可能只是逻辑的，至少光荣革命的发生告诉我们，对一切事物的绝对权力很多时候会让步于人对自由或真正的非自爱的荣耀的追求。由于看到这一点，洛克反而在一定程度上赞赏人的自爱，当然这以他看到人的生存本性中所拥有的一种可普遍化的生存维度为前提。因此，对于洛克来说，在爱的引导和升华中的自爱反而有助于人的自我实现和整个国家的福祉，所以，自由也就成为洛克"想当然"的，或建立在光荣革命之后的秩序上的"自然的"起点，以至于在"利益"或"福祉"方面，个体与国家是如此自然地联结在一起。

但是，卢梭却在个体和国家（更恰当讲是政府）的这种现实的和自然的联结中看到现代社会所隐藏的一种内在的危机。如果像现实世界中的，也是洛克所认可的，人的自由在于人身和财产，以及从人身权和财产权所引申出来的一切"利益"或"福利"，那么关乎自由的也就无非是社会中已经取得的一切。在这样的状况下，所谓德性、科学，以及各种高尚的情感都将荡然无存，它们的意义都将消解在社会地位、社会财富之中。在这里，爱（他人、祖国等等）、信（神圣性、宗教等等）、知识、崇高等等，都将沦为自爱的产物,沦为社会等级的维持者和辩护者。但是,要拒绝这种状况,就是要拒绝现代社会已经获得一切,甚至是拒绝已经获得的"人性"。换言之,生存本性中的自由不能通过这些东西来界定。

卢梭自觉地将之称为人的天性,并将之同一切造成差异的东西(知识、理性、地位等等)区分开来。由此,一切都只是历史的造物,但人的自由本性乃是一切历史的外在物,却是批判一切历史的根源。进一步,在共同生活中,这种自由展示为一种自由的意志,并在与奴隶制的争辩中,自由意志得到普遍的论证,而成为缔约的基础。一旦这个论证完成了,个体的自由意志非但没有消融在契约以及契约的产物(国家)中,反而永远是独立于契约的生存的基础:既是个体意志的基础,也是共同意志能够被表达出来的基础。因此,对自由的发现,以及对出于自由的意志的发现,① 成为卢梭为现代性确立最终根源以及建基于此根源的"自由体系"的关键。

正是在这个基础上,我们说,直到卢梭,现代性才在学理上完成对自身的双重论证,其关键便是自由意志。只有从自由意志出发,个体才是真正的独立个体,而拥有作为自身的绝对出发点地位;也只有从自由意

---

① 在《社会契约论》中,卢梭提出自由意志,但未曾对之做深入的考察——系统的阐释要等到康德哲学。但在论教育问题的《爱弥儿》中,卢梭明确认为行动的本质在于自由意志,并相对详细地讨论了与意志的自由相关的几个问题。参阅[法]卢梭《爱弥儿,或论教育》下卷,李平沤译,人民教育出版社 1985 年版,第 383—384 页。从历史上看,最早提出自由意志问题的似乎是奥古斯丁,但弗雷德认为奥古斯丁的意志概念来自斯多亚派哲学家爱比克泰德。在基督教世界里,更早的奥利金的《论首要原理》第三卷也专门谈到了自由意志问题,但与佩拉纠相同,在自由与恩典何者是起点问题上,奥利金没有处理清楚,因而未被基督教神学传统接受。把意志作为一个核心概念,将其与自由选择相联系,并形成重要思想史效应的是奥古斯丁的相关论述。参阅 M. Frede, *Free Will: Origins of a Notion in Ancient Thought*, ed. A. A. Long, Berkeley, CA: University of California Press, 2011, p. 105, pp. 157–158; [古罗马]奥利金《论首要原理》第三卷,石敏敏译,香港:道风书社 2002 年版。但奥古斯丁的意志的自由选择更多是否定性的,即若无上帝的参与,意志只能选择恶。笔者有文对此作出过疏解,并进一步从卢梭出发追踪了康德自由意志问题的一些关键点,并提出相应的批评。汉语学界黄裕生教授也有文章讨论自由意志问题。可参阅黄裕生《"自由意志"的出场与伦理学基础的更替》,载《江苏行政学院学报》2018 年第 1 期;尚文华《在崇高与虚无之间的自由意志——兼论现代自由原则及其可能出路》,载《哲学动态》2020 年第 1 期。

志出发,共同意志(公意)及主权问题才能得到论证。由此,现代个体与现代国家之间的深度关联以及内在一体化论证才能够完整地表达出来。也就是说,卢梭真正完成了对现代性的自身论证;从思想史上看,这也是卢梭作出的重大贡献。

但无论如何,卢梭思想的深度复杂性——其实也是现代性或现代社会自身的深度复杂性和悖论性,尤其是人民主权问题的深度张力在历史上一次次地被讨论,甚至在洛克那里,人民问题或者以人民的名义就已经成为讨伐的对象。即使现代社会或现代性能够得到论证,现实的人类社会依然面临一个内在的联结问题,即人与人之间的关系究竟根据什么样的原则组建起来依然是个问题。在此,我们以最难处理的异性之间的"爱"的问题讨论卢梭对现代社会组建原则的思考,同时提纲挈领地反思人民主权的内在问题。

二、现代生活视野下人民主权的相关问题

从自由意志,以及出于自由意志的个体意志和个体意志间的联合(共同意志)出发,可以设想并实际地讨论现代社会的基本原理问题,但在现实中,人民主权如何可能成为现实的力量呢?——在现实中,似乎除了政府代理人民的意志,甚至是"统治"人民之外,似乎人民主权只是一个空洞的词汇。甚至可以说,一旦人民主权成为现实的解构政府的力量,那么,在现实的社会中,我们是否会面临一种无法控制的力量? 甚至一旦这种力量被"别有用心地"利用起来,它又会带来何种的灾难呢? 毕竟,法国大革命的破坏力量,及其之于法国后续历史的影响,已经如同洛克所洞见的那样告诉我们,一旦把一切都归于人民的名下,它对于社会或国家的秩序的破坏乃是难以估量和修复的。因此,即使在学理和思想上,卢梭完成了对现代性及其两个最重要的问题的论证,但我们还是要问,这种现代性思想于现实生活而言究竟意味着什么呢? 如果这个问题得不到很好的回答,卢梭所带来的就或者是一种与现实毫无关系的理

念性的空想，或者是一种与封建时代的极权相并立的另一种更加可怖的现代极权。

毫无疑问，现实存在的只有政府以及政府的权力，也正是因此，个体要取得相似的权利出发点如果不是不可能的，也是极其艰难的。但因为现代事物的出现，主要是突破既定国家或政府界限的现代商业的出现，打破了传统政府权力的界限。随之而来的，便是个体之存在（感性欲望的、理性的，以及相应的权利的，等等）的"无限度"的扩张要求。在这样的时代处境下，对个体自由的论证以及对政府权力的合法性论证等，才成为一个现代问题。既然现存的只有政府权力，对其权力的限制与对个体自由和权利的主张就是一体两面的事情；同时，这个过程的进展必须与政府之外的人民整体（即所有人的总体，从政治上讲乃是人民）相伴随。鉴于个体力量的渺小，保护人民才可能保护个体。因此，从发生学或认识的角度讲，对个体的论证只能与整体相联合，否则，现实上，就都是空的。从学理上，个体意志亦不能脱离整体的或共同的意志，这一点卢梭已经说得很清楚了。

因此，人民主权而非个体意志才可能是与政府权力相对峙的力量整体，也只有如此，对政府权力的限制、对个体自由的保护才是可能的。并且，也只有在每个人都觉识到对共同体中任何一个人的侵害就是对整体、对每个人的侵害的时候，对可怖之物（权力）的限制才是有可能的——每个人都不是孤岛正是对这一原理的说明。就此而言，人民主权非但不是空的，相反，它才是现代社会能够运行起来的最关键的原理。因而洛克看到，当人民奋起反抗权力所带来的秩序混乱的时候，其实更应该追究的是权力何以逼迫人民起来反抗，而非人民的反抗所带来的秩序混乱。

但同时，我们也应该看到，洛克说的是"以人民的名义"；在卢梭之后，自封为卢梭信徒的罗伯斯庇尔所诉诸的也是"人民的名义"，但"事实上"，这些人只是假借人民的名义行自己的政治意识形态之实。在此，就出现诸多学者所说的现代极权问题。比如，罗素就说："《社会契约论》成了法国大革命中大多数领袖的圣经，但是当然也和《圣经》的命运一样，它的许多信徒并不仔细读它，更谈不上理解它。这本书在民主政治理论家中间重新造成讲形而上的抽象概念的习气，而且通过总意志（即公意）说，使领袖和他的民众能够有一种神秘的等同，这是用不着靠投票箱那样世俗的器具去证实的。它的哲学有许多东西是黑格尔为普鲁士独裁制度辩护时尽可以利用的。它在实际上的最初收获是罗伯斯庇尔的执政；俄国和德国（尤其后者）的独裁统治一部分也是卢梭学说的结果。"①著名史学家威尔·杜兰也有类似的看法，汉语学界赵林教授等更是将之推演到黑格尔的体系。②

这些"批判"诉诸两点，一是公意的"神秘"，即无法在认识中明确地给出来，随之而来的，便是现实中的领袖与民众的等同。但很明显的是，这两点既不能归诸卢梭，也不能归诸公意。有关这两点卢梭都有明确的字面上的反对。首先，对公意的认识便是法律，而法律的基础乃是保护每一个个体的权利。公意是个体普遍意志的联合，从个体意志看，反对普遍的个体意志，或者仅仅从个别意志出发，它都是反对自身而自我瓦解的；从联合看，它只是表征了现代国家的神圣性，甚至可以说，没有公意的存在，政府就是国家，它才可能是极权的。其次，于是卢梭明确地把人民主权或公意与政府区分开来，政府只有行政权，而无立法权，如果掌握行政权的政府支配了立法权，那是公意在形式上的瓦解。因此，不是公意神秘或者领袖与民众等同导致极权，恰恰相反，正是因为公意在形式上被瓦解，才会极权化。

作为经历法国大革命血腥和失序的当事人，贡斯当在把权力的范围唯一限定在保障个体权利的时候，其实并没有违背卢梭而提出什么新的原理。保障个体权利必然是在法律的范围之内，限制权力其实就是限制

① 参阅[英]罗素《西方哲学史》下卷，马元德译，商务印书馆1976年版，第243页。
② 赵林：《试析卢梭政治学说中的极权主义暗流》，载《学术研究》2004年第6期。

行政权于法律的框架(立法权问题)之内。其第二个原则,即限制权力本身而非单单谁有权力,更不会与卢梭相冲突。① 拥有权力者被赋予的乃是行使公意或法律赋予的权力,绝非出于他的个别意志或意志的个别性,换言之,只要限制权力的使用,必然地是限制权力本身,而非谁的权力,后面这个提法本身就是不合法的,就是把个别意志视为权力。因此,这些批判以及贡斯当对人民主权的"改进"如果不是一个伪问题的话,那么这些并非要归罪于卢梭,相应地,如何现实地操作立法权倒是真正从卢梭原理的现实再出发问题。

与这个问题相应,黑格尔倒是真正地发现了卢梭原理的"真理性":作为现代国家基本原理的公意和人民主权问题恰恰印证了现代国家的神圣性。国家不再是现实的政府,也不是什么统治的工具等一切非真理的事物,相反,它倒是人类整体生活的真理意义本身,是被赋予理性或自由的生存个体们能够联结成整体的实在意义。② 正是因为这一整体的实在意义,善才不再是空洞的主观性,个体才不再是泡沫般的存在,权力和权利也不再是个别性的,如同卢梭所说,在国家中,"正义代替了本能,从而使他们的行为具有了他们此前没有的道德性;在义务的呼声代替了生理的冲动和权利代替了贪欲的时候,此前只关心他他自己的人才发现他今后不能不按照其他的原则行事,即:在听从他的天性驱使前先要问一问他的理性。……他的情感高尚了,他的整个心灵提升到了如此之高的程度……他将无限感激使他进入社会状态的那一幸福的时刻的,因为正是从这个时刻起,他从一个愚昧的和能力有限的动物变成了一个聪明的生物,变成了一个人"③。

无论如何,原理归原理,现代性在无限地深化了人类生活整体的同

---

① 参阅[法]贡斯当《古代人的自由与现代人的自由》,上海人民出版社 2005 年版。
② 有关黑格尔对现代国家原理及其复杂性和惊人深度的论述,可以参阅其《法哲学原理》之"国家"部分的相关论述。
③ 卢梭:《社会契约论》,第 24 页。

时，也带来现代人之间的联结问题，即：如何在现代事物出现之后，在现代性完成自身的论证和建构之后，设想甚至是重建人与人之间的联结问题？——这既是传统基督教承担的课题，也是基督教信仰被重新估量之后，卢梭需要面对的问题。我们以最难处理的异性之间的爱切入这个话题，之后，就讨论卢梭的宗教问题。

三、现代性视野下人与人的联结问题——以两性之"爱"为例

据上，现代性最重要的标志就是独立的自由个体的确立。如果说在传统社会中，人总是通过各种伦理性的关系建立自己，那么独立就意味着摆脱这些关系，而仅仅就其自身造就自己，并在这种造就中重新建立其与他者的各种伦理关系。完成卢梭对现代性相关原理的论证之后，我们就不得不面对人与人之间的伦理关系问题。其中，最艰难的问题就是两性之爱问题。根据现代性的基本原理，现代社会中的两性关系首先是两个独立个体之间的关系，爱，也就首先应该是自由之爱，而非相互占有。如何在爱中经历两性之间的自由关系，就成为摆在卢梭，同时也是所有现代人面前的最重要的课题。

让我们来到两性关系之中。设身处地地想，如果不能独占对方的身体和心灵，爱者怎能安心地爱对方？如果对方根本不想成为自己想要的那个样子，这种爱如何能够延续下去？如果对方不能安心地处身于自己的那种状态，自由之爱又从何谈起呢？——可以说，在现代思想的开端之处，最早经历这种关系，并以文字使得这种自由之爱呈现在人们面前的人是卢梭。从原理上看，在一个启蒙了的现时代中，如果不接受这样的自由之爱，我们很难说他已经在两性关系中跨入了现代。

与普通人一样，卢梭同样受到他与华伦夫人之间的爱情的困扰。如卢梭所言，华伦夫人的虔信并不影响她在男女关系上的随意，甚至在她的哲学中，一晚上跟二十个男人睡觉并不是一件难堪的事情。她承认她对卢梭的爱情，但同样认为，这种爱情不能限制她对别的男人的性要求。

在一次远游归来之后,卢梭发现,华伦的身边多了一个"男宠",也就是说,卢梭需要时刻与另外一个男人一起分享华伦夫人的爱情。面对卢梭的歇斯底里,华伦非常平静地说,她依然全身心地爱着卢梭,只要卢梭不放弃他的爱情。就是在那样一个事关独占和分享的选择时刻,卢梭忽然明白了爱情的意义。让我们一起阅读这段饱含深情,又有着非凡现代意义的爱情宣言:

> 我从来没有像此时此刻这样深切地感到我对她的感情的纯真和强烈,感觉到我的心灵的高洁和浑厚。我猛地一下扑在她的脚前,抱着她的双膝,情不自禁地哭了起来。我心情激动地说:"不,妈妈,我太爱你,所以不愿意有任何轻贱你的事情发生。你已经委身于我,我就要珍惜你,就不能让他人来与我分享你。我当初占有你时所感到的后悔心情已随着我对你的爱而与日俱增。不,我不能为了保持今后对你的身体的占有而再次做那种令我后悔的事。我将永远敬爱你,但愿你永远无愧于我对你的敬爱。对我来说,当前的当务之急,是使你获得美名,而不是占有你。妈妈呀,我把你的事情交给你自己去决定。为了使我们两个人的心相结合,我愿牺牲我的一切幸福,我愿死一千次也不愿意享受那种糟践我所喜爱的人的享乐!"①

卢梭承认,他以前对华伦的爱是一种占有之爱,以至于不允许别人来分享她——尤其在身体方面更是如此;但他同时也坦陈,这种占有之爱令他后悔,以至于他越是爱她,这种后悔就越加深。毫无疑问,占有意味着把对方视为一个物件或一个完全的客体,以至于被占有的对方哪怕做出丝毫的不符合占有者的占有意志方面的事情,都会引起占有者的恐慌,甚至愤怒。并且,在占有者看来,他如是做,只是为了被占有者自身的好,是为了被占有者不至于"轻贱"。换言之,占有者要求对方完全按

---

① [法]卢梭:《忏悔录》上册,李平沤译,商务印书馆 2015 年版,第 348—349 页。

照他自身对好或不好的理解塑造自己，从而要求对方把存在放置在自己这里。就此而言，占有之爱恰恰是一种自私之爱，它试图把自己的存在强加在对方那里，因而是以"为对方好"的名义取消对方存在的行为。在占有性的自私之爱中，对方根本没有自由可言——这最明显地表现在对身体的控制方面。

卢梭的后悔正在于他已经经验到了占有的自私之爱对他人自由的剥夺，并且越是深地爱华伦，他就越是经验到自私之爱对他人之自由所剥夺的深度。自然地，在那样一个情感的极点上，卢梭深刻地意识到他人的自由所在，并转而从他人的自由所在中经验他对华伦的爱情。如此，这种爱情已经从对占有华伦的自私之爱升华为一种对华伦的自由之爱，而承担这种情感的心灵也就从对对方的对象化（或客体化）的占有转变为对对方自由人格的敬爱。卢梭分别以"感情的纯真和强烈""心灵的高洁和浑厚"刻画蜕变之后的爱和爱者的心灵状态。情感之所谓纯真、心灵之所谓高洁，正在于那最自然地夹杂占有和自私的爱情，亦可以摆脱它的混杂状态，而纯然地爱着对方；那最自然地独享对方的心灵，亦可以给对方以自由。以至于"我愿牺牲我的一切幸福"，"我愿死一千次"亦不愿意为了单纯的享乐来取消对方的自由。

卢梭对自己的情感和心灵之转变的经验，是现代（社会）人经验一种人与人之间的自由之爱的起点。在这种经验中，爱，恰恰不是占有，不是把自己的存在强加给对方，并为这种强加提供辩护的基础。相反，爱，乃是让对方自由，"把你的事情交给你自己去决定"，从而，被爱者不是被束缚、被限制、被因爱之名而被给定一个方向塑造自己。换言之，不仅在其他的伦理关系中，就是在最强烈、最容易掺杂自私动机的男女之爱中，人与人的伦理关系也是自由的。就此而言，卢梭对自由之爱的经验，为现代社会所追寻的普遍的伦理关系提供了经验和论证的基础。在这之前，基督教传统一直认为，自由之爱只存在于上帝和人之间；即使人与人之间存在着让人自由的爱，这种爱也只能是上帝的恩典——如同阿伯拉尔所言,没有绝对者的在场,自由之爱是不可能的。从这个角度来看,作为浪漫主义者的卢梭,实现了把爱从上帝那里下降到人间的任务。[①]

让我们更深入地讨论这种自由之爱。占有,意味着把自己的存在强加给对方,它在带来享受的同时,也带来后悔。享受在于想把对方据为己有,而后悔则意味着出于本己地知道他人的自由所在。在某个感情的极点上,即后悔达到顶点的时候,他人自由的崇高性也就完全占据了心灵,就是在这一刻,卢梭经历了极端的占有之爱给他带来的自由之爱,从而在这种经验中,自私让位于崇高,占有让位于自由。也就是说,在那样的时刻,我们感受到了对方人格性存在的自由,他能够凭其自身承担起自己的存在,而作出完全出于其自由的可普遍化的行为。亦即,处身于自由之爱中的双方,彼此相信对方能够自由地作出能够得到完全论证的(或站得住脚的)爱的行为。因此,在卢梭说,"把你的事情交给你自己去决定"的时候,并非是说华伦可以任意而为,相反,因为这种对自由之爱和爱中的自由的理解,卢梭相信,华伦能够出于自己的自由作出可普遍化的、能够自身论证的决定。也是因此,卢梭希望华伦"永远无愧于我对你的敬爱":真正值得敬爱的永远只是独立的自由人格。

因此,自由之爱首先强调的并非是爱,而是在爱中所呈现的对方的自由身份,这种自由身份引导着爱者在爱中的自由行为,并且这种自由行为是能够得到普遍论证的。这种能够得到普遍论证的自由之爱即是一种普遍之爱。在这种普遍之爱中,爱者获得了一个普遍者的身份或形象,因而爱,首先是相信对方能够出于爱而作出爱的行为,而是一个普遍者。

无论如何,爱情是两个人之间的事情。即使在每一个瞬间,我们都能经历普遍的自由之爱,但在行为方面,可普遍化的行为落实在每个人那里可能都是不一样的。也就是说,在由爱情所引导的现实生活中,双

---

① 汉语学界张崑先生对于这个话题有所言说,只是论文尚未公开发表。感兴趣的读者可参阅其微信公众号,网址为:https://mp.weixin.qq.com/s/PlHP5vgObhQ7a1LSYg2YUQ。

方对出于爱的可普遍的行为的理解是有偏差的，甚至很多时候是南辕北辙的。如果爱的情感产生了，但在现实的生活中发现对方与自己完全不同的时候，我们很难想象这种爱情可以维持下去。若对方与自己完全相同，我们又很难区分究竟是爱对方，还是爱自己，或者说，我们可能只是把自己的存在放在对方那里而已，如此，爱也就重新成为占有。更多的时候则是，两人在爱中彼此调整自己对于可普遍化行为的理解，但此时，寻求共同理解成为现实生活的最重要的部分，那种炽热的爱情也就逐渐消磨于其中了。在后续事情的发展中，确如我们所言，卢梭发现他根本无法再继续跟华伦相处下去。卢梭和华伦各有自己的一套人生哲学，也都认为自己对待爱情的态度是站得住脚的，最后，卢梭只能选择离开。

从卢梭对普遍的自由之爱的经验和言说看，一方面，它为现代社会中的爱的伦理注入可普遍化的维度，从而把最容易掺杂自私和占有的爱的伦理转化为普遍的伦理关系，这就为现代自由个体的确立奠定了最重要的一块基石。但是，这种伦理关系的普遍性只得到一个抽象化或形式化的规定，在现实的生活中，这种抽象或形式的普遍性需要穿透具体的生活内容。其实也正是在这里，在卢梭最后的选择中，我们可以看到，现代的爱的伦理关系恰恰潜伏着一种荒漠化的危险。[①]　无论如何，卢梭对两性之爱的思索为现代两性间的自由之爱提供了伦理基础，这个艰难的伦理问题得到回答之后，一般的人与人之间的伦理关系就变得好处理了。在《忏悔录》下册，卢梭以"友爱"回答了人与人之间的伦理关系问题，在此，我们就不加以详细讨论了。

在给出现代性原理以及人与人之间的自由的伦理联结之后，我们就进入最后一个艰难的问题，那就是卢梭眼中的现代性与宗教问题。公民宗教并非最终的归宿，即使是，它也只是从属于国家的，但

[①] 我不想在这里进一步展开对这个问题的相关论述，一旦展开这个话题，就是对现代性的整体批判。笔者有篇即将在《伦理学术》杂志刊登的文章深入分析了这个问题，题为《爱的伦理：现代性的基石，还是荒漠？——以几部文学作品中的爱的形象切入》。

宗教之为宗教，首先是个体的情感，以及由这种情感所打开的个体与上帝的真实关系问题。如果这个问题得不到回答，那么个体心灵中非常重要的那一块就或者被现代性抹杀了，或者它本身就是瓦解现代性的重要力量。

四、现代性与信仰和上帝：一个最艰难的问题

以自由的意志缔结共同体的生活秩序，是现代个体意志-行动的体现，也是人为创造某种类神圣秩序的体现。或许在这其中，难言上帝的存在。无论如何，在人为的秩序之外，尚存在其他秩序，一是世界的神圣秩序，一是心灵的内在秩序。这两种秩序是缺一不可的，心灵秩序是国家这种人为秩序的基础，世界秩序则是国家秩序的最终目的。毫无疑问，这两种秩序都涉及上帝问题。在《爱弥儿》中，卢梭也确实在"信仰自白"部分展开相关于这两种秩序的讨论。从写作时序上看，《爱弥儿》于1757年动笔，《社会契约论》则动笔于1759年，两本书同时于1762年在阿姆斯特丹出版。从思想的连贯性上看，"信仰自白"中有关上帝创造的秩序的论证，以及人的良心秩序的"自白"，既为公意或主权秩序的可能性提供了"主观性"的基础，也为其神圣性提供了佐证：它既是良心的道德和善秩序的外在展示，也是上帝之正义的自然秩序的展示。对此，卢梭说了这样的话：

> 正义和善是分不开的，换句话说，善是一切无穷无尽的力量和一切有感觉的存在不可或缺的自爱之心的必然结果。无所不能的人可以说是把他的存在延及于万物的存在的。创造和保存是能力的永无止境的工作，它对现时不存在的事物是不发生作用的；上帝不是已死之人的上帝，他毁灭和为害于人，就会损害他自己。无所不能的人是只希望为善的。可见，凡是因为有极大的能力而成为至善的人，必然是极正义的人；否则他本身就会自相矛盾的，因为，我们所谓的"善"，就是由于爱秩序而创造秩序的行为，我们所谓的"正

义",就是由于爱秩序而保存秩序的行为。①

根据卢梭前面的论述,正义是上帝的"属性"(源于犹太传统),人若是正义的,首先应该是善的,善是让事物成为自身存在的力量;于人而言,让或推动国家如其所是地存在,便是他创造的最大的最完善的秩序。正义则是保存事物的力量,国家中的正义就是保持国家,而非解散它。因此,在卢梭这里,无论是(道德的)善还是(根源上来自上帝的)正义都与秩序关联起来,其差别只在于一者创造秩序,一者保存秩序。那么,上帝的正义秩序究竟该如何思考呢? 与之相应,创造人间秩序(国家)的善又指向了人之生存的何种秩序呢? ——这两个问题既深刻地关联到国家秩序(人所表达的正义和善),更是关联到人与上帝关系的问题。

卢梭的"信仰自白"非常不同于前史(尤其中世纪)的信仰告白,它不是从信仰或人与上帝的关系说起,而是从人与周围世界的关系谈起。他模仿了笛卡尔对生存和思想起点的追问方式,"我存在着,我有感官,我通过我的感官而有所感受。这就是打动我心弦使我不能不接受的第一个真理"②,这一真理证明,我是存在的,在我之外其他东西也存在。在与其他东西"打交道"的时候,我的感觉和我对它们的判断是不同的,这一点也能够得到严格的说明。感觉到的东西主要以运动的方式呈现,而运动是有原因和目的(方向不是任意的);进一步,卢梭将之追踪到运动的第一因和意志问题。"所有一切不是因为另外一个运动而产生的运动,是只能来自一个自发的、自由的动作的;没有生命的物体虽在运动,但不是在活动,没有哪一个真正的活动是没有意志的。这就是我的第一个原理。我相信,有一个意志在使宇宙运动,使自然具有生命。这是我的第一个定理,或者说我的第一个信条。"③ 从运动的目的,或推动运动的意志出发,卢梭进一步"推演"出另外两个信条,第二个信条是上帝的

---

① [法]卢梭:《爱弥儿,或论教育》,李平沤译,人民教育出版社 1985 年版,第 386—387 页。
② 卢梭:《爱弥儿,或论教育》,第 367 页。
③ 卢梭:《爱弥儿,或论教育》,第 372—373 页。

存在和智慧,第三个信条是(人的)行动是自由的,受无形实体刺激。①

卢梭的思路粗看是自然神学式的,即从一些明确的区分开始一步步论证上帝的存在问题;但卢梭同样注意到,这种推论或论证其实并不严格,甚至说是逻辑的跳跃才更恰当。因而,卢梭也明确地把这三点称之为是"信条"。这些信条的基础是意志问题,若非相信上帝的意志,其存在和智慧可能只是静观式的,这就谈不上对秩序的保存等问题了,同样地,人的意志自由以及由之推论出来的主体(无形实体)离开上帝的意志可能也得不到说明——尽管卢梭对之并没有明言。② 在克拉克与莱布尼茨有关科学基础的几次论战中,上帝的意志问题的核心性逐渐得到澄清,③ 卢梭认可克拉克的论述,反驳笛卡尔和牛顿的运动模型,④ 也便证明他不可能是莱布尼茨或笛卡尔那样的哲学家。

相较于洛克想通过自然神学论证上帝的意志问题(《自然法论文集》),卢梭明确地把上帝的意志视为信条,或信仰对象。但是,从这一信条到第三个信条之后,即到人的自由意志得到说明之后——这一说明可能是信仰的"延续",也可能出于卢梭对自己意志或行动的自由性的体察——人的自由意志就与其行为的道德性和正义等问题关联起来。于是就有了上面那段关于善和正义分别之于秩序关系的引文。追踪卢梭的论述过程,一方面似乎可以说,出于人的善和正义的秩序(人为的国家秩序)是对出于上帝意志的神圣秩序(出于上帝的自然秩序)的模仿;另一方面也可以说,正是因为每个人的自由意志,其行为乃是善的、出于良

---

① 参见卢梭《爱弥儿,或论教育》,第 375、384 页。

② 卢梭是以上帝的意志为参照说明人的自由意志,或者说,相信上帝意志的存在及其之于世界和人的意义之后,人的自由意志才是可能的,或者说才相信人拥有自由意志。这是卢梭的思路,这或许就是《社会契约论》中对自由意志存而不论的原因。与之相反,康德在《道德形而上学原理》中极力通过道德行为证明或认识人的自由意志,从而不通过诉诸对上帝意志的信仰,而把自由意志只确立在人的范围内。

③ 参阅《莱布尼茨与克拉克论战书信集》,陈修斋译,商务印书馆 1996 年版,第四、第五封信。

④ 参阅卢梭《爱弥儿,或论教育》,第 366、374 页。

心的，人的意志能够与上帝的意志相联合。①　因此，也便产生了卢梭对"自然宗教"的论述。

　　在论述（更多是祈求式的语言）人的意志与上帝的意志能够联合起来，即提出自然宗教的主张之后，卢梭便转入对传统基督教信仰的批判。总的来说，便是反启示、反神迹、反预言，等等，但也并不否认它们或许可能曾经存在过，在启示问题上，尤其如此，不接受但也不否认。②　这些立场的基础是人的自由意志，其终极原则则是良心：良心是善和正义的原则，是感觉不是判断，最终是人的自然本性的基础。③　在这里，卢梭几乎给出现代启蒙的"宣言"，以及启蒙的主观基础：

> 　　因此，我们要真心诚意地去寻找真理，我们决不能让一个人因其出身而得到什么权利，决不能让做父亲的或做牧师的人具有任何权威，我们要把他们从小教给我们的一切东西付诸良心和理智的检验。他们徒然地向我呐喊："扔掉你的理性吧！"让骗我的人爱怎样说就怎样说好了，反正要我扔掉我的理性，就必须要他们说出是什么理由。④

> 　　良心呀！良心！你是圣洁的本能，永不消逝的天国的声音。是你在妥妥当当地引导一个虽然是蒙昧无知然而是聪明和自由的人，是你在不差不错地判断善恶，使人形同上帝！是你使人的天性善良和行为合乎道德。没有你，我就感觉不到我身上有优于禽兽的地方；没有你，我就只能按我没有条理的见解和没有准绳的理智可悲地做了一桩错事又做一桩错事。⑤

---

① 卢梭以一段充满激情的对上帝的"告白"和"祈求"说明这种联合。参阅卢梭《爱弥儿，或论教育》，第 406 页。
② 卢梭：《爱弥儿，或论教育》，第 427 页。
③ 参阅卢梭《爱弥儿，或论教育》，第 397、399 页。
④ 卢梭：《爱弥儿，或论教育》，第 411 页。
⑤ 卢梭：《爱弥儿，或论教育》，第 400 页。

从上一段话以及"信仰自白"的其他地方,理性这个词开始频繁地出现。但很明显,卢梭对理性的使用不同于霍布斯,也有别于洛克。理性与基础的良心的联用使它们具有一种完全从自身出发的绝对起点意义:前者是判断,后者是直接的"感觉"。判断的根据不再是利益权衡,甚至生存需要,而是根据直接感觉而来的判断,这个判断是一种道德性判断,也是抛弃一切完全从自身的天性(良知)出发的判断。对良心的最高礼赞则表明,卢梭把良心视为圣洁的本能和天国的声音,是人形同上帝的根据。但是,形同上帝是否就意味着人能够做出完全的道德行为呢?是否与良心相联结或出于良心的理性就能判断出何谓真正的善呢?——更尖锐的问题是,形同上帝是否成为上帝了呢?如何在良心中处理信仰问题呢?对于这一系列的问题,卢梭并未明言。或许从信条那里,从对上帝意志的相信那里,我们能够得出推测性的答案:卢梭依然保留了信仰,并意图在信仰和良心的张力中领会现代社会的真理问题?

无论如何,可以肯定的是,对于卢梭来说,作为行为之绝对开端(自由意志)的良心和理性开始与道德性(个体的,国家中的)关联,这种关联在最高的动机上,与上帝关联。但是,同样确定的是,与上帝的关联不再是传统的启示、预言等,相反,耶稣之行为的道德性开始成为良心审查自己的内在根据,[①] 如何面对《福音书》,如何面对耶稣开始成为启蒙时代论证自己并审视自己的尺度。——这个问题是主导他之后的思想家的最核心的问题,亦是考验现代道德世界(包括国家等相关问题)的限度的问题。

至此,我们可以作一个简短的小结。从"第一篇论文"开始,卢梭就看到现代社会的根本问题,并提出一个基本的应对方案。这个方案在

---

① 参见卢梭《爱弥儿,或论教育》,第428—438页。

"第二篇论文"中,以反思人的自然状态的形式表达出来:那便是人的天性上的自由问题。一旦作为无限可完善状态的自由得到"经验",不要说现代社会,历史本身都成为相关于生存的"外在物"。正是因此,相较于历史上的各种契约论,卢梭的契约论展示出一种绝对的深度:自由是契约的前提和基础,因为是前提,它无法交出;因为是基础,国家本就是它的展示。由此,现代国家和现代个体获得了一种前所未有的"神圣性"。于是,在现代性得到论证之后,在现代社会中人与人的自由关系得到联结之后,最核心的问题乃是追问人造秩序(自由的利维坦)与上帝秩序的关系问题,而这最深刻地奠基于对心灵秩序的理解。

于是,如何拿掉卢梭式的"信条"之后论证人的自由意志问题,并把卢梭"感觉到"但并未明确表达出来的人之道德和理性及其主观基础的良心与上帝之间的关系阐释清楚,就是接下来思想史的重要课题。简言之,问题乃是:信仰为何? 信仰何为? ——这个问题事关启蒙的真正可能性及其限度,这个问题阐释清楚后,现代性或启蒙的边界和意义才会呈现,后续的可能的思想形态才可能被"窥视"。

第五章　理性、信仰与启蒙：现代道德世界的建构及其限度

从卢瑟福到卢梭是现代性问题被提出和完成建构的过程。从共同生活的重新组建看——它既包括现代国家原理问题的给出，也包括现代伦理世界的组建——这是一个把权力从上帝手中拿掉，但又不能损害共同生活之真理性的过程；从现代生存个体方面看，这是一个意图走出信仰、"发现"自由并以之为基础组建自我和公共生活的过程。这既是一个宏大的历史进程，也是思想和生存的绝对深度不断地被揭示出来的进程；同时，既是走出上帝的进程，也是在自我（自由）的"绝对"深度中意图"取代"上帝的进程。一句话，这是一个启蒙的进程。

最初，尽管看到现代个体已经或者势必以（自我的）生存为基点，但卢瑟福尚且以信仰作为生存的出发点之一；短短数年，到霍布斯那里，生存已经成为绝对的出发点，正是因此，神圣的利维坦只是人造之物。这个思想进展如果离开近代轰轰烈烈的航海、商业、世俗活动等，使得陌生人社会成为生活事实，是难以想象的。尽管看到霍布斯思想所可能带来的深刻危机，洛克在一定程度上把上帝的意志问题视为理所当然的，但仍然从理性和情感（爱）出发把现代性问题诊断为人自我建构的问题。一直到卢梭，良心似乎成为保障现代生活的唯一的"主观的"基础——尽

管他也意识到,离开对上帝意志的"信",自由意志以及出于自由意志的现代性建构可能都是虚无。

很难说霍布斯对理性之终极推论对象的上帝、洛克或隐或显的以上帝作为推论前提、卢梭对上帝意志的"信条"的论证等只是出于思想或单纯情感的要求,那么,在人的心灵中究竟发生了什么,使得上帝成为他们不得不面对的对象? 在现代性或启蒙成为"事实"的状况下,人与上帝的关系究竟如何? 上帝到底只是一个思想对象或理性对象,从而能够完全被消融在理性体系中呢,还是说无论如何,祂只能是个信仰对象? 如果只能是信仰对象,那么启蒙是不是就只是一句空话,或者只是出于人的自以为是呢?

这些问题最终可以归结为一个问题:启蒙或人(现代主体)的理性自主能否在传统的信仰之外确立自身的真理意义。如果能,那么,上帝就可以,也必然地被"杀死了";如果不能,那么,启蒙的真理意义就需要重新诊断,信仰的实在性也需要重新被表达——毕竟,人不可能重回朴素信仰的时代了。与之相关,作为卢梭思想最高原则的良心就需要重新评估:它能否作为现代性或启蒙的基石。——这是卢梭留给思想史的问题。

本章即以集现代性或现代哲学之大成的康德和黑格尔切入这几个问题。总的来说,康德的理性批判及其之于现代性整体建构的意义已经得到汉语学界的普遍认可。[①] 我们不拟重复康德的这些论证,而是从康

---

① 在汉语学界,这是黄裕生教授一直致力于探究和追索的问题,他的这些思考也深刻地进入汉语学界,并得到广泛的关注和接受。在此,就不一一罗列这些研究。笔者在《希望与绝对——康德宗教哲学研究的思想史意义》(江苏人民出版社 2018 年版)第二章以"真理-自由-希望"为线索追踪了康德的原理建构;拙著《自由与处境——从理性分析到生存分析》(中国社会科学出版社 2018 年版)第二章讨论了康德自由原理与共同体生存的内在张力问题。目前汉语学界关于康德的研究已经成燎原之势,这是可喜可贺的事情。但是,对于其原理体系内在的与基督信仰之间的张力,以及其中的形而上学真理冲突,汉语学界研究稍显不足,而在笔者看来,这恰恰是最关键的:体会不到康德自由原理与耶稣信仰之间的深刻张力,就不可能领会启蒙以及启蒙哲学的内在困境,也不可能真正进入黑格尔的形而上学真理体系。

德对基督教的批判和反思中切入其对基督信仰的考察，这是卢梭提出但并未发挥的问题。通过康德之眼，我们会发现，如果从道德（它是自由的认识基础）切入现代性的终极论证，尽管可以给出一套理性的原理体系，但于人生存的现实而言，完全的道德要具有实在性或现实性是以信仰耶稣为人性原型的前提的。这提示我们，人的启蒙虽是理性的自主性要求，但也只能在对耶稣的信仰中才是可能的。进一步，上帝的主权与人的主权之争依然存在，或者说，上帝的主权不是那么容易被取消的——如果不是不可能的话。

因为看到卢梭的良心和康德的道德面临着无法解除的困境，同时又看到理性的事实在于善的实在性，黑格尔坚决地不再从（人的）主观性层面切入现代性问题，而是从生命和理性自身的活动中思考善和国家的实在性意义。于是，就有了现代性独特的形而上学真理体系。在这个体系中，（人的，也是国家的，等等）生命究竟与耶稣信仰关系如何？形而上学真理体系与上帝的真理性何干？——这是需要笔者进一步思索和尽力而为地回答的问题。

第一节　自由的根据与主权之争

卢梭对人之无限可完善性的生存维度的"发现"，使得自由取代理性成为近代哲学最核心的问题；把自由与意志联用使得卢梭的社会契约论终结了契约论思路，而为现代个体和现代国家提供了最基础的原理奠基。自由意志也就成为近现代思想最核心的问题。在《爱弥儿》中，卢梭一方面把人的自由意志视为第三"信条"，另一方面把它以及由它而可能的道德、善等确立在良心基础上。既为信条，证明卢梭意识到他无法为自由意志提供理性的论证；由于自由意志得不到严格的论证，因其而可能的道德上的善只能从信条推演到自我良心的确证。换言之，从卢梭开始，内在的主观性（良心）开始要成为现代性确证自身的最后的依据。这种作为最后依据的主观性与"信条"（于卢梭而言，是对上帝意志的信仰和对人的自由意志的主观确信，尤其是前者）之间的张力是接下来思想史的最重要的论题。如果能拿掉"信条"，即对一切都能作出理性的论证，上帝的主权也便让位于人的主权，启蒙也便告以完成；如果不能，即人宿命般地只能从对上帝的信仰中确立自身，那么就需要重新思考上帝与人的主权之争，亦即启蒙的根本限度需要得到明确的揭示。

卢梭的这些重要著述不出 30 年就深刻地成为德国思想家们思维的起点，于是，思想史也便开始聆听来自德国的思想家们的声音。康德是其中最早也最重要的那一位。他不再追随卢梭视自由意志为信条，而是寻求理性的论证；上帝的存在于康德而言也不再是信仰对象，而是意图沿着理性原理一步步"规定"祂的存在意义。可见，于康德而言，理性不再仅仅如霍布斯那样只是推论性的，而是既吸收了洛克后期的"合乎上帝本性的理性"的观点，也吸收了卢梭式的得到内在主观性确认的起点意义。据此，若纯粹就理性的合乎上帝本性而言，出乎纯粹理性的原理是有真理性的；但理性的真理性能否得到（人的）主观性的"确认"呢？即人的主权能取代上帝的主权而成为绝对的主权或绝对的出发点吗？——这个问题最艰深地考验着康德的思想体系。

一、基于道德法则的"被给予性"而对自由（意志）的理性论证

人的判断决定他的意志，真正的意志（即完全出于自身判断的意志）是自由的，自由意志是行动的绝对起点，行动的本质也在于自由意志。这是卢梭所达到的观点。[1]　单从概念界定上看，似乎都是很清楚的，但缘何卢梭又将之视为信条呢？如果拿开判断问题，可以设想完全出于意志的行动，既完全出于意志，行动也便是自由的；但出于意志的行动又不能是任意而缺乏依据的，因而意志不得不受制于判断。判断的依据无非

---

① 参见卢梭《爱弥儿，或论教育》，第 384 页。

是各种已经形成的观念或经验,这些观念和经验是否是完全出于自己的呢?——很明显,往往不是,甚至根本就是难以区分的。既然如此,真正的意志又从何谈起呢!既然真正的意志无从谈起,自由意志这种提法本身可能只是出于直觉,而经受不住深入的考察。就此而言,说卢梭"发现"自由意志似乎也不为过。① 既如此,卢梭自觉地将之称为信条也就证明了他的诚实。那是否自由意志就只能是直觉的产物,而得不到理性的论证了呢?

正是在这个问题上,康德转换了卢梭的思路:他不再试图以缺乏现实根据的自由"认识"人的道德行动,而是通过对道德行动的分析"认识"人的自由。于是,如何通过对人的现实行为的分析一步步切中具有道德性的行为的基本属性,或者说,通过仔细分辨行为的依据和最内在的主观动机来判断人能否作出完全出于自身的行动,便成为康德体系的起点。由于具体的人的行为依据和主观动机是如此复杂和难以把握,康德首先问的问题是,出于道德的行为是怎样的呢?由于道德行为的目的是善,那规定善的行为的意志又是怎样的呢?——如果这个问题能够得到回答,我们就能一定程度上澄清人能否作出道德行为;而既然道德行为以意志的自由为前提,自由也便得到论证。康德对此有明确的自觉,让我们阅读《道德形而上学原理》中的两段话:

> 善的意志不因它所造成,或者达成的东西而善,也不因它适宜于达成任何预定的目的而善,而仅仅因意志本身而善。也就是说,就其自身而言,它是善的,并且独自看来,其评价必须无可比拟地远远高于通过它为了任何一种偏好,甚至,如果愿意的话,为了所有偏

---

① 参见黄裕生《论意志与法则——卢梭与康德在道德领域的突破》,载《哲学研究》2018 年第 8 期。

好的总和所能实现的一切。①

　　但是,我们无法证明自由在我们自己里面和在人性里面是某种现实的东西。我们只是看到,如果要把一个存在者设想为理性的,而且就其行动而言赋有其因果性意识的,亦即赋有一个意志的,我们就必须预设自由。②

　　第一段,康德"界定"了道德行为的目的和动机。其目的在自身,而非任何外在的对象,或任何预定的目的;一旦把外在对象或预定的目的视为行为的目的,既有的各种观念、经验、感性的偏好等就成为主导性的,此时,行为就不是完全出于自身的善的意志了。从动机上看,善的动机超越一切感性的、日常理性的(判断)偏好,以及由这些偏好的总和所组建起来的"幸福"目的。这个定义从一开始就把或者出于观念(日常理性)的,或者出于经验(包括感性的,等等),或者出于各种具体处境下的诉求的一切都排除在外,而仅仅根据出于道德的善的目的或意志规定行为。因此,道德不再以判断为依据,而仅仅是出于善的意志的决定——这使得康德避免了卢梭的困境;同时,善的意志的纯粹决定又使其与个体最内在的动机(主观性)相关联——一种纯粹否定性的关联:以否定一切其他现成动机和偏好的方式与自身相关联,这也可以视为是对卢梭的良心的界定。

　　由是,道德行为便展示了其不同于一切其他类型的行为的崇高性和深邃性。其对一切预定目的和外在对象"说不"、对一切偏好和感性的动机"说不",意指着这种能够作出道德行为的存在者(一种康德意义上的理性存在者)的意志乃是行为的唯一根据,因而乃是一种真正的自由意

---

① 参阅[德]康德《道德形而上学原理》,苗力田译,上海世纪出版集团 2012 年版,第 7 页。由于采用术语的不同,笔者参阅了 Wood 的译本。(Immanul Kant, *Groundwork for the Metaphysics of Morals*, ed. and trans. Allen W. Wood, New Haven and London: Yale University Press, 2002, p. 10)
② Immanul Kant, *Groundwork for the Metaphysics of Morals*, p. 65.

志。这种自由意志是(道德)行动的绝对出发点,(道德)行动的本质也在于自由意志(卢梭)。换言之,尽管无法在人这样的理性存在者里面,或者在人性里面证明自由是一种现实的东西(于卢梭而言是信条),那么,人若能够作出完全的道德行为就只能以其是自由的,而有自由意志为前提。康德对此也有明确的表达:"自由诚然是道德法则的存在理由(ratio essendi),道德法则却是自由的认识理由(ratio cognoscendi)。因为如果道德法则不是预先在我们的理性中被明白地思想到,那么我们就决不会认为我们有正当理由去认定某种像自由一样的东西(尽管这并不矛盾)。但是,假使没有自由,那么道德法则就不会在我们内心找到。"①

于是,问题现在悄悄地转移到:人能否现实性地作出这样纯粹的道德行为呢?——如果能,那么一切都将自然地往前推演;如果不能,康德的界定是否就丧失意义呢? 如果没有丧失意义,界定与现实之间究竟是怎样一种纠缠和张力呢? 这个张力于思想的进一步发展而言意义又如何呢?——根据界定,康德明确地认为道德行为不是经验性的,因而也不能通过经验来证明;那么,它能否得到主观的确认,或者说我们能在自己的动机(或良心)中确认行为是有道德性的呢? 康德明确地否认了这一点。

> 事实上,单凭经验决不能确定无误地判别个别情况。判定一种在其他方面合乎责任的行为,其准则是否完全以道德理由为依据,以责任观念为基础。有时出现这种情况,尽管通过最无情的自我省察,除了责任的道德根据之外,我们找不到任何东西能有力量促使我们去进行这样或那样的善良活动,去忍受巨大的牺牲,但并不能由此就确有把握地断言,在那表面的理想背后没有隐藏着实际的自利动机,作为意志所固有的,起着决定作用的原因。我们总是喜欢用一种虚构的高尚动机来欺哄自己,事实上,即使通过最严格的省察,永远也不会完全弄清那隐藏着的动机。因为,从道德价值上说,并不是着眼于看得

---

① 〔德〕康德:《实践理性批判》,韩水法译,商务印书馆 2003 年版,序言第 2 页,注释 1。

见的行为,而是着眼于那些行为的,人们所看不见的原则。①

即使穷尽各种理由,都无法发现外在的什么决定了意志,亦不能确知行为是道德的;即使最严格的省察,内在隐秘的动机也永远无法被看到——人的自欺的深度绝不比道德的深度更浅。但是,即便如此,"应该"作出道德的行为确实是人对自己的要求,或者说,是理性给予人的要求,以至于在思想家们感叹人在道德方面的根本缺陷之时,正说明道德的纯粹性已经"给予"人了,或者说,人已经"被给予"一种道德的法则。"除非有人否定道德概念的真理性、否定它与某一可能对象的全部联系,他就不得不承认,它的规律(即:法则)不仅对于人,而且一般地,对于一切有理性的东西都具有普遍的意义;不但在一定条件下,有例外地发生效力,而且是完全必然地发生效力"②。 如果不是道德上的虚无主义者,只接受现实的经验和动机,道德的纯粹性以及普遍的法则性或者道德概念的真理性就是普遍而必然地发生效力的。也只有这样,职责、义务等才是可能的,否则它们是无从谈起的;事实是,没有人会理性地不承认它们。因此,康德得出这样的结论,道德的规律即法则于理性而言有普遍意义,并且是完全必然地发生效力的。

康德对道德概念真理性的论证显示出一种"惊人"的深度。一方面,它无法得到经验的证明,亦无法在动机上被察觉,甚至能够经验到的或被省察出来的反倒都是恶;另一方面,它却是理性给予人的"事实",③ 换

---

① 康德:《道德形而上学原理》,苗力田译,第19页。
② 康德:《道德形而上学原理》,苗力田译,第20页。
③ 在《实践理性批判》中,康德明言,"道德法则是理性的唯一事实"。在《康德的自由理论》中,阿利森把这一理性"事实"理解为"我们对道德律作为最高权威者的普通意识";并进一步论证了,这一"事实"是"理性的事实"。如果从实践方面承认,对道德性的关切就足以证明自由的实在性,那么,依据"理性的事实"就可以证明人的自由。他认为这正是康德强调"职责-关切"的核心所在。参阅[美]亨利·E.阿利森《康德的自由理论》,陈虎平译,辽宁教育出版社2001年版,第348—379页。笔者有文章把这种"事实"理解为情感,认为是道德情感这一理性事实支持了道德法则在人心中的"被唤起"。参阅尚文华《善良意志,还是敬重情感?——再论康德的自由概念》,载《求是学刊》2018年第2期。

言之，人已经先于经验而处身于道德法则的要求之中——人在经验中的无能非但没有否定法则的存在，相反，它更加证明道德法则乃是普遍必然的要求，这便是"应该"和"能够"在人的生存中的意义。如果说经验事实都是人能够给出来的，那么作为理性"事实"的道德（法则）就是"被给予"人的。不是（经验性的）人给出道德法则，而是理性给出它；与其说人是自我立法的，不如说是理性存在者自我立法。也正是因为这种觉识，康德区分了不同的理性存在者。

《纯粹理性批判》从知识的完备性和必然性要求的终极因果性方面证明了自由因的存在；在这里，康德则从作为理性"事实"的道德法则方面给出自由（意志）的认识理由。自此，一套出于自由意志的理性原理也便呼之欲出了。① 这一切都建立在可"认识"的道德（法则）基础上，即道德以及出于道德的善成为康德式启蒙的出发点和最终目的。我们已经论证了道德的出发点意义，但对于终极目的的思考却更深地考验着康德体系。

终极目的之为终极目的，一方面是理性的原理体系所能够指向的，这也确实体现在康德对上帝之道德性存在及其之于人这种理性存在者意义的论述中；② 另一方面，作为人这种理性存在者的终极目的，它必然要求思考其能否借着人的手实现的问题。换言之，在道德（法则）的起点问题上，人这样的理性存在者能够自我立法，因而是拥有主权的；但在道德的终极目的问题上，究竟是作为理性存在者的人拥有主权，还是上帝拥有主权呢？——启蒙的目的在于把主权还给人，如果能够完全拿掉上帝的主权，那么启蒙也就完成了；如果不能，启蒙就是有根本限度的。

在这个问题上，康德表现得极其克制，这种克制既表明一位伟大思

---

① 这是《道德形而上学原理》后面部分以及《实践理性批判》努力的方向，《判断力批判》中的"目的论"部分"终极目的"以及与之相伴随的上帝存在方式（道德性）亦深刻地奠基于此。

② 参阅《实践理性批判》"辩证论"部分的"纯粹实践理性公设之二：上帝存在"部分，以及《判断力批判》"方法论"部分的最后六节。

想家的心灵见证，也为我们理解后续的思想进展提供了契机。

二、自由的根据与神圣奥秘

人被给予无条件的、绝对的道德法则是唯一的理性事实。既为理性事实，人就是自由而有自由意志的；既为被给予的，人的现实的或经验的行为就有着恒久的缺陷。道德的对象是善，则人之有着恒久缺陷的行为就是恶。康德把人的这种恶称作是"人的本性中的一种根本的、生而具有的（尽管如此却是由我们自己给自己招致的）恶"，① 根本恶之所以是自我招致的，源于人的自由。换言之，因道德而可能的自由意志要选择道德的善；但因其本性的恒久的缺陷，他却事实性地（经验事实），也是自由地选择了恶。② 有关善的终极目的与上帝存在之间的关系、有关主权之争，以及人之生存中的一切张力甚至奥秘均产生于此。

既然道德法则于人而言是唯一的理性事实，道德上的善就不仅要成为生存（leben、lebenswandel）的出发点，也应该是其终极目的。道德的目的主要有两个方面，于个体而言，是使其成为最高的善，即在道德意念上要求恒久的纯粹性和坚定性；③ 于生活总体而言，是完满的至善，是围绕在最高的道德意志下的普遍联合。④ 但是，在起点和终极目的之间横亘着的是根本恶。第一个目的若可能实现，就要求个体实现由恶到善的转变，即实现圣洁性。第二个目的若可能实现，就完全超出了个人的能

---

① ［德］康德：《纯然理性界限内的宗教》，载《康德著作全集》第 6 卷，李秋零译，中国人民大学出版社 2010 年版，第 32 页。
② 谢文郁教授把这一点称为"性善质恶"，可能更好理解些。即从作为纯粹可能性的原始本性（康德称之为"原始禀赋"）看，人是善的；但其在经验中的展开，即从经验事实看，人是恶的。从界定上看，康德同样把恶追踪到人的（先验的）本性（Natur）层面，换言之，对康德来说，根本恶如此之根本以至于我们无法仅仅将之视为经验事实，尽管如此，本性中的恶依然和原始禀赋是两个层面的问题，或者说禀赋的善更加原始。正因为如此，由恶向善才是可能的。相关界定参阅康德《纯然理性界限内的宗教》，第 24—44 页；谢文郁《性善质恶——康德论原罪》，载《哲学门》总第 16 期（2007 年第 2 期）。
③ 康德：《纯然理性界限内的宗教》，第 68—78、84 页。
④ 康德：《纯然理性界限内的宗教》，第 98—103 页。

力,而不得不诉诸更高的道德存在者的意志。① 与批判哲学时期的著作相比,上帝的意志在这里就不再仅仅是理性的设定,而必须要相关于人的生存现实。

既然实现道德上的普遍联合依赖上帝的意志,而上帝意志若是可依赖的,祂必然是知人心者,人也能够以某种方式参与到这个更高的意志中,否则普遍联合是不可想象的。于人而言,其作为理性存在者的意义或使命也便是实现心灵的更新,并参与进普遍联合的意志之中。康德将其视为人的"天职"。毫无疑问,对于以道德(法则)的善为起点的人来说,实现善对他自己的统治是应该的,也是有实在性的;同样地,与之相伴随,人对于其被赋予的自由意志的运用也是可以公开传达的,尽管其原因不能通过理性来探明。但是,由于人的道德和自由不能与至善不可分割地结合在一起,他该怎样或以什么方式参与进上帝的意志中呢?——于是,"人发现自己被引向了对一个道德的世界统治者所做的协助或者安排的信仰,只有借助他的协助和安排,这一目的才是可能的;于是,关于上帝在这方面会做什么,是否可以一般地把**某种东西**(引文中的着重号都是康德本人所加——引者注)归之于他,以及可以把什么特别地归之于他(上帝),在人面前就呈现出一个奥秘的深渊"②。

康德如此界定奥秘:"它虽然可以为每一个单个的人所**知道**,但却不能成为**众所周知**的,即不能被普遍地传达出来。作为某种**神圣的东西**,它必然是一个道德的对象,从而也就是理性的一个对象,并且可以被内在地认作对于实践的运用是充足的;但是作为某种**奥秘的东西**,它对于理论的运用来说却不是充足的"③。 根据这个界定,奥秘是单个人在实

---

① 本节主要处理第二个目的。第一个目的即如何实现道德意念的纯粹性和坚定性,以及实现之所需要的东西是下一节要讨论的问题——它涉及对耶稣的信仰问题。
② 康德:《纯然理性界限内的宗教》,第 142 页。
③ 康德:《纯然理性界限内的宗教》,第 141 页。

践上所知道,① 或能够主导实践的,但在理论上无法形成任何认识。道德和自由是人本身的"事务",也是可以公开传达的,它们不是奥秘;但至善的实现或普遍的联合以上帝意志的参与或立法为前提,人能够无条件地遵守上帝的立法是其参与上帝意志的唯一方式(否则只是自己的臆想或造物而已),而这意味着人只能是上帝的造物。如此,至深的神圣奥秘就出现了:

> 只是就我们把自己同时看做上帝的造物而言,我们才能设想人普遍地、无条件地服从上帝的立法……按照因果律,对于一个被视为产生出来的存在者而言,除了产生它的原因置于它里面的那种根据之外,我们不能赋予它其他任何内在的行动根据。它的任何行动都是由产生它的原因置于它里面的根据(从而也就是由一个外在的原因)决定的,因而这个存在者本身也就是不自由的。因此,我们的理性洞见无法把上帝的、圣洁的、从而仅仅涉及自由的存在者的立法与自由的存在者被创造这个概念一致起来。相反,我们必须把自由的存在者看做是已经实存的自由存在者,它们并不是因为其被创造而由其自然依赖性所决定,而是由一种纯然道德的、按照自由律可能的强制,即一种成为上帝之国的公民的天职所决定的。因此,这一目的上的天职,在道德上是完全清楚明白的;但是对于思辨来说,这一天职的可能性是一个无法看透的奥秘。②

至善或普遍联合以上帝的意志和立法为前提,人能够参与则以无条件遵守上帝立法为前提,人能够无条件遵守立法则以其被造为前提;被造物只能根据因果律行为,但自由行动的根据却只能是自身。于是,人

---

① 康德本人加了着重号的"知道"是极其暧昧的。从后面进一步的说明看,似乎是说神圣(者)引导了他的行为,以何种方式引导呢? 或者说,他真的能够"确定"这就是神圣(者)的引导? ——由于不能理论化或一般化,这种引导只能是个体性的。但无论如何,"知道"都预示了个人与神圣(者)的某种关系,这种关系是实践性的,而非理论能够面对的。
② 康德:《纯然理性界限内的宗教》,第 146 页。

的被创造（这是遵守上帝立法的前提）与其自由，以及因为自由而可能的圣洁性或天职在概念上无法一致。因此，自由的根据本身就是个奥秘。①与这个奥秘相连，天职也便成了奥秘。这是因为，若要解决概念上的矛盾，人只能是一种已经实存的自由存在者，而从实存上看，无疑自然依赖性依然是其存在的宿命（根本恶），但因其自由，道德和自由律的强制也是必然的。究竟怎样完成这一天职，或者完成这一天职是否可能，对于实存着的自由存在者来说，尽管道德上是明确的，但在思辨上却是奥秘。这与第一篇康德就承认"一个在自然情况下的恶人，怎么可能自己使自己成为善人？这超出了我们的所有概念；因为一棵坏树怎么可能结出好果子呢？"②相一致，只是现在康德明确地将之称为是神圣的奥秘。

由于自由根据的奥秘，天职成为奥秘，与之相伴随，既然"就像我们所知道的那样，人是堕落了的，并且绝不能自动地符合那种圣洁的法则。尽管如此，既然仿佛是上帝的仁慈把人召唤到存在，即邀请到一种特殊的实存方式（成为天国的一员），那么他就也必然有办法从他自己丰富的圣洁性中弥补人在这方面所不可少的适宜性的缺乏"③。无论如何，这与实存者的自由相违背：任何功德只能是他自己作出的。于是，因为根本恶只能设想的救赎与因为自由只能设想的功德之间就是一个巨大的奥秘。与此相应，"在道德信仰上假定这种救赎，毕竟是一种向善的意志规定，它已经以人心中的上帝所喜悦的意念为前提条件，但人在本性的堕落之后是不能由自己在自己心中产生这种意念的"④，于是，拣选的奥秘也便出现了。

天职、救赎和拣选奥秘都建基于人的自由的根据这一奥秘，而其根源则是人在本性上的恶，即根本恶，与因自由而可能的道德的善之间恒

---

① 康德：《纯然理性界限内的宗教》，第 141 页。
② 康德：《纯然理性界限内的宗教》，第 45 页。
③ 康德：《纯然理性界限内的宗教》，第 146 页。
④ 康德：《纯然理性界限内的宗教》，第 147 页。

久而无法摆脱的"冲突"。正是因为根本恶与"被给予"的道德法则的冲突,人这样的理性存在者不可能凭其自身实现道德的终极目的(至善)。由是,尽管理论上无法理解天职、救赎和拣选,但在实践上,它们却是每个人的心灵所需要的,也势必会在实践上影响,甚至是引导每个人的道德生活。因此,"关于这些奥秘,就其涉及每一个人的道德生活史而言,也就是说,一般道德上的善或者恶会存在于世界上,这种事情究竟是怎么发生的? 以及(如果恶存在于所有人身上,并存在于所有时间中)善是怎样从恶中产生,并在任何一个人身上确立起来的? 或者说,为什么当这种情况发生在一些人身上时,另一些人却被排除在外? ——对此,上帝没有也不能为我们启示任何东西,因为我们反正不会理解它们"①。

尽管启蒙以理性的自主和道德的善宣称自己,但从起点到终极,它都处于一个"惊人"的深度和悖论之中。但凡深入到自己的内心,人都能觉察自己处于巨大的、永恒的,甚至是绝对的张力之中。一方面,在起点上,理性事实"迫使"人以道德法则作为行为的起点,但与法则之纯粹性相比,经验和动机的事实证明人只能从恶出发,因而本性上人就由根本恶所限制;另一方面,在终极目的方面,道德要求至善,但鉴于人的道德和自由根本性地无法实现与至善的一致,因而至善的实现就只能以上帝的意志和立法为前提,从而人的自由根据只能是神圣的奥秘。而这一奥秘是在起点上就被决定了的。由于根本恶与善在人身上恒久的对立和冲突,自由的奥秘在每个人身上都会激起天职、救赎和拣选的奥秘。在起点和终极目的之间,自由根据的奥秘也便贯穿于恶的起点与上帝之间。

因此,这些奥秘最终都归于上帝的主权与人要建立自己的主权之间的张力和冲突。如果理性的事实使人乐观地相信他能够实现善的统治,从道德起点到道德终极目的之间就不再需要上帝的参与(这也是很多过

---

① 康德:《纯然理性界限内的宗教》,第 147 页。

分乐观的启蒙主义者的立场）；而如果真实地面对自己，并清醒地"知道"自己处身于根本恶的控制之下，上帝的主权就不可能被完全拿掉。对人的自由根据乃是神圣的奥秘的自觉表明康德走的是后一条道路，而这从康德对根本恶的体察和先验性的论述开始时就决定了的。

三、自由的根据与主权之争

据上，康德对自由之根据的奥秘是推论得来的。至善作为道德终极目的的实现必须有上帝的某种帮助，因而祂才是真正的立法者；能够无条件遵守上帝立法的自由存在者必是上帝的造物，但这却与自由本身相矛盾。一种被造者何以是自我决定的自由存在者对理性的认识来讲乃是一个永远不可理解的奥秘。人尽管是自由的，但其之所以自由的根据于人而言却是无法理解的。如果要继续追踪这个问题，只能寄希望于以某种方式或重新选择一条道路追问上帝的存在，及其之于人之自由的根本意义。康德只是在实践上面对这个问题，将之视为上帝与单个人在道德，以及进一步在宗教上的关系；但在思想（未必是康德意义上的理论）上，这个问题确实引导了谢林、黑格尔，以至海德格尔等后续思想家。①确定无疑的是，无论在实践上，还是在思想上面对这个问题，它都引导我们不得不面对上帝，并且不再只是以理性"设定"的方式（批判时期的做法），而是通过某种方式的直接面对。

对于康德来说，道德作为一切追问的起点是确定无疑的，其对基督教的探讨整体来讲就是争这个出发点。但是，由至善的实现而来的自由根据的奥秘又不得不引导他在实践上处理人与上帝的直接关系。康德

---

① 在 1809 年的"自由论文"中，谢林即以这个问题为起点追踪自由的体系问题，其中，无论对上帝存在的探讨，还是对存在本身的思考都意味着德国哲学进入一个新的阶段——海德格尔就如此评价谢林的自由论文。黑格尔的形而上学真理体系在某种程度上也是对自由根据问题的回应。"根据"问题，无论是真理的根据，还是自由的根据，都是贯穿海德格尔之存在追问的一条或隐或显的思想道路。参阅［德］海德格尔《谢林论人类自由的本质》，薛华译，中国法制出版社 2009 年版，"前行性考察"。

对之有清醒的认识,"以真诚的、奉献于义务的意念做他力所能及的事情,他就可以希望最高的智慧以某种方式(这种方式能够使这种不断接近的意念成为始终不渝的)补上他力所不能及的事情","是那种信赖、但却不知道自己所希望的东西如何发生的人……(才是真正的信仰者)","要相信可能有、而且为了弥补我们德性追求的不完善性,还必须有神恩的作用,这就是我们对此所能够说的一切",[1] 等等。奉献于义务、德性追求是起点,也只有在这个起点上,才可以也必须要信赖和希望上帝的帮助;至于上帝以什么方式帮助、神恩如何作用是我们无法认识的;尽管无法认识,但上帝的帮助和神恩的作用却是必须的,它是补足人在道德上的恒久缺陷的"主权者"——若没有这位主权者的帮助,终极目的不能实现的道德生活就缺乏真理意义。因为能够实现自身的意志即是主权,借助于他者实现的意志,他者便是相对于他的主权者。

因此,如果作为启蒙确证自身真理性基础的道德的善乃是无法实现的,启蒙就是缺乏真理性的。而作为道德终极目的的至善的实现于每一个个体而言,都需要上帝以某种方式作为他的主权者,那么,相对于至善的实现需要上帝意志和立法这一理性设定而言(第二篇),每一个个体都需要作为主权者的上帝的帮助(第三、四篇)则更加凸显了上帝在每个个体道德生活中的直接意义——也可以将之视为上帝之于个体在道德终极目的上的行政权。从只承认上帝作为至善的立法权到承认上帝乃是对每一个个体拥有某种方式的主权者(行政权)的转变源自对自由根据这一神圣奥秘的思索。对救赎奥秘和拣选奥秘的探讨更加凸显出康德对上帝主权的认识,救赎和拣选只能出于上帝的主权。当然,从概念上看,康德认识到上帝是至善的立法者本就是对上帝主权的承认——卢梭之后,立法已经成为主权的宣示。自由根据的奥秘则推动康德不断地深入上帝主权身份之于个体道德生活的意义,即上帝如何不断地在实践的

---

① 分别参阅康德《纯然理性界限内的宗教》,第 175、175、178 页。

道德生活中影响甚至引导每一个个体——一种帮助性或者惩罚性的行政权。

于是，我们也便看清康德的主权之争的总体框架。于个体而言，道德事务（国家亦然）是出于自身的自由意志的，因此在这里，人是主权者。康德也正是以人的这种主权者身份"界定"上帝之于人的存在意义。如果人是纯然的道德存在者，即没有根本恶的辖制，人的一切行为也便是普遍行为，心灵联合如果不是必然的，也是可设想的，因而就不再有上帝的主权问题。但因为根本恶，因为人性的普遍败坏，即使人能够是自己道德事务的主权者，普遍的心灵联合即至善却也不能是个人的道德对象。正是在这个问题上，必须保留上帝的主权（立法和执行），更恰当地讲，上帝主权这一起点在终极意义上保障至善的实现。至于实现之后——如果能够的话，是什么样子以及那时上帝的主权如何，这是无法想象的。

因此，在尘世事务或时间中，上帝的主权是必须的。康德对之的"界定"是：它不可能是理性的认识对象，而只能是实践上的，且只能相对于每一个个体的道德生活的。上帝在宗教事务上的主权乃是个体在道德生活中的终极对象，至于其如何作用以及作用如何，只有上帝知道，个体只能在实践中被他所影响和引导——"这就是我们对此所能够说的一切"。

四、区分主权之争的现实意义

上帝的主权如何作用以及作用如何不能得到理性的认识，但在个体的道德和宗教实践上又是必须的，因而上帝以某种方式参与并主导至善的实现。在这里，人能够主导的只能是根据道德法则而行为，而不能以任何方式任何形式僭越到上帝的主权之中，换言之，这两种主权之间的界限是绝对的。一旦这个绝对的界限有丝毫的松动，就会出现物神信仰、宗教妄想等一系列既破坏了人在道德上的主权，又破坏了上帝在至善上的主权的现象，康德称之为"邀恩手段"——这是康德宗教哲学最后的内容。混淆主权的邀恩手段是怎样的一种状况呢？

> 手段也就是人为了用来实现某种意图所能够支配的中间原因；
> 而为了配得上上天的帮助，这里也只有（也不可能有别的什么东西）
> 认真努力地尽可能改善自己的道德性质，由此使自己易于接受本来
> 不为自己所支配的、使这些道德性质符合上帝的喜悦方面的完善，
> 因为他所期待的那种上帝的帮助自身，本来就仅仅是以他的道德性
> 为目的的。但是，不纯洁的人不是在这里，而是宁可在某些感性的
> 活动中……这倒是我们已经可以先验地预料到的事情，而且事实上
> 也的确发生了。一种所谓的邀恩手段的概念，虽然它（根据以上所
> 说）是自相矛盾的，但在这里却充当了自欺的手段，而自欺是既庸俗
> 又对真宗教有害的。[①]

善是道德的目的，至善是道德的终极目的；在实现目的（或意图）的
过程中，人所采纳的方式或者可以支配的中间原因被称为手段。实现道
德的善在人的能力或主权范围之内，因而只要按照法则去做就好了，而
这正是能够得到上帝的喜悦的唯一原因；如果能够期待或者相信上帝的
某种帮助，这也是唯一的起点。但是，至善的实现却根本性地在人的能
力之外，而保障其实现的上帝的帮助亦不能得到理性的认识。因此，如
果认为可以采取某种手段获得上帝的帮助就是一种自相矛盾：通过一种
在人的能力之内的（人的主权）中间原因来获得一种在其能力之外的（上
帝的主权领域）目的。这种自相矛盾的做法就是邀恩手段，其实质是混
淆了人的主权和上帝的主权。

但是，一方面鉴于现实经验即历史上已有的启示宗教的做法，另一
方面鉴于人的生存现实即他需要上帝的帮助，我们可以"先验地"知
道，邀恩手段肯定会发生，并且事实上也不断地在发生着。其发生的
方式多种多样，但实质不出"把……当做本身就让上帝喜悦"这一范

---

① 康德：《纯然理性界限内的宗教》，第197页。

式。从人的生存现实需要上帝的帮助,以及传统启示信仰根基处的人与上帝的关系看,这些方式,比如祈祷、崇拜、洗礼、圣餐等,确实是侍奉上帝的方式,它们有着实在的精神实质和真实意义;但问题是,这些方式就其本身而言是不是就让上帝喜悦? 或者说,人能否以这些方式与上帝建立直接的关系? ——正是在这里,康德获得了一种批判这些仪式的眼光。

首先,祈祷的意义在于在人自身中坚定地确立善,并反复地在心灵中激活意念的纯粹性;其次,进入教堂崇拜则是普遍地传达善并不断地相互巩固对善的坚守;再次,洗礼的意义在于把新成员接纳进善的共同体中,使其受到教导;最后,领受圣餐的意义则在于维持伦理实体,以实现彼此间道德上的善的成果在原则上的联合得以持续。[1] 这是这些事奉真实的精神意义。相反,如果认为这些方式本身是与上帝的直接对话或者感动上帝(祈祷)、感性地描绘上帝(教堂中的偶像崇拜),或通过其他的仪式似乎他者就分享了神圣,等等,就是一种混淆了人的权力和上帝的权力的邀恩手段。

因此,由对自由之根据的探索而给出来的主权之争为康德批判教会中各种仪式提供了一个立足点,并正面给出这些仪式本身所具有的精神意义。仪式只是仪式,尽管其目的是侍奉上帝,但于人而言,其意义只在于不断地坚定道德意念并作出道德的善,坚固伦理共同体,以使善在原则上得到联合和持续;如果将之视为与上帝直接沟通的方式或以其事工获得上帝的恩惠就跨越了界限,而使得人神混杂,成为物神信仰。从这个幅度里看,启蒙尽管意味着人的道德自主,并在道德性中确立自己,但其根本意义同样在于上帝的归上帝,人的归于人。这一人神主权的绝对差异原则同样需要展示在现实的生活中,由此,对教会中各种仪式的批判也便成为应有之意。——即使按照克尔凯郭尔的信仰原则,个体的绝

---

① 康德:《纯然理性界限内的宗教》,第 198 页。

对主观性则是在与上帝的绝对性的对立中确立起来的，因而教会中的邀恩手段同样是需要根本性地革除的。

据上，人与上帝主权之争的根源是人被赋予，并发现了自己的自由意志，拥有自由意志必然要从自己的意志出发。启蒙宣称的人为自己立法的根源在此。但是，很不幸，人在发现这唯一的理性事实（道德法则，自由意志的认识基础）的同时，也深深地发现自己在道德上的无能（根本恶），以至于实现普遍的心灵联合这一道德终极目的，单凭自己乃是不可能的，而只能无条件地遵守上帝的立法。造物却能自由的矛盾只能在现实生存（实存）中解决，这就引导出根本恶与善的圣洁性之间最深刻的对峙。上帝与每一个个体的道德生活的直接关联就通过自由奥秘揭示出来。此时，上帝就不仅仅是立法者，更是每个人的道德生活的评价者（帮助、惩罚等由此而出），即执行者，由之，上帝的主权者身份就在康德宗教哲学体系中完整地确立起来。

但问题是，一方面，既然道德法则只是被给予的，尽管作为理性事实，在现实生活中它如何以纯粹的无条件性规定人的行为依然是个严重的问题，因为我们经历的只是动机和意念上的不纯粹。另一方面，既然上帝的主权在人的道德生活中有着实在的意义，如何理解康德的启蒙哲学与基督教神学的关系呢？——在这两个问题上，我们看到康德对基督信仰的重新"界定"或"限制"，也看到启蒙或启蒙哲学的基本限度及其内在最深刻的张力。

第二节　重新思考康德实践哲学的起点问题：一个不合时宜的批判①

在《道德形而上学原理》中，康德意图通过分析人的行为给出道德法

---

① 本节的写作受惠于熊馥译博士组织的"康德《纯然理性界限内的宗教》读书班"，在读书班上，尤西林教授、李秋零教授、谢文郁教授、王庆节教授，以及其他老师、博士们的相关探讨为这些论述的完成提供了助力。谢文郁教授的《本性重建如何可能？——从康德对路德宗恩典概念的批评谈起》（《中南大学学报》2020年第5期）一文为本节的写作提供了直接动力，特此感谢！

则和绝对命令,在《实践理性批判》中,康德进一步从道德法则由以可能的自由出发"建立起"一套关于实践理性的基本原理。似乎给出这一套理性原理之后,实践问题就解决了。但根据其对道德之纯粹性和无条件性的强调,以及对经验和动机的分析都很难设想它能够在人的生存中得到"直接"的见证;因而作为理性事实的道德法则只是一种"被给予性"。①既然道德无法得到生存的直接见证,理性的纯粹实践原理又怎能有现实性或实在性呢?如果理性的纯粹实践原理缺乏现实性,道德的善又如何能够落实在大地上呢?——这是我们已经提到的内容。

在这样的思想处境下,康德意图通过重新解释基督教的一些基本原理,以为道德法则的给出、道德实践之终极目的的现实性(至善)提供基础。就此而言,《纯然理性界限内的宗教》既是批判理性时期作品的落脚点,亦为它们赋予了真正的基础。本节意在分析信仰(作为人性原型,也是上帝之子的耶稣)何以是康德实践哲学的隐秘的起点,以及这一起点与(人的)理性的深度纠缠;以此,分析康德如何与传统基督教神学对峙,以此诊断启蒙的真理意义之所在的问题。——康德的这些分析深刻影响了德国古典哲学,塑造了黑格尔、施莱尔马赫等人的思想,他们也分别在这个问题上以自己的方式突破或推进了康德哲学。

一、从启蒙时代的基本问题谈起

与基督教主导的中世纪相对,近代社会以启蒙(时代)言称和确立自己。启蒙之谓启蒙,首要在于走出恩典的时代,并在理性中确立自身。

---

① 康德后期越来越清晰地体察到这一点,以至于意图通过对道德法则的"敬畏"(Achtung)揭示法则的现实性或有效性。即便如此,法则的绝对无条件性和纯粹性也会把道德实践引向"虚无"的境地,因为任何现实选择都是处境性的,无条件的法则穿透处境必然需要引入其他的生存要素。笔者有两篇文章分别讨论了 Achtung 以及道德法则会带来的虚无困境,请参阅尚文华《善良意志,还是敬重情感?——再论康德的自由概念》,载《求是学刊》2018 年第 2 期;《在崇高与虚无之间的自由意志——兼论现代自由原则及其可能出路》,载《哲学动态》2020 年第 1 期。

用康德的话讲,"启蒙就是人从他咎由自取的受监护状态走出。受监护状态就是没有他人的指导就不能使用自己的理智的状态。……Sapere aude[要敢于认识]! 要有勇气使用你自己的理智! 这就是启蒙的格言"①。"咎由自取"这个词说明,人的受监护或不能使用自己的理智乃是自我招致的:因为习惯了受监护、习惯了被他人指导,人已经丧失使用自己的理智进行判断的能力,因而无法认识自我的状态。启蒙的意义在于重新唤起每个人自身"被赋予"的理智,使其走出自己招致的受监护或让他人指导的状态。"有勇气使用自己的理智"就有着这样的双重含义。但最终,如果"学会了"使用自己的理智,则他人指导就无从谈起了;相应地,受监护或他人的指导也随着自己理智的成熟而告终。问题是,使用自己的理智是什么意思呢? 难道启蒙时代之前的人就没有理智了吗? 很明显,是有的。由是,启蒙时代的"理智"与前史的"理智"差别在哪里呢? 何以这种差别就造就了启蒙和非启蒙呢?

根据前言之处的追溯,我们知道,晚至13世纪末,佛罗伦萨就已经开启了其全盛的时代,其人口、银行业、毛纺织业等也达到其能达到的历史高度——都铎王朝在16世纪的飞速发展同样是依赖于羊毛等纺织行业。到14世纪中叶,其毛纺织业更是得到飞速的发展。根据布鲁克尔的研究,即使在13世纪,这些产品也广泛地见于几个大洲。② 15世纪末,三大统一的民族国家的兴起更使得现代商业蓬勃发展。技术的进步、商业的发展标志着传统地域和观念的打破,伴随着这个进程,一种远不同于前史时代的"人"(现代人)出现了。他们打破了地域和传统观念的限制,追逐利益(或许是有某种天职观念的影响——韦伯)、实现自身的追求或价值成为唯一的诉求。从马基雅维利对"现实"的描述、霍布斯

① [德]康德:《回答这个问题:什么是启蒙?》,载《康德著作全集》第8卷,李秋零译,中国人民大学出版社2010年版,第40页。
② 参阅[美]布鲁克尔《文艺复兴时期的佛罗伦萨》,朱龙华译,生活·读书·新知三联书店1985年版,第65页。伏尔泰等历史学家对之也有细致的描述,参阅[法]伏尔泰《路易十四时代》,吴模信、沈怀洁、梁守锵译,商务印书馆1982年版,第6页等。

和洛克等人对人的"自然状态"的理解和设定看,这种人的出现已经标志着一个新时代的到来,并要在新时代中确立自身和时代的意义所在。在此,我无法详述不同时代的思想家们对这种状况的诊断,① 但有一点是明确的:一切传统观念都无法解释现代人和现代事物的出现,它需要重新在自身中奠基。如果做不到这一点,它将如孤魂野鬼般飘荡在新时代的上空(现在的那些占有现代生活价值,却完不成自身奠基的地域或国度依然如是)。

"走出咎由自取的受监护状态","敢于认识、敢于使用自己的理智",面对的正是这样的时代局面:启蒙既是指在自身中确立自身,更是不得不在自身中确立自身。从前者来看,启蒙是一项思想任务;从后者来看,则是一种历史使命。作为一项思想任务,启蒙需要论证人何以能够在自身中确立自身,即需要重新为理性赋予意义;② 作为一种历史使命,它意味着历史的断裂和重新出发,其中,最重要的就是重新厘定其与基督教传统的关联。

在基督教时代,(人的)生活和历史在上帝中确立,因而是有真理意义的。如果启蒙时代要在理性自身中确立,就不能丧失已经"获得"(恩典)的真理意义;其与基督教的历史(中世纪)的断裂就意味着,它不得不在理性中确立一个绝对的起点,并沿着这个起点出发作(绝对的)真理论证。否则,新时代就只能沦为一种思想和历史上的倒退,并最终陷入丧失真正的自我和真理这一双重的困境。换言之,如果启蒙的意义在于

---

① 在拙著《自由与处境——从理性分析到生存分析》(中国社会科学出版社 2018 年版)中,笔者处理了自马基雅维利以来,经卢瑟福、霍布斯、洛克、卢梭,到康德等人对现代人问题的诊断。

② 区分一下"理性"(Vernunft)和"理智"(Verstand)。前者指的是一种存在方式,比如,人是一种理性存在者,上帝也是,但这两种理性存在者有着绝对差别,人是有限的理性存在者,上帝则是绝对的。人在把其理性存在身份彰显出来的时候,必然是在某种理解或认识中进行的,这便是理智。所以,理智是以理性为基础的,但其展示方式,甚至所有的展示方式加起来都不能穷尽理性自身的意义:两者有着质上的差别。对理性的论证和"认识"是康德哲学体系的根基和目的;对每个人而言,敢于运用自己的理智就是从自己的认识和实践出发促成理性自身的事业。

"敢于使用自己的理智"，那么，确立自己（自我）的这一理智（理性）必须具有真理性——一种取代"恩典中的真理"的"理性的真理"。这既是康德（实践）哲学的任务，也是启蒙时代的任务。

因此，康德哲学首要的问题乃是反思和批判基督教的恩典，以取代恩典重新确立一个思想和生存的出发点，并在此基础上完成对自我真理性的论证。康德完成这个任务了吗？

二、康德对恩典和奇迹的批判

在基督教传统中，恩典指的是在信仰中接受来自上帝的礼物。由于人无法凭自己认识上帝，也无法认识真理，因而需要在对上帝的信仰中接受上帝的话语；并根据上帝的话语而行为。根据上帝的话语本身有一个理性分辨的过程，接受来自上帝的恩典就必然是相信和理性分辨的张力过程。因为这个过程以信仰为起点，理性的分辨就以信仰中的接受为前提，由此，尽管行为的结果是善的，这个善最终乃是来自上帝，而非来自理性的分辨和行为本身。这也是"因信称义"的原始意义。

因此，在因信称义"学说"中，有两个要点。首先，由于与上帝的绝对差异，人无法把信仰中的接受"直接"转换为行为，或者说，人无法作出"这是直接来自上帝的"这一宣称，而不得不有一个理性分辨、判断，并意志选择的中间过程；其次，尽管善的行为是通过理性和意志的中介，因而是人自己作出的，但由于人乃是在信仰中领受，善也就只是来自上帝的恩典。从前者看，信仰意味着人无法占据或拥有关于上帝本身的任何知识，也就无法根据"上帝的意志"直接行为，换言之，人与上帝有着绝对的界限，上帝是人或理性永远无法认识的对象，这是信仰的应有之意。从后者看，尽管人的理性会有所判断、意志会有所选择，但善或真理却并非来自人的判断和选择，它们只是善或真理（行为和历史的意义）与上帝之间的中介。

与这两点相应，作为恩典的善和作为善的恩典乃意味着，一方面，人需要在实践性的努力中实现善（道德的基本要求），另一方面，这种善却是人无法认识和无法理解的，因而是人的实践努力之外的东西。如果启蒙要成就自身、成就属于自身的历史，实践上的善（道德）就是最重要的诉求。但根据基督教的这套学说，实践上的善就是自相矛盾：

> 作为运用（指理性的实践运用——引者注），它就需要假定一种规则，来规范我们为了达到某种东西而必须自己（出自某种意图）造成的善的东西；而期待神恩的作用，则恰恰意味着相反的东西，即善（道德上的善）不是我们的行为，而是另一种存在者的行为，因而我们只能通过无所作为来获得它；而这是自相矛盾的。所以，我们可以承认，它是某种不可理解的东西，但是，无论是为了理论上的使用，还是为了实践上的使用，我们都不能把它接纳入我们的准则。①

根据基督教的恩典概念，道德上的善是不可能的。道德的善必须是人的实践结果，它必须是因自己而造成的善；但期待恩典，则意味着相反的东西，而是另一存在者（上帝）的作为。这是自相矛盾的。即使不否定恩典的存在，它也是理性所无法理解的东西，因而无法被纳入新时代的理性要求中。非但如此，如果不能明确地拒绝恩典，如果还要把基督教的恩典以某种方式保留在理性的实践中，它还会带来人在实践上的懒惰。既然恩典终究会来临，既然善保持在上帝的手中，自己的行为还有什么额外的意义呢？——不作判断、不作选择更会实现上帝的计划，相反，判断选择做多了，出于人的"恶"就会更多地显现出来。于是，并非人要作出道德的行为以"配得"上帝的恩典，而是，毫不作为更能"让"上帝的恩典施行出来。②

设想恩典会在实践上（或道德上）带来自相矛盾和人的懒惰之外，更会带来认识上的困境。以与恩典相伴随的奇迹为例——直接的恩典就是奇迹，是指上帝与人或自然直接发生关系——，奇迹指的是尘世中发生的事件，但"关于这些事件的原因，我们绝对不知道并且必然始终不知

---

① ［德］康德：《纯然理性界限内的宗教》，载《康德著作全集》第 6 卷，李秋零译，中国人民大学出版社 2010 年版，第 54 页。
② 康德：《纯然理性界限内的宗教》，第 56 页。

道其起作用的规律"①。　换言之，奇迹（或恩典）的作用原理既不遵循理性的认识原理，也不遵循理性的实践原理，它是上帝对于自然或对于人的直接作用。对于自然，现代科学已经给出一整套解释原理，我们无法设想上帝对自然有直接作为——即使"有"，它也只是有待自然原理解释的；对于人，由于他只能在理性的认识和选择中行为，而并没有什么器官接受上帝的直接作用——一旦作出这种宣称，这个人就是危险的，就有着渎神的可能性。因此，设想奇迹或直接的恩典只会给理性带来无法认识和理解的困难，甚至带来理性自身的僭越：这非但对人的理性无益，也隐藏着对上帝的"冒犯"。在这样的情境下，康德说：

> 人在道德上的改善也是一个他有责任去从事的事务，并且哪怕是有天界的影响参与这种改善，或者被认为对解释这种改善的可能性是必需的。但是，他既不懂如何把天界的影响肯定无疑地与自然的影响区分开来，也不懂如何使这些影响，从而仿佛也使天界降临在自己身上来。因而，由于他知道没有任何东西是直接以这些影响为开端的，所以，他在这种场合不确认任何奇迹，相反，当他服从理性的规定时，他行事的方式就好像所有的思想改变和改善都仅仅取决于他自己所运用的处理方法似的。②

康德并没有明确否认奇迹的存在，而是说，哪怕有上帝对于人的直接影响（恩典），甚至哪怕承认对于人成就道德上的善来说，上帝的直接影响是必需的，但对于这种影响，人却是根本无法分辨的，因而是无法形成认识的，更无法使得这种影响降临到自己这里。因此，无论在理性的认识上，还是在理性的实践中，我们既无法确认它，也无法在它的某种影响下有所作为。换言之，于理性而言，设想它所有的改变和改善都是出于自己的，乃是更加合乎理性的。

---

① 康德：《纯然理性界限内的宗教》，第87页。
② 康德：《纯然理性界限内的宗教》，第89页。

论述至此,康德对恩典和奇迹的拒绝是确定无疑的,其论据在于,设想它们既无助于理性的实践能力,也无助于其认识能力;甚至,反而会给理性带来实践上的无能和认识上的跨越。在路德宗一统的状况下,康德的这些论述无疑猛烈地抨击了以信仰和恩典为出发点的基督教思路,并为启蒙的进展垫上一块基石。就启蒙需要奠基,需要从理性自身作出自我论证而言,拿掉一直以来作为出发点的恩典相当于为这种论证扫平了道路。

尽管它们不能作为思想和行动的出发点,康德也并没有完全否认恩典和奇迹的存在。对于恩典,它不能被纳入认识和实践的原理之中,只是因为它是无法理解的,也不是实践所能"欲求"的;对于奇迹同样如此,它无法被理性所分辨,也不能被理性的实践所影响。而对于它们能否改变人的思想和改善人的道德进步,理性既不能说能,也不能说不能。毫无疑问,康德对它们在存在上的保留既是对理性和上帝的划界——理性绝不能僭越到上帝那里;更是对理性之绝对有限性的体察——理性只能从自身出发有所作为。这种存在上的保留指涉什么呢?既然理性与上帝之间有一个绝对的界限,既然人的理性是有根本局限的,康德能完成对理性的真理论证吗?

——这就引向康德思想内在的出发点问题。

三、康德哲学的隐秘出发点及其思想性质界定

人是一种理性存在者,是康德的最基本也最关键的"判断"。既然是理性存在者,它就能根据理性给出一套基本原理,无论认识性的原理,还是实践性的原理。黄裕生教授也称之为一套"自由理论"。① 自由理论

---

① 近日,黄裕生教授的文章《对自由的追问与论证:作为一种自由理论的德国哲学》(尚未发表)以讲座的形式引起不小的轰动,这篇文章把从康德开始,经黑格尔、谢林,到海德格尔的基础存在论把握为一套完整的自由理论。在为其写的评论中,笔者展示了一种从生存角度反思这套自由理论的视角;本节算是对这个评论的展开。参阅尚文华《别样的自由——对黄裕生讲座〈对自由的追问与论证:作为一种自由理论的德国哲学〉的评论》,载《关东学刊》2020年第6期。

就是从理性自身出发的原理，或建基于理性的一套理论。但无论如何，"人是一种理性存在者"与"理性存在者"是有区别或有差别的，差别就在于"人的理性"和"理性自身"。我们无法设想理性以恶作为起点，但人却是以恶作为现实起点的；理性的原理是自由本身的原理，因而是对善的描述，有关人这种理性存在者的原理则是从恶到善转变的原理。在"宗教哲学"文本中，康德不得不离开理性原理，而开启对人这种理性存在者相关原理的阐发，否则，理性原理于人而言乃是缺少生存基础的。

人是一种理性存在者，但这种理性存在者在现实中却以恶为开端，其本性（Natur）中生而具有的是恶。"它必然总是咎由自取的，也就可以把它甚至称做人的本性中的一种根本的、生而具有的（但尽管如此却是由我们自己给自己招致的）恶。……人的本性的恶劣……指一种把恶之为恶作为动机纳入自己的准则（故而这准则是魔鬼般的）的意念（准则的主观原则）；而宁可把它称做心灵的颠倒，这个心灵就其后果而言又叫作恶的心灵。"① 就理性自身而言，只能是从善到善，无法设想其以恶为起点；但人这种理性存在者却在本性上是恶（根本恶），是一种理性上善恶颠倒的存在。因此，从理性自身来看，恶如何在人这种理性存在者中起源是无法理解的。② 既然是一种理性存在者，善就应该是起点性和终点性的。于是，实现从现实起点的恶到自己的善（道德的善）的反转，以至于共同的善（至善）于康德而言就是重要的思想任务。如果做不到这一点，启蒙就无法确证自身；在基督教已然不能作为思想和行动起点的状况下，启蒙就把人抛入到彻底的无真理、虚无的生存状态中了。

但是，康德又非常诚实地承认，不单恶在人性中的起源是无法理解的，就连人能否实现从恶到善的反转也是无法理解的。"一个在自然情

---

① 康德：《纯然理性界限内的宗教》，第32、37页。
② 康德：《纯然理性界限内的宗教》，第43—44页。

况下的恶人,怎么可能自己使自己成为善人?这超出了我们的所有的概念;因为一棵坏树怎么可能结出好果子呢"?① 在理性概念上,既无法理解理性存在者如何以恶作为开始,也无法理解善如何取代这种恶,更无法理解和实现善的共同体的统治(至善)。② 但无论如何,作为理性存在者,人知道"应该"实现善恶反转,"应该"实现善的最终统治。但同样,无论如何,"应该"是应该,它与"能够"还是两码事,③ 在事关至善的实现问题上尤其如此。如是,如何设想出于"应该"的"能够"呢?究竟是什么为这种转变提供了现实性或实在性呢?

因此,就人是理性存在者来说,他应该自身实现这种反转;但就人所是的这种理性存在者来说,他需要自身之外的某种动力实现这种反转。——在康德看来,作为道德上完满人性理念的耶稣提供了这种动力。"把我们自己提高到这种道德上的完善性的理想,即提高到具有其全部纯洁性的道德意念的原型,乃是普遍的人类义务,为此,就连理性交付给我们、要我们仿效的这个理念(指耶稣作为完满人性的理念——引者注),也能够给我们以力量。"④

首先,能够理知耶稣是完满的道德人性,本就证明了人这种现实中以恶为起点的存在者是一种理性存在者,⑤ 并且无条件的道德法则是可能的。"单是一种合法则性的理念如何可能是任性的这样一种动机,它

---

① 康德:《纯然理性界限内的宗教》,第 45 页。

② 参见康德《纯然理性界限内的宗教》,第 142 页。

③ "应该"和"能够"的关系,是理解康德哲学的一个关键点。从能力看,"应该"应该蕴含着"能够",一个不能被遵守的义务又何谓义务呢?但是,对于超出于能力范围的"应该"该如何思考呢?比如,从理性看,至善是应该实现的;但它的实现确实超出了人的能力。也是因此,康德分辨出一种"独特的义务"(康德:《纯然理性界限内的宗教》,第 97—98 页),在这种义务下,应该与能够是两回事,因而这是一种指向更高存在者的应该("诫命")。

④ 康德:《纯然理性界限内的宗教》,第 60 页。

⑤ 我们已经看到,洛克同样以人能够接受与上帝之纯洁本性相一致的律法,来证明人的理性本性内在地与上帝相关。康德在这里则以人能理知耶稣是完满的道德人性,证明人是一种理性(侧重道德性)存在者。把洛克和康德作比较性的研究应该是很好的话题。参阅[英]洛克《基督教的合理性》,王爱菊译,武汉大学出版社 2006 年版,第 8 页。

比所有只要想得出来、从利益取得的动机都更强而有力,这既不能由理性来洞察,也不能由经验的榜样证明的。因为就前者而言,法则是无条件地发布命令的……"①,(人的)任性只能以有条件的准则(哪怕是善的准则,从意念上看,仍然是不纯粹的)作为行为的依据,因而无法实现法则的无条件命令;② 但现在,作为人性原型的耶稣却为人提供了这个"榜样"。因此,即使人的实践理性无法洞察无条件发布命令的法则,但因为理知到耶稣的完满人性,无条件的道德法则就是可能的。既然如此,它就"能够"成为任性的动机。

其次,既然在作为完满人性的耶稣这里,法则可以无条件地发布命令,既然已经有了这个榜样,人的"应该"就不再是"不能够"的应该,而必定是"能够"的应该。就此而言,耶稣这一人性理念本就是有客观实在性的。在耶稣那里,其实在性就是现实性;而在人这里,其实在性表现为生存的有效性。即在整个生存的过程中,不断地在纯粹意念的参照下看到自己的意念的不足和有限,因而能够在行为上不断地接近道德法则的要求(这是第二篇第一章第三节最核心的内容),并且,也只有在不断地经历自己意念的不足和有限的过程中,意念的纯洁性、幸福、对过去的恶的克服才是可以设想的。

由于在现实中恶是起点,一旦作为人性原型的耶稣能够进入"心灵",善也就能够成为起点,康德也把这称为是心灵的"革命"。同时,耶稣作为动力于现实生存的意义则是不断地改进不足和有限的意念,心灵的革命就是一场持续一生的心灵革新。因此,一方面,由于这场革新是发生在心灵或理性存在者自身中的,因而是人在理性或道德上的自我革新,是自身由恶向善的过程。另一方面,由于只凭人自身,这场革新是无法设想的,所以作为动力的耶稣也就内在地参与了人的生命进程。正是

---

① 康德:《纯然理性界限内的宗教》,第 62 页。

② 在这里,康德明确地表达了我们前面分析出来的观点,无条件的道德法则不可能通过分析人的实践行为来获得。换言之,批判理性时期的著作需要在这里奠基。

因此，康德说，"在对上帝之子的实践上的信仰中（就他被设想得好像他接纳了人的本性似的而言），人可以希望成为上帝所喜悦的（从而也可以得救）。也就是说，他自觉到这样一种道德意念，即他能够信仰并且确立以自己为基础的信赖，他将在类似的诱惑和苦难的情况下对人性的原型忠贞不渝……"①。从"信仰"到"确立以自己为基础的信赖"是康德处理心灵革新的整个框架。

只有以自己为基础的信赖或希望发生了，② 心灵革新才是可能的，道德才是可能的。进一步，至善才是可以"设想的"。如果说耶稣作为人性原型能为从恶向善提供动力，因而道德和心灵上的革新于人而言是现实的（进步过程），那么至善的实现则超出了人的能力。在这种情况下，基督教非常"明智"也"合理"地采纳了神恩立场，但这是与理性原则相冲突的。无论如何，如果只是从理性的自然立场出发拒绝之，就只是斩断了人的能力与神恩之间的绳结，而不是理论上解开两者之间的二论背反。这在产生一种自然主义的无信仰的同时，也会使得理性的实践失去方向。在这里，康德再次诉诸对作为人性原型的耶稣的信仰解决这种表面上的二论背反：

> 对上帝所喜悦的人性的原型（上帝之子）的活生生的信仰，就其自身而言，是与一种道德的理性理念相关的，只要这种理念不仅被当做我们的准绳，而且还被当做我们的动机。所以，无论我是从这种作为理性信仰的信仰开始，还是从善的生活方式的原则开始，都

---

① 康德：《纯然理性界限内的宗教》，第 61 页。

② "能够希望""能够确信（信赖）"等是康德宗教哲学与基督教相区分又相互纠缠的几个关键词。与基督教中的"希望""信仰"等相比，"能够希望""能够确信"究竟意味着人的生存中发生了怎样的改变呢？一直以来，汉语思想界普遍地把康德的这种体察理解为理念性的设定，但如果这种"设定"没有在人的心灵中引起实在的改变，或者如果人的心灵中没有发生实在的改变，这些设定又有何意义呢？——在笔者看来，不是理念的设定，而是心灵中所发生的实在的改变是康德能够突破基督教，或能够与基督教展开深入对话和争辩的关键。笔者对这个问题有些初步的考察，请参阅尚文华《希望与绝对——康德宗教哲学研究的思想史意义》，江苏人民出版社 2018 年版，第 128—148 页。

是一回事。……这里并没有两种自身有别的原则，似乎从它们的一个或者另一个开始，就是选择了截然相反的道路。相反，这里只有同一个实践的理念；我们由它出发，在一种情况下是由于它把原型表现为存在于上帝之中并从上帝出发，在另一种情况下是由于它把原型表现为存在于我们之中，但在这两种情况下，都是由于它把原型表现为我们的生活方式的圭臬；所以，二论背反只是表面上的……①

对耶稣活生生的信仰与道德的理性理念息息相关，把出于这种信仰，也是出于理性理念的纯粹意念作为动机，既是（出于理性的）信仰的开始，也是善的生活的开始，这两者或这两种原则本身是一回事。因此，无论"认为"这是以上帝为起点（信仰、启示等隐含其中），还是以我们自身为起点（道德、理性），只是以不同的方式看待自己的实践生活而已。于人而言，唯一的任务在于遵守义务或诫命，推动善的原则的统治——就好像它已经实现了这种统治一般（一种决然的未来指向）。在这整个过程中，究竟有无上帝的帮助（神恩）不是理性需要探究的，也不是人能够有所指望的（即使配享，也不会沿着我们的指望发生），相反，人只能根据义务和诫命本身（既是内容，也是唯一动机）而行。而最终到哪里，康德则引述了《路加福音》中的话语，"上帝的国来到，不是眼所能见的。人也不得说，看哪，在这里。看哪，在那里。因为上帝的国就在你们的心里！"②

综观康德的论述，从（人的）理性无法理解人何以坠入恶、何以从恶到善、何以实现至善，到他也无法理解耶稣何以拥有完善人性、奇迹启示恩典等何以可能，等等，一系列的无法理解证明康德的思想方式是描述性的，而非建构性的。这些"无法理解"深刻地描述和表征了人这种理性

① 康德：《纯然理性界限内的宗教》，第120—121页。
② 康德：《纯然理性界限内的宗教》，第139页.

存在者的根本有限性;但同时,即使其在存在上是根本有限的,他却也深度地"欲求"无限。这是他能够理知耶稣是人性原型的根本,也是他"能够"以耶稣的纯粹意念作为参照而能够永恒进步的根本,更是至善(或上帝的国)能够落实的起点性的条件。不理解这一点,就可能会非常"乐观地"把康德视为建构性的,似乎一切都是从理性建构出来的——即使理性能够建构出来一切,它们究竟于人又有何益呢?这是非常危险的理性自大狂状态,很多人间悲剧都诞生于此。

这就引导我们进入康德实践哲学体系的出发点究竟在哪里的问题。要追究这个问题,只能从人这种理性存在者的存在方式上思考:张力点就在"理性"和"人"之间。从前者看,前期批判工作是成立的,即一套出于理性自身的原理体系是成立的;从后者看,理性原理需要得到人之生存的见证。但是,由于其生存的根本有限性,见证只能来自人性原型的耶稣,也就是"上帝之子",并且鉴于时间性生存与人性原型之间根本性和永恒性的"差距",甚至是一种绝对性的差距,作为人性原型的上帝之子于人而言乃是一种信仰。只有把这种信仰,即把耶稣的纯粹意念时刻保持在心灵中作为参照,人才可能实现善恶的反转,至善才是可设想的,理性的实践原理体系才是可能的。也是因此,康德并未明确地否认恩典、奇迹或启示的存在。一方面,与可以作为理知对象的耶稣(本质上是一种信仰)相比,它们都不是,也不可能是可以理知的对象,因而其存在不能被设定;另一方面,因为恒久地在心灵中以耶稣作为参照和最原始的起点,心灵和道德的革新、至善的促成,都不能被认为完全是人为的,而只能"好像"、或"设想成"(康德使用频率非常高的几个词)是出于自身的,因而其存在又不能被否定。

因此,从启蒙的问题动机看,康德实践哲学体系意图也确实是以理性(自我论证)为起点的;但由于启蒙首先是人的问题,而从人的存在方式看,对作为人性原型的上帝之子耶稣的信仰则是支持理性自我论证的基础,因而(对耶稣的)信仰则是康德实践哲学的真正的隐秘的起点。①目前汉语学界对理性这一起点非常重视,但对于信仰这一隐秘的起点则重视不足,甚至一直处于无视状态。这既无助于我们理解基督教及其真理问题,也无法看到启蒙的内在局限及其与信仰(上帝)的深度纠缠。如果启蒙有真理性,而非某种对自我或理性的幻觉,深入揭示康德的启蒙哲学(也是一般的启蒙哲学)与基督教的关系就是绝对必要的。

四、重新理解康德的启蒙哲学与基督教的关系

既以理性为起点和最终目的,又隐秘地"设置"了信仰起点,这就意味着康德启蒙哲学内在地有一种持续不断的而又深刻的张力,并与基督教体系有着内在的区别和一致性。这也是启蒙的深度和内在局限所在。

康德的"信仰"(只是起点)与基督教的信仰有着严格而又明确的差异。即使在很多时候,康德把耶稣称为"上帝之子",但这个上帝之子并非神人二性的,相反,上帝之子只是完满的人性原型;其于人的意义,也只在于提供了一个人性和道德的典范。若无这一典范,人无法凭其自身给出无条件性和纯粹性的道德法则(因而它于人只具有理论意义),更无法使其具有现实性和实在性;但这一典范的意义也仅仅止于此,我们无法,也不能深入探求这一典型何以可能,更不能"暧昧"地将之据为己有。基督教体系的问题就在于过分地把上帝亲近于人,似乎上帝能够现实

---

① 耶稣究竟是信仰对象还是理性对象,区分了康德和康德之后的古典思想家。由于把论证的基点置于道德或善的主观性层面——这也是人的问题,康德不得不处理道德法则的现实性或实在性问题,而于人而言,作为有限的理性存在者,他无以给出纯粹和无条件的法则,在这种窘境下,康德把完满人性的耶稣视为信仰对象。康德的处理激起深刻的思想史效应。黑格尔很早(1795 年)就看到这个问题,以至于在"耶稣传"(载《黑格尔早期神学著作》,贺麟译,上海人民出版社 2012 年版,第 80—151 页)中,把耶稣处理为完全的人的形象,这才有后来把耶稣作全然理性概念的处理。至此,基督教的各种原理都可被理性化处理。康德的同代人莱辛也开启了把耶稣和启示都做理性化处理的进程(《历史与启示》);他们之后,德国人施特劳斯的《耶稣传》(1835 年)、法国人勒南的《耶稣传》(1863 年)亦做了相关努力。由此可见,取消康德把耶稣视为信仰对象的做法,并以之为隐秘起点乃是康德之后思想史的重要问题。

地、直接地引导人走向某种更新或至善;事实是,一旦做出这种理论和生存上的努力,既有把上帝封闭在人的生命中之嫌,也可能把人稀里糊涂地引导进一种莫名其妙的状态中(狂热、迷信等均由此产生)。

由于仅仅把信仰置于完满道德的开端,作为人性原型的耶稣也只是人之道德意念纯粹性的参照,他无法现实地占据这个纯粹意念,因而相对于上帝之子,他只是现实地处于自身无限的道德进步中。除此之外,与上帝相关的一切都不能成为理性自我的根据和目的。因此,康德的"信仰"自觉地与前史基督教神学中的东西(历史的启示、神圣的恩典、各种信条、各种信仰体系等等)划开了一个有着某种"绝对意义"的界限——并非说它们不存在,而是它们不能作为新时代的起点和原则。由此,理性的批判体系才是以自我(理性自我)为根据和目的的。这是启蒙的理性自我论证和奠基。

尽管有着如此之多的无法理解——坠入恶、由恶向善、耶稣的秘密、至善的实现等等,能够理知耶稣是完满人性原型,能够在意念中将其作为永恒的参照,都意味着人能够实现自我的心灵和道德的革新,因而自我(也是理性)是有真理意义和善意义的。甚至反言之,正是这些无法理解佐证了理性自我之真理性的"绝对性"或"绝对深度",同时,也可能是一种无法克服的"虚无性"。[①] ——一种可以凭借有限理知理解的真理怎能是真理呢? 反言之,既然无法被理解,怎能"确定"它就是真理呢?

正是在这里,康德的启蒙哲学(也是一般的启蒙意义)的真理意义开启了与基督教之真理意义的深度争辩和交融。从理性自我的深度自觉(指论证和认识)和见证(理知耶稣)看,理性的原理体系是可能的,也是现实的,前者源于理性自身,后者则源于信仰。它们共同组成理性的现代事业,也是每个人的需要促进的事业。表面上看,这是出于理性和人

[①] 之所以加引号,是因为我们"知道"出于人这种理性存在者的东西不是绝对的,甚至是虚无的,这也意味着上帝总会以某种方式进入思想和生命的经历或体察之中,似乎它又是绝对的。这是人在真理和虚无之间的宿命。在《在崇高与虚无之间的自由意志——兼论现代自由原则及其可能出路》(载《哲学动态》2020 年第 1 期)中,笔者揭示了这个局面。

自身的道德事业,但实际上,这项事业正是作为人性原型的耶稣的事业。前者促成了后者的完成,后者则为前者提供最基础的动力和方向。就此而言,耶稣以及对耶稣的信仰在启蒙的时代开辟出一种全新的意义,这既是人类走到这个时代的自身的努力方向,也是耶稣之于人的真实的意义。换言之,因为理知耶稣作为上帝之子,并以其作为有恒久意念缺陷的永恒参照,道德或善是有现实性和实在性的,因而是有真理意义的,即启蒙的真理意义是确立在对作为人性原型的耶稣的信仰之中的。

　　无论如何,启蒙也是理性自我成就自身的历史进程,正是理性的这种自我成就刻画了历史本身的意义,这种历史意义是划分古代和现代、不自由和自由、恩典和理性等等的关键。哪怕前史的一切可以被视为启示的历史,[①] 但启蒙所开启的历史则是理性自身的历史,因而是自由的历史。与自然的或天性的历史相比,理性的、自由的历史本身就是对自然历史的一种断裂和全新出发,甚至可以被视为属于人的"奇迹"的历史,它把从前被视为是上帝的东西"据为己有",是从自身的超越性(相对于自然)和绝对性(相对于已经获得或知识化了的一切)出发的一种反自然或超出自然、反现实或超出现实的一种全新的自我塑造。甚至,如果承认人类的一切都在上帝的计划中,那么启蒙就是上帝给予人的礼物,即上帝要在人的自我成就中成就自身。——如是理解启蒙的真理意义乃既是它给予自身,也是确立在绝对真理(上帝)中的绝对意义。[②]

　　因此,无论从哪个方面讲,康德的启蒙哲学都与基督教深度地交融

---

① 康德也通过对启示作历史的理解以与路德过分地将之个体化和内在化相对峙。由于启示的内在化和个体化,很难实现对启示的"取消",因而不能为启蒙确立理性的基础;而将其历史化之后,启示也只是理性的"现实的"对象,因而能够被消化在理性中,而作为理性的"史前史"。(康德:《纯然理性界限内的宗教》,第103—115页)无独有偶,在《历史与启示》中,莱辛进一步把康德的这种处理方式做了更深入的阐释。

② 这种理解直接进入黑格尔的历史哲学。不同的是,黑格尔不再保留作为信仰的耶稣,而是直接把耶稣概念化,这种概念所具有的精神意义已经不同于康德对概念的界定,也是因此,黑格尔给出的是一套真理的形而上学体系。若有机会,笔者将展示黑格尔形而上学体系的隐秘动机。

和相互确立。如果对其作过分的基督教参照和解释,则启蒙处处捉襟见肘,它确实有一个信仰起点,这一信仰起点保证了它的真理性,但若把这个起点做太多引申,启蒙也就不成立了。但如果过分取消这个隐秘的信仰起点,似乎人这种理性存在者是启蒙确立自身的唯一条件,则(人的)理性就过于自大狂了:一种建立在有限理性基础上的启蒙只是半吊子启蒙,是建立在人的深度自欺和虚幻感觉基础上的理性自大。

认识到康德启蒙哲学中理性起点和隐秘的信仰起点之间的张力,是进入启蒙时代的一把钥匙,也是我们理解历史、理解自身、理解思想和生存之内在问题的关键。

第三节　现代性最高的主观原则及其两条思想出路

让我们结合卢梭和康德的相关分析重新回到现代性问题。在卢梭部分,我们提到,现代性的标志是个体(自我)的绝对确立,这样的个体把自己领会和理解为"自我发源的、彻底自由的和有创造性的,而不仅仅由传统所决定,或由命运或天意所主宰"①。如是的个体同时是普遍个体,其对自身的成就本就是整体生存命运的展示。在对康德的相关分析中,我们知道,这种个体由康德明确把握为现代道德个体。尽管这样的个体可以在原理上得到确立,其实际生存中的行为是否以普遍性为目的却是不可知的,甚至更多时候,他并不以普遍性行为或道德行为为目的;更甚至,即使其以普遍性为目的,但它真的能够在生存中实现自身吗?——未必;哪怕他能够实现自身,但别的个体是否如是?这些行为作为整体,又如何能够在生活总体中实现善(道德的目的)自身的意义?于是,现代性本身的要求与其实际之间,以及人存在的原理维度和其实际存在的维

---

① 参阅[美]吉莱斯皮《现代性的神学起源》,张卜天译,湖南科学技术出版社2019年版,第7页。在这部研究现代性的经典中,吉莱斯皮引述了大量的相关著述,分析了现代性的来源及其与基督教神学的密切关系。我们接受吉莱斯皮的基本界定,并意欲通过对现代性最高主观原则的分析揭示其不得不往前进一步发展的内在逻辑。

度之间,存在着根本性的鸿沟。正是在这种实际而切身的境遇面前,康德把道德的目的和结果做了分离,即把善的意义分解为道德性的最高的善和生存意义上的完满的至善。①

以上便是我们的现代性分析所达到的结论,及其所面临的深度问题。因此,如果说实现道德上的善尚是可能的,或者说,是在人的能力范围之内,那么实现生存意义上的至善则根本性地超出人的能力范围。正是在这样的思想和现实局面面前,康德不得不走向对宗教哲学的分析、不得不求诸个体之最高的主观原则——良知。② 在康德看来,现代人的良知能够解决现代性所面临的根本困局。但实情如何呢? 这种良知又怎样促逼着后续的思想家面对现代性或现代社会呢? ——这是本节尝试回答的问题。

一、良知何以作为现代性最高的主观原则? ——以康德的分析为导引

在现代性确立起来之前,人由传统所塑造。在中华文明中,人更多地在家族中确立自己的关系性存在;在基督教文明中,人更多地生活在教会传统中,并在对上帝的信仰中确立起自身。但是,现代之谓现代首要地在于人自身的启蒙,在于人能不再以信仰和传统中的关系状态作为起点,从而能够以自身的理性作为起点而凭其自身确立。用康德的话就是:"启蒙就是人从他咎由自取的受监护状态走出。受监护状态就是没有他人的指导就不能使用自己的理智的状态。……Sapere aude[要敢于

---

① 参阅《实践理性批判》"第二卷"中的相关论述。需要交代的是,有一种观点认为,作为德福一致的至善只存在于彼岸而与人的现实生存无关。如果承认这种观点,道德也便与现实生活无关了,毕竟在现实中,我们永不可能看到完满的道德原型;更重要的是,如果至善只存在于彼岸,德福一致就真的只是"设想"了,一种永不可实现的善于人的生存和现实生活又有何意义呢? 这种彼岸的至善又如何区分于信仰中的上帝呢?

② 需要强调的是,我们并不认为现代性的基础是良知,如前所述,现代性确立自身并不依赖于个体的某种主观性,相反,在理性中,它能够给出关于自身的原理体系——这也是康德实践哲学的核心任务。但是,作为现代个体的人则既是一种理性存在者,又是感性存在者,主观性是其不得不承担起来的一种存在使命,在关涉现代性最终目标的至善问题上尤其如此。换言之,之所以存在现代性的主观基础这一问题皆因人及其生存而起。

认识]！要有勇气使用你自己的理智！这就是启蒙的格言"。① "受监护"就是离开他者(包括上帝)的指导就不能使用自己的理智,与之相对,"不受监护"就能够使用自己的理智作判断则意味着个体在理智上的成熟,因而能够凭其自身而确立。"有勇气使用自己的理智"这一启蒙格言首先在于"敢于认识"和"能够认识",如果不敢或不能认识自身,使用自己的理智就只能招致另一种奴役。

敢于或能够认识到什么呢? 在离开上帝和他人的监护状态之后,认识到的自己是什么样子的呢? ——这样的自己(个体)只能是一个可普遍化的个体。否则的话,个体之间就是相互限制和相互否定的——完全的个体化原则造就的是荒漠,而非人类社会。在康德看来,这种能够承担现代性的个体,或者说能够使得现代性由以确立起来的个体乃是一个道德主体:其行为的规范在于遵守不矛盾律,② 因而其行为构成的整体乃是一个不相互限制、不相互否定的"道德-伦理"体系。于是,"认识自己"核心在于认识到自己的道德身份,并主动承担起这种道德身份。

但问题在于,认识到自己的道德身份,未必就能够承担起这种道德身份。因为即使知道自己的行为需要可普遍化,需要遵守不矛盾律,但这个原则能否贯穿于实际的生活中,却未必取决于道德的主观动机。更多时候,一个良好的、意欲普遍化的动机反而会带来"意想不到"的、甚至完全相反的行为后果。换言之,即使认识到自己普遍的道德身份,并意图按照普遍的原则作出实践行为,但现实的发生往往与个体的意图相左,甚至相反。其中的关键在于,人并不生活于抽象的、孤立的个体性中,亦不生活于单纯的、普遍的原则性中,相反,其生存和行为的展开总是要在群体或整体中,并且,全部行为组建起来的整体所具有的整体性

---

① [德]康德:《回答这个问题:什么是启蒙?》,载《康德著作全集》第8卷,李秋零译,中国人民大学出版社2010年版,第40页。

② 参阅《道德形而上学原理》"第二章"的几条道德的形式法则。

很多时候并不取决于个体性。[①] 因此,一方面,尽管行为整体在组成上是行为的联合,但其整体性却根本性地不由任何一个个体行为所确立;另一方面,在个体行为意图参与进这个联合的时候,它或者可能无法以抽象的道德性实现出来,或者这种道德行为正好与整体性相左。

在这样实际的状态下,个体道德意义上的善与整体意义上的善往往是不相符合的。如果现代性或启蒙的根本意义在于个体的道德性,因而道德的善就是其起点,那么由现代性确立起来的现代社会整体的善就内在地有着与道德的善不相匹配的维度。在康德的启蒙哲学体系中,这被表达为最高的善(道德)与至善(道德与幸福相匹配)之间的张力,甚至是分裂。因此,如果说实现个体的道德性存在或许在人的能力范围之内,实现联合的善或至善则根本性地在个体的能力之外。正是因为对这一点的清晰自觉,康德引入对宗教哲学的分析,即意图通过分析上帝的存在为至善的实现作出相关努力。如是看来,尽管在启蒙了的现代性中,个体的道德性是分析的起点,实现自身道德性存在亦在人的主权范围内;但作为现代性的整体或终极意义的,或者说,作为现代社会终极目的的至善的实现则取决于上帝的主权。

既然现代性或现代社会的终极目的是至善,而至善的实现取决于上帝的主权,人又如何能够通过"认识自己"参与进这个进程呢? 或者说,为要实现道德的终极目的(至善),即善的最终的统治,人之行为的最高根据是什么呢? 在启蒙的时代里,这种根据不能再是信仰,也不能是任何传统,否则人仍然摆脱不了受监护状态。——于是,最终根据只能还是自己。但是,既然道德取决于自己,因而他能够凭其自身实现自己的道德身份,而至善的实现并不取决于这样的道德个体,何以实现至善统治的最高根据还在于自己呢? 我们应该怎样思维这种最高根据呢? 或

---

① 康德尚在世的时候,黑格尔就非常清晰地看到这一点,并以此为根据,重新反思了耶稣和教会之于人类整体生活的意义。参阅[德]黑格尔《基督教的精神及其命运》,载《黑格尔早期神学著作》,贺麟译,上海人民出版社 2012 年版,第 292—309 页。

者说,在我们的生存中,除了能够给出法则的道德性存在之外,究竟还有哪个维度"充当"这样的最高根据呢?

——在康德看来,这种最高根据就是良知。作为康德的"启蒙者",卢梭亦把良知视为善恶、自由、意志等的最高根据:"良心(良知)呀!良心!你是圣洁的本能,永不消逝的天国的声音。是你在妥妥当当地引导一个虽然是蒙昧无知然而是聪明和自由的人,是你在不差不错地判断善恶,使人形同上帝!是你使人的天性善良和行为合乎道德。没有你,我就感觉不到我身上有优于禽兽的地方;没有你,我就只能按我没有条理的见解和没有准绳的理智可悲地做了一桩错事又做一桩错事。"① 卢梭的界定主要有两点,一是引导,二是判断。判断的意义关乎道德的善恶,关乎人与禽兽最重要的区别,因而是高于单纯的理智能力的生存维度;引导则更加深层,或者是自我圣洁的本能,或者是来自上帝的声音。但是,对于良知怎样引导,以及这种引导意义意味着什么,即圣洁的本能或上帝的声音于人而言究竟是什么,卢梭并未进一步分析。而根据康德,判断善恶的意义已经被消解在道德法则中;良知的引导意义又该如何"诊断"呢? 在卢梭未曾展开分析的地方,康德开始了自己的探索。康德对良知的探索于现代性而言意义重大。

二、康德对良知的分析及其根本性困境

良知的判断意义关乎道德,其引导意义则涉及自我圣洁本能或上帝声音。卢梭这一界定全方位地进入康德对良知的基本体察。两种意义相互关涉相互纠缠。根据道德上的最高的善与生存意义上的至善的区分,纵然人能够根据法则给出道德上的善,或者说,根据良知的判断意义,人能够"不差不错地判断善恶",但是,这种判断是否就是至善的实现的要求,却不得而知。换言之,人唯一能够确定或判断的只在自己的道

① [法]卢梭:《爱弥儿,或论教育》,李平沤译,人民教育出版社 1985 年版,第 400 页。

德范围,而这个范围之外的至善如何实现则根本性地不从属于这种判断。这个于现代性的真正造就有着致命相关性问题的解释则最深刻地关乎良知的引导意义。让我们阅读康德对良知进行界定的一段文字：

> 良知是一种自身就是义务的意识。但是,由于对我们所有的表象的意识仅仅在逻辑观点上、从而仅仅有条件地,即当我们想澄清自己的表象时,才显得是必然的,因而也就不能无条件地是义务,所以,怎样才可能设想这样一种良知呢？这是一个不需要任何证明的道德基本原理：切勿冒不义的风险做任何事情。①

良知是"自身就是义务的意识",是对卢梭式的良知之判断善恶能力的另一种表述。因其自身就是义务的意识,它能够判断善恶；因其能够判断善恶,它是人之道德性存在的主观基础(法则是客观的基础)。但问题在于,尽管在原理和逻辑上,可以对良知作出这样的界定,但人是在具体的表象中生活的,一旦把表象联结于原理或者逻辑,总是存在着这样或那样的"偏差",因而对于于生活而言的无条件的义务,却总是在表象中展示为有条件的。换言之,如果只是从肯定或完全确定的方面领会良知这一自身就是义务的意识,良知恰恰是不可能的。这是由人乃是一种生存于处境、表象的生存宿命先行地规定了的。因此,对良知这一肯定的、正面的规定,如果于生存而言是有意义的,它首先是在具体的、处境性的道德行为中得到某种"确证",亦即在具体的道德行为中,人恰恰以否定的、对自己"说不"的方式展示这种自身就是义务的良知意识。即道德的基本原理,亦是良知之主观性的展示,乃是"切勿冒不义的风险做任何事情"。

这种否定,或对自己"说不"的良知"界定"(更恰当地讲,是其一切行为的主观原理)本身就是良知的引导意义。人在原理和处境之间的生存宿命是良知之判断意义和引导意义能够成立,并能够相互纠缠的真正根

---

① ［德］康德：《纯然理性界限内的宗教》,第190页。

源。一方面，其原理性或道德性存在身份意味着良知是一种自身就是义务的意识；另一方面，其处境性或表象性存在身份则意味着良知乃是一种在其一切行为或其整个生存中的对自己"说不"的意识。并且，也正是这种贯穿生存始终的"说不"最深刻地证明人乃是一种道德性的存在，因而这种天命般的道德性存在在其生存中恰恰以引导性的方式指引着自身。这或许就是卢梭在说良知乃是"一种圣洁的本能"的时候所引导他的那种意义或声音。

从生存经验看，似乎这种良知的圣洁本能能够得到体认，但问题是，对自己"说不"，或"切勿不义"究竟源于哪里呢？换言之，良知的对自己"说不"的声音究竟指示了什么？如果这一点得不到进一步的分析，我们怎能知道这种"不"是源于"圣洁本能"呢，还是源于"虚无的魔鬼"？[1] 良知这一道德性存在，及其现实生活之展开（至善实现的场域）的最后的主观基础究竟是源于"圣洁本能"，因而还是源于自己；还是源于"虚无"，因而源于上帝缺席之后的"不可名状"？如果是前者，良知背后的自己究竟是什么呢？如果是后者，启蒙或现代性又如何在虚无中建立自身？作为启蒙思想家，康德深刻地见证到这一点，并力图给出一种不同于基督教式的良知概念。[2]

---

[1] 康德《纯粹理性批判》出版后不久，雅可比就看到康德思想体系背后的"虚无主义"状况及其根源。黑格尔亦从康德的"主观主义"体系中看到现代性之虚无主义的境遇。本节即要通过对康德的思想境遇的分析，揭示现代性所面临的困境及其可能的出路问题。近一两年对雅可比和黑格尔的汉语学界评论可参阅余玥《康德时间理论中虚无主义的问题》，载《云南大学学报》2020 年第 4 期；罗久《黑格尔论知识作为"回忆"》，载《人文杂志》2020 年第 5 期；罗久《从启蒙的教化看黑格尔的康德批判——以耶拿时期的〈信仰与知识〉为中心》，载《复旦学报》2017 年第 6 期。

[2] 在基督教神学语境中，从保罗开始，良知亦被解释为一种对自己的存在方式"说不"的主观维度，只是这种"说不"深刻地来源于对上帝的信仰。或者说，正是因着信仰，人能够在上帝中不断地看到自己的有限性，因而能够不断地在上帝中得到更新。到路德，良知的基础虽然依旧建立在上帝之中，但是其主观性意义得到进一步强调，因而只要不反对自己内心声音的都可以视为源于上帝的良知在内心中的展示。从良知究竟立于信仰，还是自己的内心，这一原理之争已经开始开启现代性的曙光。汉语学界可参阅谢文郁《古希腊哲学中的良心与真理》，载《社会科学》2018 年第 2 期。

我们也可以这样定义良知：它是自己对自己作出裁决的道德判断力。……在此是理性对自己作出裁决，尽管它事实上是极其慎重地对行动作出那种判断的（即它是正义的还是不义的）。而且，它还把人自己推上起诉自己或者辩白自己的证人席，证实这种情况是发生了还是没有发生。①

良知是"自己对自己作出裁决的道德判断力"，这一界定把其判断意义和引导意义共同表达出来。根据后面的文字，前一个自己指的是"理性"；后一个自己则是由一系列判断或行为组成的自己，这样的自己因为由行为和判断组成，这些行为和判断就会重新被放置在作为理性的自己面前来裁决。换言之，即使行为在作出的时候是出于道德判断的，但行为一旦作出，其行为和行为的结果都要重新放置在理性面前再次裁决。需要特别强调的是，得到重新裁决的行为不仅仅要裁决其是否出于道德的判断，更多的，乃是要裁决行为的后果究竟是不是正义的——正义与否绝不仅仅取决于主观动机，更多的是对行为及其后果本身的判断。因此，在良知的法庭面前，人的原理性或道德性存在与其处境性或表象结果都要得到理性自身的裁决。作为引导意义的良知对自己"说不"更深层的意义乃是把抽象的原理和处境的表象共同放置在作为理性的自己面前。

相较于个体之原理性或抽象的道德性存在，作为"自己对自己作出裁决"的良知把个体之生存中处境性的行为选择，以及总体性的生存意义（至善要展示于其中），即现代性的生活总体意义"带"了出来。尽管最终说来依然是以对道德选择和处境行为"说不"的方式，但这种"说不"或良知的引导意义实乃既是个体的道德性存在，亦是其生活整体（由具体的判断组成）的最高的主观基础。"拥有"或生存于这种最高主观性中的现代个体正是在良知中裁决自身的存在以及个体间行为的联合，因而康

---

① 康德：《纯然理性界限内的宗教》，第 191 页。

德将之视为"法庭"；而裁决的客观依据则是作为理性的自己。换言之，在现实生存中的自己，或者说由现实性确立起来的自己只是被裁决的对象。裁决所根据的，一是主观意义上的良知，即那种"说不"的声音；二是作为"另一种自己"的理性。但是，这个作为理性的自己究竟是什么呢？在《道德形而上学》中，康德继续思考了这个问题：

> 人的良知在一切义务那里都将必须设想一个（与一般的人，亦即）与自己不同的他者，作为他的行动的审判者，如果良知不应当处在与自己的矛盾之中的话。这个他者可以是一个现实的人格，或者是理性为自己造就的纯然理想的人格。这样一种理想的人格必须是一个知人心者……同时必须具有（天上的和地上的）一切权力……这样一个对一切都握有权力的道德存在者就叫做上帝。①

如果说被裁决的自己是由其生存选择所组建起来的自己，因而乃是一种时间中的最现实的生存个体，那么作为裁决者的理性自己必须与之不是一个个体，否则良知就是与现实的自己处于矛盾之中。需要注意的是，现实的生存个体并非不是理性的，相反，正因为其行为乃是出于理性的道德选择，良知法庭对其的再裁决才是有意义的——非道德性的选择行为已经在一开始就得到理性的审判了。因此，在良知的法庭上，作为裁决者的理性只能是与现实生存个体（及其理性存在方式）不同的他者；这个他者因为能够审判自己，而是另外一种现实的人格，其现实性又不同于生存主体已经获得的现实，因而又是一种纯然理想的人格。但是，根据启蒙原则，理性之外无法设想其他人格性，因而这种有着理想性的现实人格又只能是理性为自己造就的。

哪怕康德进一步将之"规定"为知人心者、有权柄者，甚至上帝，这些规定都不出于理性的自身造就；如果说展示在生存中的理性存在更多的

---

① ［德］康德：《道德形而上学》，载《康德著作全集》第6卷，李秋零译，中国人民大学出版社2010年版，第449—450页。

是个体性的理性,或理性的具体展示方式,这种自身造就的理性只能是普遍的或大写的理性自身。问题在于,尽管根据良知的法庭意义,大写的理性可以审判个体的理性选择,这个大写的理性却根本无法以明确、具体的方式被给出。如果能够被给出,它也就只是个体的理性判断的产物。但它能否明确地给出自身呢?——断乎不可。一旦作出这样的陈述,人也就把自己放在上帝的位置。所以,如同卢梭,康德同样以"(良知)可怕的声音""不能避免对它的倾听"① 说明之。换言之,为了说明"圣洁的本能"或"天国的声音",康德"设想"了作为裁决者的大写的理性;而最终,能够进入人心的只有"可怕的声音"和不得不"倾听"。这种声音有所来源的根据在哪里,康德说是大写的理性,但对于大写的理性是什么,(人的)理性一无所知,它唯一能知道的是有一个声音提醒他,并且是他不得不去倾听的。

　　我不愿意说,本质而言,康德对良知的进一步阐释可能并未比卢梭走出多远;但毫无疑问的是,通过良知的声音追踪到大写的理性或者作为道德性存在的上帝,可能与追踪到虚无并无差别。终究来讲,除了良知这一种主观的确信,我们并未对其背后的大写的理性或上帝有什么进一步的认识甚至理解;一旦认为对其有所认识有所理解,人必定将自身置于一种他之所不是的位置。所以,根本言之,除了作为最高主观性的良知之外,并没有什么现实的存在(者)把自己彰显出来;即使有,那也只是人需要聆听或者交付于之的"对象",也正是因此,海德格尔把康德的窘境,也是现代性本身的窘境进一步展示为"人对存在的聆听",而此存在于人的认识理解而言,可能只是展示为虚无,即作为无的存在;而其指示的方向也只是人的"罪债性"或根本有限性的生存处境。②

　　因此,于个体和现代性生活而言,我们唯一能够确定的是,良知是其

① 康德:《道德形而上学》,第 449 页。
② 参见[德]海德格尔《存在与时间》,陈嘉映、王庆节译,生活·读书·新知三联书店 2006 年版,第 55、58 小节。

最高的主观原则,其声音是解构并重塑自身,或者说,是更新个体及整体生活的最后的依据;但对于这种主观原则由以可能的客观或绝对的根据——如果有的话——,将其视为大写的理性(理想本身)或理性化为上帝,与将其视为存在本身的运行(甚至是虚无)并无差别。换一种说法,如果康德的"设定"是有意义的,其任务真正来讲,乃是说明现代个体以及现代生活如何能够与理性自身或上帝发生关系。如果做不到这点,说现代性奠定在理性基础上与说其建立在虚无基础上并无差别。如果能够做到这一点,现代性真正的根据才可能确立起来。

于是,在康德之后,思想的任务开始展示为如何与理性本身或上帝重新建立起直接性的联结。从思想本身以及思想史的运行逻辑看,就存在两条道路:一是把上帝理性化,或者说,如何把现代个体及其生活建基于理性本身;二是不以理性的方式"说明"现代人与上帝的关系。

三、现代性论证背后的真理之路:主观性与伦理整体

据上,康德哲学,即现代性的启蒙哲学之最高的主观原则是良知,在良知之上,或者其客观所依据的大写的理性只是推论或"设想"的产物:现代个体之绝对确定性,或其能够确立自身的根据只在这种主观性,但这种主观性却"命运般地"要联结于大写的理性或理性自身,否则它就面临着彻底虚无的处境——这也是康德要进一步阐释卢梭的良知的根本原因。黑格尔对此作出了更加冷静(甚至冷酷)的言说,但也对其表达了某种认可:

> 良心(良知)是自己同自己相处的这种最深奥的内部孤独,在其中一切外在的东西和限制都消失了,它彻头彻尾地隐遁在自身之中。人作为良心,已不再受特殊性的目的的束缚,所以这是更高的观点,是首次达到这种意识、这种在自身中深入的近代世界的观点。在过去意识是较感性的时代,有一种外在的和现在的东西,无论是

宗教或法都好,摆在面前。但是良心知道它本身就是思维,知道我的这种思维是唯一对我有约束力的东西。①

能够不受任何特殊目的的束缚,能够突破一切外在的和现在的东西,从而能够在自身的主观性中确立自身以及不受限的普遍目的是良知的内在要求。就此而言,现代个体作为一种拥有或者更恰当地讲是"被赋予"(相关于理性自身)良知的存在者,相较于以往的伦理或宗教时代,乃确立了现(近)代世界的一般意义。无论如何,就良知乃是一种有着自身确定性的主观性而言,它是自己同自己相处的最深度的"内部孤独",是彻底地隐遁在自身之中的孤独个体。因此,就良知作为主观性(一种主观对善的认识)的基本要求乃是与不受限制的、普遍的至善相统一,因而内在地需要理性自身(大写的理性)的审判而言,它乃是"一种神物",乃是现代性确证自身之神圣性的主观根据;但就其只是"特定个人"的良知(除此之外,也无所谓良知),只是一种被确信的主观认定的良知而言,其与良知的基本要求,即与至善或理性本身之间却有着永恒的、本性上无法被克服的"差别"。一旦跨过这个根本性的"差别",一旦把良知之主观性混同于良知本身的内在要求,不仅理性自身无从谈起,更是一种对神物的"亵渎"。

正是看到这些,黑格尔说:"良心(良知)是服从它是否真实的这一判断的,如果只乞灵于自身以求解决,那是直接有悖于它所希望成为的东西,即合乎理性的、绝对普遍有效的那种行为方式的规则"②,一旦只乞灵于自身,良知便只是使得真实的内容(即至善或出于理性自身的生活)降低为形式和假象:只是特定的形式和虚幻中的判断;甚至毫无疑问,它是否就是服从于有关至善的判断的,这本身就不在"特定个人"能够判断的范围之内。而一旦仅根据这种仅仅是形式或假象的良知进行判断,

---

① [德]黑格尔:《法哲学原理》,范扬、张企泰译,商务印书馆 2010 年版,第 139 页。
② 黑格尔:《法哲学原理》,第 140 页。

"简直就是处于转向作恶的待发点上的东西,道德和恶两者都在独立存在以及独自知道和决定的自我确信中有其共同根源"①。 他把仅仅是出于自己的、主观的良知判断等同于良知本身的要求,等同于至善自身的要求,这种以善的名义行出来的恰恰是"伪善",是真正的恶,或者说成为真正的恶的最原始的起点。历史上,尤其在康德和黑格尔刚刚经历的法国大革命中,发生了太多的这样的见证。

现在我们就面临着这样的思想和生存处境:作为现代个体最高主观原则的良知,一方面,它确证了现代个体及其现代生活最伟大之处,是区别于传统上一切外在或现存原则的现代性原则;另一方面,一旦将其视为理性自身(至善本身)的原则,它也便成为一切最极端的恶的总根源。如果说康德看到了前者,因而确立了现代性之最高主观原则的话,黑格尔则更深刻地看到了后者,因而势必要为现代性的这种深度的主观困境提供方案。这是怎样的一种方案呢? 它究竟能够为现代性提供什么?

> 善是自由的实体物的普遍物,但仍然是抽象的东西,因此它要求各种规定以及决定这些规定的原则,虽然这种原则是与善同一的。同样,良心(良知)作为起规定的纯粹抽象的原则,也要求它所作的各种规定具有普遍性和客观性。如果两者各自保持原样而上升为独立的整体,它们就都成为无规定性的东西,而应被规定了。但是,这两个相对整体融合为绝对同一,早已自在地完成了,因为意识到在它的虚无性中逐渐消逝的这种主观性的纯自我确信,跟善的抽象普遍性是同一的。善和主观意志的这一具体同一以及两者的真理就是伦理。②

作为主观原则,良知只是个体的一种抽象原则,它需要使其原则有具体的规定性——这些具体的规定性由理性所要求,因而需要具有普遍

---

① 黑格尔:《法哲学原理》,第 143 页。
② 黑格尔:《法哲学原理》,第 161 页。

性和客观性；而具有普遍性和客观性的规定需要落实在现实生活中。如果仅仅根据个体的特殊性，其规定性相对于生活本身可能恰恰是恶的，换言之，其具体规定如果具有普遍性和客观性，就需要以现实生活为起点。然而，至善（黑格尔意义上的善）是现实生活之普遍性的内在要求，其具体的展开或落实亦需要各种具体的规定原则。在原理上，两者有着内在的一致性，因而应该彼此规定，否则各自成为独立的整体，就出现个体与至善（现实生活的内在要求）的分裂。但两者的彼此规定，或者说两者的具体甚至绝对的同一或统一落实在哪里呢？——正是现实的伦理生活。

　　伦理之谓伦理，在于个体与个体以及与整体之间的关系。它不取决于个体的纯自我确信，也不取决于任何抽象的善的原则，相反，它乃是现实存在着的各种关系的整体。一方面，如果纯粹根据个体的自我确信，或者纯粹根据抽象的理性原则，伦理关系整体就会遭到破坏，生活本身也就开始支离破碎。另一方面，它又与个体的自我确信和抽象善原则密切相关，或者说，它本就是在两者中不断地调整着自身而有所进展。如果缺了前一个维度，个体只是受限的，伦理生活也便丧失了前进的动力；如果缺了后一个维度，它可能完全沦为个体之恶的产物。因此，伦理作为现实的整体关系，乃是个体之主观确信与抽象的善原则之综合的客观物。从其与个体的关系看，其现实性正在于它是主观的纯自我确信消逝之后的现实的、客观的（至）善总体：如果仅仅停留在主观确信中，个体与伦理恒久地相对立，善的生活或善的实体性（即伦理）就是无从谈起的。

　　与康德把现代个体原则立于主观性层面不同——其至善分析依然停留在主观层面，黑格尔看到，如果仅仅这样，个体永远躁动不安，[①] 生

---

① 抛开思想或者原理层面，这或许也与黑格尔更清楚地看到法国大革命的历史后果有关，如果国家或历史只是取决于个体自由及其意志，善的统治根本无从谈起。也是因此，在《精神现象学》中，黑格尔把个体的绝对自由诊断为"绝对恐怖"。请参阅［德］黑格尔《精神现象学》下卷，贺麟、王玖兴译，商务印书馆1997年版，第114—123页。

活中的(至)善就永远无从谈起;而造成这一点的根据或者在于抽象的善原则无法实现统治,或者在于纯主观的确信永远与生活之间存在着恒久的"差别"。相反,如果思想的眼光离开抽象原则和纯粹的主观确信而关注现实的伦理(包括各个环节),现实的伦理就正是(至)善在时间和历史中的展示形态,抽象原则和主观确信正是善本身(理性本身)在大地上落实的最内在的部分。因此,理性也好,善原则也好,它们本就不是远离大地的抽象的空洞的理念,相反,理念本就有时间性和历史性,也正是时间性和历史性为理性和善原则赋予实在的现实的意义:真理不在彼岸,而在现实的生活之中。

需要特别强调的是,思想和生存的眼光关注于现实的伦理并不意味着个体良知以及个体性自由的消失——如果是这样的话,黑格尔哲学及其解决方案就不是现代的。相反,正如我们一再强调的,作为主观性的良知以及个体的自由只是现实伦理的一个环节,一种最重要的主观环节,其赋予善原则以动力和内容,善原则亦赋予其以普遍的形式,它们作为一对有张力的"内容"存在于现代伦理内部,并为现代社会及其伦理赋予绝对的深度。在很多著述中,黑格尔说现代社会和现代国家是有绝对深度的,其基础正在于现代个体及其最高主观性的良知与善原则的深度一致。①

因此,随着这个思想和生存视角的转变,理性、善,或者真理获得了一种全新的意义。它(们)不仅仅是良知这一主观原则面对的对象,或者说,其真理性不仅仅取决于现代个体的主观原则,相反,这一主观原则只有在现实的真理,或者说有着真理性的伦理生活中才不是破坏性的、以善之名行恶之实的原则。换言之,作为主观性良知之客观根据的不是抽

---

① 深入领会现代主观原则与善原则的深度契合和一致是理解黑格尔哲学突破康德式启蒙哲学的关键所在。黑格尔并未否认现代个体在主观方面的绝对深度,亦未否认现代个体的自由存在,而只是把它提升到整体的伦理性存在维度,使其拥有一种不仅仅是主观性的真理意义。只有踏出这一步,一种"思辨"意义上的形而上学真理体系才是可能的。

象的理性、不是可以抽象而随意被赋予的善，而是客观的、有真理性的伦理；良知的主观性并不是对客观或有真理性的伦理的"反对"，相反，正是因着把自己投入伦理的自身运行中，其主观性才是有真理性的。由是，伦理正是理性或（至）善，以及个体良知和自由本身共同在大地上的运行。承担伦理整体，就是承担自己的命运；践行伦理整体，就是践行真理在大地上的发生。至于伦理整体的各个环节及其各自的真理性意义，在《法哲学原理》中，黑格尔作了原理性的分析，我不想对此做进一步的展开。

至此，我们看到黑格尔对康德所确立的现代主观原则的进一步推进，其基本要义在于，把理性或善从单纯的主观性原则中剥离，而赋予其客观的、现实的伦理意义。由是，真理就不再只是个体的、主观的、抽象的产物，而是在时间和历史、客观和实在中展示自身。至于如何认识性地重新言说与真理（亦是理性或善的）相关的内容，那便是黑格尔的思辨的形而上学的具体内容架构了。[①] 总之，根据黑格尔的基本原则，良知之主观性无以证成现代生活世界，其道路是回到客观的伦理整体，回到理性自身在大地上的运行。

但无论如何，良知是如此切身，真理的自身运行是如此难以进入，[②]黑格尔的形而上学道路之外还存在其他道路吗？——这正是克尔凯郭尔提出的问题。

---

① 对"经验"的全新分析是黑格尔认识性地展开其思辨体系的基础。一旦把康德式的静观经验转变为内在地把"同一"与"差异"相综合的经验，黑格尔也便踏出决定性的一步。由是，从形而上学到生活中的真理性的实践道路也便打开了。请参阅笔者的文章《差异意识：形而上学与实践哲学的分野之处——论从黑格尔到马克思的转变》，载《求是学刊》2019 年第 4 期。

② 之所以难以进入，或者说黑格尔的形而上学真理体系所以容易被解释为一套外在的观念体系，其实正在于现代人已经适应了主观性的观点，即：似乎一切都取决于自我的主观性，上帝、真理这些最核心的存在只能通过个体的主观性赋义，或者说，现代的主观个体已经丧失了对存在或理性之运行进行聆听并参与其运行的能力。海德格尔的存在之思面对的同样是现代人的这种根本处境。

四、个体之绝对主观性：信仰与罪的辩证之路

主观性的良知无法证成现代生活世界，只有在意识中扬弃良知的这种主观确信，而把自己投身于伦理整体中，真理的意义才可能自行发生。这是黑格尔为克服现代性之主观维度开出的药方。无疑，如果我们不把黑格尔形而上学的真理体系视为某种特定的观念形态，或者说，不把形而上学视为一种现代意识形态——在我看来，它本就不是，① 黑格尔的哲学道路乃是一种关于真理（或理性）在历史中实际发生的体系，其发生不取决于任何抽象的善原则，更不取决于任何特定个体的主观性，相反，特定个体只有实际性地参与进真理的这种实际发生才是有存在意义的，否则就如同大海中的泡沫一般生来死去。换言之，无论个体之主观确信何等强烈，只要不能参与进真理的这种自行发生，都是苍白无力的，并最终毫无意义；如果任由这种主观确信在大地上施行，只能带来血雨腥风和万劫不复。对之如何评判，我不想多说什么，历史已经告诉我们太多东西。

问题是，如是在伦理整体或真理的运行中消解个体的主观性是否就意味着不存在其他讨论个体之主观性的方式？或者说，即使承认卢梭或康德式的现代个体之最高主观性的良知不能根本性地在理性和历史中确证自身，难道在良知之外就不存在一种"真实地"和"绝对地"确立现代

①　在笔者看来，把形而上学视为一套观念体系或意识形态是一种思想上的无能。根据黑格尔对经验和概念的理解，意识的认识或概念所包含的绝非仅仅是已经获得的确定性内容，相反地，意识经验能够形成关于对象的概念恰恰意味着对象和认识是不同的，正因为是不同的，有关对象的认识才是可以不断调整和进步的，因而关于对象的概念本就包含着已经被认识的维度和尚未被认识的维度，即"同一"和"差异"本就包含在对象及其概念之中。这种包含两个维度的经验和概念就是（理性）认识的辩证过程，因而如果说观念体系或意识形态是一套有关确定性的体系的话，思辨的形而上体系恰恰不是任何确定性的观念体系。因此，生存的认识宿命般地与真理相关，这是黑格尔体系的基本要义。海德格尔也将之视为绝对主体的主体性，对象在这种主体性中的显现乃是一种"在场"状态——与被建构为同一性状态的"在场者"状态相对。可参阅［德］海德格尔《黑格尔的经验概念》，载《林中路》，孙周兴译，上海译文出版社 2010 年版，第 185—222 页。

个体的主观性?——如果存在的话,相对于康德式的最高主观性,个体的这种主观性乃是一种绝对意义上的主观性。之所以是绝对主观性,一方面,在于它不再以"推论"的方式与理性自身发生关联——康德即是从主观性所可能有的客观根据方面推论理性自身的存在方式;另一方面,更深刻地在于它本身能够与绝对者(无论述之以理性,还是述之以上帝)发生某种关联。否则的话,除了良知之外,就再无其他可能更深度地体验和讨论主观性的维度。存在这样的绝对主观性吗?如果存在,它究竟是什么呢?——无论如何,它都决定性地"设置"了现代个体所具有的生存深度。

康德并非没有认识到这个问题。在提出宗教裁判官究竟是根据良知,还是在完全丧失良知的情况下判处他人死刑的问题之后,康德提到了亚伯拉罕杀子献祭的经典事例,并以 Gewissenlos 描述这种状态。[①] 康德并未简单地以"良知"否认这种状态,只是认为,如果仅仅根据这种状态,而丝毫不反思其中是否可能会发生"不义"(这正是良知的呼声)行为的话,乃是有问题的。因而 Gewissenlos 更多的乃是一种"无关乎""在……之外(先)"的状态,[②] 区分良知和亚伯拉罕式信仰的乃是做出的行为,而非主体自身的存在状态。行为一旦做出,势必伴随着意识分辨或判断的过程,一旦经过判断,行为及其结果只是出于自己,这样的行为就必然伴随着"不义"的风险;无论如何,在亚伯拉罕杀子献祭中,其心灵究竟发生了什么,外人不得而知,因而简单地述之以"无良知"只是外在

---

① 康德:《纯然理性界限内的宗教》,第 191—192 页。Immanuel Kant, *Die Religion innerhalb der Grenzen der bloßen Vernunft*, Felix Meiner Verlag Hamburg, 2003, s. 252‑253.
② 笔者与王庆节教授专门讨论过这个问题。从康德的上下文看,把 Gewissenlos 翻译为"没有良知"或"无良知"过分地把良知和信仰对立起来;而翻译为"无关乎良知"或"在良知之外"能够更好地表达康德对现代人的良知现象和信仰现象的张力的体察,即良知并非必然反信仰,信仰也并非必然反良知,它们是不同领域的主观性。在此向庆节师献上谢忱。

判断的产物,而非实际性地刻画了亚伯拉罕信仰中的存在样态。①

在关于道德和至善问题的讨论中,康德明确意识到至善的实现乃出于上帝的主权,但由于没有深入分析亚伯拉罕杀子行为背后的"主观"状态,判定行为的良知这一主观原则就成为最高的原则。也正是因此,在这一主观性与伦理整体(真理状态)发生冲突的时候,康德就面临着无法克服的困境;同样地,正是在这里,黑格尔有了真知灼见的分析。但问题是,如果不仅仅分析行为,而是直面行为背后的主观性,伦理整体或真理的运行又意味着什么呢?——在这个事关现代启蒙个体与基督教传统最致命关联的地方,克尔凯郭尔迈出了关键的一步。让我们阅读与此密切相关的几句话:

> 如果事情是这样的话(指个体应该把自己置于永恒的真理之中——引者注),那么,在黑格尔在"善和良心"之中让人仅仅被定性为"单个的人"的时候,他就是正确的了,他正确地把这一"已定性"看作是一种"恶之道德形式"(尤其可参看《法哲学》),而这"恶之道德形式"则将在"伦理性的东西"的目的论之中被扬弃,这样,如果单个的人继续留在这一阶段的话,那么他不是在行罪就是内心处于一种对信心的冲击之中了。相反,黑格尔不正确的地方则是去谈论了关于信仰,错在没有洪亮清晰地抗议这事实:亚伯拉罕作为信仰之父享尽荣华光耀,而他却本应作为一个杀人犯而遣返原籍驱逐出境。就是说,信仰是这一悖论:单个的人高于"那普遍的"……②

如果良知只与善的行为相关,或者说,良知只是对个体与其道德性

---

① 对此,克尔凯郭尔有非常深刻而细致入微的分析,可参阅其《畏惧与战栗》一书。笔者不想在此细致分析信仰中的生存样态,但想指出的是,在主观性的良知及其判断之外,有着另外一种主观性的存在状态,因其无法一般化,而是主观的;因其能够给生存带来的震动,它又是实实在在的。

② [丹麦]克尔凯郭尔:《畏惧与颤栗 恐惧的概念 致死的疾病》,京不特译,中国社会科学出版社2013年版,第51—52页。

行为关系的描述,它确实可能是恶的道德形式,也诚如黑格尔所言,它需要"扬弃"在伦理整体中。但问题在于,如果仅仅根据道德的善判断个体及其主观性,亚伯拉罕应该作为杀人犯存在,而非作为信仰之父被万人敬仰。其中,究竟发生了什么呢?——如果遵从现代的道德原则,康德式的个体的良心"应该"服从于普遍的伦理,否则就如黑格尔的分析所示;但如果"遵从"作为信仰之父的亚伯拉罕,"个体"恰恰高于普遍伦理。其高于普遍伦理的"理由"正是人能够在这种主观性中直接性地与上帝建立关系。问题是,这种与上帝直接相连的绝对主观性如何在经历康德、黑格尔等人批判之后言说自身呢?即亚伯拉罕式的高于普遍伦理的"绝对的""个体"以何种方式在现代性中确立自身呢?其绝对的主观性(信仰)又以哪种方式在现代生活中展示自身呢?

让我们还是从康德的分析入手。道德的善与至善的分立,或者上帝是实现至善的主权者,本就证明,除主观的确信之外,善或真理本身根本性地无法得到个体的直接确认,更谈不上现实地直接造就。凡是出于个体的东西(意识、意志、行为等等)除主观的确信外得不到根本性的保障。也是因此,康德说,上帝绝不是理性认识的对象,即使在实践领域,除相信自己的道德性存在之外,上帝存在的意义亦不能在实践领域普遍化。[①]这就意味着,(人的)理性的认知与上帝的存在之间存在着一条不可跨越的绝对界限,或者说,哪怕理性出于自身"构造"了一套关于上帝的真理体系,但上帝仍然存在于这套真理体系之外。换言之,对于理性来说,上帝永远是那位绝对的不可知者。康德把这个棘手的问题处理为:人只有按照道德的要求去做,上帝才可能帮助至善的实现;或者说,人只要按照自己的道德要求去做,是有希望得到上帝的帮助的。但是,对于上帝究竟怎么做,甚至会不会做,理性都不得而知。如果(人的)理性能够安于康德所说的这种现状,倒是好的——或许真的是尼采所说的一种勇敢地

---

① 康德:《纯然理性界限内的宗教》,第140—149页。

面对"虚无"的态度；但是，如果不能安于这种现状，他就会不停地冲击着自身试图与上帝建立某种"更主动"、更直接的关系——那种想认识、但又无法认识的激情是最重要的动力。对此，克尔凯郭尔说：

> 不可知者究竟是什么呢？它乃是理性不断遇到的界限，在运动与静止的规定相互替换的意义上，它是差异，绝对的差异。但是因为是绝对的差异，于人而言，它并没有什么可区分的标记。当被界定的绝对差异看起来似乎要成为公开显明的时候，事实却并非如此；因为绝对差异甚至是理性所无法设想的。在绝对的意义上，理性不能否定自身……理性不能绝对地超越自身……①

但是，无论理性如何冲击这个界限，这种绝对差异永远在那里（关于这一点，前面以及第一部分已经分析了）。只有在一种状况下，理性才能真实地（而非康德那样的）平息下来，那便是接受自己的根本性的有限性。即不再意图触碰这个界限而思考上帝，同时又在上帝面前完全地把自己降卑下来。把这一点真实地接受下来，乃是"依据"于另一种激情，这便是信仰。② 因此，信仰的本性并非以个体自己的方式"占据"上帝，或者把上帝作为一个认识或思考的对象；恰恰相反，乃是"认识到"上帝是唯一真实的存在，是真理本身。与之相应，人（个体）恒久地隔绝于上帝和真理，因而只能接受自己根本性地有限的生存境遇，从而能够不断地在这种根本的有限性中"经验"自己的现实的生存或生活内容。如是经验到的现实生存及与其相关的内容都打上了"自己"或"个体"以及与之相关的有限性意义。换言之，在这样的个体眼中，从理性立场出发而

---

① Kierkegaard, *Philosophical Fragments* or *A Fragment of Philosophy*, trans. and intr. David F. Swenson, Princeton: Princeton University Press, 1962, p. 55. 王齐教授中译本为《哲学片段》，中国社会科学出版社 2013 年版，第 51 页。

② 信仰的发生是一种奇迹，是一种理性寻求自身又放弃自身的一种悖谬的情感，是不断地怀疑但又不断地让怀疑消逝的情感。我不想在这里尝试探讨它如何产生——这也是不可能的，只想把它能够带来的生存性变化揭示出来，以与良知相对照。克尔凯郭尔对信仰的这些"特性"有描述，请参阅《哲学片段》，王齐译，第 71、77、98 页等。

"建构"起来的各种"真理体系"相对于上帝或真理本身而言也同样是有限的。

在现实的生存中,这种根本的有限性在对上帝的信仰中便是一种罪性,一种对一切出于自身的行为都是有限的、不足的一种意识。与康德式的尚且能够安于自己的道德身份的行为意识相比,这种罪-债意识不再持守自己的道德性,相反,它要把自己的一切都接受为罪性的。也只有这样,信仰之于现实生存的意义才能被展示或生存出来,否则的话,生存的有限性可能只是一个推论、一个感受而已。另一方面,也正是由于在信仰的接受中,个体与上帝建立起某种直接性的联系,他才能时刻看到自己的有限性——一旦脱离信仰,个体也便自以为是地认为自己拥有某种真理性。这也便意味着个体能够在现实的生存中不断地回到,并经验上帝之于其的一种与上帝的真理相应的真理性,尽管这种真理性以否定自身的真理性为前提。从这个方面看,(现代)个体在信仰这一绝对主观性中获得了一种相较于一切伦理生活的绝对位置,即信仰让现代个体重新获得了相较于主观的和思辨的(伦理性)真理的一种绝对性。这也是克尔凯郭尔眼中的绝对个体或个体的绝对性,其依据正是信仰这一绝对主观性。

因此,与良知这一最高的主观性相比,信仰这一绝对主观性的发生不是理知的,也不是理知能够说明的——如果是理知的,可能就是庸俗版的黑格尔式真理体系;如果是理知能够在某种程度上说明的,就是康德式的努力。与此相关,出于良知的行为是道德性的,出于信仰的行为则是罪性的,它们都能够在一定程度上凸显行为的有限性。但与前者相比,信仰与罪及其行为时时刻刻,并永远处于生存的一种辩证关系中:一方面它无时无刻不是从信仰出发,因而其行为是出于对上帝的信仰的;但另一方面这种出于信仰的行为经过了生存(理性)的分辨,因而又是对上帝的"出离"。从前者看,生存永远在自由之中,即其行为都不是由自身的现实性所决定,而是在上帝信仰中每次都以之作为全新的出发点;

但从后者看,生存永远是对上帝或自由的出离,因而所形成的自身的现实性又无时无刻不"限制"着其行为。①

从信仰与罪的这一辩证结构看,它既没有完全"弃绝"生存的现实性——包括康德的良知结构和黑格尔的伦理整体,也没有"弃绝"个体生存之主观性——正是这种绝对主观性给生存以解构一切现实,而回到纯然可能性的境遇;而是把两者共同包含在生存的内在结构之中。相较于康德对理性和生存有限性的体察而提出良知问题,克尔凯郭尔的信仰道路更深切地把生存的有限性作为起点和终点,也正是因此,信仰才是可能的,也是现实的——康德的信仰分析或者置于道德行为领域,或者在理性的尽头处置而不论。同样地,如同黑格尔在伦理整体中吸纳良知,而将之只视为伦理整体或真理的一维,克尔凯郭尔的分析亦没有否认良知,只是其更多地只展示在生存的现实性维度。②

论述至此可见,黑格尔和克尔凯郭尔分别从伦理整体或真理的自身运行角度和生存之绝对主观性角度深化了康德对现代性之最高主观性的分析和讨论,这些分析并未简单地否定良知问题,而是分别在真理(伦理整体)和上帝(信仰)问题上将之内在化,从而为我们对现代性的进一步反思和推进贡献了思想资源和生存之深度的展示。接下来,让我们再提纲挈领地反思下这几条道路的深度关联,以为我们诊断现代性提供助力。

五、现代性的局限及其真理意义

现代性的标志是启蒙个体的自我确立;其内在困境则是出于自我确

---

① 笔者对此辩证关系有过深入的考察,请参阅尚文华《自由与处境——从理性分析到生存分析》,中国社会科学出版社 2018 年版,第 170—188 页,"自由与罪:齐克果的信仰分析"部分。

② 限于篇幅,我不打算在这里再继续分析克尔凯郭尔对良知的分析。其分析要点是:良知是生存与自身(即已建立起的现实性)关系的起点,但不具有终极意义,只有在信仰中与上帝的关系才是终极性的。感兴趣的请参阅以下文本[丹麦]克尔凯郭尔《畏惧与颤栗 恐惧的概念 致死的疾病》,京不特译,中国社会科学出版社 2013 年版,第 348、551 页,等等;《爱的作为》,京不特译,中国社会科学出版社 2013 年版,第 147—162 页,等等。

立的道德个体的善与作为其生活总体的至善之间的张力,甚至是无限的差异。为了解决这个问题,康德不得不走进宗教哲学,不得不寻求良知这一最高主观性,以便把这一主观性背后的客观依据即理性自身"推导"出来。但是,理性自身或康德式的知人心者的上帝却既不是可认识的对象,也不是可普遍化的实践对象;既如此,说其是理性或上帝,与说其是存在着的虚无并无差异。现代个体唯一能够确信的只有良知这一最高主观性。因此,如果仅仅把启蒙个体的自我确立树立为现代性的标准,现代性以及现代社会就面临着深刻的虚无主义困境——尼采、海德格尔等人的一些经典分析已经在内容上将之全部展示。

在这样的时代和思想局面下,对良知现象的分析和批判就成为能否突破现代性困局的关键。黑格尔对现代性之良知现象的承认与批判表明,在可能是真理(或理性)的"确据"的同时,良知亦可能是恶和伪善之最深刻的开端;为了更深刻地确立现代性的真理意义,良知只能被领会为真理之自行发生的一个关键环节,与抽象的善原则一起,它们共同组建了现代伦理整体的真理意义。由是,现代理性的意义就被确立为真理的自行发生。如何将现代个体的主观原则落实到真理的自行发生中(其现实则是伦理整体)就成为现代性和现代社会最内在的要求。这种要求乃展示为主观确信与客观伦理、良知与善(真理)等最内在的张力,甚至是冲突;但也正是这种张力和冲突凸显了现代性的绝对深度。与康德的"空洞"和"崇高"相比,黑格尔的真理意识更加深切,也更具历史性。

但无论是康德的良知分析,还是黑格尔的真理意识,他们或者把信仰置于行为的评价层面,或者将其消解在真理体系中,而都没有直面信仰这一绝对的主观性。在理性时代,这些做法可以理解。毕竟如何在理性中解释信仰,使其不能再作为行为和认识的出发点,是这个时代的整体目标,否则理性是无法确证自身的。无论如何,信仰之绝对性,个体与上帝关系的直接性和实在性是如此切身,以至于它无法被消解在这些分析中。如何在现代社会中重新确立信仰的位置也便成为现代性不得不面对的问题,否则它就是有盲点的。克尔凯郭尔的分析告诉我们,即使接受现代性对生存之现实性的塑造,信仰依旧可以作为绝对的起点解构这些现实性,从而新的可能性能够不断地向生存开放。而在通过生存选择把这些可能性落实为现实性的时候,现代性的绝对深度也便随之更深切地被揭示出来:正是根本有限的生存(罪性的)不断地把作为无限可能性的上帝真切地落实在大地上。

如果说康德的良知分析确切而真实地把现代性所面临的虚无(主义)困境揭示出来,黑格尔和克尔凯郭尔则分别从理性和信仰的角度直面了这种困境,并把现代性的内在张力从这两个维度深度地揭示出来。一方面,现代性可能并非个体最深奥的内在孤独,而是个体的最高的自我确信与真理之现代运行(现代伦理)之间不断展开着的张力和对话的过程,正是在这个过程中,个体不断地重塑着自身,运行着的真理也不断地进行着实在性的变更。另一方面,现代性可能也并非意味着上帝的缺席或被杀死,而是个体在自己的罪债般的生存中不断地将之接纳为自己行为和思想的起点,从而上帝能够不断地进驻和落实在现实的生存中。现代性之独特的良知现象也没有随着这两个维度的被揭示而被消解,相反,它本就是不断地组建着生存个体的生活现实的力量,只是不再以孤零零的方式,不再是绝对的起点(信仰才是)。

进一步审视黑格尔的理性思辨道路和克尔凯郭尔的生存辩证道路,它们之间表面看来似乎有着绝对的界限,但其实也未必。为树立靶子批评理性的思辨,克尔凯郭尔把黑格尔视为一套观念体系,如果这真的仅仅是观念体系,那么两条道路就有着绝对的界限。但是,问题在于,(绝对)真理的运行本不是思想能够全然把握的———一旦在内容上做出这样的陈述就是观念性了———黑格尔只是在形式上做出了辩证的分析,而且无疑,作为其已经展示出来的历史或精神形态,思想当然有使命去面对和分析它们,并且这些分析也只有相关于真理的自身运行时才是有真理性的,否则它们只是一套意识形态。黑格尔意图给出的只是真理的各个思想环节,各个历史形态,在时间的不断运行中,这些环节和形态亦不断地调整自身。换言之,时间或历史中的真理形态只是辩证地将主观与客观层面的张力揭示出来而已,而非"断言性"地说,这就是绝对真理(内容上的)本身。把这样的不断重构着的真理体系与克尔凯郭尔式的在个体的生存中不断经验着的罪与上帝之间的生存辩证作为整体可能会更加恰当地描述现代性或现代社会的真实处境。换言之,在笔者看来,黑格尔侧重的是伦理整体或生活整体中的结构,克尔凯郭尔侧重的则是个体及其生存整体中的结构,他们只是从不同的维度揭示现代社会或现代生活中的张力,或许把他们整合起来才能更恰当地描述现代性。

总之,现代性在康德启蒙哲学中的困境,及其在黑格尔和克尔凯郭尔的两条思想出路中所展示出来的真理性,既是现代社会内在的诸多面相,亦是现代社会在面向未来的历史进程中需要不断消化和发展的。这是思想界、学界,甚至整个现代社会需要进一步反思和推进的。

结　语　现代性处境下的真理：一种需要被重新唤起的意识

　　无论在霍布斯笔下，还是在卢梭笔下，现代人都展示了其可怖的一面。如果把前者视为现代性之发端时的形象，后者则是其趋于成熟之时的"文明人"形象。霍布斯和洛克对之的矫正是唤起其某种普遍性意识，但这种普遍性意识在卢梭的眼中则是抹平一切真实和真诚的"附庸风雅"和"俗不可耐"，而此，正源于那种抹平一切的认识理性。于是，如何再在现代人心底唤起一种激情，一种仅仅出于个体内心之崇高和神圣的激情，并以之为基点重新思考个体之意志的自由就成为诊断现代人之日常生活的关键所在。也正是因为对个体之（绝对）自由意志的"发现"和思考，卢梭对现代国家的合法性和绝对深度作出了深入的反思，以至于终结了近代以来从契约论角度出发的现代国家意识。

　　因此，如果说卢瑟福尚在理性的认识和信仰的接受之间战战兢兢地思考近代个体的生存和国家的权力问题，从霍布斯到卢梭则展示了一条不断地从生存的主动认识和建构的角度而自我塑造的过程。我们可以视之为是一条把信仰中的真理和神圣性不断内化的道路。但其代价则是，在内化的过程中，真理和神圣性可能已经消失了。霍布斯、洛克和卢梭等人或塑造或批判的现代"文明人"形象是对之最好的说明。就此而言，卢梭试图唤起的那种崇高而圣洁的激情正是对现代人困境的回应：既然认识理性已经消弭了崇高和神圣，但它们却是内心永恒不息的冲动，那我们何不真诚地面对内心的这个维度以图重新为现代性和现代社会赋予一种拥有某种神圣性的真理意识呢？

卢梭一度以"自由的意志"和"意志的自由"言说这种具有神圣性的真理意识，但是，于认识理性而言，它得不到绝对的确证。亦是因此，在《爱弥儿》中，卢梭以"信条"指称之。这一点或许最深刻地刺激了康德的思考，以至于在奠基性的《道德形而上学原理》中，康德径直将意志的自由视为于（人的）理性而言乃是起点性的，从而将意志的法则视为"理性的事实"。这是大胆的，也是深刻的。说其大胆在于这一"设定"径直把生存着的理性的根基导向了虚无——在"上帝死了"之后，这可能是唯一的道路；说其深刻在于如果现代人尚有神圣性可言，这是不得不接受的存在命运，康德勇敢地迈出了同时代人所无法迈出的这一步。但结果是，现代性的真理被置于一种无时无刻不伴随着的"虚无主义"困境面前。即使意图通过对良知的分析"导向"一种客观的、大写的理性自身，但这种分析亦经受不住理性的拷辩，以至于在海德格尔看来，如是探讨良知非但不能解决问题，反而错失了良知在存在论方面的深度。

如果把康德哲学视为为现代性最终奠基的启蒙哲学，从卢瑟福、霍布斯等人的追索到康德就展示为一条现代性（最初由国家意识推动）建构自身的道路。其实质乃是把信仰中的真理转变为自由意志的真理，理性的真理。无论如何，如果仅仅依据现代个体的出于自由的真理意识确证现代性，其终结之处则是最深刻的虚无主义深渊。或许，也可以更极端地说，因着现代性的这种虚无主义深渊，现代个体的真理意识是难以谈起的：他或者勇敢地在虚无的深渊面前凭其自身确信其真理性，或者径直视其自身就是虚无，其整个生存就是面对虚无的一场"游戏"——尼采的分析和诊断都是极其深刻的，是现代性以及每一个所谓的现代人都不得不经受的一种拷问。

于是，最终面临着虚无（主义）处境的现代性或现代社会向思想家，同时也向每一个现代人提出这样的问题：在现代性处境下，是否以及如何在现代生存中尚且拥有一种真理意识？一种不同于仅仅根据个体之启蒙意义上的主观性的真理意识？——于康德之后的思想家来说，这个问题是最最核心和紧迫的；同样地，于我们生活于现在这个现代世界的思想者来说，这个问题依然核心和紧迫。

在本书的最后一节，笔者提纲挈领地引导出黑格尔和克尔凯郭尔各自的应对方式。可以说，无论从思想传统，还是从思想本身来看，这是存在着的仅有的两条道路，但最终，这两条道路可以合而为一。既然单单从个体的自由意志和良知出发，现代性或者面临虚无处境，或者面临恶的绝对开端，如果现代性具有真理性，或者不能以主观的个体和个体的主观为绝对的和唯一的起点，或者"确立"一种更高的因而是绝对的个体。前者意味着真理不能全然通过个体确立——并非要否认个体，只是说他是其中的一个环节；后者则意味着真理在个体的另一个生存维度中呈现——亦并非否认个体的自由意志和其他主观性，只是说它们是更低的一个存在维度。

于是，我们看到第一条道路。在主观性的个体和个体的主观性之外，存在着一个具体的现实的生活世界（伦理世界），其个体性和主观性恰恰要在生活世界中展示自身，并且也只有在生活世界中，其个体性和主观性才是现实的，否则只是作为一种可能性和抽象性。换言之，只有在生活世界中，其确信为真理的才可能具有现实的真理性，一种只是主观地"持之为真理"的东西如何具有真理性呢？也就是说，如果个体的意志和主观性具有真理性，只有在现实的生活世界中，这种真理性才可能以真理的形式存在。个体之生存的真理性只能在现实的生活世界中确立乃意味着，现实的生活世界本身是有真理性的，它是真理在大地上的自身运行。在这样一种真理意识中，个体的意志和主观性乃是与现实的真理相互争辩、相互造就的一个真理性的生存过程。既不能说存在一种离开个体之意志和主观性的纯粹的现实世界的真理，也不能说存在一种离开现实世界的个体之空洞意志和主观性的真理。于是，真理也便成为个体与世界之无限辩证运动的一个过程，过去的历史、现在的生存、未来的可能性都被笼罩在真理自身的辩证运行中。

对于个体与世界在真理自身中运行而言，尽管其环节之一是个体的意志及其主观性，但抛开原理而在具体的生存层面，个体的意志和主观性只有消融在整体中似乎才是有真理意义的。正是在这里，在具体而实际的个体性生存中，克尔凯郭尔重新激活了对"信仰"的体察和思考。他接受了启蒙对传统教会信仰模式的一切批评，却指出，无论在任何时代——使徒时代、后使徒时代，包括启蒙的时代——只要信仰产生了，个体就在这种绝对的主观性中与上帝建立起一种直接性的关系，这种关系能够把自身保持在相对于一切现实性而言的一种无限的可能性中。他可以把一切现实性作为罪债承担起来，并能在这种承担中，进入一种与上帝全新的关系里。于是，作为一种绝对主观性的信仰与生存中的罪债作为一对生存论式的辩证关系推动个体一次次地进入现实的世界，同时又一次次地进入全新的可能性之中。若把全新而无限的可能性视为真理状态，个体同样能够在某种程度上接受现代性的基础上直接性地面对真理。

综观这两条现代性处境下的真理意识之路，个体与世界的真理辩证道路（也是理性的辩证）让我们看到现实的生活世界所拥有的真理性，但这种真理性在信仰与罪的生存辩证道路中作为一个环节被包容在个体与上帝的辩证关系里。这是一种以信仰综观理性的道路。但是，另一方面，如果把理性辩证道路中真理自身运行视为上帝自身在大地上的显现，那么同样地，个体与上帝之间的生存辩证道路亦是在生存现实中的彰显道路。这可以视为一种以理性的现实综观信仰的道路。无论如何，信仰是如此切身，以至于无论单从个体主观性方面看，还是从上帝之显现的现实化维度看，它都是现代性以及现代生活不得不面对的；同样地，理性的辩证亦如此切身，以至于无论单从个体的现实生活方面看，还是从对上帝之存在的反思维度看（信仰必然要寻求理解——安瑟尔谟的这个划时代的"断定"于任何时代都是有效的），它同样是现代性以及现代生活不得不面对的。

在信仰综观理性的道路中，信仰这一绝对主观性是一切的绝对起点，在启蒙的时代，这一绝对起点与生存中的罪的生存辩证（法）让我们获得了一种于现代性而言的绝对的位置。如果在这个时代还有勇气谈论真理，还能够谈论一种真理意识，它都必须被正面面对。这为我们打开一条重新言说上帝，言说基督教神学的道路。在理性综观信仰的道路中，上帝或真理在大地上的现实的运行是理性能够再次具有生命力的绝对起点，这一起点以及由之展开的思辨道路突破了只以个体之绝对确立为标志的启蒙立场，从而让理性（以及理性的生存）获得一种远不同于只以个体及其主观性确证自身的现代性的真理立场——这既是对信仰寻求理解这一命题的现代回应，亦是为这一命题重新赋予真理意义的现代性任务。

因此，如果现代性还有真理可言，或者说，如果在现代性的根本困境面前尚可以有勇气而能够谈论一种真理意识，重新激活个体与世界之间的理性思辨和信仰与罪之间的生存辩证道路就是仅有的两种选择。而无论以信仰综观理性，还是以理性综观信仰，它们都作为一对永恒不息的张力保持在上帝或真理自身运行的现代性和现代生活的整体跨度中。由信仰与理性的张力而推动和展开自身的启蒙运动以理性完全消化信仰作为自己的终结，但吊诡的是，如果它还有真理性，这对张力以及由之带动的生活总体就势必会给它带来一种更深的真理冲动和更加深刻的时代变革。这种真理意识是我们认识，并有可能克服暗流涌动和深度变更的现代世界的关键所在。

让我们承担起现代世界的深刻变更，并祈求我们在真理意识中找到它的出路。

附录：现代道德的含义、困境及可能的解决方案

——一种黑格尔和克尔凯郭尔互释的视角

近代思想史有两个高峰：黑格尔和克尔凯郭尔。[①] 但从思维传统看，前者属于哲学-理性传统，后者属于宗教-信仰传统；从思维模式看，前者是建构的，后者是解构的；[②]从生存关注看，前者漠视个体的生存而执着

[①] 黑格尔哲学体系是希腊以来哲学传统的完成，这几乎成为思想界的共识，在如何继承黑格尔的问题上，其尚在世的时候，就逐渐分裂为青年黑格尔派和老年黑格尔派。这种派别之争的本质在于古典哲学是否能够在纷繁复杂的现代社会中有其准确的定位。在笔者看来，对黑格尔代表的理性哲学传统最深刻的批评来自克尔凯郭尔。表面看来，克尔凯郭尔只是从基督徒的信仰方面批评完成的理性哲学体系淹没了个体的绝对性，但克尔凯郭尔对信仰的分析大大地突破了既定的教会、信条、神学传统，其彰显的是在建制化的现代社会中，个体是否尚有绝对性，以及有着怎样的绝对性。就此而言，如果说黑格尔的理性哲学体系为现代社会建立根基，因而处理的是现代性本身的形而上学的真理意义的话（至少黑格尔的意图在此），克尔凯郭尔则意欲从绝对个体维度为现代社会提供另一隐秘的基础。并且克尔凯郭尔的工作对海德格尔，以及所谓的"生存哲学"的影响都是起点性的。两位思想家的对峙局面可以概括为：黑格尔在理性哲学完成的意义上树立了近代思想的高峰；克尔凯郭尔则在绝对个体的开端意义上树立了近代思想的另一个隐秘的，需要继承和深入分析批判的至高起点。

[②] 对克尔凯郭尔在哲学上的重大意义的重新发现，海德格尔可谓居功至伟。不仅如此，海德格尔对解构的强调为我们对克尔凯郭尔进行哲学阐释确立了典范，以至于后续无论对其作存在主义式的还是神学式的理解都离不开解构视角。与这种视角相对，黑格尔等人的主体理性思路就成为建构的视角。C. Stephen Evans，George Pattison，M. Jamie Ferreira 等人莫不如此；汉语学界，谢文郁教授则代表了这种思路。有关海德格尔和克尔凯郭尔的关系方面的文献请参阅 Vincent McCarthy, 2011, "Martin Heidegger: Kierkegaard's Influence Hidden and in Full View," *Kierkegaard and Existentialism* (*Kierkegaard Research*: *Sources, Reception and Resources*, Vol. 9), ed. Jon Stewart, Ashgate Publishing Limited, pp. 95 - 125；王齐《哲学话语与思想重构》，载《哲学动态》2018 年第 6 期；等等。

于空洞的普遍性,后者则关注个体的实际生存境遇,①等等。但在现代思想和生存语境中,理性与信仰真的如此水火不容? 建构与解构真的如此对立,以至于解构掉建构起来的东西后,就什么都"剩"不下,因而建构毫无意义? 黑格尔真的漠视生存个体的具体而特殊的处境,克尔凯郭尔真的只面对具体而特殊的生存个体?

要回答这些问题,首要地乃是回到现代个体真实的生存处境;只有在真实地经历其自身的生存处境后,理性与理性、建构与解构、个体的普遍性与特殊性(以现代国家承担)之间错综复杂的张力与互动关系才能得到理解。本文致力于沉思这些问题,并意图在经历现代个体生存处境中尝试着给予回答:这些"明显"的对立只是一种张力,它们共同存在于现代个体和现代社会的思想和生存语境中。若如是,则或者黑格尔和克尔凯郭尔表达了同一种"现代事实",或者两者一起组建起一种"现代事实",究竟是前者,抑或是后者,检验的是每个个体在心灵方面对自己和时代的"经验"。

一、现代个体的生存处境:从卢梭的体察说起

为了在思想上完成现代国家的基本建构、在逻辑上完善契约论思路,在《论人与人之间不平等的起因和基础》中,卢梭重新沉思并界定了人的原初的、自然的生存本性(自然状态)——这种沉思建立在对现代个体生存处境的深切体察基础上,其界定亦深刻地进入后续思想史中,并不断地影响思想史的发展及其对现代人的进一步塑造。

---

① 比如,L. T. Hobhouse 就认为黑格尔能够给出形而上学国家,就在于抽象掉个体性,而直接给出一种普遍性,从而完全取消了个体及其信仰;参阅 L. T. Hobhouse, 1999, *The Metaphysical Theory of the State: A Criticism*, Kichener: Batoche Books, p. 48, p. 104。侧重于分析的 Allen Wood 也认为绝大多数人不能分享黑格尔看到的东西,而只能"跟随""常识";从而伍德认为个体利益推动国家形成。参阅 Allen Wood, 1993, "Hegel's Ethics," *The Cambridge Companion to Hegel*, ed. Frederich C. Beiser, Cambridge University Press, p. 231(生活·读书·新知三联书店影印本)。20 世纪以来的分析哲学传统更是如是理解黑格尔。

　　与霍布斯以"恐惧"和洛克以"爱和权利"先行"规定"人的自然本性不同,卢梭并未赋予其任何具体的,甚至先验的内容,而只以"可完善性"描述人的自然本性。恐惧也好,爱也好,都是有特定推动倾向的力量,只要有特定的方向,由之推动而形成的社会便是出于某种理解而"建构"起来的。换言之,这乃是借助对社会的某种理解而设想人的自然本性,因而不是真正的自然状态①。从"权利"出发进行界定更是如此。卢梭则从人和动物之间最一般的差别这个问题上切入:"有一个无可争辩的特殊品质使他们之间的区别极其明显。这个品质是:自我完善的能力。这个能力,在环境的帮助下,可以使其他的能力不断发展;这个能力,既存在在我们种类中间,也存在在个人身上。"②"自我完善的能力"或"可完善性"指向"完善",却不是任何一种既定的完善,因为一旦把完善界定为某种具体的完善,自我的完善就无从谈起了(被封闭于一个方向的建构)。换言之,可完善性意味着人的本性永远不会限定在一个具体的点上,也不会限定在某种具体的方向上,即它永远有着突破自身的力量所在。③

　　这种"自我完善的能力"即"可完善性"就是"自由":"自由主动的资质(即可完善性)……虽然也受自然的支配,但他认为自己是自由的,可以接受也可以拒绝自然的支配。正是由于他认识到他有这种自由,所以才显示出他心灵的灵性。"④自由,不单意味着不在生存上受制于外在的自然,更意味着其灵性上的不断突破自身的当下存在、而永远面对着无限可能性的自由状态。因此,无论是外在的自然状态,还是社会状态,抑

---

① 卢梭:《论人与人之间不平等的起因和基础》,第46页。

② 卢梭:《论人与人之间不平等的起因和基础》,第58页。

③ 从"可完善性"即面对无限可能性方面解释卢梭的"自由观",并以此为基点解释近代以来的政治思想史,开始于莫内(Pierre Manent)1987年的经典著作《自由主义智识史》(中译本为:莫内《自由主义思想文化史》,曹海军译,吉林人民出版社2004年版)第六章,这种解释让我们更好地看清卢梭和康德,甚至与基督教传统的关系。本文即从此出发阐释卢梭之体察的思想史效应。

④ 卢梭:《论人与人之间不平等的起因和基础》,第57页。

或是心灵已经获得的存在状态，都不能说全然规定了人的生存。相反，因其自由，因其被赋予的可完善性，人可以突破这所有的"外在"状态，而走向可能与之截然相反的"完善"。

如果说从"恐惧"的战争状态走向的是绝对国家（那个时代的法国状况），从"爱和权利"走向的是新兴的资本主义国家（那个时代的英国状况），那么从"可完善性"或自由出发，则在逻辑上可以走向任何一种国家状态，也可以在逻辑上拒绝走向任何一种国家状态。换言之，对人之原始的、自然的，又是自由的本性的体察，使得卢梭的思想极具张力：一方面，作为个体的人的生存极具深度，以至于任何状态都不能限定他；另一方面，作为共同生存整体的国家亦极具深度，以至于在逻辑上它可以展示为任何一种形态。同时，个体与国家之间又具有深刻的耦合度和张力：一方面，他们相互成就；另一方面，他们又在逻辑上，亦可以在现实中相互"反对"对方，因而以极具张力的方式共存于现代生存现实中。这些都深刻地展示在英国历史，尤其斯图亚特王朝以来的历史中；事后来看，则更加深刻地展示在卢梭之后的欧洲历史中（——革命，则是应运而生的全新事物）。

但无论自由个体如何极具深度，如何"反对"国家，他总是要在现实的生存中建构国家，并在国家中建构自身：共同体生活（卢梭的社会）是其不得不选择的生活。——这也是"人生来是自由的，但却无处不身戴枷锁。自以为是其他一切的主人的人，反而比其他一切更是奴隶"①所描述的状况；也是"这篇简短的论文（指《社会契约论》），是（从）我以前不自量力而着手撰写，但后来又久已停笔不作的……"②的原因：现代自由个体与社会（现代国家）之间的深度张力使得给出一种现实的共同体模式是极其艰难的——如果不是不可能的话。无论如何，我们眼前的这部《社会契约论》给出了一种"个体-共同体"的"理想图景"：

---

① 卢梭：《社会契约论》，第4页，第一卷题旨。
② 卢梭：《社会契约论》，第1页，全书小引。

创建一种能以全部共同的力量来维护和保障每个结合者的人身和财产的结合形式,使每一个在这种结合形式下与全体相联合的人所服从的只不过是他本人,而且同以往一样的自由。……我们每一个人都把我们自身和我们的全部力量置于公意的最高指导之下,而且把共同体中的每个成员都接纳为全体不可分割的一部分。……每个缔约者立刻就不再是单个的个人了;这一结合行为立刻就产生了一个在全体会议上有多少成员就有多少张票的有道德的共同体。通过这一行为,这个有道德的共同体便有了它的统一性,并形成了公共的"我",有它自己的生命和意志。……正义代替了本能,从而使他们的行为具有了他们此前没有的道德性;在义务的呼声代替了生理的冲动和权利代替了贪欲的时候,此前只关心他自己的人才发现他今后不能不按照其他的原则行事,即:在听从他的天性驱使前先要问一问他的理性。[1]

上面这些文字原理性地刻画了现代自由个体与现代国家之间的关系,以及现代国家由以成立的基本理由。首先,现代国家(共同体)乃是一个道德共同体,是个体之"我"与公共之"我"相统一的道德整体。其次,其运作的基本原理是"公意",是两种"我"之统一的生命和意志,正义、义务、理性是其关键词。最后,其目的则在于把个体的自由展示出来,保障人身、财产等现实性的东西。在这样的共同体中,除了服从自己,他并没有外在地服从任何东西,因而是像过去一样自由。

在国家的目的问题上,卢梭的界定与霍布斯以来的思想传统并无实质性的差别。无论是霍布斯式的绝对国家,还是洛克式的资本主义国家,无不首要地以保障人身、财产等为前提;服从国家本质上就是服从自己。但不同的是,在公意原则下,卢梭提出国家作为一个整体的"人格性"问题,正是因其作为公共之"我"的统一性整体(注意:不是简单的集

---

[1] 卢梭:《社会契约论》,第 19、20、24 页。

合），国家乃是一个道德共同体，而有生命和意志问题——作为道德共同体的国家自身有生命和意志，而非因其"被选"或"契约"出来的代理人而拥有。

因此，即使因其自由，个体永远有着向着未来敞开的可能性，从而是极具深度的现代个体，他亦不能反对这样的道德共同体：反对它就是反对他自己；[①] 而成全他自己的唯一方式就是生存在这样的道德共同体即现代国家中。个体与国家本就是一回事：没有这样的现代个体，作为道德共同体的国家是不可能的；不生存在这样的国家中，除了"反对"，他无以建立自身。

于是，在卢梭这里，（现代）国家展示出它惊人的深度：一方面，个体的自由能够伸展到什么地步，它就随之伸展到那个地步；另一方面，作为有着（一般）生命和（普遍）意志的道德共同体，它有其自身超越于自由个体的绝对性。卢梭之后，追问道德共同体的道德和公意成为跨不过去的思想节点。

二、现代个体的道德和现代国家的"道德"

要追索道德共同体的道德性，首要地要理解现代人的道德及其基本处境。这是受卢梭启发的康德一生都在追问的问题。无疑，道德以个体的自由为前提，[②] 因其自由，他的行为才可能绝对地以自身为出发点，而能够承担道德责任。但自由并非任意而为，如是，道德也就无从谈起了。而一旦从自由出发的行为侵犯了他者的自由，他者便可以从自己出发侵

---

① "反对它就是反对他自己"与"服从它就是服从他自己"有着本质的不同。前者说的是国家就是他的生存方式，是他的自由所在；后者说的是他不得不在国家中生存，国家是他为了生存下去的理由。这一点区分了卢梭和前史的思想家们，也正是这种区别，卢梭成为现代国家原理的创始人。黑格尔正是在这一点上沿着卢梭走下去的。

② 不同于卢梭直接提出道德和道德共同体问题，康德采取了认识性的分析方法：人能够作出道德的行为，而承担责任，证明人的自由的；因其自由的身份，道德在存在论上才是可能的。因此，"自由是道德法则的存在理由，道德法则却是自由的认识理由"。请参阅康德《实践理性批判》，序言第 2 页，注释 1。

犯其自由，不仅道德无从谈起，我们也变相地取消了自己的自由。因此，首要地，道德意味着自由者的行为需要遵守不矛盾律，即每个人的自由行为都以其能够获得普遍性为前提。就此而言，现代个体的自由也好，道德也好，必然与普遍性相关——而这便是国家所具有的普遍性（意志）所在。

康德进一步把这种形式上的不矛盾律界定为"绝对命令"或"道德法则"①，并赋予其以相应的形式性规定②。道德便是"符合"这种形式规定（普遍性）的行为，因而道德法则便是道德行为最内在的主观根据，从此主观根据出发的行为便是道德行为。对于现代个体来说，道德法则的这种主观性深刻地刻画了其生存的深度——类似于基督教信仰传统中的信仰（下面将分析这一点）。另一方面，无论以什么样的形式规定，它们都是形式性的；而道德行为乃是在具体的语境下作出的。这便意味着形式规定不得不需要穿透种种具体的境遇，而这些境遇则是由种种经验（包括情感等）和观念构成的，因而意味着道德法则的主观性更具深度。

另一方面，道德或国家的普遍性不仅仅是主观性的"事实"，同样亦是客观的事实。无论个体在主观上多么以不矛盾律作为其行为的依据，但行为所造成的事实未必就是好的或道德上是善的；同样地，无论个体在主观上多么以"恶"（即违背不矛盾律）作为行为的依据，其行为所造成的事实可能恰恰是好的（从效果上看，亦是善的）——从历史上看，这方面的例子实在太多太多，并且也无时无刻不充斥在我们周围。主观"事实"与客观事实的这种张力或矛盾证明道德的主观根据和它的客观效果之间有着某种内在的不一致，这种内在的不一致意味着自由的个体与外部世界之间本就是"疏离"的：在他可以"反对"现实世界（或国家）的同时，现实世界也在"反对"着他。换言之，作为道德共同体的国家有着与自由个体相"差异"的运行逻辑。后者更多地侧重于生存个体的主观性

---

① 康德：《道德形而上学原理》，第36—46页。
② 康德：《实践理性批判》，第31—34页。

方面（康德的实践哲学更多地在这个层面展开；对于行为的客观性方面，康德主要在宗教哲学方面展开）——尽管从其出发的行为具有了客观性；前者严格来讲则脱离个体的主观性，而有其自身的生命和意志。

因此，道德共同体中的道德①既不单单是个体的私人道德——尽管它也欲求普遍性，但在与其他个体共同生活而组建生活共同体的时候，共同体的运行超出了它；也不单单是所有个体道德的简单集合，相反，它有着自身内在的规定。正是因为意识到这一点，卢梭区分了"众意"和"公意"②。前者只是个体意志的简单集合，后者表达则是普遍意志本身，个体意志的意义在于与它相联结、相统一。如何在政治上安排"公意"的施行（立法问题，即如何根据原理"建构"现实的国家）是另一个问题。在这里，我们关心的是，道德共同体中的道德或公意如何得到原理性的论证。

个体欲求的善（道德）与实际造成的善之间的"差别"在证明国家的善有其自身的运行的同时，也证明了个体道德的主观性可能只是抽象的，而无法获得客观性或现实性。能够获得客观性的善，即实在的善是展示在国家中的善，展示在自由个体之间的善，它来源于个体的道德选择，但行为一旦作出，便作为实在的善组成共同体的一部分。而那仅仅空洞的、抽象的善，由于无法成为实在的善的一部分，便被隔离于实在的善之外。无论如何，它也作为现代国家的一部分，而具有非普遍性的个体意义或集合（一部分人的）意义（这便是家庭或市民社会中的个体行为）。因此，能成为普遍意志（实在的善）的个体意志（个体道德的善），或能与普遍意志相统一的个体意志乃是非主观、非抽象的，因而是客观的、实在的意志或善。黑格尔如是陈述这一点：

> 善是自由的实体物的普遍物，但仍然是抽象的东西，因此它要

---

① 黑格尔更多把道德共同体（国家）中的"道德"称为"伦理"，伦理即是现代个体各种关系（主要通过道德建立起来）建立起来的生活总体。康德并没有明确地作出这些区分，在《道德形而上学》中，他依然以道德规定个体之间的关系。为了维持术语上的一致，我采纳了卢梭和康德的做法。

② 参见卢梭《社会契约论》，第33页。

求各种规定以及决定这些规定的原则，虽然这种原则是与善同一的。同样，良心作为起规定的纯粹抽象的原则，也要求它所作的各种规定具有普遍性和客观性。如果两者各自保持原样而上升为独立的整体，它们就都成为无规定性的东西，而应被规定了。但是，这两个相对整体溶合为绝对同一，早已自在地完成了，因为意识到在它的虚无性中逐渐消逝的这种主观性的纯自我确信，跟善的抽象普遍性是同一的。善和主观意志的这一具体同一以及两者的真理就是伦理（即笔者所谓的国家的道德）。①

个体道德性的善与良心尽管欲求普遍性、欲求善，但相对于普遍性和善本身（个体之间的，因而是共同体的），它们仍然可能是特殊的、个别的，因而是抽象的、非客观性的，与获得实在性的善是相"差异的"。如果"执意地"将其全部开展出来，相对于实在的善来说，它们就是无规定性的。而一旦在国家的现实性中看到其主观的善或良心是一种"虚无"，那么，纯自我的确信就会被国家中的道德取代，因而能够知晓它本就是生存在共同体的实在的善中。此时，个体的自我确信就与道德共同体的道德达到和解，两者和解之后的同一或真理性便是国家中的道德，即个体意志与普遍意志的一致性和统一性。②

----

① 黑格尔：《法哲学原理》，第 161 页。
② 我们这里主要沿着道德追踪国家在原理上的意义。"公意"则是另外一个更加复杂的话题，它既关涉原理问题，又关涉现实的操作问题。与共同体道德乃是个体主观性消逝之后的实在的善不同，因为涉及意志的施行，公意就涉及公共的人格问题，如何理解这种人格性会引导不同的国家建构。比如，Lee Ward 就认为它乃是神（gods）一样的存在，并把其与平民的关系引申为一种"公民宗教（civil religion），因而认为，卢梭反对的只是启示宗教，但保留的是政治的神圣性，即政治不能丧失神圣宗教的维度。参阅 Lee Ward, 2014, *Modern Democracy and the Theological-Political Problem in Spinoza, Rousseau, and Jefferson*, New York: Palgrave Macmillan, pp. 98 - 131。Baker 也认为"在政治维度和宗教维度分离得如此远的地方，以至于民主制的权力是不恰当的，完全没有神圣的价值……民主制的这种处境，权力的这种形式只是象征性的、不可出现、不能成形的，因为政治的绝不能是非宗教的，宗教也绝不是非政治的。……"参阅 J. Baker, 1995, "Eternal Vigilance: Rousseau's Death Penalty," *Rousseau and Liberty*, ed. Robert Wokler, Manchester, p. 153。笔者认可这些解释，因为无论如何，若能够凝聚其个体，作为公共人格的"公意"若丧失神圣性乃是不可想象的。

于是，现代国家的意义既不是由个体之间缔约出来的——似乎只是一群人出于各自的利益而"制造"出来的；也不是传统意义上的专制国家或各种国家主义学说——似乎个体的人只是国家的"奴仆"。前者过分夸大了个体道德的普遍性；后者则完全漠视了个体道德的普遍性，以及其道德主观性所具有的无限深度。相反地，个体与国家本就是同一性的"建构"。一方面，个体在国家中识别出其道德性存在所具有的双重深度：一是，在国家（道德）的普遍性中他认识到自身真正的普遍性意义，因而在国家中获得真正的自我认同（与他者之间的肯定性关系）；二是，只要遵循不矛盾律，他的主观性能得到无限的伸展（与他者之间的否定性关系，也是现代立法的基础）。另一方面，作为道德共同体的国家乃是其中所有个体的生命和意志共同体，其道德和意志虽独立于其中的个体，但也来自他们并由他们推动（展示为一种时间性运动），[1]因而，在原理上，它就是他们行为的真理意义所在。

有了对个体和国家的这种原理性的理解之后，国家中的各个环节就可以思想性地给出来。在《法哲学原理》中，黑格尔做的正是这方面的工作。无论如何，原理只是对理念的表达，在实际生存中，人更多地要在认识中切中这些原理。而一旦在认识中反思这些原理问题，无论个体的道德，还是国家的道德，都会引导我们进入一种深度的悖论之中。

三、两种道德在认识上的绝对深度及其困境

让我们从现代个体的道德处境说起。道德上的善不以任何外在的

---

① Eric Weil 认为黑格尔给出的只是理性或国家在历史中"现实"出来的真理，因而是国家理念乃是在历史中的逐渐生成的。参阅 Eric Weil, *Hegel and the State*, trans. Mark A. Cohen, Baltimore, MD：The Johns Hopkins University Press, 1998, p. 24, pp. 116－120。Merold Westphal 亦把国家视为在历史和时间中生成和实现出来的"理念"或"真理"，参阅 Merold Westphal, *Hegel, Freedom, and Modernity*, Albany, NY：State University of New York Press, 1992, p. 3。笔者更强调国家乃是个体在时间和历史中行为的"剩余"，即消逝掉主观性之后的实在意义，后面还会分析这一点。

目的为目的,亦不以任何外在的因果性为其行为的根据,而仅仅由于出于自身的意志而为善①,换言之,道德之谓道德在于它不根据任何外在的理由而行为——无论是经验性的理由,还是观念性的理由。这既是康德的界定,也是卢梭对现代个体的体察。因为个体是自由的,一切外在的目的或现实性都不能限制他,相反,正是因为突破自然性的或观念性的因果规定,人才是自由的,才是面对真正的可能性的,否则就是被束缚的。换言之,个体所以自由而有道德性,而能够作出道德行为,正在于他能够开启一个全新的,因而是绝对的起点;也正是因为能够"有"一个绝对的起点,其行为才可能有普遍性,否则行为就是受限制的。但是,个体真的能够在现实的生存中获得这样一个起点吗? 回答不了这个问题,个体的道德和国家的道德就很难谈起——如果不是无从谈起的话。

从人之生存的"现实"来看,他总是在时间中生存,也只能生存在时间中,行为则发生在时间中的"这"一个时刻和下一时刻之间。道德行为如果是可能的,个体就能够从一个绝对的起点开始,这意味着连续的时间被打断,即行为能够从当下的一个时刻开始;并且这个时刻与前面没有任何关系——一旦有关系,无论是经验性的(包括情感),还是观念性的,都意味着这个时刻与前面的时间是有联系的,如是,自由和道德就不可能了。因此,从生存的时间性维度看,现代道德以时间的非连续性,即一个一个的时刻为前提;非-道德(注意:不是不道德)行为则以时间的连续性——可能是通过经验引导的连续性,也可能是以观念或其他什么引导的连续性——为前提,其表现为一个因果系列。

毫无疑问,生存更多地展开为一个连续的时间系列。但非连续的、时刻性的道德生存意味着什么呢? 拿掉"习以为常的"经验、"自然的"(感性)情感、"有说服力的"甚至"常识般的"观念体系,还有什么能够支持人作出行为选择(道德行为)呢? ——答案是:无。一旦"有……"作为

---

① 康德:《道德形而上学原理》,第7页。

行为的依据，时间就会展示为一个连续的整体，行为也就展示为一个或明或暗的因果链条而成为可以追踪的。换言之，现代道德如果可能就以"（虚）无"为前提，它要在虚无中开启一种可能性，并且是一种绝对的可能性——因为没有任何外在的东西可以限制它；①这种绝对的可能性只能展示在时刻中，于是，时刻成为理解和追踪现代个体的关键词。② 而由于拿掉种种外在要素，保证它的就只是一种纯粹的自我确信。现代个体之所以是现代个体，乃在于他的纯粹自我确信，建立在这种自我确信基础上的道德行为是一种绝对的行为；这种自我确信乃是一种绝对的主观性。

从现代个体的自我确信看，这种确信源于"虚无"，其展示的是个体的绝对主观性，也正是这种绝对主观性保障了现代个体之谓现代个体，而非前史的一切"个人"（这便是启蒙的意义）。而从由这种自我确信出发的道德行为看，只要行为不是自我取消的（这是生存的基本原则），它就具有绝对意义而不应该被限制；行为脱离纯粹的主观性而与客观的善的实在相统一甚至相同一就是国家。这便是黑格尔所说的"意识到在它的虚无性中逐渐消逝的这种主观性的纯自我确信……"。因此，与现代个体的道德源于虚无一样，现代国家的道德同样是在虚无的根基上建立起来的：它是共同体中的个体道德的实在意义（善本身）。

由于现代个体的自我确立，它不再是上帝的奴仆，不再根据上帝的诫命而活；也不再是历史或其他现有的什么的奴仆，相反，他在自我之中

---

① 一种无法被经验和观念等限制的"绝对可能性"怎么可能被给出呢？换言之，什么样的历史状况和思想状况给出这样的思想呢？——在笔者看来，这源于希腊人已经体察到的"真理困境"和基督教传统中的"意志"思想的促逼。参阅尚文华《在崇高与虚无之间的自由意志——兼论现代自由原则及其可能出路》，载《哲学动态》2020 年第 1 期。

② 在《基督信仰》中，施莱尔马赫无数次提到"时刻"，但并没有将其概念化；而在《哲学片段》中，"时刻"成为克尔凯郭尔区分理性生存（强调因果性或知识的理性）和信仰式生存的关键。海德格尔早期亦是从"时刻"进入其现象学分析，并在《存在与时间》中，以"畏"（Angst）来解释"时刻"如何会进入人的生存中。笔者有文分析施莱尔马赫如何给出关于时刻的思考，参阅尚文华《观念抑或情感：一个关涉哲学和神学起点的争论》，载《学海》2019 年第 6 期。

确立起一切。相应地,现代国家也不再以已有的、现存(Existence)的一切国家为典范,它自身就是现实(Reality),就是传统基督教意义上的"天国"。于是,现代个体和现代国家没有了"来源"——它自身就是来源;也没有了"参照"——它是一切的参照。如果说柏拉图试图按照理念界定人、建立国家,那么,现代个体和现代国家自身就是理念,就是真理;如果说传统的认识意义在于以理念为尺度进行认识,那么,现代的认识就是理念(费希特等人提出理性直观、绝对知识等的依据)——这一切源于现代性乃是在虚无中建立自身。

无论如何,我们"知道",人更多地生存在连续的时间中,生存在过去、现在和未来的统一性建构中(理性的因果性认识);生存在时间性的、连续性的国家中,人在时间性的国家中做着时间性的"认识"和"选择"。在这样的认识和选择中,无论对于个体,还是对于国家,我们都"拥有"关于它们的经验和观念,甚至对于日常的生活来说,它们本身就是这些观念。以至于我们会认为,康德关于道德的认识、黑格尔关于国家的认识只是一套观念体系而已。[①] 对于这样的生存处境来说,为了拒绝"虚无"处境,一切现实的(Reality)只是现存的;一切都或者是经验的对象,或者是观念的对象。因而认识的起点乃是这些现存的事物,以及我们对这些事物的经验和观念。

于是,现代道德便在个体的生存中展示出这样一种复杂的场景。一方面,它"反对"日常的生存,从而把自己投入到一种无来源的虚无(主义)状况,并在这种投身中,确立自己和国家的生存意义和真理意义。另一方面,日常生存的"道德"(符合……观念、习俗;自然、传统等的)指责这种道德的"无根基性",甚至有意无意地"矮化"这种道德为与其一致或

---

① 在提到卢梭关于国家的认识的时候,黑格尔说"他所提到的国家的原则,不仅在形式上(好比合群本能、神的权威),而且在内容上也是思想,而且就是思维本身……"(黑格尔:《法哲学原理》,第254页)。如果按照现存的国家理解黑格尔,那么我们根本不理解黑格尔说的"思想"和"思维本身"是什么意思。但遗憾的是,我们总是这样理解黑格尔等人。这种状况不只存在于目前汉语学界,甚至一直以来,思想史总是这么误解黑格尔。

并立的一套观念体系,相应地,康德、黑格尔等人的思想便沦为与诸多观念体系相并立的另一种观念体系。但同时,由于这种日常的"道德"把一切都观念化和经验化,但又不得不生存在"上帝死了"的时代处境中,一切观念和经验就被抹平了。于是,一切都是相对的,一切都是无可无不可的,这便展示为另一种形式的虚无主义(对这两种虚无主义状况的描述,及其与传统的复杂互动关系可参阅尼采、施特劳斯等人的著作)。现代的各种"异化"现象都是这种虚无状况的展现。

现代道德的这种处境展示的乃是个体生存中的内在张力。一方面,作为现代个体,他要承担起自身的(时代性的?)使命即成为自己,而面对无限可能性的虚无处境;另一方面,作为一种已经现实化了的存在,他需要在现实中不断地建构自己,成为某种现实物。前一种生存视后者为"建构物"而丧失自我,从而要"解构"它,以回到"真实的"自己,并在国家中实现自己;后一种生存则拉低前者为一种意识形态或观念形态,从而安稳地生存在已经获得的现实性中。在这种生存处境和张力中,我们能够更好地看清克尔凯郭尔的"批判"工作,及其与黑格尔的"真实"关系。

四、现代道德处境下的信仰问题:重新厘定克尔凯郭尔和黑格尔的关系

前面的分析已经指出,现代道德以"时刻"为前提,此时刻是一个绝对的起点,从而"区别"于它之前的东西,这是一种面对"无"的处境。行为的意义在于从"无"开启全新的可能性。因此,现代道德意味着突破一切现实性,而面对无限的可能性。克尔凯郭尔同样从亚当面对"无"的生存处境出发,以面对无限的可能性界定"自由"[1]。不同的是,道德意指个体生存的主动性方面,即从自身出发确立自身;克尔凯郭尔基督教视角

---

[1] Søren Kienkegaard, *The Concept of Anxiety*, trans. Reider Thomte, Princeton: Princton University Press, 1980, pp. 41 – 45.

下的自由,则更强调在"信仰"中面对源于上帝的无限可能性。① 作为绝对者,上帝区别于已经获得或已经现实化了的一切,换言之,上帝就是上帝,祂与其之外的一切有着绝对的差异。由是,对上帝的信仰,以及从信仰中获得的一切都可能"绝对地"使得信仰者区别于已经拥有的一切,因而信仰意味着面对区别于一切的无限可能性,这种无限可能性来自对上帝的信仰。

因此,现代道德直面"无",并从它出发在自我确信中成就自我,而有作为道德共同体意义上的国家;克尔凯郭尔的信仰视角则是在上帝中面对"无",而接受性地面对无限可能性②,从而在上帝中确立自我,并在源于上帝的"爱"中实现自我与他者的联合(这是克尔凯郭尔《爱的作为》一书的核心工作)。无疑,即使信仰者也面临与他者如何联合的问题,"爱"无论如何源于上帝,它终究要落实在"邻人之间","爱的作为"便是主观性的爱消逝掉之后,"剩余"下来的"实在物",因其源于上帝,故而爱的共同体从上帝那里获得真理性和善性。

如是理解的信仰表达的正是现代个体的生存处境,因为无论道德的主动性,还是信仰的接受性,它们表达的都是现代个体面对无限可能性的(面对"无"的)生存状态;而这所以可能,都以"解构"已经形成的思想传统或观念体系(无论是出于信仰的神学体系,还是出于理性建构的哲学或其他体系)为前提。而如是从"源于信仰的爱"出发阐释的爱的共同体表达亦是现代个体之间的"道德"(或伦理)关系,其"反对"或"解构"的

---

① 在《致死的疾病》中,克尔凯郭尔通过"重构"康德和黑格尔的两种自由概念,展示出主体理性思"建构"出来的自由体系,并通过对基督徒生存状况的分析给出这种在信仰中面对源于上帝的无限可能性的自由状态。笔者有文字分析了克尔凯郭尔的思路。参阅尚文华《自由与处境——从理性分析到生存分析》,中国社会科学出版社 2018 年版,第 170—188 页。

② 参见谢文郁《自由与生存——西方思想史上的自由观追踪》,上海人民出版社 2007 年版,第 216—228 页。

正是已经形成的个体在共同体中的"日常"关系。[①] 换言之,克尔凯郭尔反对和批判的正是上面所分析的现代社会中的第二种"虚无(主义)"状况——它把一切都视为平等的、相对的观念,并按照既定的观念选择行为;我们知道,批判这种状况的立足点正是现代个体的"直面"无限可能性的生存状态。而其给出的"爱的共同体"与"道德的共同体"一样,都是"消逝掉纯主观的确信"(无论这种确信源于自己还是上帝)之后"剩余"的善的实在意义——正是在实在的善中,现代个体及其生活共同体是有真理意义的。

因此,从对现代个体生存处境的诊断,以及对这种处境的回应看,克尔凯郭尔与黑格尔或许走在同一条道路上。表面上看,前者认为出于"无"的可能性源于上帝,后者则认为源于自我,因而是自我开启可能性。但实质是,克尔凯郭尔并未以传统的神学方式言说上帝,而仅仅将其作为(信仰中的)绝对的来源者,行为的意义也只是在无限的可能性中选择其中一种(理性选择)。而对于黑格尔来说,道德侧重于从自己出发进行选择,但自己又何尝不处身于无限的可能性中呢?"(自)我"与"无限的可能性"是怎样的关系呢? 在不为上帝"赋予"任何实在的神学意义的情况下,"(自)我"与"无限的可能性"和"上帝"之间又有什么差别呢?——唯一的差别在于主观性:道德是一种"自我确信",信仰则是"相信(绝对)他者"。而拿掉这种主观性之后,其他都是一样的:"道德共同体"和"爱的共同体"有着同样的思想意义和生存意义。

也正是因为在主观性上的差别,克尔凯郭尔批评黑格尔只是一个体系制造者,似乎黑格尔"体系"只具有观念或构造意义。但实情何尝不是如此呢? 如果说这种批评是有意义的,那么它只是让我们警醒,切勿进

[①] 克尔凯郭尔一生都在反对已经成型的教会,以及教会中的各种关系;甚至在《论今日的时代》中,他把已经形成的一切称为"无激情的公众状态",它具有"平夷"一切的力量,造就的只是这"无聊"的个体。参阅克尔凯郭尔《论今日时代》,载《祁克果的人生哲学》,谢秉德译,基督教文艺出版社1994年版,第1、16、24、30等页。

入观念制造的行列,这种制造只会让人封闭而不自由;真正的言说本身展示在"解构"和"建构"之间。无论如何,人总是要有所作为,有所言说,无论从来源(信仰)方面,还是从自我(道德)方面,它们都是一种言说方式,一种对现代性"真理"的表达方式。潘能伯格认为基督教神学要在很多方面感谢黑格尔①,这或许更加恰当。

因此,对于现代生存处境和思想处境来说,道德(理性)与信仰并非完全相反的对子,似乎前者的意义在于建构什么,后者在于解构什么而与上帝同在,相反,它们都是面对现代处境的方式。由是,无论现代道德还是现代信仰,它们都把"解构"和"建构"包含其中,因而表达的都是现代人的生存方式;道德共同体和爱的共同体也不是完全对立的,相反地,它们都表达的是主观性消逝之后的"剩余",是善的实在意义。

总结一下,现代思想面对的是这样的现代事实:1. 现代道德(和信仰)的意义在于面对无限可能性处境;2. 道德(和信仰)既表征了现代性的无限深度和真理性,也表征了现代性的深度困境,即虚无(主义)困境;3. 解构和建构作为生存中的一对张力,其意义在于不断地回到原始的起点(道德和信仰),而"让"个体和国家有真理性,正是在这种张力中,4. 个体和国家乃是统一的道德"建构";在如此现代处境和现代事实中,5. 我们需要重新厘定克尔凯郭尔和黑格尔的思想关系,即他们表达的乃是同一种现代事实,只是一者侧重从来源方面追问(现实的)发生,一者侧重从(现实的)发生方面追问来源。

---

① 参见潘能伯格《神学与哲学》,李秋零译,商务印书馆 2013 年版,第 345 页。

主要参考文献

一、原始文献

詹姆斯. 詹姆斯政治著作选. 北京：中国政法大学出版社，2003（影印版）

霍布斯. 利维坦. 黎思复，黎延弼译. 北京：商务印书馆，2013

Hobbes. *Elements of Law，Natural and Politic*，rpt. *Human Nature and De Corpore Politico*，ed. J. C. A. Gaskin，Oxford：Oxford University Press，1994

——《利维坦》附录. 赵雪纲译. 北京：华夏出版社，2008

黑格尔. 黑格尔早期神学著作. 贺麟译. 上海：上海人民出版社，2012

——法哲学原理. 范扬，张企泰译. 北京：商务印书馆，2010

——精神现象学. 贺麟，王玖兴译. 北京：商务印书馆，1997

海德格尔. 存在与时间. 陈嘉映，王庆节译. 北京：生活·读书·新知三联书店，2006

——黑格尔的经验概念. 林中路. 孙周兴译. 上海：上海译文出版社，2010

——谢林论人类自由的本质. 薛华译. 北京：中国法制出版社，2009

康德. 纯然理性界限内的宗教. 康德著作全集. 第6卷. 李秋零译. 北京：中国人民大学出版社，2007

Kant. *Die Religion innerhalb der Grenzen der bloßen Vernunft*，Felix Meiner Verlag Hamburg，2003

——道德形而上学. 康德著作全集. 第6卷. 李秋零译. 北京：中国人民大学出版社，2010

——实践理性批判. 韩水法译. 北京：商务印书馆，2003

——道德形而上学原理. 苗力田译. 上海：上海世纪出版集团，2012

Kant. *Groundwork for the Metaphysics of Morals*, ed. and trans. Allen W. Wood, New Haven and London：Yale University Press，2002

——回答这个问题：什么是启蒙?. 康德著作全集. 第 8 卷. 李秋零译. 北京：中国人民大学出版社，2010

克尔凯郭尔. 畏惧与颤栗 恐惧的概念 致死的疾病. 京不特译. 北京：中国社会科学出版社，2013

Kierkegaard. *Philosophical Fragments or A Fragment of Philosophy*, trans. and intr. David F. Swenson, Princeton：Princeton University Press，1962

——哲学片段. 王齐译. 中国：中国社会科学出版社，2013

——爱的作为. 京不特译. 北京：中国社会科学出版社，2013

洛克. 教育漫话. 杨汉麟译. 北京：人民教育出版社，2006

——自然法论文集. 李季璇译. 北京：商务印书馆，2014

——政府论. 瞿菊农，叶启芳. 北京：商务印书馆，2010

——基督教的合理性. 王爱菊译. 武汉：武汉大学出版社，2006

——论宗教宽容. 吴云贵译. 北京：商务印书馆，1982

Locke. *A Paraphrase and Notes on the Epistles of St. Paul*, ed. Arthur William Wainwright, Oxford：Clarendon Press，1987

马基雅维利. 佛罗伦萨史. 李活译. 北京：商务印书馆，1982

卢瑟福. 法律与君王——论君王与人民之正当权力. 李勇译. 谢文郁校. 上海：复旦大学出版社，2013

卢梭. 社会契约论. 李平沤译. 北京：商务印书馆，2014

——论人与人之间不平等的起因和基础. 李平沤译. 北京：商务印书馆，2007

——忏悔录. 李平沤译. 北京：商务印书馆，2015

——论科学与艺术的复兴是否有助于使风俗日趋纯朴. 李平沤译. 北京：商务印书馆，2015

——政治经济学. 李平沤译. 北京：商务印书馆，2013

——爱弥儿，或论教育. 李平沤译. 北京：人民教育出版社，1985

Rousseau. *Emile or On Education*, trans. A. Bloom, New York：Basic Books，1979

让·博丹. 主权论. 李卫海，钱俊文译. 北京：北京大学出版社，2008

斯宾诺莎. 神学政治论. 温锡增译. 北京：商务印书馆，1996

孟德斯鸠. 论法的精神. 张雁深译. 北京：商务印书馆，1995

二、研究文献

著作类

Alan G. R. Smith, *The Emergence of a Nation State：The Commonwealth of*

England 1529 – 1660，London：Longman，1997

A. John Simmons，"Locke's State of Nature，" *The Social Contract Theorists*：*Critical Essays on Hobbes，Locke，and Rousseau*，ed. Christopher W. Morris，New York：Rowman&Littlefield Publishers，Inc，1999

William T. Bluhm，Neal Wintfield，Stuart H. Teger，"Locke's Idea of God：Rational Truth or Political Myth?，" *The Journal of Politics* 41(1980)

D. C. Douglas，*William the Conqueror*：*The Norman Impact on England*，Berkeley，CA：University of California Press，1996

Dudley Digges，*An Answer to a Printed Book*，*Intituled Observations upon some of His Majesties late answers and express*，Oxford：Leonard Lichfield，1642（Http：//eebo. chadwyck. com. home）

Ed. J. R. Tanner，*Constitutional Documents of the Reign of James I*，1603 – 1625，Cambridge：Cambridge University Press，1952

F. W. Maitland，*The Constitutional History of England*，Cambridge：Cambridge University Press，1965

Ferdinand，S. ，*Medieval and Renaissance Florence*，New York：Harper &Row Publish，1963

Francesco，G. ，*The History of Florence*，trans. Mario Domandi，New York：Harper &Row Publish，1970

P. Sommerville，*Royalists and Patriots*：*Politics and Ideology in England* 1603 – 1640，London：Longman，1990

John Coleman，*John Locke's Moral Philosophy*，Edinburgh：Edinburgh University Press，1983

John Pym，*Master Pym's Speech in the Guild-Hall in answer of His Majesties Message*，*Sent by Captaine Hearn*，London，Printed by I. H. and W. White，1643（Http：//eebo. chadwyck. com. home）

Luther，"Luther in Worms，" in *Luther's Works*，Allentown，PA：Muhlenberg Press，1995，Vol. 32

Leo Strauss，*Natural Right and History*，Chicago：University of Chicago Press，1953

Michael P. Zuckert，*Launching Liberalism*：*On Lockean Political Philosophy*，Kansas：University Press of Kansas，2002

Matthew H. Kramer，*John Locke and the Origins of Private Property*：*Philosophical of Individualism*，*Community*，*and Equality*，Cambridge：Cambridge University Press，1997

M. Frede，*Free Will*：*Origins of a Notion in Ancient Thought*，ed. A. A.

Long，Berkeley，CA：University of California Press，2011

Philip D. Curtin，*The Atlantic Slave Trade*，Madison，WL：University of Wisconsin Press，1970

Ross Harrison，*Hobbes*，*Locke*，*and Confusion's Masterpiece*：*An Examination of Seventeenth-Cenrury Political Philosophy*，Cambridge：Cambridge University Press，2003

Richard Mocket，*God and the King*，or *A dialogue shewing that our soueraigne Lord King James*，London，1615（http://eebo. chadwyck. com/home）

Quentin Skinner，*The Foundations of Modern Political Thought*，Vol. 2，Cambridge：Cambridge University Press，1978

Hull，Gordon，*Hobbes and the Making of Modern Political Thought*，London：Continuum International Publishing Group，2009

奥利金. 论首要原理. 第三卷. 石敏敏译. 香港：道风书社，2002

阿利森. 康德的自由理论. 陈虎平译. 沈阳：辽宁教育出版社，2001

阿克顿. 法国大革命讲稿. 高望译. 北京：中华书局，2014

阿龙·约翰·洛克. 陈恢钦译. 沈阳：辽宁教育出版社，2003

奥古斯丁. 论原罪与恩典. 周伟驰译. 北京：商务印书馆，2012

艾伦·梅克辛斯·伍德. 自由与财产——西方政治思想的社会史. 曹帅译. 南京：译林出版社，2019

波考克. 马基雅维里时刻——佛罗伦萨政治思想和大西洋共和主义传统. 冯克利，傅乾译. 南京：译林出版社，2013

布鲁克尔. 文艺复兴时期的佛罗伦萨. 朱龙华译. 北京：生活·读书·新知三联书店，1985

伏尔泰. 路易十四时代. 吴模信，沈怀洁，梁守锵译. 北京：商务印书馆，1982

贡斯当. 古代人的自由与现代人的自由. 阎克文，刘满贵译. 上海：上海人民出版社，2005

黄裕生. 权利的形而上学. 北京：商务印书馆，2019

卡罗尔·布拉姆. 卢梭与美德共和国——法国大革命中的政治语言. 启蒙编译所译. 北京：商务印书馆，2015

路德. 论意志的捆绑. 路德文集. 第二卷. 上海：上海三联书店，2005

莱布尼茨，克拉克. 莱布尼茨与克拉克论战书信集. 陈修斋译. 北京：商务印书馆，1996

露丝·斯科尔. 罗伯斯庇尔与法国大革命. 张雅楠译. 北京：商务印书馆，2015

罗素. 西方哲学史. 下卷. 马元德译. 北京：商务印书馆，1976

李猛. 自然社会——自然法与现代道德世界的形成. 北京：生活·读书·新知

三联书店,2015

吉莱斯皮. 现代性的神学起源. 张卜天译. 长沙:湖南科学技术出版社,2012

沃尔德伦. 上帝、洛克与平等——洛克政治思想的基督教基础. 郭威,赵雪纲等译. 北京:华夏出版社,2015

皮埃尔·莫内. 自由主义思想文化史. 曹海军译. 长春:吉林人民出版社,2011

施米特. 合法性与正当性. 冯克利等译. 上海:上海人民出版社,2016

——霍布斯国家学说中的利维坦. 应星,朱雁冰译. 上海:华东师范大学出版社,2008

施特劳斯. 自然权利与历史. 彭刚译. 北京:生活·读书·新知三联书店,2006

乔治·鲁德. 法国大革命中的群众. 何新译. 北京:北京师范大学出版社,2016

伊波利特·泰纳. 现代法国的起源. 黄艳红译. 长春:吉林出版集团有限责任公司,2015

尚文华. 自由与处境——从理性分析到生存分析. 北京:中国社会科学出版社,2018

——希望与绝对——康德宗教哲学研究的思想史意义. 南京:江苏人民出版社,2018

谢文郁. 自由与生存——西方思想史上的自由观追踪. 上海:上海人民出版社,2007

——道路与真理——解读《约翰福音》的思想史密码. 上海:华东师范大学出版社,2012

——自由与责任四论. 上海:华东师范大学出版社,2014

论文类

陈丽. 洛克论神学命题的认识论意义.《世界宗教研究》2019年第1期

杜佳峰. 萨沃纳罗拉改革对佛罗伦萨思想文化的冲击.《文化艺术研究》2013年第3期

郭丰收. 审判查理一世与英国君权观的变化. 武汉大学博士论文. 2011年

姜守明. 查理一世的"宗教革新"与英国革命性质辨析.《北京大学学报》2013年第4期

刘小枫. 波考克如何为马基雅维利辩护.《杭州师范大学学报》2017年第3期

托马斯·霍布斯.《利维坦》附录. 赵雪纲译. 北京:华夏出版社,2008年

罗久. 黑格尔论知识作为"回忆".《人文杂志》2020年第5期

——从启蒙的教化看黑格尔的康德批判——以耶拿时期的《信仰与知识》为中心.《复旦大学学报》2017年第6期

孟广林.试论中古英国神学家约翰的"王权神授"学说.《世界历史》1997年第6期

——中世纪前期的英国封建主权与基督教会.《历史研究》2000 年第 4 期

黄裕生. 国家为什么不是缔约方？——论霍布斯的国家学说.《云南大学学报》2012 年第 3 期

——论卢梭的"自然状态"及其向社会过渡的环节——或论孤单者及其对他人的发现.《浙江学刊》2014 年第 6 期

——社会契约的公式与主权的限度——论卢梭的主权理论.《浙江学刊》2012 年第 6 期

——"自由意志"的出场与伦理学基础的更替.《江苏行政学院学报》2018 年第 1 期

胡君进,檀传宝. 卢梭为何将洛克视为理论对手.《现代大学教育》2020 年第 2 期

王寅丽. 现代共和思想的时间意识:以波考克和阿伦特为例.《学术月刊》2017 年第 1 期

王江涛. 现代性的困境与卢梭的意图.《中南大学学报》2019 年第 1 期

王晋新. 关于 17 世纪英国内战成因研究的学术回顾.《世界历史》1999 年第 4 期

尚文华. 从自主性到接受性——论施莱尔马赫的新宗教观.《基督教思想评论》第 22 辑. 北京:宗教文化出版社,2017

——在崇高与虚无之间的自由意志——兼论现代自由原则及其可能出路.《哲学动态》2020 年第 1 期

——善良意志,还是敬重情感？——再论康德的自由概念.《求是学刊》2018 年第 2 期

——观念抑或情感:一个关涉哲学和神学起点的争论.《学海》2019 年第 6 期

——差异意识:形而上学与实践哲学的分野之处——论从黑格尔到马克思的转变.《求是学刊》2019 年第 4 期

——别样的自由——对黄裕生讲座《对自由的追问与论证:作为一种自由理论的德国哲学》的评论.《关东学刊》2020 年第 6 期

谢文郁. 王权困境:卢瑟福《法律与君王》的问题、思路和意义.《社会科学》2013 年第 8 期

——善的问题:柏拉图和孟子.《哲学研究》2012 年第 11 期

——权利:社会契约论的正义原则.《学术月刊》2011 年第 3 期

——性善质恶——康德论原罪.《哲学门》总第 16 期(2007 年第 2 期)

——古希腊哲学中的良心与真理.《社会科学》2018 年第 2 期

汪堂峰. 洛克自由思想的神学基础及真实目的.《江苏大学学报》2017 年第 4 期

余玥. 康德时间理论中虚无主义的问题.《云南大学学报》2020 年第 4 期

周保巍. "国家理由"还是"国家理性"——思想史脉络中的"reason of state".《学海》2010 年第 5 期

钟瑞华. 论洛克思想的清教渊源.《中国社会科学院研究生院学报》2019 年第 3 期

赵林. 试析卢梭政治学说中的极权主义暗流.《学术研究》2004 年第 6 期

西格蒙德. 沃尔德伦与洛克研究的宗教转向.《上帝、洛克与平等》,郭威,赵雪纲等译. 北京:华夏出版社,2015

后　记

与文艺类的写作方式不同,哲学性或神学性写作受制于严格的逻辑论证和文本分析,所以,粗略识之,这类文字的刻板冷峻颇让人产生作者乃高居象牙塔中的冷静旁观者之感。但实情如何呢?——幸亏容忍"后记"的存在!这块自由领地让我们能够直抒胸臆,表达深沉的情感和深切的领悟,也正是这些情感和领悟支持或者推动了逻辑论证和文本分析。

在《自由与生存——从理性分析到生存分析》的后记中,我提到,根本言之,人的生存和思想乃是一段不断的朝圣之旅。这是求学生涯终结之时的感触。如今,生命初成,思想事业真正起步,重拾这段话,感慨万千。如韦伯所言,启蒙是一项祛魅的事业,但对于如何祛魅,祛何种魅,却也众说纷纭,从无定论。我想,要回答这个问题,莫不如先拷问自己的内心:除了世俗或属世的一切,内心是否有神圣性?若有,这是怎样一种神圣性?它能否凭其自身确立这种神圣性?——这是横亘在所有所谓现代人,或启蒙之后的人面前的终极问题。

从 2005 年矢志于投身这项思想事业至今已有 15 年之久,15 年的追索说长不长,说短也不算太短,中间的艰难困苦和心灵折磨只有己知,表达出来的却只是刻板而严格的文字。犹记得,2013 年心灵所发生的那次震颤,在圣经中,也在经典思想家的反思文字中,这种心灵震颤被表达为"恩典时刻"。这次内心最深处的震颤和体验让我直接性地进入克尔凯郭尔的生存和思想世界,其实也是进入基督信仰的世界。我其后的所有文字都可以视为是对那次心灵震颤或恩典时刻的经历和重新经历的言说和分析。直白地讲,这些无数次把自己回掷到那种最原初体验的经历,并由之出发所进行的言说和分析,突破了一般关于祛魅的说法,它们让我不断明晰地认识到,如若心灵有神圣性,其根基恰恰不在心灵本身,而在它的来源,它的神圣的来源。

但是,另一方面,因其来源的神圣性,我们也无法否认心灵本身的神圣性。从 2019 年年初开始,命定般地不再单纯在内心及其来源的神圣方面言说自己以及对众经典的再阐释,相应地,有关人类生活的现实总体开始进入心灵。志业于在现实的、历史的生活世界中经验神圣性和真理开始在心中扎下了坚实的根。刚开始并不明白这一点,但总是有一种过去所没有的动力推动着自己学习有关英国和欧洲其他国家的历史,也包括中国的历史;并且,惺惺相惜地意欲进入他人的内心世界,体验他人之所体验,设身处地地重新经历他人之所经历。这其中,特别需要感激烟台大学的叶苹先生。叶先生丰富的学识、深刻的思考无数次坚定了这种萌芽式的动力,让我脱离现实的考评体系,只关注自己内心的所欲所求,矢志不渝地沿着最内在的冲动走下去。终于,在 2020 年暑期的那次于我而言颇具历史意义的会面和交流之后,我开始明白,自己已经开始坚定地走在黑格尔式的思想道路上。

这条道路难也难,易也易。用一个问题来表达乃是,我们"现实"的历史世界和生活世界是否有真理性? 如果单纯根据启蒙的个体主观性和抽象理性的思路,或者单纯根据信仰的个体主观性和对彼岸上帝的认信,这种真理性是难以成立的;甚至,只要"常识般"地观察下周遭世界,这种真理性也是无从谈起的。但是,如果抛开主观性的"成见"、抛开常识的"前见"和"浅见",无论在直接性的生存,还是在反思性的生存中,人又何尝不是"义无反顾"地把自己及其生命投身于生活性的世界和世界性的生活中呢? 无论顺从而不争,还是反抗而求取,生命的意义岂不时刻与这个生活世界相互纠缠、相互成就? 一种无时无刻不与所有个体的生命及其生命总体相伴随的历史世界和生活世界如果没有真理性,那只在单纯的心灵中呈现出来的主观性、理性、信仰等,岂不是极度的虚无和无意义? ——这并未否认主观性、理性和信仰等所具有的真理意义;相反地,如黑格尔所言,它们只是现实的真理的各个环节或者阶段。

言至于此,如果仅仅在主观性中确立或确证自己,黑格尔及其体系就是一条"死狗";如果仅仅根据抽象的主体理性审视甚至建构现实的生活世界,那抽象的理性以及支持它的主观性就恒久地作为"认信"的真理,与现实的也是真实的世界之间存在着永远不可能消除的矛盾和相互反对,直至把现实打碎,徒留一地鸡毛以待后人舔舐。法国大革命及其以后的"现实历史"已经深刻地告诉我们这一点。就此而言,重读黑格尔不只是思想界的任务,更是于现代生活世界本身而言的一项使命。但是,如何阅读呢? 如何让自己进入这条思想道路呢? ——老老实实地进入历史,进入由世界历史所一步步地锻造的现实生活世界之中。在这里,我们所领受的,绝不仅仅是个人的主观性、历史的偶然效果,以及其他非坚实的、非确定的事物;相反,它就是真理的自身运行,是道成了肉身化的现实。

一切的"讲道理"似乎都是"说教",那就让我们不再"说教"而直接投身于历史的和现实的事物之中去吧! ——"这,就是永恒的逻格斯开始的地方,让我们大胆地跳下去"。

——本书即是我踏入这条道路的最初步的言说,也是极其不满足的一部言说。原本的打算是把历史和思想做一次深度的融合,但是,真做起来却也着实不易。首先是材料,汉语学界关于欧洲那段历史的研究实在是薄弱，使用英文文献却又太占用时间。其次是手头要做的研究不只是这一个领域，我时常会被《易经》等中国经典文本世界和德国古典这一段的研究"抓走"。再次是为了按时完成几项课题，也不得不把心思分散。以至于最终，也只能照着所形成的初步的历史脉络诊断这些思想家的文本，所以，完成之后看来，似乎又是一部遵循自己"常规"路数的文本思想分析。也只能这样安慰自己：一连串的不甘和遗憾串起了人生的各个阶段，那就让我们心怀畏惧和谦卑，而坦然接受自己的命运吧！

最后，想说的是，本书的写作开始于我的母亲焦吉荣女士结肠癌术后几天，大致完成于复查出肿瘤已转移的几天，由是，又是一连串的不甘和遗憾，持续至今。在各种复杂的感触中，再次又不得不命定般地面对自己和母亲的遭遇。在此，写上她的名字，以示慰藉，既告慰她这一生的苦楚，也安慰自己的心灵！

是为记。

尚文华

2020.12.25 圣诞日

"纯粹哲学丛书"书目

《从逻辑到形而上学：康德判断表研究》 刘萌 著

《重审"直观无概念则盲"：当前分析哲学语境下的康德直观理论研究》 段丽真 著

《道德情感现象学：透过儒家哲学的阐明》 卢盈华 著

《自由体系的展开：康德后期伦理学研究》 刘作 著

《根本恶与自由意志的限度：一种基于文本的康德式诠释》 吕超 著

《现代性中的理性与信仰张力：近代西方国家意识的建构及其困境分析》 尚文华 著